Controle de sistemas por computador

CB127800

CONSELHO EDITORIAL

André Costa e Silva

Cecilia Consolo

Dijon de Moraes

Jarbas Vargas Nascimento

Luis Barbosa Cortez

Marco Aurélio Cremasco

Rogerio Lerner

Blucher

Controle de sistemas por computador: projeto e identificação

Magno Enrique Mendoza Meza

Controle de sistemas por computador: projeto e identificação

© Magno Enrique Mendoza Meza

Editora Edgard Blücher Ltda.

Publisher Edgard Blücher

Editor Eduardo Blücher

Coordenação editorial Jonatas Eliakim

Produção editorial Kedma Marques

Revisão de texto Danilo Villa

Capa Leandro Cunha

Editora Blucher

Rua Pedroso Alvarenga, 1245, 4º andar

CEP 04531-934 – São Paulo – SP – Brasil

Tel.: 55 11 3078-5366

contato@blucher.com.br

www.blucher.com.br

Segundo o Novo Acordo Ortográfico, conforme 5. ed. do *Vocabulário Ortográfico da Língua Portuguesa*, Academia Brasileira de Letras, março de 2009. É proibida a reprodução total ou parcial por quaisquer meios sem autorização escrita da editora. Todos os direitos reservados pela Editora Edgard Blücher Ltda.

Dados Internacionais de Catalogação na Publicação (CIP)

Angélica Ilacqua CRB-8/7057

Meza, Magno Enrique Mendoza

Controle de sistemas por computador: projeto e identificação / Magno Enrique Mendoza Meza.– São Paulo: Blucher, 2022.

500 p.,

ISBN 978-65-5506-141-3 (impresso)

ISBN 978-65-5506-142-0 (eletrônico)

1. Engenharia de controle computadorizado 2. Análise de sistemas 3. Sistemas de tempo discreto 4. Computadores digitais 5. Microcontroladores I. Título.

21-4109 CDD 629.8

Índice para catálogo sistemático: I. Engenharia de controle computadorizado

Pois dEle, por Ele e para Ele são todas as coisas. A Ele seja a glória para sempre! Amém. Rm 11:36

Prefácio

Este livro tem por objetivo abordar conceitos de projeto de sistemas de controle discretos no tempo. Os sistemas discretos no tempo começaram a ser utilizados desde a invenção dos computadores digitais. O rápido crescimento dos computadores digitais junto com a redução de seus preços facilitaram o uso dos computadores nas plantas industriais em ampla escala.

O uso dos computadores digitais facilitou a aplicação das diferentes técnicas de controle discreto em sistemas de controle industriais devido principalmente a sua capacidade de proporcionar grande flexibilidade, segurança e desempenho, pois essas técnicas de controle são implementadas como algoritmos computacionais.

É importante que os interessados em sistemas discretos no tempo estudem e entendam os conceitos de projeto de sistemas de controle discretos no tempo com o intuito de programarem as respectivas técnicas nos microcontroladores utilizados nas plantas industriais.

Nesta primeira versão, estarão disponiveis todos os arquivos em Matlab e Octave dos exemplos que foram resolvidos utilizando ambos *softwares*.

No Capítulo 1, são introduzidos a definição da transformada z, as propriedades, os teoremas fundamentais, a transformada z inversa e solução de equações diferença utilizando a transformada z.

No Capítulo 2, são mostrados o conceito da análise e projeto de controladores via método da resposta em frequência, a transformada bilinear e o projeto de compensadores por avanço, por atraso, por atraso-avanço de fase e controladores da família Proporcional, Integral e Diferencial.

No Capítulo 3, são introduzidos os conceitos de análise no espaço de estados, as representações de equações diferença no espaço de estados, a solução da equação de estado em tempo discreto, a matriz da função de transferência pulsada, a discretização no espaço de estados de sistemas contínuos.

No Capítulo 4, são mostrados o método de projeto via realimentação de estados, as transformações úteis na análise e projeto no espaço de estados, os métodos de projeto via alocação de polos com entrada de referência, com controle integral, o projeto de controle ótimo para problema de regulação e seguimento de sinal e o projeto de controle preditivo por modelo.

No Capítulo 5, são mostrados os projetos de observadores de estado de ordem plena, de ordem reduzida, do filtro de Kalman e o observador de controle preditivo por modelo de ordem plena.

No Capítulo 6, são introduzidos conceitos de Identificação de sistemas lineares em tempo discreto via mínimos quadrados em batelada e mínimos quadrados recursivo.

O texto foi escrito utilizando software LaTeXe os gráficos foram realizados utilizando Xfig, Matlab e Octave.

Agradecimentos

Agradeço a minha esposa Eliane Cristina de Carvalho Mendoza Meza por seu tempo e companhia.

Ao Prof. Pedro Sérgio Pereira Lima, pelas longas conversas e discussões.

Aos alunos da outrora disciplina de Controle Discreto do curso de Engenharia de Instrumentação, Automação e Robótica da Universidade Federal do ABC, aos alunos da disciplina de Introdução ao Controle Discreto e aos alunos da disciplina de Controle e Identificação de Sistemas em Tempo Discreto do Programa de Pós-graduação em Engenharia Mecânica da Universidade Federal do ABC, Santo André, São Paulo.

Em especial ao Reginaldo Cardoso e ao Fernando Henrique Gomes Zucatelli pelas dicas e ajuda no surgimento e proposta desta obra.

Conteúdo

1 Introdução **17**

1.1 Relação entre a transformada de Laplace e a transformada z 18

1.2 Definição da transformada z 21

1.3 Propriedades da transformada z 22

1.4 Teoremas da transformada z 24

1.5 Transformada z inversa 25

1.5.1 Método da série de potências ou método de divisão direta 25

1.5.2 Método da expansão em frações parciais 26

1.6 Solução de equações diferenças com coeficientes constantes . 28

1.7 Métodos de análise de estabilidade 32

1.7.1 Critério de estabilidade de Jury-Marden 33

1.7.2 Critério de estabilidade de Schur-Cohn 35

1.7.3 Critério de estabilidade de Routh-Hurwitz com a transformação bilinear 36

1.8 Erro de estado estacionário 38

1.9 Exercícios resolvidos 41

2 Método de projeto via resposta em frequência **63**

2.1 Resposta em frequência de sistema em tempo discreto 64

2.2 Transformação bilinear e o plano w 67

2.3 Procedimento de projeto no plano w 71

2.4 Compensadores discretos no domínio da frequência 73
2.4.1 Projeto de compensador por atraso de fase 76
2.4.2 Projeto de compensador por avanço de fase 84
2.4.3 Projeto de compensador por atraso-avanço de fase . . 90
2.5 Procedimento de projeto no plano w - controlador da família proporcional, integral e diferencial 101
2.5.1 Projeto de controlador PI 106
2.5.2 Projeto de controlador PD 113
2.5.3 Projeto de controlador PID 120
2.6 Estudo de caso: circuito RLC 125
2.7 Exercícios resolvidos 133
2.8 Vantagens e desvantagens das técnicas de compensação . . . 175

3 Análise no espaço de estados **179**
3.1 Equações no espaço de estados 179
3.2 Formas canônicas para equações no espaço de estado 181
3.2.1 Forma canônica controlável 182
3.2.2 Forma canônica observável 186
3.2.3 Forma canônica diagonal 189
3.2.4 Forma canônica de Jordan 192
3.3 Solução das equações de estado em tempo discreto 196
3.3.1 Matriz de transição de estado 196
3.3.2 Método da transformada z para a solução das equações de estado em tempo discreto 197
3.3.3 Método para calcular $(z\mathbf{I} - \mathbf{A}_d)^{-1}$ 198
3.4 Matriz da função de transferência pulsada 205
3.5 Discretização no espaço de estado de sistemas contínuos . . . 207
3.6 Estudo de caso: circuito RLC 213
3.7 Exercícios resolvidos 220

4 Método de projeto via realimentação de estados 235

4.1 Controlabilidade 235

4.2 Observabilidade 237

4.3 Transformações úteis na análise e projeto no espaço de estados 238

4.3.1 Forma canônica controlável 239

4.3.2 Forma canônica observável 242

4.3.3 Forma canônica diagonal 243

4.3.4 Forma canônica de Jordan 245

4.4 Método de projeto via alocação de polos 247

4.4.1 Alocação de polos: procedimento igualando coeficientes 247

4.4.2 Alocação de polos: procedimento utilizando fórmula de Ackermann 254

4.5 Método de projeto via alocação de polos na origem - controle *deadbeat* 256

4.6 Método de projeto via alocação de polos com entrada de referência 262

4.7 Método de projeto via alocação de polos e controle integral discreto 266

4.8 Método de projeto de controle ótimo 271

4.8.1 Controle ótimo para o problema de regulação 271

4.8.2 Controle ótimo para o problema de seguimento de sinal 274

4.9 Método de projeto de controle preditivo por modelo 283

4.10 Estudo de caso: circuito RLC 296

4.11 Exercícios resolvidos 301

5 Observadores de estado 327

5.1 Introdução 327

5.2 Projeto de observador de estados de ordem plena 329

5.3 Projeto de observador de estados de ordem reduzida 341

5.4 Projeto do filtro de Kalman como observador de estados . . 352

5.5 Projeto de observador MPC de ordem plena 364
5.6 Estudo de caso: circuito RLC 372
5.6.1 Realimentação de estados com observador de estados de ordem plena e controle *feedforward* 372
5.6.2 Realimentação de estados com observador de estados de ordem plena e controle integral 375
5.6.3 Realimentação de estados com observador de estado de ordem reduzida e controle *feedforward* 377
5.6.4 Realimentação de estados com observador de estado de ordem reduzida e controle integral 380
5.7 Exercícios resolvidos 382

6 Identificação de sistemas lineares 415
6.1 Identificação de sistemas em tempo discreto 415
6.2 Identificação de parâmetros por mínimos quadrados em batelada 417
6.3 Identificação de parâmetros por mínimos quadrados recursivo 422
6.4 Exercícios resolvidos 427

A Tabela de transformadas *z* 445

B Parâmetros de desempenho 453
B.1 Erro de estado estacionário 453
B.1.1 Entrada degrau 453
B.1.2 Entrada rampa 454
B.1.3 Entrada parabólica 455
B.2 Relação entre a resposta transitória em malha fechada e a resposta em frequência em malha fechada 455
B.2.1 Localização dos polos 456
B.2.2 Instante de pico 456
B.2.3 Relação de amortecimento 456

B.2.4 Ultrapassagem percentual 456
B.2.5 Tempo de assentamento 457
B.2.6 Amplitude de pico de ressonância 457
B.2.7 Frequência de ressonância 457
B.2.8 Fase na frequência de ressonância 457
B.2.9 Velocidade de resposta da resposta em frequência em malha fechada 458
B.2.10 Relação de amortecimento a partir da margem de fase 458
B.2.11 Relação frequência de cruzamento e largura de banda 459

C Scripts no Arduino **461**
C.1 Script Arduino: caso de estudo seção 2.6 461
C.2 Script Arduino: caso de estudo seção 5.6 464
C.3 Script Arduino: caso de estudo seção 5.6 468
C.4 Script Arduino: caso de estudo seção 5.6 472
C.5 Script Arduino: caso de estudo seção 5.6 476

Referências **481**

Lista de figuras **485**

Lista de tabelas **493**

Índice remissivo **495**

Capítulo 1

Introdução

O surgimento dos computadores digitais possibilitou o desenvolvimento das variadas aplicações práticas da teoria de controle discreto em sistemas industriais por meio de microcontroladores e computadores digitais. Nas últimas décadas, o preço dos computadores digitais caiu consideravelmente, o que permitiu a ampla aplicação prática da teoria de controle discreto, principalmente devido ao baixo custo dos microcontroladores; à grande flexibilidade de configuração que é realizada via software; à grande capacidade de armazenamento; à adequação a aplicação, a que são mais robustas à variações ambientais, e possui maior imunidade a ruídos.

Sendo os sistemas discretos amplamente utilizados, uma das ferramentas usadas para análise e projeto é a transformada z, a mesma que foi proposta na teoria de probabilidade como função geradora por Moivre (1730), conforme se discute em Jury e outros (JURY, 1964; POULARIKAS, 2010; HAZEWINKEL, 2012).

Neste capítulo, serão introduzidas as definições e propriedades da transformada z. Para mais detalhes, o leitor pode consultar as obras relevantes nas referências bibliográficas (KUO, 1992; OGATA, 1995; PHILLIPS; NAGLE, 1995; FRANKLIN; POWELL; WORKMAN, 1998; FADALI; VISIOLI, 2009).

A escolha da frequência de amostragem é importante para poder recuperar a informação do sinal original. Na vasta literatura de sistemas de controle discreto, são propostos diversos métodos para calcular a frequência de amostragem (ÅSTRÖM; WITTENMARK, 1990; OGATA, 1995; FRANKLIN; POWELL; WORKMAN, 1998; LANDAU; ZITO, 2006; FADALI; VISIOLI, 2009; GOPAL, 2009; FRANKLIN; POWELL; EMAMI-NAEINI, 2013).

Neste livro, adotaremos a regra proposta em Meza (2020) para escolha do período de amostragem T_s.

Definição 1.0.1 *O período de amostragem T_s ficará no seguinte intervalo:*

$$\frac{\pi}{40\,\omega_1} \leq T_s \leq \frac{\pi}{4\,\omega_1}. \tag{1.1}$$

na qual ω_1 corresponde à maior frequência presente no sistema em análise.

1.1 Relação entre a transformada de Laplace e a transformada *z*

Supõe-se que se tem um trem de impulsos conforme mostrado na Figura 1.1a e que existe um sinal contínuo conforme mostrado na Figura 1.1b. A função representada na Figura 1.1a é denominada o pente de Dirac, também conhecida como função de amostragem, e é uma função generalizada obtida a partir da função Delta de Dirac. Amostrar um sinal contínuo, como o da Figura 1.1b, é realizar o produto do sinal da Figura 1.1a com o sinal da Figura 1.1b, o que resulta no sinal amostrado da Figura 1.1c.

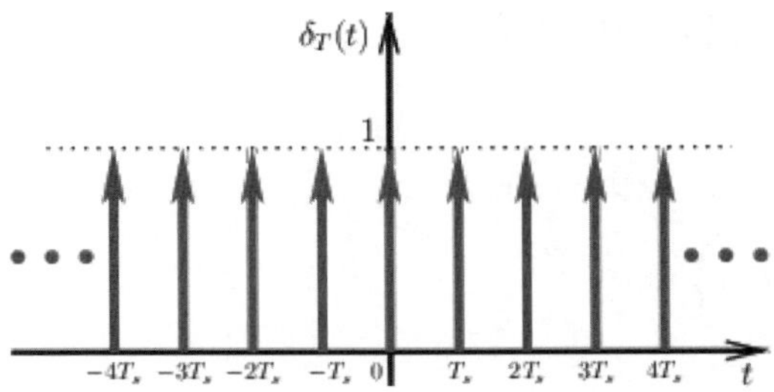

(a) Trem de impulsos.

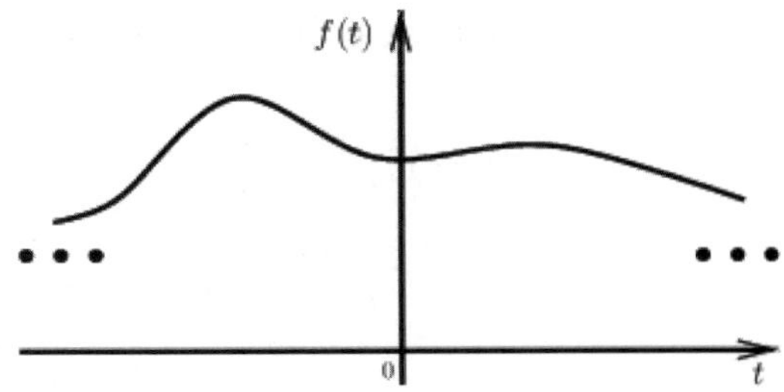

(b) Sinal contínuo.

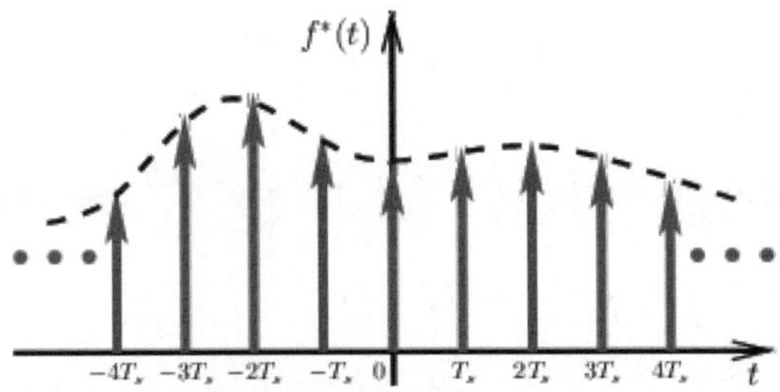

(c) Sinal amostrado.

Figura 1.1: Relação entre a transformada de Laplace e a transformada z.

O trem de impulsos ou pente de Dirac é definido como um conjunto infinito de funções delta de Dirac espaçados em múltiplos inteiros de T_s, como segue:

$$\delta_T(t) = \sum_{k=-\infty}^{\infty} \delta(t - k\,T_s)$$

no qual $\delta(t)$ é a função delta de Dirac e k é um número inteiro.

Sejam representados o sinal contínuo (ou sinal analógico) como $f(t)$ e o sinal amostrado como $f^*(t)$. Defina-se o sinal amostrado como o produto de $f(t)$ e $\delta_T(t)$ como segue:

$$f^*(t) = f(t)\,\delta_T(t) = \sum_{k=-\infty}^{\infty} f(t)\,\delta(t - k\,T_s),$$

Determine-se a transformada de Laplace de $f^*(t)$:

$$\begin{aligned}
F^*(s) &= \mathcal{L}\{f^*(t)\} \\
&= \mathcal{L}\Big\{\sum_{k=-\infty}^{\infty} f(t)\,\delta(t-k\,T_s)\Big\} \\
&\text{se sabe que } f^*(t) \text{ é constante no instantes } k\,T_s \text{ assim:} \\
&= \sum_{k=-\infty}^{\infty} f(k\,T_s)\,\mathcal{L}\Big\{\,\delta(t-k\,T_s)\Big\} \\
&\text{se sabe que } \mathcal{L}\{\,\delta(t-k\,T_s)\} \text{ é } e^{-s\,k\,T_s} \text{ se segue:} \\
&= \sum_{k=-\infty}^{\infty} f(k\,T_s)\,e^{-s\,k\,T_s}
\end{aligned}$$

Desta maneira:

$$\begin{aligned}
F^*(s) &= \sum_{k=-\infty}^{\infty} f(k\,T_s)\,e^{-s\,k\,T_s} \\
&= \sum_{k=-\infty}^{\infty} f(k\,T_s)\left(e^{s\,T_s}\right)^{-k}
\end{aligned}$$

Realiza-se a seguinte mudança de notação:

$$z = e^{s\,T_s} \tag{1.2}$$

Obtém-se:

$$F^*(s) = \sum_{k=-\infty}^{\infty} f(k\,T_s)\,z^{-k}$$

e, realizando a substituição de $F^*(s)$ por $F(z)$, temos:

$$F(z) = \sum_{k=-\infty}^{\infty} f(k\,T_s)\,z^{-k}. \tag{1.3}$$

A equação (1.3) é a definição da transformada z bilateral e a equação (1.2) mostra a relação de transformação entre o plano s (plano contínuo) e o plano z (plano discreto).

1.2 Definição da transformada z

Neste livro, consideraremos que todos os sinais são causais, isto é, que, em instantes de tempo negativos, os sinais são nulos. Para os sinais causais, é definida a transformada z unilateral. Seja $f(t)$ um função contínua definida para $t \geq 0$ e seja $f(k\,T_s)$ o sinal amostrado de $f(t)$ para $k = 0, 1, 2, \ldots$, o que pode ser representado como uma sequência $\{f(k\,T_s)\}$.

Definição 1.2.1 *A transformada z de $f(t)$ é definida como:*

$$\mathcal{Z}\{f(t)\} = \mathcal{Z}\{f(k\,T_s)\} = F(z) = \sum_{k=0}^{\infty} f(k\,T_s)\,z^{-k} \tag{1.4}$$

onde $F(z)$ é a transformada z de $f(t)$.

A Definição 1.2.1 é utilizada para determinar a transformada z de qualquer função ou sequência. A Tabela 1.1 mostra algumas funções comumente utilizadas e suas respectivas transformadas z.

Tabela 1.1: Transformadas z.

$F(s)$	$f(t)$	$f(kT_s)$ ou $f(k)$	$F(z)$
$\frac{1}{s}$	$1(t)$	$1(k)$	$\frac{z}{z-1}$
$\frac{1}{s^2}$	t	$k\,T_s$	$\frac{T_s\,z}{(z-1)^2}$
$\frac{1}{s+a}$	$e^{-a\,t}$	$e^{-a\,k\,T_s}$	$\frac{z}{z-e^{-aT_s}}$
$\frac{\omega}{s^2+\omega^2}$	$\text{sen}(\omega\,t)$	$\text{sen}(\omega\,k\,T_s)$	$\frac{z\ \text{sen}(\omega\,T_s)}{z^2-2z\ \cos(\omega\,T_s)+1}$
$\frac{s}{s^2+\omega^2}$	$\cos(\omega\,t)$	$\cos(\omega\,k\,T_s)$	$\frac{z^2-z\ \cos(\omega\,T_s)}{z^2-2z\ \cos(\omega\,T_s)+1}$

$F(s)$	$f(t)$	$f(kT_s)$ ou $f(k)$	$F(z)$
$\dfrac{\omega}{(s+a)^2+\omega^2}$	$e^{-a\,t}\,\text{sen}(\omega\,t)$	$e^{-a\,k\,T_s}\,\text{sen}(\omega\,k\,T_s)$	$\dfrac{e^{-a\,T_s}\,z\,\text{sen}(\omega\,T_s)}{z^2-2e^{-a\,T_s}\,z\,\cos(\omega\,T_s)+e^{-2\,a\,T_s}}$
$\dfrac{s+a}{(s+a)^2+\omega^2}$	$e^{-a\,t}\cos(\omega\,t)$	$e^{-a\,k\,T_s}\cos(\omega\,k\,T_s)$	$\dfrac{z^2-e^{-a\,T_s}\,z\cos(\omega\,T_s)}{z^2-2e^{-a\,T_s}\,z\,\cos(\omega\,T_s)+e^{-2\,a\,T_s}}$
		a^k	$\dfrac{z}{z-a}$
		$a^{k-1},\ k\geq 1$	$\dfrac{1}{z-a}$

No Apêndice A, Tabela A.1, é mostrada uma lista com maior número de funções contínuas e discretas com suas transformadas de Laplace e/ou transformadas z, respectivamente.

Outro método para determinar a transformada z de uma função é o método da integral de convolução. A transformada z inversa de $F(z)$ dá como resultado uma sequência no tempo $f(k\,T_s)$. Os métodos para determinar a transformada z inversa de uma função são: (i) a divisão direta, (ii) a computacional, (iii) a expansão em frações parciais, (iv) a integral de contorno. Para exercícios exemplo desses conceitos e como determinar a transformada z de diversas funções, o leitor pode consultar as referências bibliográficas (KUO, 1992; OGATA, 1995; PHILLIPS; NAGLE, 1995; FRANKLIN; POWELL; WORKMAN, 1998; FADALI; VISIOLI, 2009; MEZA, 2020).

1.3 Propriedades da transformada *z*

1. **Linearidade.** Sejam $F(z)$ e $G(z)$ as transformadas z de $f(k)$ e $g(k)$, respectivamente, e sejam a e b duas constantes reais, então a função $h(k)$ que é a combinação linear de $f(k)$ e $g(k)$:

$$h(k) = a\,f(k) + b\,g(k)$$

tem a transformada z:

$$H(z) = a\,F(z) + b\,G(z).$$

2. **Deslocamento real (avanço ou atraso de tempo).** Se $\mathcal{Z}\{f(t)\} = F(z)$, então:

$$\mathcal{Z}\{f(t + m\,T_s)\} = z^m \Big[F(z) - \sum_{k=0}^{m-1} f(k\,T_s)\,z^{-k}\Big]$$

assim como:

$$\mathcal{Z}\{f(t - m\,T_s)\} = z^{-m}\,F(z).$$

3. **Multiplicação por a^k ou escalonamento de tempo.**. Se $F(z)$ é a $\mathcal{Z}\{f(k)\}$, então a transformada z de $a^k\,f(k)$ pode ser dada por $F(a^{-1}\,z)$, isto é:

$$\mathcal{Z}[a^k\,f(k)] = F(a^{-1}\,z).$$

4. **Diferenciação complexa.** Se $F(z)$ é a $\mathcal{Z}\{f(k)\}$, então:

$$\mathcal{Z}[k^m\,f(k)] = (-z)^m\,\frac{d^m\,F(z)}{dz^m}.$$

5. **Multiplicação complexa (convolução real).** Se f_1 e f_2 têm as transformadas z $F_1(z)$ e $F_2(z)$, respectivamente, então:

$$F_1(z)\,F_2(z) = \mathcal{Z}\Big[\sum_{k=0}^{n} f_1(k\,T_s)\,f_2((n-k)T_s)\Big].$$

1.4 Teoremas da transformada z

1. **Teorema do valor inicial.** Se $f(t)$ tem a $\mathcal{Z}\{f(t)\} = F(z)$ e se o $\lim_{z\to\infty} F(z)$ existe, então o valor inicial $f(0)$ de $f(t)$ ou $f(k)$ pode ser dado por:

$$f(0) = \lim_{z\to\infty}(1 - z^{-1})F(z) = \lim_{z\to\infty} F(z).$$

2. **Teorema do valor final.** Se $f(k) = 0$ para $k < 0$ e $f(k)$ tende a um valor constante, assim como k tende a infinito, então tal valor constante pode ser determinado da seguinte maneira:

$$\lim_{k\to\infty} f(k) = \lim_{z\to 1}[(1 - z^{-1})\,F(z)].$$

3. **Teorema de diferenciação parcial.** Seja a transformada z da função $f(t,a)$ representada por $F(z,a)$, na qual a é uma variável independente ou uma constante. A transformada z da derivada parcial de $f(t,a)$ com relação a a é dada por:

$$\mathcal{Z}\left[\frac{\partial}{\partial a}[f(t,a)]\right] = \frac{\partial}{\partial a}F(z,a).$$

4. **Teorema de translação complexa.** Se $f(t)$ tem $F(z)$ por transformada z, então a transformada z de $e^{\mp a\,t}\,f(t)$ está dada por $F(z\,e^{\pm a\,T_s})$.

5. **Teorema de multiplicação por t ou diferenciação complexa por t.** Se $f(t)$ tem $F(z)$ por transformada z, então a transformada z de $t\,f(t)$ está dada por $-z\,T\,\dfrac{d}{dz}\,[F(z)]$.

6. **Valor limite da segunda variável independente.**

$$\mathcal{Z}\left[\lim_{a\to a_0} f(t,a)\right] = \lim_{a\to a_0} F(z,a).$$

7. **Integração em relação à segunda variável independente.**

$$\mathcal{Z}\left[\int_{a_0}^{a_1} f(t,a)\,da\right] = \int_{a_0}^{a_1} F(z,a)\,da.$$

1.5 Transformada *z* inversa

A função discreta $f(k\,T_s)$ pode ser determinada de $F(z)$ por meio de um processo chamado de transformada z inversa, que é denotada como:

$$f(k\,T_s) = \mathcal{Z}^{-1}\Big[F(z)\Big]$$

na qual $F(z)$ é a transformada z de $f(k\,T_s)$. Serão apresentados alguns métodos para determinar $f(k\,T_s)$ a partir de $F(z)$, isto é, a transformada z.

1.5.1 Método da série de potências ou método de divisão direta

Da equação (1.4), é possível observar que:

$$F(z) = f(0\,T_s) + f(T_s)\,z^{-1} + f(2T_s)\,z^{-2} + \cdots + f(k\,T_s)\,z^{-k} + \cdots$$

Desse modo, nota-se que $f(k\,T_s)$ pode ser obtido dos coeficientes de z^{-k}.

Se $F(z)$ é dada como a razão de dois polinômios em potências de z^{-1}, os coeficientes $f(0\,T_s)$, $f(1\,T_s)$, $f(2\,T_s)$, $\cdots$ são obtidos como:

$$F(z) = \frac{b_m\,z^{-(n-m)} + b_{m-1}\,z^{-(n-m+1)} + \cdots b_0\,z^{-n}}{1 + a_{n-1}\,z^{-1} + \cdots + a_0\,z^{-n}}$$

Assim, é possível observar que $f(k\,T_s)$ pode ser obtida da divisão direta do numerador pelo denominador.

1.5.2 Método da expansão em frações parciais

O procedimento é muito semelhante ao utilizado na transformada de Laplace inversa. Muitas funções $F(z)$ tem o termo z no numerador e é conveniente fazer a expansão de $F(z)/z$ ao invés de $F(z)$. A expansão em frações parciais nos permite expressar $F(z)$ como uma somatória simples de transformadas z que procedem de funções discretas no tempo conhecidas. Seja a função $F(z)$ como segue:

$$F(z) = \frac{b_m\, z^m + b_{m-1}\, z^{m-1} + \cdots + b_0}{z^n + a_{n-1}\, z^{n-1} + \cdots + a_0} \quad (m \leq n).$$

O procedimento para obter a transformada z inversa é:

1. Fatorar o polinômio do denominador em fatores de primeira e/ou segunda ordem.

2. Expressar $F(z)/z$ ou $F(z)$ em frações parciais.

3. Obter a transformada z inversa $f(k)$ utilizando Tabelas de Transformada z.

Consideremos três casos de $F(z)$: funções com raízes reais simples de multiplicidade 1, funções com raízes complexas e reais e funções com raízes com multiplicidade maior que 1.

Raízes reais simples

Segundo o método dos resíduos, o resíduo de uma função complexa $F(z)$ em uma raiz simples z_i é dado por:

$$a_i = \big(z - z_i\big)\, F(z)\Big|_{z=z_i}.$$

Desse modo, $F(z)$ pode ser expressada da seguinte maneira:

$$F(z) = \sum_{i=1}^{n} \frac{a_i}{z - z_i}.$$

Raízes complexas conjugadas

Considere que $F(z)$ tem um polinômio no denominador cujas raízes são complexas conjugadas. É possível obter a expansão em frações parciais de $F(z)$ como segue:

$$F(z) = \frac{a\,z}{z - p} + \frac{a^*\,z}{z - p^*}.$$

na qual p e p^* são raízes complexas conjugadas e a e a^* são os resíduos complexos conjugados. A transformada z inversa é obtida como:

$$\begin{aligned} f(k) &= a\,p^k + a^*\,p^{*k} \\ &= |a|\,|p|^k \big\{e^{j(\omega\,k+\theta)} + e^{-j(\omega\,k+\theta)}\big\} \\ &= 2\,|a|\,|p|^k \cos\big(\omega\,k + \theta\big) \end{aligned}$$

na qual ω é a fase do polo p, $\omega = \underline{/p}$, e θ é a fase do coeficiente a, $\theta = \underline{/a}$.

Raízes com multiplicidade maiores que um

Supõe-se que $F(z)$ tem uma raiz com multiplicidade q, dessa maneira q frações parciais estarão associadas com as raízes repetidas.
De maneira geral, a expansão em frações parciais tem a seguinte forma:

$$\begin{aligned} F(z) &= \frac{b_m\,z^m + b_{m-1}\,z^{m-1} + \cdots + b_0}{(z - z_1)^q \prod_{j=q+1}^{n}(z - z_j)} \\ &= \sum_{i=1}^{q} \frac{a_i}{(z - z_1)^{q+1-i}} + \sum_{j=q+1}^{n} \frac{b_j}{z - z_j} \end{aligned}$$

Os coeficientes das raízes repetidas são determinados como:

$$a_i = \frac{1}{(i-1)!}\frac{d^{i-1}}{dz^{i-1}}(z-z_1)^q F(z)\Big|_{z=z_1}, \quad i = 1, 2, \ldots, q.$$

Os coeficientes das raízes simples e complexas conjugadas podem ser obtidos como foi mostrado acima.

1.6 Solução de equações diferenças com coeficientes constantes

Com o intuito de obter a solução analítica, $f(k)$, de equações diferenças com coeficientes constantes é necessário utilizar o método da transformada z. Considere um sistema de controle de tempo discreto, linear e invariante no tempo, representado pela seguinte equação diferença:

$$f(k) + a_{n-1} f(k-1) + \cdots + a_0 f(k-n) = \cdots \tag{1.5}$$

$$\cdots b_m u(k) + b_{m-1} u(k-1) + \cdots + b_0 u(k-m) \tag{1.6}$$

no qual $u(k)$ é a entrada do sistema e $f(k)$ é a saída do sistema na k-ésima amostragem. Essa equação diferença pode ser representada no plano z, aplicando a transformada z em ambos lados da igualdade. Seja $\mathcal{Z}[f(k)] = F(z)$ e é possível expressar $f(k+1)$, $f(k+2)$, $f(k+3)$, ... em termos de $F(z)$ e as respectivas condições iniciais, e $f(k-1)$, $f(k-2)$, $f(k-3)$, ... em termos de $F(z)$ e potências negativas de z.

Função de transferência pulsada em malha aberta

Assim, aplicando a transformada z na equação (1.6), obtém-se:

$$F(z) + a_{n-1}\, z^{-1}\, F(z) + \cdots + a_0\, z^{-n}\, F(z) = \cdots$$
$$\cdots b_m\, U(z) + b_{m-1}\, z^{-1}\, U(z) + \cdots + b_0\, z^{-m}\, U(z)$$

e, então, representamos a equação anterior como:

$$\frac{F(z)}{U(z)} = G(z) = \frac{b_m + b_{m-1}\, z^{-1} + \cdots + b_0\, z^{-m}}{1 + a_{n-1}\, z^{-1} + \cdots + a_0\, z^{-n}}$$

Essa é a função de transferência pulsada em malha aberta, que relaciona a transformada z da saída, $F(z)$, com a transformada z da entrada, $U(z)$, como na Figura 1.2 a seguir.

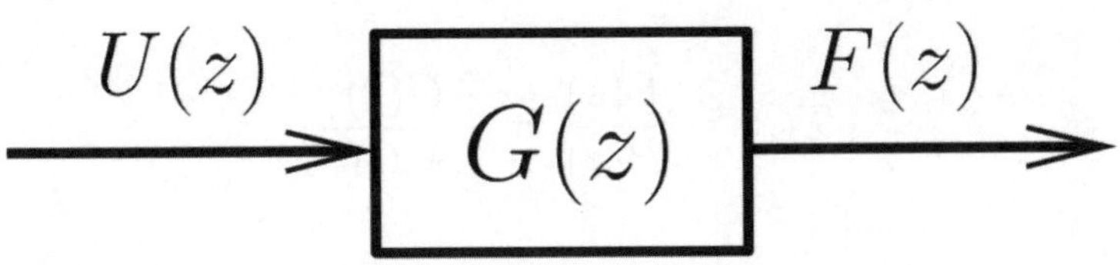

Figura 1.2: Função de transferência pulsada em malha aberta.

Exemplo 1.6.1 *Considere o sistema mostrado na Figura 1.3:*

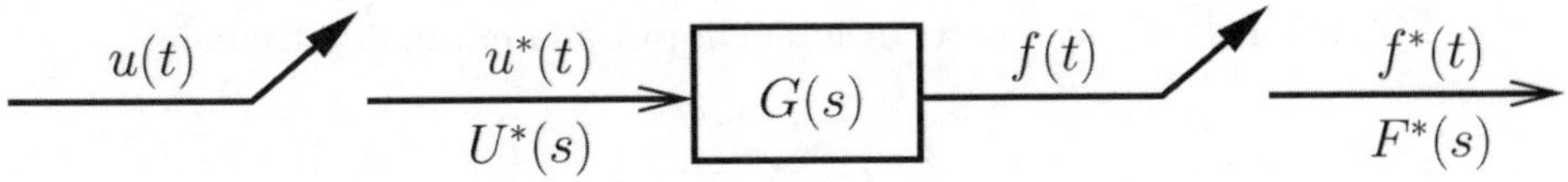

Figura 1.3: Sistema discreto em malha aberta.

Obtenha a função de transferência pulsada $G(z)$.

Solução 1.6.1 *Da Figura 1.3, obtemos as seguintes relações:*

$$F(s) = G(s)\,U^*(s)$$

se aplicamos a transformada estrela ou transformada de Laplace para sinais amostrados, obtêm-se:

$$F^*(s) = G^*(s)\,U^*(s), \text{ e daqui:}$$

$$G^*(s) = \frac{F^*(s)}{U^*(s)}$$

Assim:

$$G(z) = \frac{F(z)}{U(z)}$$

Função de transferência pulsada em malha fechada

A função de transferência pulsada em malha fechada pode ser obtida da Figura 1.4:

$$T(z) = \frac{F(z)}{R(z)} = \frac{G(z)}{1 + G(z)} \tag{1.7}$$

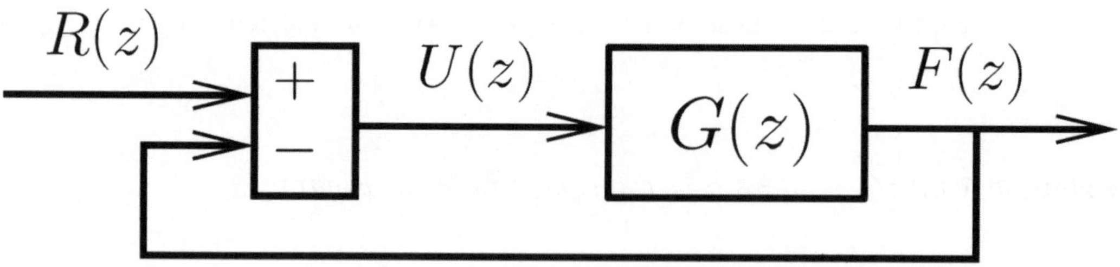

Figura 1.4: Função de transferência pulsada em malha fechada.

Exemplo 1.6.2 *Considere o sistema mostrado na Figura 1.5.*

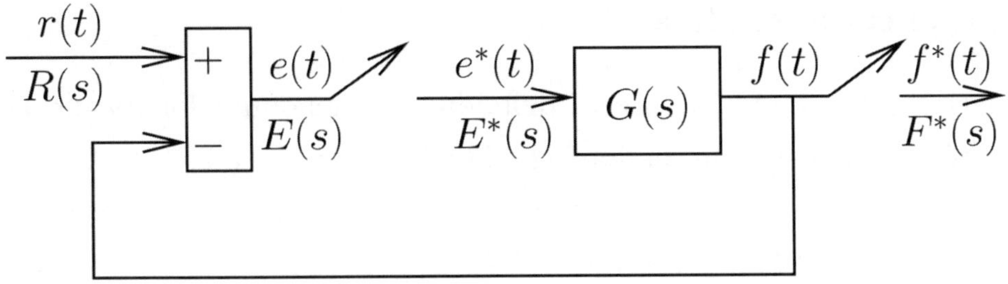

Figura 1.5: Sistema discreto em malha fechada.

Obtenha a função de transferência pulsada em malha fechada $T(z) = \frac{F(z)}{R(z)}$.

Solução 1.6.2 *Da Figura 1.5, obtemos as seguintes relações:*

$$F(s) = G(s)\,E^*(s)$$

$$E(s) = R(s) - F(s)$$

se aplicamos a transformada estrela ou transformada de Laplace para sinais amostrados, obtêm-se:

$$E^*(s) = R^*(s) - F^*(s)$$

$$F^*(s) = G^*(s)\,E^*(s)$$

substituindo $E^*(s)$ *em* $F^*(s)$ *teremos:*

$$F^*(s) = G^*(s)\big(R^*(s) - F^*(s)\big)$$

assim:

$$T^*(s) = \frac{F^*(s)}{R^*(s)} = \frac{G^*(s)}{1 + G^*(s)}$$

e, finalmente:

$$T(z) = \frac{G(z)}{1 + G(z)}$$

1.7 Métodos de análise de estabilidade

Equação característica

A equação característica está definida pelo denominador da função de transferência pulsada em malha fechada (1.7), como segue:

$$P(z) = 1 + G(z) = z^n + c_{n-1}\,z^{n-1} + c_{n-2}\,z^{n-2} + c_{n-3}\,z^{n-3} + \cdots + c_0 = 0 \tag{1.8}$$

A equação característica pode ser expressada da seguinte maneira:

$$P(z) = 1 + G(z) = (z - p_1)(z - p_2)\cdots(z - p_n) = 0$$

na qual p_1, p_2, ..., p_n são as raízes da equação característica, que por sua vez são os polos da função de transferência pulsada em malha fechada. A localização dos polos de malha fechada determinam a estabilidade do sistema.

Métodos de análise de estabilidade em malha fechada

A estabilidade do sistema definido pela equação (1.7) pode ser determinada pela localização dos polos em malha fechada no plano z ou pelas raízes da equação característica. Para que o sistema seja estável, os polos de malha fechada ou as raízes da equação característica devem ficar dentro do círculo unitário no plano z. Qualquer polo de malha fechada fora do círculo unitário torna o sistema instável.

A estabilidade é um tópico muito importante no projeto de sistemas de controle. A estabilidade de sistemas discretos no tempo pode ser verificada utilizando um dos testes ou critérios de estabilidade (ANTONIOU, 2006; ELAYDI, 2005).

Três testes de estabilidade podem ser aplicados diretamente à equação característica sem determinar as raízes ou polos de malha fechada,

1. Critério de estabilidade de Jury-Marden;
2. Critério de estabilidade de Schur-Cohn; e
3. Critério de estabilidade de Routh-Hurwitz com a transformação bilinear.

1.7.1 Critério de estabilidade de Jury-Marden

O critério Jury-Marden deriva do critério Schur-Cohn com a simplificação de que todos os coeficientes da equação característica do sistema dinâmico discreto são reais (ANTONIOU, 2006; JURY, 1964; JURY, 1974).

Considere-se que a equação característica de um sistema seja dada pela equação (1.8), sendo $c_n = 1$ e n a ordem do sistema. Com base na equação (1.8), constrói-se a Tabela de Jury, a Tabela 1.2, como segue:

Tabela 1.2: Tabela de Jury

Etapas	Coeficientes						
1	c_0	c_1	c_2	c_3	$\cdots$	c_{n-2}	c_{n-1}	1
2	1	c_{n-1}	c_{n-2}	c_{n-3}	$\cdots$	c_2	c_1	c_0
3	d_0	d_1	d_2	d_3	$\cdots$	d_{n-2}	d_{n-1}	
4	d_{n-1}	d_{n-1}	d_{n-2}	d_{n-3}	$\cdots$	d_2	d_0	
5	e_0	e_1	e_2	e_3	$\cdots$	e_{n-2}		
6	e_{n-2}	e_{n-1}	e_{n-2}	e_{n-3}	$\cdots$	e_0		
	$\vdots$	$\vdots$	$\vdots$	$\cdots$				
	$\vdots$	$\vdots$	$\vdots$	$\cdots$				
$2n-5$	p_0	p_1	p_2	p_3				
$2n-4$	p_3	p_2	p_1	p_0				
$2n-3$	q_0	q_1	q_2					

Os elementos das linhas pares são os mesmos das linhas ímpares em ordem inversa. Os elementos das linhas ímpares a partir da linha 3 são determinados como:

$$d_k = \det \begin{vmatrix} c_0 & c_{n-k} \\ c_{n-k} & c_0 \end{vmatrix}$$

$$e_k = \det \begin{vmatrix} d_0 & d_{n-1-k} \\ d_{n-1-k} & d_0 \end{vmatrix}$$

$$q_k = \det \begin{vmatrix} p_0 & p_3 \\ p_3 & p_0 \end{vmatrix}$$

Após realizados os cálculos dos elementos até a linha $2n-3$, continuamos com a análise dos coeficientes segundo o critério de Shur-Cohn-Jury.

Para verificar se as raízes da equação característica $P(z) = 0$ têm módulo menor ou igual à unidade, as seguintes condições devem ser verificadas:

$$P(1) > 0 \tag{1.9}$$

$$(-1)^n P(-1) > 0 \tag{1.10}$$

$$\left|c_0\right| < c_n \tag{1.11}$$

$$\left|d_0\right| > \left|d_{n-1}\right| \tag{1.12}$$

$$\left|e_0\right| > \left|e_{n-2}\right| \tag{1.13}$$

$$\vdots \quad \vdots$$

$$\left|q_0\right| > \left|q_2\right| \tag{1.14}$$

As primeiras três condições são de verificação, equações (1.9), (1.10) e (1.11). Se qualquer uma dessas condições não for satisfeita, então pare a verificação, pois o sistema é instável. Caso contrário, continue com a verificação das outras condições.

1.7.2 Critério de estabilidade de Schur-Cohn

O critério de estabilidade de Schur-Cohn foi estabelecido em 1922 e discutido por Fujiwara em 1924 (COHN, 1922; FUJIWARA, 1926), quando ainda não existiam computadores digitais. A principal aplicação do critério é estabelecer se um polinômio geral em z tinha ou não raízes dentro do círculo unitário no plano z. Esse critério foi substituído nos último anos por outros mais eficientes, mas é a base de alguns dos critérios modernos (ANTONIOU, 2006).

O critério de estabilidade de Schur-Cohn fornece um teste alternativo para a estabilidade de sistemas dinâmicos discretos e é expresso em termos dos coeficientes da equação característica (1.8) (LI et al., 2011).

Para esse critério, considerem-se os seguintes determinantes:

$$D_i^{\pm} = \left| \begin{pmatrix} 1 & c_{n-1} & c_{n-2} & \cdots & c_{n-i+1} \\ 0 & 1 & c_{n-1} & \cdots & c_{n-i+2} \\ 0 & 0 & 1 & \cdots & c_{n-i+3} \\ \vdots & \vdots & \vdots & \ddots & \vdots \\ 0 & 0 & 0 & \cdots & 1 \end{pmatrix} \pm \begin{pmatrix} c_{i-1} & c_{i-2} & \cdots & c_1 & c_0 \\ c_{i-2} & c_{i-3} & \cdots & c_0 & 0 \\ \vdots & \vdots & \ddots & \vdots & \vdots \\ c_1 & c_0 & \cdots & 0 & 0 \\ c_0 & 0 & \cdots & 0 & 0 \end{pmatrix} \right|$$

para todo $i = 1, 2, , \ldots, n-1$.

A equação característica (1.8) tem todas as suas raízes dentro do círculo unitário se e somente se:

1. $P(1) > 0$ e $(-1)^n P(-1) > 0$
2. $D_1^{\pm} > 0$, $D_3^{\pm} > 0$, ..., $D_{n-3}^{\pm} > 0$, $D_{n-1}^{\pm} > 0$, quando n for par ou
3. $D_2^{\pm} > 0$, $D_4^{\pm} > 0$, ..., $D_{n-3}^{\pm} > 0$, $D_{n-1}^{\pm} > 0$, quando n for ímpar.

1.7.3 Critério de estabilidade de Routh-Hurwitz com a transformação bilinear

No plano z, não é possível aplicar diretamente o critério de estabilidade de Routh-Hurwitz. Para que seja possível aplicar o critério, é necessário o mapeamento do interior do círculo unitário no plano z no semiplano esquerdo no novo plano w, similar ao plano s. A transformação bilinear está definida por:

$$z = \frac{1+w}{1-w} \tag{1.15}$$

e o mapeamento do plano w para o plano z é realizado por:

$$w = \frac{z-1}{z+1} \tag{1.16}$$

O mapeamento do plano z no plano w é realizado substituindo a equação (1.15) na equação característica (1.8). A equação característica no plano w fica:

$$
\begin{aligned}
P(z) &= \left(\frac{1+w}{1-w}\right)^{n} + c_{n-1}\left(\frac{1+w}{1-w}\right)^{n-1} + \cdots \\
&\cdots + c_{n-2}\left(\frac{1+w}{1-w}\right)^{n-2} + c_{n-3}\left(\frac{1+w}{1-w}\right)^{n-3} + \cdots + c_0 = 0 \\
Q(w) &= \left(1-w\right)P\left(z\right)\Big|_{z=\frac{1+w}{1-w}} \\
Q(w) &= \left(1+w\right)^{n} + c_{n-1}\left(1+w\right)^{n-1}\left(1-w\right) + \cdots \\
&\cdots + c_{n-2}\left(1+w\right)^{n-2}\left(1-w\right)^{2} + \cdots \\
&\cdots + c_{n-3}\left(1+w\right)^{n-3}\left(1-w\right)^{3} + \cdots + c_0\left(1-w\right)^{n} = 0
\end{aligned}
$$

Realizando a redução de termos semelhantes, obtém-se:

$$
Q(w) = d_n\, w^{n} + d_{n-1}\, w^{n-1} + d_{n-2}\, w^{n-2} + d_{n-3}\, w^{n-3} + \cdots + d_0 = 0 \quad (1.17)
$$

1. Dada a equação característica no plano w, conforme a equação (1.17), estrutura-se a tabela de Routh como segue:

$$
\begin{array}{c|cccc}
w^{n} & d_n & d_{n-2} & d_{n-4} & \cdots \\
w^{n-1} & d_{n-1} & d_{n-3} & d_{n-5} & \cdots \\
w^{n-2} & e_1 & e_2 & e_3 & \cdots \\
\vdots & f_1 & f_2 & f_3 & \cdots \\
w^{1} & p_1 & & & \\
w^{0} & q_1 & & &
\end{array}
$$

2. As duas primeiras linhas da tabela são obtidas da equação característica, as demais são calculadas da seguinte maneira:

$$
\begin{aligned}
e_1 &= \frac{d_{n-1}d_{n-2} - d_n d_{n-3}}{d_{n-1}} & f_1 &= \frac{e_1 d_{n-3} - d_{n-1}e_2}{e_1} \\
e_2 &= \frac{d_{n-1}d_{n-4} - b_n d_{n-5}}{d_{n-1}} & f_2 &= \frac{e_1 d_{n-5} - d_{n-1}e_3}{e_1} \\
e_3 &= \frac{d_{n-1}d_{n-6} - b_n d_{n-7}}{d_{n-1}} & &\vdots
\end{aligned}
$$

3. Uma vez que a tabela foi obtida, o critério de estabilidade de Routh-Hurwitz estabelece que o número de raízes da equação característica com parte real positiva é igual ao número de mudanças do sinal dos coeficientes da primeira coluna da tabela.

1.8 Erro de estado estacionário

O erro atuante da Figura 1.5 é definido como:

$$e(t) = r(t) - f(t)$$

e o erro atuante discreto pode ser determinado como:

$$E(s) = R(s) - F(s)$$

aplicando a transformada estrela, obtém-se:

$$E^*(s) = R^*(s) - F^*(s)$$

$$E^*(s) = R^*(s) - G^*(s)\,E^*(s)$$

assim:

$$E^*(s) = \frac{R^*(s)}{1 + G^*(s)}$$

e, finalmente:

$$E(z) = \frac{R(z)}{1 + G(z)}$$

O valor do erro atuante discreto nos instantes de amostragem é determinado utilizando o Teorema do Valor Final, como segue:

$$\begin{aligned}\lim_{k\to\infty} e(kT_s) &= \lim_{z\to 1}\left(1-z^{-1}\right)E(z)\\ &= \lim_{z\to 1}\left(1-z^{-1}\right)\frac{R(z)}{1+G(z)}\\ &= \lim_{z\to 1}\left(1-z^{-1}\right)\frac{1}{1+G(z)}R(z)\end{aligned} \tag{1.18}$$

Constante de erro estático de posição

Considere-se uma entrada degrau unitária $\mathbf{1}(k)$ cuja transformada z é:

$$R(z) = \mathcal{Z}\{\mathbf{1}(k)\} = \frac{1}{1-z^{-1}}$$

substituindo essa expressão na equação (1.18), obtém-se:

$$\begin{aligned}\lim_{k\to\infty} e(kT_s) &= \lim_{z\to 1}\left(1-z^{-1}\right)\frac{1}{1+G(z)}R(z)\\ &= \lim_{z\to 1}\left(1-z^{-1}\right)\frac{1}{1+G(z)}\frac{1}{1-z^{-1}}\\ &= \lim_{z\to 1}\frac{1}{1+G(z)}.\end{aligned}$$

Definamos a constante de erro estático de posição como:

$$K_p = \lim_{z\to 1} G(z),$$

dessa maneira, o erro de estado permanente em resposta a uma entrada degrau unitária é:

$$e_{ss} = \lim_{z\to 1}\frac{1}{1+K_p}.$$

Constante de erro estático de velocidade

Considere-se uma entrada rampa unitária $(k\,T_s)\,\mathbf{1}(k)$ cuja transformada z é:

$$R(z) = \mathcal{Z}\big\{k\,T_s\,\mathbf{1}(k)\big\} = \frac{T_s\,z^{-1}}{\big(1 - z^{-1}\big)^2}$$

substituindo essa expressão na equação (1.18), obtém-se:

$$\begin{aligned}\lim_{k\to\infty} e(k\,T_s) &= \lim_{z\to 1}\big(1 - z^{-1}\big)\,\frac{1}{1 + G(z)}\,R(z)\\ &= \lim_{z\to 1}\big(1 - z^{-1}\big)\,\frac{1}{1 + G(z)}\,\frac{T_s\,z^{-1}}{\big(1 - z^{-1}\big)^2}\\ &= \lim_{z\to 1}\frac{T_s}{\big(1 - z^{-1}\big)G(z)}.\end{aligned}$$

Definamos a constante de erro estático de velocidade como:

$$K_v = \lim_{z\to 1}\frac{\big(1 - z^{-1}\big)G(z)}{T_s},$$

dessa maneira, o erro de estado permanente em resposta a uma entrada degrau unitária é:

$$e_{ss} = \lim_{z\to 1}\frac{1}{K_v}.$$

Constante de erro estático de aceleração

Considere-se uma entrada de aceleração unitária $(k\,T_s)^2\,\mathbf{1}(k)/2$ cuja transformada z é:

$$R(z) = \mathcal{Z}\big\{(k\,T_s)^2\,\mathbf{1}(k)/2\big\} = \frac{T_s^2\,\big(1 + z^{-1}\big)z^{-1}}{2\big(1 - z^{-1}\big)^3}$$

substituindo essa expressão na equação (1.18), obtém-se:

$$\begin{aligned}\lim_{k\to\infty} e(kT_s) &= \lim_{z\to 1}\left(1-z^{-1}\right)\frac{1}{1+G(z)}R(z)\\ &= \lim_{z\to 1}\left(1-z^{-1}\right)\frac{1}{1+G(z)}\frac{T_s^2\left(1+z^{-1}\right)z^{-1}}{2\left(1-z^{-1}\right)^3}\\ &= \lim_{z\to 1}\frac{T_s^2}{\left(1-z^{-1}\right)^2 G(z)}.\end{aligned}$$

Definamos a constante de erro estático de aceleração como:

$$K_v = \lim_{z\to 1}\frac{\left(1-z^{-1}\right)^2 G(z)}{T_s^2},$$

dessa maneira, o erro de estado permanente em resposta a uma entrada de aceleração unitária é:

$$e_{ss} = \lim_{z\to 1}\frac{1}{K_a}.$$

1.9 Exercícios resolvidos

Exemplo 1.9.1 *Determine a transformada z da função degrau unitária:*

$$\mathbf{1}(t) = \begin{cases} 1, & t \geq 0,\\ 0, & t < 0.\end{cases}$$

Utilize a definição de transformada z.

Solução 1.9.1 *Utilizaremos a equação (1.4) para determinar a transformada z do degrau unitário:*

$$F(z) = \sum_{k=0}^{\infty} f(k\,T_s)\, z^{-k} = \sum_{k=0}^{\infty} \mathbf{1}(k\,T_s) \cdot z^{-k} = \sum_{k=0}^{\infty} z^{-k}$$
$$= 1 + z^{-1} + z^{-2} + z^{-3} + z^{-4} + \cdots$$

é uma progressão geométrica com primeiro elemento 1 *e com razão* z^{-1}*, dessa maneira, obtêm-se:*

$$F(z) = \frac{1}{1 - z^{-1}} = \frac{z}{z - 1}.$$

Exemplo 1.9.2 *Determine a transformada z da função rampa unitária:*

$$f(t) = t.$$

Utilize a definição de transformada z.

Solução 1.9.2 *Utilizaremos a equação (1.4) para determinar a transformada z da rampa unitária:*

$$F(z) = \sum_{k=0}^{\infty} f(k\,T_s)\,z^{-k} = \sum_{k=0}^{\infty} (k\,T_s)\,z^{-k} = T_s \sum_{k=0}^{\infty} k\,z^{-k}$$

$$= 0 + T_s\,z^{-1} + 2\,T_s\,z^{-2} + 3\,T_s\,z^{-3} + 4\,T_s\,z^{-4} + 5\,T_s\,z^{-5} + \cdots$$

fatorando o termo $T_s\,z^{-1}$, da expressão anterior, obtém-se

$$F(z) = T_s\,z^{-1}\Big\{1 + 2\,z^{-1} + 3\,z^{-2} + 4\,z^{-3} + 5\,z^{-4} + \cdots\Big\}$$

multiplicando ambos membros da expressão anterior por z^{-1} e introduzindo dito elemento dentro da expressão entre chaves, obteremos:

$$z^{-1}\,F(z) = T_s\,z^{-1}\Big\{z^{-1} + 2\,z^{-2} + 3\,z^{-3} + 4\,z^{-4} + 5\,z^{-5} + \cdots\Big\}$$

realizando a diferença entre ambos os lados das expressões de $F(z)$ e $z^{-1}\,F(z)$, temos:

$$\Big(1 - z^{-1}\Big)F(z) = T_s\,z^{-1}\underbrace{\Big\{1 + z^{-1} + z^{-2} + z^{-3} + z^{-4} + z^{-5} + \cdots\Big\}}_{\text{esta expressão é equivalente a } \frac{1}{1-z^{-1}}}$$

resolvendo para $F(z)$, obtém-se:

$$F(z) = \frac{T_s\,z^{-1}}{\Big(1 - z^{-1}\Big)^2}$$

Exemplo 1.9.3 *Determine a transformada z da função exponencial:*

$$f(t) = e^{-a\,t}.$$

Utilize a definição de transformada z.

Solução 1.9.3 *Utilizaremos a equação (1.4) para determinar a transformada z da função exponencial:*

$$F(z) = \sum_{k=0}^{\infty} f(k\,T_s)\, z^{-k} = \sum_{k=0}^{\infty} e^{-a\,k\,T_s}\, z^{-k}$$

utilizamos uma das propriedades do função exponencial, como segue:

$$= \sum_{k=0}^{\infty} \left(e^{a\,T_s}\right)^{-k} z^{-k}$$

$$= \sum_{k=0}^{\infty} \left(z\,e^{a\,T_s}\right)^{-k}$$

consideremos uma mudança de notação $\bar{z} = z\,e^{a\,T_s}$ *então:*

$$= \sum_{k=0}^{\infty} \bar{z}^{-k}$$

a expressão anterior representa a definição da transformada z de uma função degrau unitária, resultando em:

$$= \frac{1}{1-\bar{z}^{-1}} = \frac{1}{1-\left(z\,e^{a\,T_s}\right)^{-1}} = \frac{1}{1-z^{-1}e^{-a\,T_s}}$$

Exemplo 1.9.4 *Determine a transformada z da seguinte função:*

$$f(t) = t\,e^{-a\,t}.$$

Utilize a definição de transformada z.

Solução 1.9.4 ***Procedimento 1***: *Utilizaremos a equação (1.4) para determinar a transformada z da função:*

$$F(z) = \sum_{k=0}^{\infty} f(k\,T_s)\, z^{-k} = \sum_{k=0}^{\infty} k\,T_s\, e^{-a\,k\,T_s}\, z^{-k}$$

$$= T_s \sum_{k=0}^{\infty} k \left(z\, e^{a\,T_s} \right)^{-k}$$

consideremos uma mudança de notação $\bar{z} = z\, e^{a\,T_s}$, *obtém-se:*

$$= \sum_{k=0}^{\infty} k\, \bar{z}^{-k}$$

a expressão anterior representa a definição da transformada z de uma função rampa unitária, resultando em:

$$= \frac{T_s\, \bar{z}^{-1}}{\left(1 - \bar{z}^{-1}\right)^2} = \frac{T_s \left(z\, e^{a\,T_s}\right)^{-1}}{\left(1 - \left(z\, e^{a\,T_s}\right)^{-1}\right)^2}$$

$$= \frac{T_s\, z^{-1}\, e^{-a\,T_s}}{\left(1 - z^{-1}\, e^{-a\,T_s}\right)^2}.$$

Procedimento 2: *Utilizando o teorema de translação complexa, seja* $f(t)$ *a função rampa unitária, isto é:*

$$f(t) = t, \quad t \geq 0,$$

cuja transformada z é como segue:

$$F(z) = \frac{T_s\, z^{-1}}{\left(1 - z^{-1}\right)^2}.$$

A transformada z de $e^{-a\,t}\, f(t)$, *isto é:*

$$e^{-a\,t}\, f(t) = e^{-a\,t}\, t$$

tem como transformada z, segundo o teorema de translação complexa $F\left(z\, e^{a\,T_s}\right)$, *assim, teremos:*

$$F(z) = \mathcal{Z}\left\{t\, e^{-a\,t}\right\} = \left.\frac{T_s\, z^{-1}}{\left(1 - z^{-1}\right)^2}\right|_{z = z\, e^{a\,T_s}} = \frac{T_s\, z^{-1} e^{-a\,T_s}}{\left(1 - z^{-1} e^{-a\,T_s}\right)^2}.$$

Exemplo 1.9.5 *Determine a transformada z da função seno:*

$$f(t) = \operatorname{sen}(\omega\, t).$$

Solução 1.9.5 *Para determinar a transformada z da função seno utilizaremos a transformada z da função exponencial. Lembremos as identidades de Euler:*

$$\begin{aligned} e^{j\omega\, t} &= \cos(\omega\, t) + j \operatorname{sen}(\omega\, t), \\ e^{-j\omega\, t} &= \cos(\omega\, t) - j \operatorname{sen}(\omega\, t). \end{aligned}$$

Assim, obtêm-se:

$$
\begin{aligned}
\operatorname{sen}(\omega\, t) &= \frac{e^{j\omega\, t} - e^{-j\omega\, t}}{2\,j} \\
\mathcal{Z}\Big\{ \operatorname{sen}(\omega\, t) \Big\} &= \mathcal{Z}\left\{ \frac{e^{j\omega\, t} - e^{-j\omega\, t}}{2\,j} \right\} \\
&= \mathcal{Z}\left\{ \frac{e^{j\omega\, t}}{2\,j} \right\} - \mathcal{Z}\left\{ \frac{e^{-j\omega\, t}}{2\,j} \right\} \\
&= \frac{1}{2\,j}\mathcal{Z}\Big\{ e^{j\omega\, t} \Big\} - \frac{1}{2\,j}\mathcal{Z}\Big\{ e^{-j\omega\, t} \Big\} \\
&= \frac{1}{2\,j}\left[\mathcal{Z}\Big\{ e^{j\omega\, t} \Big\} - \mathcal{Z}\Big\{ e^{-j\omega\, t} \Big\} \right]
\end{aligned}
$$

utilizando a transformada z da função exponencial:

$$
\begin{aligned}
&= \frac{1}{2\,j}\left[\frac{1}{1 - e^{j\omega\, T_s} z^{-1}} - \frac{1}{1 - e^{-j\omega\, T_s} z^{-1}} \right] \\
&= \frac{1}{2\,j}\left[\frac{1 - e^{-j\omega\, T_s} z^{-1} - \Big(1 - e^{j\omega\, T_s} z^{-1}\Big)}{\Big(1 - e^{j\omega\, T_s} z^{-1}\Big)\Big(1 - e^{-j\omega\, T_s} z^{-1}\Big)} \right] \\
&= \frac{1}{2\,j}\left[\frac{z^{-1}\Big(e^{j\omega\, T_s} - e^{-j\omega\, T_s}\Big)}{1 - z^{-1}\Big(e^{j\omega\, T_s} + e^{-j\omega\, T_s}\Big) + z^{-2}} \right] \\
&= \frac{1}{2\,j}\left[\frac{z^{-1}\, 2\,j\, \operatorname{sen}(\omega\, T_s)}{1 - z^{-1}\, 2\, cos(\omega\, T_s) + z^{-2}} \right] \\
&= \frac{\operatorname{sen}(\omega\, T_s)\, z^{-1}}{1 - 2\; cos(\omega\, T_s)\, z^{-1} + z^{-2}}.
\end{aligned}
$$

Exemplo 1.9.6 *Determine a transformada z da seguinte função:*

$$
f(t) = e^{-a\,t}\, \operatorname{sen}(\omega\, t).
$$

Solução 1.9.6 ***Procedimento 1****: Utilizaremos a equação (1.4) para determinar a transformada z da função:*

$$\begin{aligned}
F(z) &= \sum_{k=0}^{\infty} f(k\,T_s)\,z^{-k} = \sum_{k=0}^{\infty} e^{-a\,k\,T_s}\ \text{sen}(k\,\omega\,T_s)\,z^{-k} \\
&= T_s \sum_{k=0}^{\infty} \text{sen}(k\,\omega\,T_s) \left(z\,e^{a\,T_s} \right)^{-k}
\end{aligned}$$

consideremos uma mudança de notação $\bar{z} = z\,e^{a\,T_s}$ *obtém-se:*

$$= \sum_{k=0}^{\infty} \text{sen}(k\,\omega\,T_s)\,\bar{z}^{-k}$$

a expressão anterior representa a definição da transformada z de uma função seno, resultando em:

$$\begin{aligned}
&= \left. \frac{\text{sen}(\omega\,T_s)\,\bar{z}^{-1}}{1 - 2\,\cos(\omega\,T_s)\bar{z}^{-1} + \bar{z}^{-2}} \right|_{\bar{z}=z\,e^{a\,T_s}} \\
&= \frac{\text{sen}(\omega\,T_s)\,(z\,e^{a\,T_s})^{-1}}{1 - 2\,\cos(\omega\,T_s)(z\,e^{a\,T_s})^{-1} + (z\,e^{a\,T_s})^{-2}} \\
&= \frac{\text{sen}(\omega\,T_s)\,z^{-1}\,e^{-a\,T_s}}{1 - 2\,\cos(\omega\,T_s)z^{-1}\,e^{-a\,T_s} + z^{-2}\,e^{-2\,a\,T_s}}
\end{aligned}$$

Procedimento 2*: Utilizando o teorema de translação complexa. Seja* $f(t)$ *a função seno cuja transformada z é como segue:*

$$F(z) = \frac{\text{sen}(\omega\,T_s)\,z^{-1}}{1 - 2\,cos(\omega\,T_s)\,z^{-1} + z^{-2}}.$$

A transformada z de $e^{-a\,t}\,f(t)$*, isto é:*

$$e^{-a\,t}\,f(t) = e^{-a\,t}\ \text{sen}(\omega\,t)$$

tem como transformada z, segundo o teorema de translação complexa, $F\big(z\,e^{a\,T_s}\big)$*, assim, obtém-se:*

$$F(z) = \mathcal{Z}\{e^{-a\,t}\,\mathrm{sen}(\omega\,T_s)\} = \left.\frac{\mathrm{sen}(\omega\,T_s)\,z^{-1}}{1 - 2\,cos(\omega\,T_s)\,z^{-1} + z^{-2}}\right|_{z = z\,e^{a\,T_s}}$$

$$= \frac{\mathrm{sen}(\omega\,T_s)\,z^{-1}\,e^{-a\,T_s}}{1 - 2\,\cos(\omega\,T_s)z^{-1}\,e^{-a\,T_s} + z^{-2}\,e^{-2\,a\,T_s}}.$$

Exemplo 1.9.7 *Determine a solução da seguinte equação diferença:*

$$f(k+2) - f(k+1) + 0,25f(k) = u(k+2),$$

na qual as condições iniciais são $f(0) = 1$ *e* $f(1) = 2$*. A entrada* $u(k)$ *é uma função degrau unitária, definida como segue:*

$$u(k) = \begin{cases} 1, & k \geq 0, 1, 2, \ldots \\ 0, & k < 0. \end{cases}$$

Resolva a equação diferença analiticamente e computacionalmente.

Solução 1.9.7 ***Solução analítica:*** *Para resolver a equação diferença, utilizaremos os itens 3 e 5 da Tabela A.2. Aplicando a transformada z a ambos os lados da equação diferença, obtemos:*

$$z^2\,F(z) - z^2\,f(0) - z\,f(1) - \Big(z\,F(z) - z\,f(0)\Big) + 0,25\,F(z) = \cdots$$

$$\cdots z^2\,U(z) - z^2\,u(0) - z\,u(1)$$

$$z^2\,F(z) - \cancel{z^2} - \cancel{2z} - z\,F(z) + \cancel{z} + 0,25\,F(z) = z^2\,U(z) - \cancel{z^2} - \cancel{z}$$

eliminando os termos, temos:

$$\left(z^2 - z + 0,5\right)F(z) = z^2\,U(z)$$

$$F(z) = \frac{z^2}{z^2 - z + 0,25}U(z)$$

sabemos que a transformada z do degrau unitário é:

$$U(z) = \frac{z}{z-1}, \quad \textit{assim:}$$

$$F(z) = \frac{z^2}{z^2 - z + 0,25}\left(\frac{z}{z-1}\right)$$

Para determinar $f(k)$ podemos utilizar a transformada z inversa e expressar $F(z)$ em frações parciais. Podemos obter as frações parciais de $F(z)/z$ ou de $F(z)$. As expressões matemáticas correspondentes serão diferentes, mas os valores numéricos devem ser iguais quando avaliados nos mesmo instantes de amostragem.

Determinemos as frações parciais de $F(z)/z$, como segue:

$$\frac{F(z)}{z} = \frac{z^2}{\left(z^2 - z + 0,25\right)\left(z-1\right)} = \frac{z^2}{\left(z-0,5\right)^2\left(z-1\right)}$$

$$= \frac{a}{\left(z-0,5\right)^2} + \frac{b}{z-0,5} + \frac{c}{z-1}$$

para obter os coeficientes a, b, c utilizaremos:

$$a = \left.\frac{F(z)}{z}\left(z-0,5\right)^2\right|_{z=0,5} = -0,5$$

$$b = \left.\frac{d}{dz}\left(\frac{F(z)}{z}\left(z-0,5\right)^2\right)\right|_{z=0,5} = -3$$

$$c = \left.\frac{F(z)}{z}\left(z-1\right)\right|_{z=1} = 4$$

Assim:

$$\frac{F(z)}{z} = \frac{-0,5}{\left(z-0,5\right)^2} + \frac{-3}{z-0,5} + \frac{4}{z-1}$$

multiplicando por z ambos os lados da igualdade anterior, obtêm-se:

$$F(z) = -0,5\frac{z}{\left(z-0,5\right)^2} - 3\frac{z}{z-0,5} + 4\frac{z}{z-1}$$

utilizando os item 1, 19 e 21 da Tabela A.1, é possível obter a transformada z inversa de $F(z)$, assim:

$$f(k) = -0,5\,k\,(0,5)^{k-1} - 3(0,5)^k + 4\cdot\mathbf{1}(k)$$

e, finalmente:

$$f(k) = -k\,(0,5)^k - 3(0,5)^k + 4\cdot\mathbf{1}(k) = -(k+3)(0,5)^k + 4\cdot\mathbf{1}(k)$$

Solução computacional: *A solução computacional é realizada através do script mostrado em* *A Figura 1.6a mostra a simulação da solução analítica, isto é:*

$$f(k) = -k\,(0,5)^k - 3(0,5)^k + 4\cdot\mathbf{1}(k) = -(k+3)(0,5)^k + 4\cdot\mathbf{1}(k), \quad \forall i = 1, 2, 3 \ldots.$$

A Figura 1.6b mostra a simulação da solução computacional, isto é, a simulação do algoritmo computacional iterativo que resolve a equação do Exemplo 1.9.7.

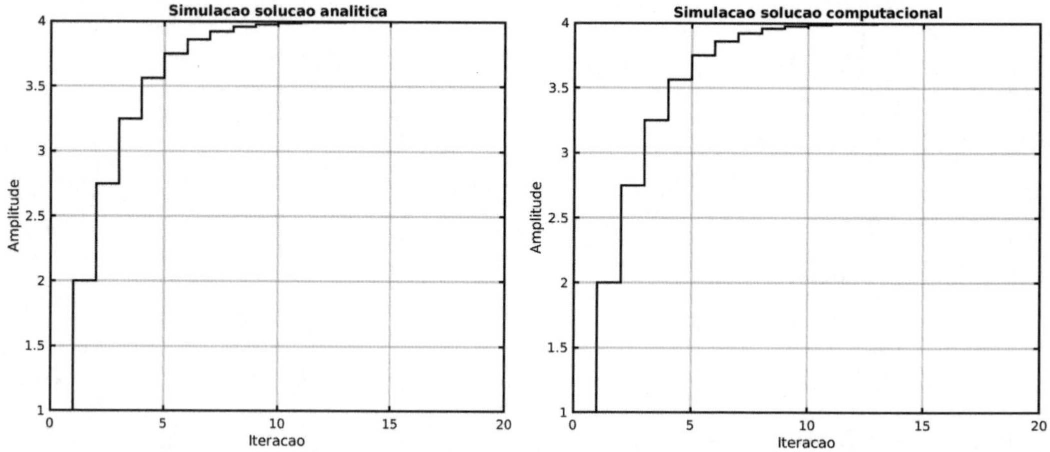

(a) Simulação da solução analítica. (b) Simulação da solução computacional.

Figura 1.6: Comparação das soluções analítica e computacional, exemplo 1.9.7.

Os scripts ***size_font.m*** *e* ***size_font_2.m*** *encontram-se em* *para o Matlab.*

Exemplo 1.9.8 *Considere a seguinte equação característica:*

$$P(z) = z^4 - 0,7\,z^3 - 0,78\,z^2 + 0,76\,z - 0,16.$$

Determine a estabilidade da equação característica. Utilize os três critérios de estabilidade.

Solução 1.9.8 *Identifiquemos os coeficientes da equação característica:* $a_4 = 1$, $a_3 = -0,7$, $a_2 = -0,78$, $a_1 = 0,76$, $a_0 = -0,16$. *Iniciaremos a verificação da estabilidade pelo critério de Jury-Marden.*

Critério de Jury-Marden

Verifiquemos as condições de estabilidade:

1. $|a_0| = |-0,16| < a_4 = 1$, *essa condição é satisfeita.*

2. $P(1) > 0$, *isto é,* $P(1) = a_4 + a_3 + a_2 + a_1 + a_0 = 1 - 0,7 - 0,78 + 0,76 - 0,16 = 0,12 > 0$, *essa condição é satisfeita.*

3. $(-1)^n P(-1) > 0$, *isto é,* $(-1)^4 P(-1) = 1 + 0,7 - 0,78 - 0,76 - 0,16 = 0$, *essa condição não é satisfeita e isso nos afirma que a equação característica tem uma raiz em* $z = -1$. *Dessa maneira, continuamos com a verificação das condições remanescentes.*

4. *Constrói-se a tabela de Jury-Marden para verificar as condições remanescentes:*

Etapa	z^0	z^1	z^2	z^3	z^4	
	$-0,16$				1	$= b_0 = -0,9744$
	1				$-0,16$	
	$-0,16$			$-0,7$		$= b_1 = 0,5784$
	1			$0,76$		
	$-0,16$		$-0,78$			$= b_2 = 0,9048$
	1		$-0,78$			
1	$-0,16$	$0,76$				$= b_3 = -0,6480$
2	1	$-0,7$				
	$-0,9744$			$-0,6480$		$= c_0 \approx 0,52955$
	$-0,6480$			$-0,9744$		
	$-0,9744$		$0,9048$			$= c_1 \approx 0,022717$
	$-0,6480$		$0,5784$			
3	$-0,9744$	$0,5784$				$= c_2 \approx -0,50683$
4	$-0,6480$	$0,9048$				
5	$0,52955$	$0,022717$	$-0,50683$			

Da Tabela, obtemos que:

$$|b_0| = 0,9744 > |b_3| = 0,6480, \quad \textit{essa condição é satisfeita, e}$$
$$|c_0| = 0,52955 > |c_2| = 0,50683, \quad \textit{essa condição é satisfeita.}$$

Todas as condições são satisfeitas com exceção da condição 3, a partir da qual podemos afirmar que a equação característica tem um polo em $z = -1$. *Portanto, no máximo, o sistema é criticamente estável.*

Critério de Schur-Cohn

Verifiquemos as condições para esse critério. Consideremos que os coeficientes da equação característica são: $a_4 = 1$, $a_3 = -0,7$, $a_2 = -0,78$, $a_1 = 0,76$, $a_0 = -0,16$.

1. $P(1) > 0$ *já foi verificada e satisfeita no critério de Jury-Marden e* $(-1)^n P(-1) = 0$ *para essa condição. Concluímos que a equação característica tem uma raiz em* $z = -1$.

2. *Agora, temos que verificar se as seguintes determinantes são positivas. No caso em que* $n = 4$ *é par:*

$$D_1^{\pm} = |a_4 \pm a_0| > 0$$
$$D_3^{\pm} = \left| \begin{pmatrix} a_4 & a_3 & a_2 \\ 0 & a_4 & a_3 \\ 0 & 0 & a_4 \end{pmatrix} \pm \begin{pmatrix} a_2 & a_1 & a_0 \\ a_1 & a_0 & 0 \\ a_0 & 0 & 0 \end{pmatrix} \right| > 0$$

substituindo valores dos coeficientes, obtemos:

$$D_1^{+} = |1 + -0,16| = |0,84| > 0$$
$$D_1^{-} = |1 - (-0,16)| = |1,16| > 0$$

Assim, ambas as determinantes D_1^+ *e* D_1^- *são positivas.*

Verifiquemos os demais determinantes:

$$D_3^+ = \left| \begin{pmatrix} 1 & -0,7 & -0,78 \\ 0 & 1 & -0,7 \\ 0 & 0 & 1 \end{pmatrix} + \begin{pmatrix} -0,78 & 0,76 & -0,16 \\ 0,76 & -0,16 & 0 \\ -0,16 & 0 & 0 \end{pmatrix} \right|$$

$$= \left| \begin{pmatrix} 0,22 & 0,06 & -0,94 \\ 0,76 & 0,84 & -0,7 \\ -0,16 & 0 & 1 \end{pmatrix} \right| = 0.019584 > 0,$$

essa condição é satisfeita,

$$D_3^- = \left| \begin{pmatrix} 1 & -0,7 & -0,78 \\ 0 & 1 & -0,7 \\ 0 & 0 & 1 \end{pmatrix} - \begin{pmatrix} -0,78 & 0,76 & -0,16 \\ 0,76 & -0,16 & 0 \\ -0,16 & 0 & 0 \end{pmatrix} \right|$$

$$= \left| \begin{pmatrix} 1,78 & -1,46 & -0,62 \\ -0,76 & 1,6 & -0,7 \\ 0,16 & 0 & 1 \end{pmatrix} \right| = 1,2338 > 0,$$

essa condição é satisfeita,

Assim, as determinantes D_3^+ e D_3^- são positivas.

Portanto, a equação característica será criticamente estável, já que possui uma raiz em $z = -1$.

Critério de Routh-Hurwitz e transformação bilinear

A equação característica no plano z tem a seguinte forma:

$$P(z) = z^4 - 0,7\,z^3 - 0,78\,z^2 + 0,76\,z - 0,16.$$

utilizaremos a seguinte transformação bilinear:

$$z = \frac{1+w}{1-w}$$

e a equação característica no plano w fica somo segue:

$$
\begin{aligned}
Q(w) &= P(z)\Big|_{z=\frac{1+w}{1-w}} = 0 \\
&= \left(\frac{1+w}{1-w}\right)^4 - 0,7\left(\frac{1+w}{1-w}\right)^3 - 0,78\left(\frac{1+w}{1-w}\right)^2 + 0,76\left(\frac{1+w}{1-w}\right) - 0,16 \\
&= \big(1+w\big)^4 - 0,7\big(1+w\big)^3\big(1-w\big) - 0,78\big(1+w\big)^2\big(1-w\big)^2 + \cdots \\
&\quad \cdots + 0,76\big(1+w\big)\big(1-w\big)^3 - 0,16\big(1-w\big)^4 \\
&= 0,12w^4 + 1,72w^3 + 6,6w^2 + 7,56w = 0 \\
&= w\Big(0,12w^3 + 1,72w^2 + 6,6w + 7,56\Big)
\end{aligned}
$$

Podemos observar que $Q(w)$ tem uma raiz na origem. Verifiquemos se o polinômio:

$$0,12w^3 + 1,72w^2 + 6,6w + 7,56 = 0$$

tem raízes no semiplano esquerdo do plano w. Identificamos os coeficientes do polinômio como: $d_3 = 0,12$, $d_2 = 1,72$, $d_1 = 6,6$ e $d_0 = 7,56$. Construindo a Tabela de Routh-Hurwitz como segue:

$$
\begin{array}{c|cc}
w^3 & d_3 & d_1 \\
w^2 & d_2 & d_0 \\
w^1 & e_1 & 0 \\
w^0 & q_1 &
\end{array}
$$

e

$$e_1 = \frac{d_2 d_1 - d_3 d_0}{d_2} \qquad q_1 = \frac{e_1 d_0 - d_2 \cdot 0}{e_1}$$

Assim, obtemos a seguinte tabela:

$$\begin{array}{c|cc} w^3 & 0,12 & 6,6 \\ w^2 & 1,72 & 7,56 \\ w^1 & 6,0726 & 0 \\ w^0 & 7,56 & \end{array}$$

Observamos que todos os elementos da primeira coluna são positivos e não existe mudança de sinal, isto é, que a equação característica não tem raízes no semiplano direito do plano w. Lembrando que a equação característica tem uma raiz na origem. Portanto, a equação característica é, no máximo, criticamente estável.

Exemplo 1.9.9 *Considere o sistema da Figura 1.7.*

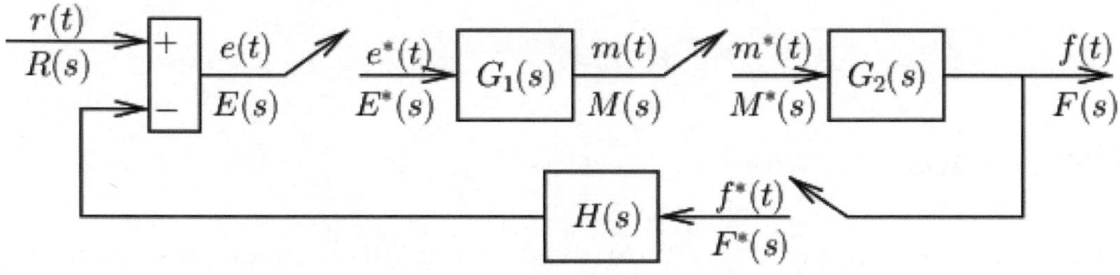

Figura 1.7: Sistema em tempo discreto em malha fechada.

Determine a função de transferência pulsada em malha fechada, isto é, $T(z) = \frac{F(z)}{R(z)}$.

Solução 1.9.9 *Da Figura 1.7, obtêm-se as seguintes relações:*

$$F(s) = G_2(s)\, M^*(s)$$
$$M(s) = G_1(s)\, E^*(s)$$
$$E(s) = R(s) - H(s)\, F^*(s)$$

aplicando a transformada estrela em todas as relações anteriores, obtemos:

$$F^*(s) = G_2^*(s)\, M^*(s)$$
$$M^*(s) = G_1^*(s)\, E^*(s)$$
$$E^*(s) = R^*(s) - H^*(s)\, F^*(s)$$

substituindo $E^*(s)$ em $M^*(s)$ e $M^*(s)$ em $F^*(s)$, obtêm-se:

$$M^*(s) = G_1^*(s)\big(R^*(s) - H^*(s)\, F^*(s)\big)$$
$$F^*(s) = G_2^*(s)\, G_1^*(s)\big(R^*(s) - H^*(s)\, F^*(s)\big)$$

assim:

$$F^*(s) = \frac{G_1^*(s)\, G_2^*(s)}{1 + G_1^*(s)\, G_2^*(s)\, H^*(s)}$$

finalmente:

$$F(z) = \frac{G_1(z)\, G_2(z)}{1 + G_1(z)\, G_2(z)\, H(z)}.$$

Exercícios

1. Utilize os três critérios para examinar a estabilidade das seguintes equações características:

   (a) $P(z) = z^4 + 2,8z^3 + 2,79z^2 + 1,172z + 0,176 = 0$

   (b) $P(z) = z^4 + 0,9z^3 - 0,8z^2 - 0,9z - 0,2 = 0$

   (c) $P(z) = z^4 + 1,9z^3 + 0,48z^2 - 0,37z - 0,04 = 0$

   (d) $P(z) = z^5 + 1,5z^4 + 0,1z^3 - 0,84z^2 - 0,4736z - 0,0768 = 0$

(e) $P(z) = z^5 + 3,65z^4 + 5,285z^3 + 3,7915z^2 + 1.34625z + 0,189 = 0$

2. Utilizando a definição de transformada z de:

   (a) t^2

   (b) t^3

3. Determine a transformada z inversa pelo método de expansão de frações parciais das seguintes funções de transferência:

   (a) $F(z) = \dfrac{z}{(z+0,4)(z+0,5)(z+0,6)}$

   (b) $F(z) = \dfrac{1}{z(z+0,8)^2(z+0,6)(z+0,1)}$

   (c) $F(z) = \dfrac{z}{(z+1)(z+2)(z+3)}$

   (d) $F(z) = \dfrac{z^2}{(z+1)(z+2)(z+3)}$

4. Resolva as seguintes equações diferenças:

   (a) $x(k+2) + 2x(k+1) + x(k) = 0$ com condições iniciais $x(0) = 2$ e $x(10) = 5$.

   Solução: $0,3\,k\,(-1)^k + 2\,(-1)^k$.

   (b) $y(k+2) - 2\,y(k+1) + y(k) = 4$ com condições iniciais $y(0) = 1$, $y(1) = 2$.

   Solução: $-7\,k - 3 + 4\,(k+1)\left(\dfrac{k}{2} + 1\right)$.

   (c) $y(k+2) + y(k+1) - 2y(k) = 1$ com condições iniciais $y(0) = 0$, $y(1) = 1$.

   Solução: $\dfrac{2}{9} - \dfrac{2}{9}(-2)^k + \dfrac{k}{3}$.

   (d) $y(k+2) - 3\,y(k+1) + 2\,y(k) = 1$ com condições iniciais $y(0) = 0$, $y(1) = 1$.

   Solução: $2^{k+1} - 2 - k$.

(e) $y(k+2)+5\,y(k+1)+6\,y(k)=1$ com condições iniciais $y(0)=0$, $y(1)=1$.

Solução: $\dfrac{(-3)^{k+1}}{4}-\dfrac{(-2)^{k+1}}{3}+\dfrac{1}{12}$.

(f) $3\,y(k+2)-7\,y(k+1)+2\,y(k)=k$ com condições iniciais $y(0)=1$, $y(1)=0$.

Solução: $\dfrac{3}{4}\Big(\dfrac{1}{3}\Big)^k+\dfrac{1}{4}-\dfrac{k}{2}$.

(g) $y(k+2)-9\,y(k)=2\,k$ com condições iniciais $y(0)=1$, $y(1)=1$.

Solução: $\dfrac{5}{16}(-3)^k+\dfrac{(3)^k}{4}-\dfrac{1}{16}-\dfrac{1}{4}k$.

(h) $y(k+2)+2\,y(k)=0$ com condições iniciais $y(0)=1$, $y(1)=\sqrt{2}$

Solução: $2^{\frac{k}{2}}\Big(\cos(\dfrac{k\pi}{2})+\mathrm{sen}(\dfrac{k\pi}{2})\Big)$.

(i) $y(k+2)-2\,y(k+1)+y(k)=0$ com condições iniciais $y(0)=0$, $y(1)=1$.

Solução: k.

(j) $y(k+2)-8\,y(k+1)-9\,y(k)=0$ com condições iniciais $y(0)=2$, $y(1)=1$.

Solução: $\dfrac{17}{10}(-1)^k+\dfrac{3}{10}(9)^k$.

(k) $y(k+2)-y(k+1)-y(k)=0$ com condições iniciais $y(0)=0$, $y(1)=1$.

Solução: $\dfrac{1}{\sqrt{5}}\left[\left(\dfrac{1+\sqrt{5}}{2}\right)^k-\left(\dfrac{1-\sqrt{5}}{2}\right)^k\right]$

(l) $2y(k)-2\,y(k-1)+y(k-2)=1$ com condições iniciais $y(0)=0$, $y(1)=0$.

Solução: $1-(2)^{-k/2}\cos\left(\dfrac{k\pi}{2}\right)-(2)^{-k/2}\,\mathrm{sen}\left(\dfrac{k\pi}{2}\right)$.

5. Dado o sistema da Figura 1.8, determine a faixa de ganho de K para a estabilidade do sistema, usando o critério de Jury, a transformação bilinear e critério de Routh-Hurwitz e o critério Schur-Cohn, para:

(a) $G(z) = \dfrac{K(z+0,8)}{(z-1)(z-0,6)}$.

(b) $G(z) = \dfrac{K(0,1z+0,06)}{(z-1)(z-0,7)}$.

(c) $G(z) = \dfrac{K(0,1z+0,06)}{z(z-1)(z-0,7)}$.

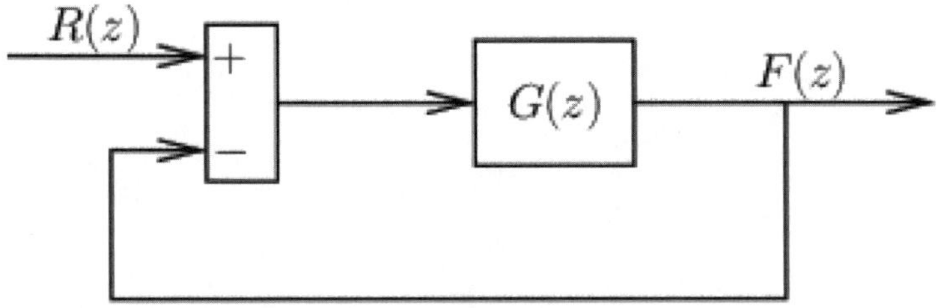

Figura 1.8: Sistema de controle em tempo discreto, exercício 5.

Capítulo 2

Método de projeto via resposta em frequência

A análise e o projeto no domínio da frequência são realizados de maneira gráfica, podem ser aplicados a sistemas lineares invariantes no tempo (SLIT) e foram desenvolvidos para sistemas de controle contínuos. Entre os métodos no domínio da frequência estão: o critério de estabilidade de Nyquist, o diagrama de Bode e as cartas de Nichols. Todos esses métodos podem ser estendidos para a análise e projeto de sistemas de controle discretos.

A característica dos métodos de resposta em frequência é a descrição do desempenho de um SLIT em termos da sua resposta de estado estacionário, uma vez que os sistemas são excitados por entradas senoidais de frequência variável. As características de desempenho dos SLIT podem ser determinadas pela resposta de estado estacionário. Por exemplo, a largura de banda no domínio da frequência está ligada a quão rápida e oscilatória é a resposta no tempo do sistema. No domínio da transformada de Laplace, a análise de estado estacionário senoidal é realizada fazendo $s = j\omega$ e, no domínio z, substituindo z por $e^{j\omega T}$.[1]

[1] Daqui em diante, denotaremos o período de amostragem como T por simplicidade.

2.1 Resposta em frequência de sistema em tempo discreto

A resposta em frequência de $G(z)$ pode ser obtida substituindo $z = e^{j\omega T}$ em $G(z)$. Considerando o sistema estável em tempo discreto LIT como da Figura 2.1:

Figura 2.1: Sistema estável em tempo discreto LIT.

O sinal de entrada amostrado é:

$$r(kT) = \text{sen}(k\,\omega\,T),$$

A transformada z da entrada amostrada é:

$$R(z) = \mathcal{Z}[\,\text{sen}(k\,\omega\,T)] = \frac{z\ \text{sen}(\omega\,T)}{\left(z - e^{j\omega\,T}\right)\left(z - e^{-j\omega\,T}\right)}$$

A resposta do sistema é dada por:

$$\begin{aligned} F(z) = G(z)R(z) &= G(z)\frac{z\ \text{sen}(\omega\,T)}{\left(z - e^{j\omega\,T}\right)\left(z - e^{-j\omega\,T}\right)} \\ &= \frac{az}{z - e^{j\omega\,T}} + \frac{\overline{a}z}{z - e^{-j\omega\,T}} + [\text{termos devido aos polos de } G(z)] \end{aligned} \tag{2.1}$$

Multiplicando a equação (2.1) por $\frac{z - e^{j\omega\,T}}{z}$, obtemos:

$$G(z)\frac{\text{sen}(\omega T)}{z - e^{-j\omega T}} = a + \frac{\overline{a}(z - e^{j\omega\,T})}{z - e^{-j\omega\,T}} + \frac{z - e^{j\omega\,T}}{z}[\text{termos devido aos polos de } G(z)]$$

O segundo termo aproxima-se de zero conforme $z \to e^{j\omega\,T}$. Uma vez que o sistema é considerado estável, o terceiro termo tende a zero conforme $z \to e^{j\omega T}$.

Portanto, deixando z se aproximar a $e^{j\omega T}$, temos:

$$a = G(z) \left. \frac{\operatorname{sen}(\omega T)}{z - e^{-j\omega T}} \right|_{z=e^{j\omega T}} = \frac{G(e^{j\omega T})}{2j}$$

o coeficiente $\overline{a}$ que é o complexo conjugado de a é obtido como segue:

$$\overline{a} = -\frac{G(e^{-j\omega T})}{2j}$$

Definamos:

$$G(e^{j\omega T}) = M\, e^{j\theta}$$

então:

$$G(e^{-j\omega T}) = M\, e^{-j\theta}$$

A equação (2.1) pode ser escrita como:

$$\begin{aligned} F(z) = \frac{M\, e^{j\theta}}{2j} \frac{z}{z - e^{j\omega T}} - \frac{M\, e^{-j\theta}}{2j} \frac{z}{z - e^{-j\omega T}} + \cdots \\ \cdots + [\text{termos devido aos polos de } G(z)] \end{aligned}$$

ou bem:

$$F(z) = \frac{M}{2j} \left(\frac{e^{j\theta}\, z}{z - e^{j\omega T}} - \frac{e^{-j\theta}\, z}{z - e^{-j\omega T}} \right) + [\text{termos devido aos polos de } G(z)]$$

A transformada z inversa dessa última equação é:

$$\begin{aligned} f(kT) = \frac{M}{2j} \left(e^{j k\omega T}\, e^{j\theta} - e^{-j k\omega T}\, e^{-j\theta} \right) + \cdots \\ \cdots + \mathcal{Z}^{-1}[\text{termos devido aos polos de } G(z)] \end{aligned} \tag{2.2}$$

O último termo representa a resposta transitória. Uma vez que o sistema

$G(z)$ tem sido assumido estável, todos os termos da resposta transitória desaparecem no estado permanente e obtemos a seguinte resposta em estado permanente $f_{ss}(kT)$:

$$f_{ss}(kT) = \frac{M}{2\,j}\left[e^{(j\,k\,\omega\,T+\theta)} - e^{-(j\,k\,\omega\,T+\theta)}\right] = M\ \text{sen}(k\,\omega\,T+\theta) \qquad (2.3)$$

na qual M é o ganho do sistema em tempo discreto, quando o sistema é sujeito a uma entrada senoidal e é dado por:

$$M = M(\omega) = \left|G(e^{j\,\omega\,T})\right|$$

e θ é o ângulo de fase dado por:

$$\theta = \theta(\omega) = \angle G(e^{j\,\omega\,T})$$

Em termos de $G(e^{j\,\omega\,T})$ a equação (2.3) pode ser escrita como segue:

$$f_{ss}(kT) = \left|G(e^{j\,\omega\,T})\right|\ \text{sen}(k\,\omega\,T + \angle G(e^{j\,\omega\,T}))$$

Conclui-se que $G(e^{j\,\omega\,T})$ realmente fornece a magnitude e a fase da resposta em frequência de $G(z)$. Portanto, para obter a resposta em frequência de $G(z)$, é necessário substituir z por $e^{j\,\omega\,T}$ em $G(z)$. A função $G(e^{j\,\omega\,T})$ é chamada função de transferência pulsada senoidal. Observe que:

$$e^{\,j(\omega+(2\pi/T))T} = e^{j\,\omega\,T}\,e^{j\,2\pi} = e^{j\,\omega\,T}$$

a partir da qual conclui-se que a função de transferência pulsada senoidal $G(e^{j\,\omega\,T})$ é periódica com período T.

2.2 Transformação bilinear e o plano w

Para aplicar os métodos de resposta em frequência para análise e projeto de sistemas de controle em tempo discreto, são necessárias certas modificações ao método no plano z. Dado que no plano z a frequência aparece como $z = e^{j\omega T}$, se tratamos a resposta em frequência no plano z, a simplicidade dos traços logarítmicos se perderão totalmente. Como a transformada z mapeia as faixas primaria e complementares do semiplano esquerdo do plano s no círculo unitário do plano z, os métodos convencionais da resposta em frequência que lidam todo o semiplano esquerdo do plano s não podem ser aplicados ao plano z.

Esse inconveniente é superado transformando a função de transferência pulsada no plano z na correspondente no plano w. Dita transformação é conhecida como bilinear e é definida por:

$$z = \frac{1 + (T/2)w}{1 - (T/2)w}, \tag{2.4}$$

na qual T é o período de amostragem envolvido no sistema de controle em tempo discreto. Ao converter uma função de transferência pulsada dada no plano z em uma função racional de w, os métodos de resposta em frequência podem ser estendidos aos sistemas de controle em tempo discreto. Resolvendo a equação (2.4) para w obtemos a relação inversa:

$$w = \frac{2}{T}\frac{z-1}{z+1}. \tag{2.5}$$

Por meio da transformação z e transformação w, a faixa primaria do semiplano esquerdo do plano s é primeiro mapeada no interior do círculo unitário no plano z e logo mapeada na totalidade do semiplano esquerdo do plano w, como mostrado na Figura 2.2.

A origem no plano z corresponde ao ponto $w = -2/T$ no plano w. Conforme s varia de 0 até $j\,\omega_s/2$ ao longo do eixo $j\,\omega$ no plano s, z varia

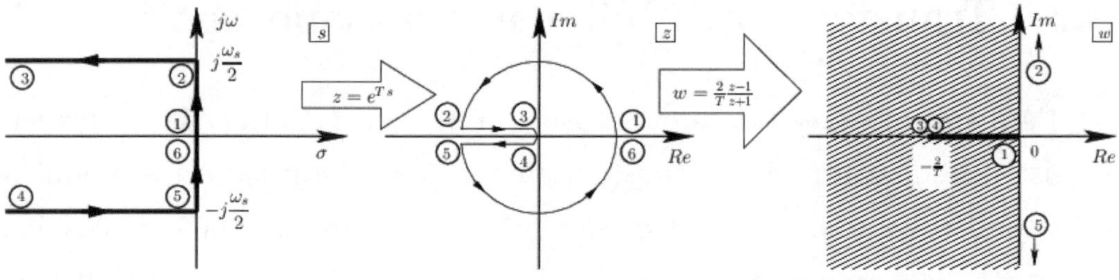

Figura 2.2: Mapeamento $s \to z \to w$.

de 1 até -1 ao longo do círculo unitário no plano z de maneira que w varia de 0 até ∞ no eixo imaginário do plano w.

Existem diferenças entre o plano s e w. O comportamento no plano s sobre o intervalo de frequência $-\omega_s/2 \leq \omega \leq \omega_s/2$ corresponde ao intervalo $-\infty < \nu < \infty$, no qual ν é a frequência fictícia no plano w.

Uma vez que a função de transferência pulsada $G(z)$ é transformada em $G(w)$ por meio da transformada w, ela poderá ser tratada como uma função de transferência convencional em w. Poderão ser utilizadas as técnicas convencionais de resposta em frequência no plano w e, portanto, podem ser aplicadas as técnicas bem estabelecidas de projeto por meio da resposta em frequência ao projeto dos sistemas de controle em tempo discreto, em que v representa a frequência fictícia. Ao substituir w por $j\,v$, podem ser utilizadas técnicas convencionais de resposta em frequência para desenhar o diagrama de Bode correspondente a função de transferência em w.

A frequência fictícia v e a frequência real w estão relacionadas como segue:

$$
\begin{aligned}
w\big|_{w=j\,v} &= j\,v = \frac{2}{T}\,\frac{z-1}{z+1}\bigg|_{z=e^{j\,\omega\,T}} = \frac{2}{T}\frac{e^{j\,\omega\,T}-1}{e^{j\,\omega\,T}+1} \\
&= \frac{2}{T}\frac{e^{j\,(1/2)\,\omega\,T}-e^{-j\,(1/2)\,\omega\,T}}{e^{j\,(1/2)\,\omega\,T}+e^{j\,(1/2)\,\omega\,T}} = \frac{2}{T}\,j\,\operatorname{tg}\frac{\omega\,T}{2}
\end{aligned}
$$

assim:

$$
v = \frac{2}{T}\,\operatorname{tg}\frac{\omega\,T}{2}. \tag{2.6}
$$

A equação (2.6) é a relação entre a frequência real w e a frequência fictícia v. Note que, conforme a frequência real w se move de $-\omega_s/2$ até 0, a frequência fictícia v se move de $-\infty$ até 0 e, conforme w se move de 0 até $\omega_s/2$, v se move de 0 até ∞.

Para um wT pequeno, as função de transferência $G(s)$ e $G(w)$ se parecem uma a outra. Assim, a função de transferência no plano w se aproxima à do plano s conforme T se aproxima de 0.

Observação 2.2.1 *A transformada w (transformada bilinear) mapeia o interior do círculo unitário do plano z no semiplano esquerdo do plano w. O resultado geral das transformações do plano s no plano z e do plano z no plano w é que os planos w e s são similares sobre a região de interesse no plano s. Isso é devido a algumas distorções causadas pela transformação do plano s no plano z que são parcialmente compensadas pela transformação do plano z no plano w. Se:*

$$G(z) = \frac{b_m\, z^m + b_{m-1}\, z^{m-1} + \cdots + b_0}{z^n + a_{n-1}\, z^{n-1} + \cdots + a_0}, \qquad m \leq n$$

na qual a_i e b_i são constantes, é transformada no plano w por meio da transformação da equação (2.4), então $G(w)$ assume a forma:

$$G(w) = \frac{\beta_m\, w^m + \beta_{m-1}\, w^{m-1} + \cdots + \beta_0}{\alpha_n\, w^n + \alpha_{n-1}\, w^{n-1} + \cdots + \alpha_0},$$

na qual α_i e β_i são constantes (algumas podem ser nulas). Assim, $G(w)$ é um quociente de polinômios em w, no qual as ordens do numerador e denominador podem ser ou não iguais.

Diagrama de Bode

Métodos convencionais da resposta em frequência aplicam-se a qualquer função de transferência no plano w. O diagrama de Bode consiste de dois gráficos, os quais são:

1. O logaritmo da magnitude $|G(j\,v)|$ em função do logaritmo de v;
2. O ângulo de fase $\angle G(j\,v)$ em função do logaritmo de v.

Utilizando o diagrama de Bode, pode-se projetar um compensador ou controlador digital pelas técnicas de projeto convencionais. Ocorre uma diferença nas magnitudes em alta frequência para $G(j\,w)$ e $G(j\,v)$, isso devido à faixa de frequências de interesse $0 \leq \omega \leq \omega_s/2$ que corresponde a $0 \leq v \leq \infty$.

Vantagens do método de diagrama de Bode para o projeto

1. No diagrama de Bode a assíntota de baixa frequência da curva de magnitude indica uma das constantes de erro estático K_p, K_v e K_a;
2. Podem ser traduzidas as especificações da resposta transitória às correspondentes da resposta em frequência em termos da margem de fase, margem de ganho, largura de banda, etc;
3. O projeto de um compensador digital (ou controlador digital) para satisfazer as especificações dadas (em função da margem de fase ou da margem de ganho) pode ser realizado no diagrama de Bode de forma simples e direta.

2.3 Procedimento de projeto no plano w

Considere o sistema da Figura 2.3, na qual $G_c(z)$ é o controlador digital a ser projetado e considere:

$$G(z) = \mathcal{Z}\{ZOH \times G_1(s)\}.$$

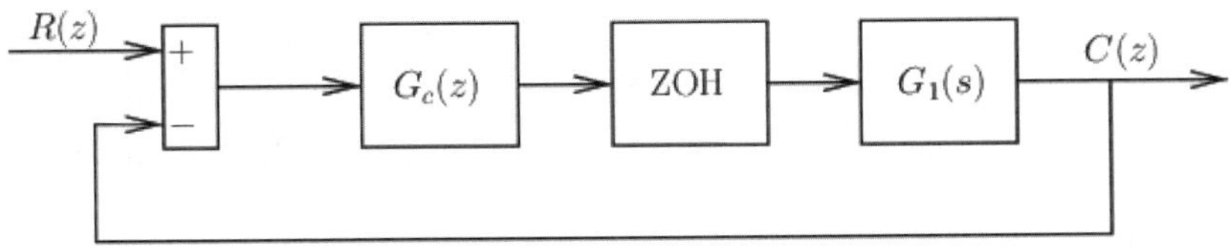

Figura 2.3: Sistema de controle digital.

1. Obter $G(z)$, a transformada z da planta precedida por um segurador. Transformar $G(z)$ em uma função de transferência $G(w)$ por meio da transformação bilinear:

$$z = \frac{1 + (T/2)w}{1 - (T/2)w}.$$

   É importante selecionar adequadamente T. A regra prática é amostrar com um frequência de 10 vezes a largura de banda do sistema em malha fechada ou se propõe uma regra para a escolha da frequência de amostragem ω_s como:

$$\omega_s = n\,\omega_m, \quad 8 \le n \le 80. \tag{2.7}$$

   na qual ω_m corresponderia à maior frequência presente no sistema em análise (MEZA, 2020).

2. Substituir $w = j\,v$ em $G(w)$ e traçar o diagrama de Bode para $G(j\,v)$.

3. Leia do diagrama de Bode as constantes de erro estático, a margem de fase e a margem de ganho.

4. Seja a estrutura do controlador como segue:

$$G_c(w) = K_c^w \frac{n_2 w + 1}{d_2 w + 1}$$

na qual n_2 e d_2 são coeficientes reais constantes e positivos.

5. Supondo-se que o ganho em baixa frequência da função de transferência do controlador em tempo discreto (o controlador digital) $G_c(w)$ é unitário, sem considerar o ganho K_c^w do controlador, determine o ganho K_c^w do controlador para satisfazer o requerimento para uma constante de erro estático dada. Então, usando técnicas de projetos convencionais para sistemas de controle em tempo contínuo, determine os polos e zeros da função de transferência do controlador digital. $G_c(w)$ é um quociente de dois polinômios em w. Então a função de transferência em malha aberta do sistema projetado é dada por $G_c(w)G(w)$.

6. Transforme a função de transferência do controlador $G_c(w)$ em $G_c(z)$ por meio da transformação:

$$w = \frac{2}{T}\frac{z-1}{z+1}$$

então:

$$G_c(z) = G_c(w)\big|_{w=\frac{2}{T}\frac{z-1}{z+1}}$$

é a função de transferência pulsada do controlador digital no plano z.

7. Realizar a função de transferência pulsada $G_c(z)$ por meio de um algoritmo computacional.

Observação 2.3.1 *1. A função de transferência $G(w)$ é uma função de* *transferência de fase não mínima. Desenhar de maneira adequada a curva do ângulo de fase.*

2. *O eixo da frequência no plano w está distorcido. A relação entre a frequência fictícia v e a real ω é:*

$$v = \frac{2}{T}\,\mathrm{tg}\frac{\omega T}{2}$$

2.4 Compensadores discretos no domínio da frequência

Considere que o sistema é como mostrado na Figura 2.3, o ganho do compensador, K_c, é determinado do requerimento da constante de erro estático de velocidade e supondo-se que existe um compensador de primeira ordem que satisfaz os requerimentos de projeto e cuja função de transferência pulsada poder ser expressa como:

$$G_c(z) = K_c\frac{z - z_c}{z - z_p}. \tag{2.8}$$

O projeto do compensador será realizado no domínio da frequência utilizando o diagrama de Bode. O projeto do compensador será realizado no plano w. A transformação de $G_c(z)$ para o plano w é feito segundo a seguinte transformação:

$$G_c(w) = G_c(z)\Big|_{z=\frac{1+\frac{T}{2}w}{1-\frac{T}{2}w}}. \tag{2.9}$$

$G_c(w)$ também é de primeira ordem e supõe-se que tem a forma:

$$G_c(w) = K_c^w\frac{1 + \frac{w}{w_c}}{1 + \frac{w}{w_p}} = K_c^w\frac{n_2 w + 1}{d_2 w + 1}, \tag{2.10}$$

no qual w_c é a posição do zero e w_p é a posição do polo do compensador.

O ganho DC do compensador é encontrado da equação (2.8), fazendo $z = 1$, ou da equação (2.10), fazendo $w = 0$. Assim, K_c^w é o ganho DC do compensador.

Para realizar o compensador, a função de transferência pulsada deve ser expressa em função de z, como em (2.8). Então, de:

$$w = \frac{2}{T}\frac{z-1}{z+1}$$

e da equação (2.10), se obtém:

$$G_c(z) = K_c^w \left.\frac{n_2 w + 1}{d_2 w + 1}\right|_{w=\frac{2}{T}\frac{z-1}{z+1}} = K_c^w \left(\frac{2n_2 + T}{2d_2 + T}\right)\left(\frac{z - \dfrac{2n_2 - T}{2n_2 + T}}{z - \dfrac{2d_2 - T}{2d_2 + T}}\right) \tag{2.11}$$

Assim, de (2.11) e (2.8), teremos:

$$K_c = K_c^w \frac{2n_2 + T}{2d_2 + T}, \quad z_c = \frac{2n_2 - T}{2n_2 + T}, \quad z_p = \frac{2d_2 - T}{2d_2 + T}. \tag{2.12}$$

O compensador da equação (2.10) é de avanço de fase se $w_c < w_p$ e é de atraso de fase se $w_c > w_p$.

Para o desenvolvimento das equações de projeto, supõe-se que o diagrama de Nyquist do sistema compensado tenha a forma mostrada na Figura 2.4. Seja a equação característica do sistema:

$$1 + G_c(w)G(w) = 0 \tag{2.13}$$

A função de transferência do compensador é dada por:

$$G_c(w) = K_c^w \frac{n_2 w + 1}{d_2 w + 1}. \tag{2.14}$$

Observe-se que a margem de fase (MF) desejada tem sido atingida na frequência w_1, da Figura 2.4, a partir da qual se obtém:

$$G_c(jw_1)G(jw_1) = 1\underline{/-180^\circ + MF}. \tag{2.15}$$

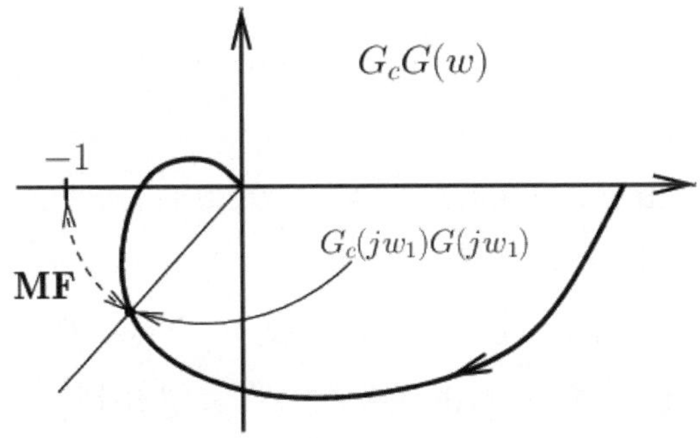

Figura 2.4: Diagrama de Nyquist do sistema compensado.

Pretende-se determinar os coeficientes do compensador n_2 e d_2 de maneira que (2.15) é satisfeita para um ganho K_c^w. Das equações (2.14) e (2.15), obtêm-se:

$$\begin{aligned} G_c(jw_1)G(jw_1) &= K_c^w \left(\frac{n_2 w + 1}{d_2 w + 1} \right)_{w=jw_1} G(jw_1) \\ &= K_c^w \left(\frac{jn_2 w_1 + 1}{jd_2 w_1 + 1} \right) G(jw_1) = 1\underline{/-180^\circ + MF} \end{aligned} \tag{2.16}$$

Separando a parte real e a imaginária, tem-se três incógnitas n_2, d_2 e w_1 na qual MF ocorre. Resolve-se a equação (2.16) para n_2 e d_2 em função de w_1.

Defina-se o ângulo do compensador $G_c(jw_1)$ como θ, de maneira que, da equação (2.16):

$$\theta = \underline{/G_c(jw_1)} = -180^\circ + MF - \underline{/G(jw_1)}. \tag{2.17}$$

Sendo assim, os coeficientes da função de transferência do compensador são:

$$n_2 = \frac{1 - |G(jw_1)| \cos\theta}{|G(jw_1)|\, w_1 \,\text{sen}\theta} \tag{2.18}$$

$$d_2 = \frac{\cos\theta - |G(jw_1)|}{w_1 \,\text{sen}\theta} \tag{2.19}$$

A dedução das equações (2.18) e (2.19) pode ser encontrada pelo leitor em Phillips e Harbor (2000). Esse procedimento permite ajustar a margem de fase do sistema com maior exatidão que os apresentados em Ogata (1995), Franklin, Powell e Emami-Naeini (2006), Kuo (1992), Kuo e Golnaraghi (1996), Ogata (2009), Dorf e Bishop (2008), Ogata (2008), Franklin, Powell e Emami-Naeini (2013), Dorf e Bishop (2001), Nise (2000), Åström e Wittenmark (1990), Golnaraghi e Kuo (2012), Nise (2011).

2.4.1 Projeto de compensador por atraso de fase

O procedimento de projeto resulta em coeficientes para o compensador tais que o diagrama de Nyquist passa pelo ponto mostrado na Figura 2.4 como $G_c(jw_1)G(jw_1)$. Se o sistema resultante for estável, ele atenderá aos requisitos de precisão em regime permanente, MF e aproximadamente o t_s. Porém nada assegura a estabilidade, uma vez que apenas a equação (2.15) é satisfeita. Assim, o diagrama de Bode (ou de Nyquist) deve ser traçado para determinar se o sistema de malha fechada é estável.

Para o compensador por atraso de fase, o valor de θ deve ser negativo. A faixa de valores de frequência para a qual w_1 deve ser escolhido é especificada pelas seguintes restrições para os compensadores por atraso de fase:

1. A fase do compensador por atraso, θ, deve ser negativa:

$$\theta = \underline{/G_c(jw_1)} = -180^\circ + MF - \underline{/G(jw_1)} < 0,$$

e deve ficar dentro do intervalo:

$$-5^\circ < \theta < 0^\circ,$$

isto é, a escolha da frequência w_1 deve satisfazer a condição de fase:

$$\angle G(jw_1) > -180^\circ + MF. \tag{2.20}$$

2. A escolha de w_1 deve satisfazer a condição de ganho:

$$|G(jw_1)| > 1. \tag{2.21}$$

3. Na função de transferência $G_c(jw)$, os parâmetros n_2 e d_2 devem ser positivos. Desde que $\operatorname{sen}(\theta) < 0$ para o compensador por atraso e das equações (2.18) e (2.19), obtém-se:

$$\cos(\theta) < |G(jw_1)|. \tag{2.22}$$

Para atingir a MF desejada, a escolha de w_1 deve satisfazer as restrições (2.20), (2.21) e (2.22) para um controlador por atraso de fase.

Exemplo 2.4.1 *Suponha que um servossistema é utilizado para controlar o ângulo horizontal (azimute) para o posicionamento da antena de um radar.*

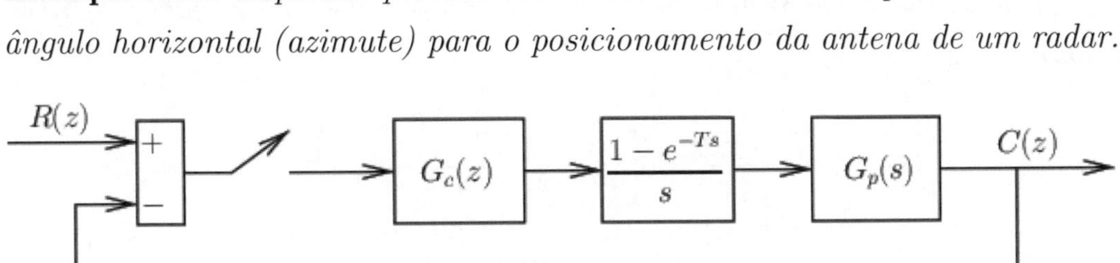

Figura 2.5: Sistema de controle discreto.

No sistema de malha fechada, veja Figura 2.5, $c(t)$ é o ângulo azimute da antena e $r(t)$ é a referência ou ângulo de azimute desejado.

A função de transferência da planta é:

$$G_p(s) = \frac{1}{s(s+1)(0,5s+1)}.$$

Projete um compensador por atraso de fase com ganho DC unitário ($K_c^w = 1$) para alcançar uma margem de fase de 55° e, para isso, determine um período de amostragem adequado para o sistema.

Solução 2.4.1 *Segundo a função de transferência, a máxima frequência presente é $\omega_1 = 2$ rad/s e, segundo a equação (2.7), a frequência de amostragem fica no intervalo:*

$$16 \leq \omega_s \leq 160$$

e o período de amostragem fica no seguinte intervalo:

$$0,0393 \leq T \leq 0,3927.$$

Portanto, escolhe-se o período de amostragem $T = 0,05$ s. Temos que a função de transferência da planta é:

$$G_p(s) = \frac{1}{s(s+1)(0,5s+1)}$$

A função de transferência pulsada é determinada sabendo que $T = 0,05$ s, obtendo-se:

$$\begin{aligned} G(z) &= \frac{z-1}{z}\mathcal{Z}\left\{\frac{1}{s^2(s+1)(0,5s+1)}\right\} \\ &= \frac{4,014\times 10^{-5}(z+3,595)(z+0,258)}{(z-1)(z-0,9512)(z-0,9048)} \end{aligned}$$

Fazendo a transformação do plano z para o plano w, usamos a transformação:

$$z = \frac{1+\frac{T}{2}w}{1-\frac{T}{2}w} = \frac{1+\frac{w}{40}}{1-\frac{w}{40}} = \frac{40+w}{40-w}$$

A função de transferência da planta no plano w fica:

$$G(w) = \frac{1,0398 \times 10^{-5}(w+67,82)(w-70,83)(w-40)}{w(w+1,999)(w+1)} \tag{2.23}$$

O diagrama de Bode do sistema sem compensação é mostrado na Figura 2.6 e a Tabela 2.1 mostra os dados do diagrama de Bode com a fase apropriada para o projeto do compensador.

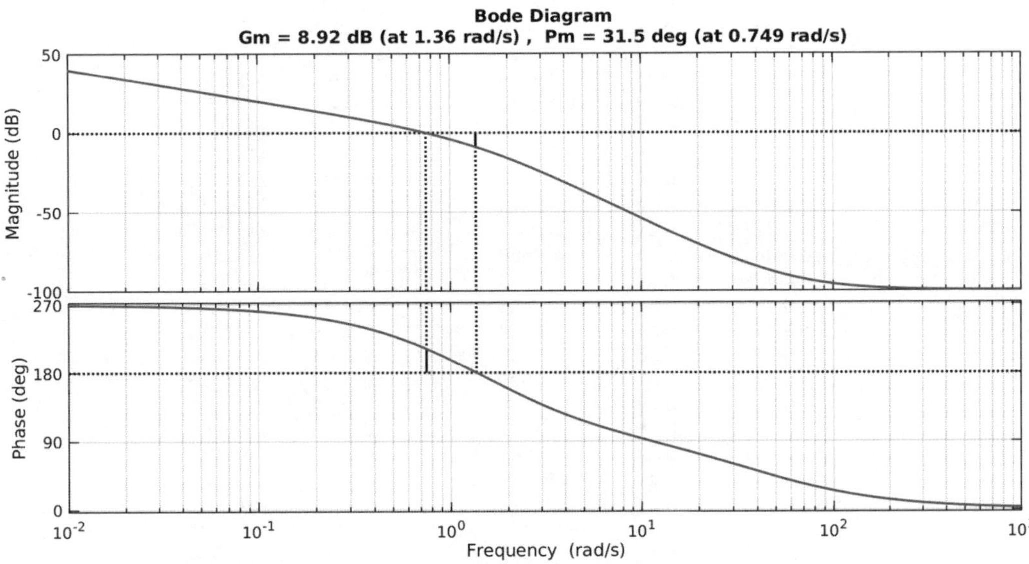

Figura 2.6: Diagrama de Bode do sistema da equação (2.23).

Para o projeto do compensador por atraso de fase, θ deve ser negativo, seu valor deve ficar no intervalo $-5° < \theta < 0°$ e a frequência w_1 deve ser escolhida de maneira que as restrições (2.20), (2.21) e (2.22) sejam satisfeitas. Para a escolha de w_1, usaremos a Tabela 2.1:

1. *Para a restrição (2.20), sabe-se que $MF = 55°$, assim:*

$$\theta = -180° + MF - \angle G(jw_1) < 0$$

portanto:

$$\angle G(jw_1) > -180° + 55° = -125°.$$

Tabela 2.1: Resposta em frequência para o Exemplo 2.4.1.

ω [rad/s]	v [rad/s]	Amplitude	Amplitude [dB]	Fase [°]
0.12	0.12	8.2591	18.3387	-100.4483
0.13	0.13	7.6121	17.6301	-101.3121
0.14	0.14	7.0566	16.9719	-102.1743
0.15	0.15	6.5745	16.3572	-103.0347
0.16	0.16	6.1519	15.7801	-103.8933
0.17	0.17	5.7783	15.2361	-104.7499
0.18	0.18	5.4457	14.7211	-105.6045
0.19	0.19	5.1475	14.2319	-106.4568
0.20	0.20	4.8786	13.7659	-107.3069
0.21	0.21	4.6348	13.3206	-108.1545
0.22	0.22	4.4127	12.8941	-108.9997
0.23	0.23	4.2095	12.4846	-109.8422
0.24	0.24	4.0228	12.0905	-110.6820
0.25	0.25	3.8506	11.7106	-111.5191
0.26	0.26	3.6914	11.3437	-112.3532
0.27	0.27	3.5436	10.9888	-113.1844
0.28	0.28	3.4060	10.6448	-114.0125
0.29	0.29	3.2776	10.3111	-114.8375
0.30	0.30	3.1575	9.9868	-115.6593
0.31	0.31	3.0448	9.6713	-116.4777
0.32	0.32	2.9390	9.3639	-117.2928
0.33	0.33	2.8393	9.0643	-118.1044
0.34	0.34	2.7453	8.7717	-118.9124
0.35	0.35	2.6564	8.4859	-119.7169
0.36	0.36	2.5723	8.2064	-120.5177
0.37	0.37	2.4925	7.9328	-121.3148
0.38	0.38	2.4168	7.6647	-122.1082
0.39	0.39	2.3447	7.4019	-122.8977
0.40	0.40	2.2762	7.1441	-123.6833
0.41	0.41	2.2108	6.8909	-124.4649
0.42	0.42	2.1484	6.6423	-125.2426
0.43	0.43	2.0888	6.3978	-126.0162
0.44	0.44	2.0317	6.1573	-126.7858
0.45	0.45	1.9771	5.9207	-127.5513
0.46	0.46	1.9248	5.6877	-128.3126
0.47	0.47	1.8746	5.4581	-129.0697
0.48	0.48	1.8264	5.2318	-129.8226
0.49	0.49	1.7801	5.0087	-130.5712
0.50	0.50	1.7355	4.7886	-131.3156
0.51	0.51	1.6926	4.5713	-132.0556
0.52	0.52	1.6514	4.3568	-132.7913
0.53	0.53	1.6116	4.1450	-133.5227
0.54	0.54	1.5732	3.9357	-134.2497
0.55	0.55	1.5362	3.7288	-134.9724
0.56	0.56	1.5004	3.5243	-135.6906
0.57	0.57	1.4659	3.3220	-136.4044
0.58	0.58	1.4325	3.1219	-137.1138
0.59	0.59	1.4002	2.9239	-137.8188
0.60	0.60	1.3690	2.7279	-138.5193
0.61	0.61	1.3387	2.5338	-139.2154
0.62	0.62	1.3094	2.3417	-139.9070
0.63	0.63	1.2810	2.1513	-140.5942
0.64	0.64	1.2535	1.9627	-141.2769
0.65	0.65	1.2268	1.7758	-141.9552
0.66	0.66	1.2010	1.5906	-142.6291
0.67	0.67	1.1758	1.4069	-143.2985

Da Tabela 2.1, escolhe-se $w_1 = 0,41$ *rad/s e, para essa frequência,* $\angle G(jw_1) = -124,465°$, *obtendo-se:*

$$\theta = -0,535°;$$

2. *Para a restrição (2.21), com* w_1 *escolhido no passo anterior, é possível verificar a respectiva restrição:*

$$|G(jw_1)| > 1 \quad \textit{verifica-se que} \quad |G(jw_1)| = 2,211 > 1;$$

3. *Para a restrição (2.22), verifica-se:*

$$\begin{aligned} \cos(\theta) &< |G(jw_1)| \\ 0,9999 &< 2,211. \end{aligned}$$

Com as restrições (2.20), (2.21) e (2.22) satisfeitas e escolhido w_1, *é possível determinar os coeficientes* n_2 *e* d_2, *equações (2.18) e (2.19), do compensador por atraso de fase. Assim:*

$$\begin{aligned} n_2 &= \frac{1 - |G(jw_1)| \cos\theta}{|G(jw_1)|\, w_1 \operatorname{sen}\theta} = 143,047 \\ d_2 &= \frac{\cos\theta - |G(jw_1)|}{w_1 \operatorname{sen}\theta} = 316,283. \end{aligned}$$

Da equação (2.12), obtemos:

$$\begin{aligned} K_c &= K_c^w \frac{2n_2 + T}{2d_2 + T} = 0,45232 \\ z_c &= \frac{2n_2 - T}{2n_2 + T} = 0,9996505 \\ z_p &= \frac{2d_2 - T}{2d_2 + T} = 0,9998419. \end{aligned}$$

Portanto, a função de transferência pulsada do compensador por atraso de fase fica como:

$$G_c(z) = 0,45232\frac{z-0,9996505}{z-0,9998419}.$$

A constante de erro estático de velocidade pode ser determinada de:

$$\begin{aligned}K_v &= \lim_{z\to 1}\left[\frac{z-1}{Tz}G_c(z)G(z)\right]\\ &= \lim_{z\to 1}\left[\frac{z-1}{Tz}\times\frac{4,014\times 10^{-5}(z+3,595)(z+0,258)}{(z-1)(z-0,9512)(z-0,9048)}\times 0,45232\frac{z-0,9996505}{z-0,9998419}\right]\\ &= \lim_{z\to 1}\left[\frac{1}{Tz}\times\frac{4,014\times 10^{-5}\times 0,45232(z+3,595)(z+0,258)(z-0,9996505)}{(z-0,9512)(z-0,9048)(z-0,9998419)}\right]\\ &= 0,998798.\end{aligned}$$

O diagrama de Bode do sistema compensado no plano w é mostrado na Figura 2.7, na qual se observa que o sistema tem uma margem de fase de 55° *com uma frequência de cruzamento de ganho $w_{cg} = 0,41$ rad/s, uma margem de ganho de* 15, 8 *dB com uma frequência de cruzamento de fase $w_{cf} = 1,36$ rad/s. O projeto do compensador por atraso de fase é satisfatório devido à margem de fase desejada que é atingida, entretanto, da resposta ao degrau unitário que é mostrada na Figura 2.8a, observa-se que o tempo de assentamento é* 10, 15 *s, o que caracteriza um sistema de resposta lenta. A Figura 2.8b mostra a resposta do sistema a uma entrada rampa unitária, a partir do que se observa que o erro de estado estacionário deverá ser da ordem de $1/K_v \approx 1,01$ e se conclui que o sistema apresenta um alto erro de estado estacionário. O erro de estado estacionário manteve-se devido ao requerimento do problema. A Figura 2.9 mostra o esforço de controle aplicado ao sistema, que é de baixa intensidade.*

Os programas para simulação do Exemplo 2.4.1 encontram-se em para Matlab e em para o Octave.

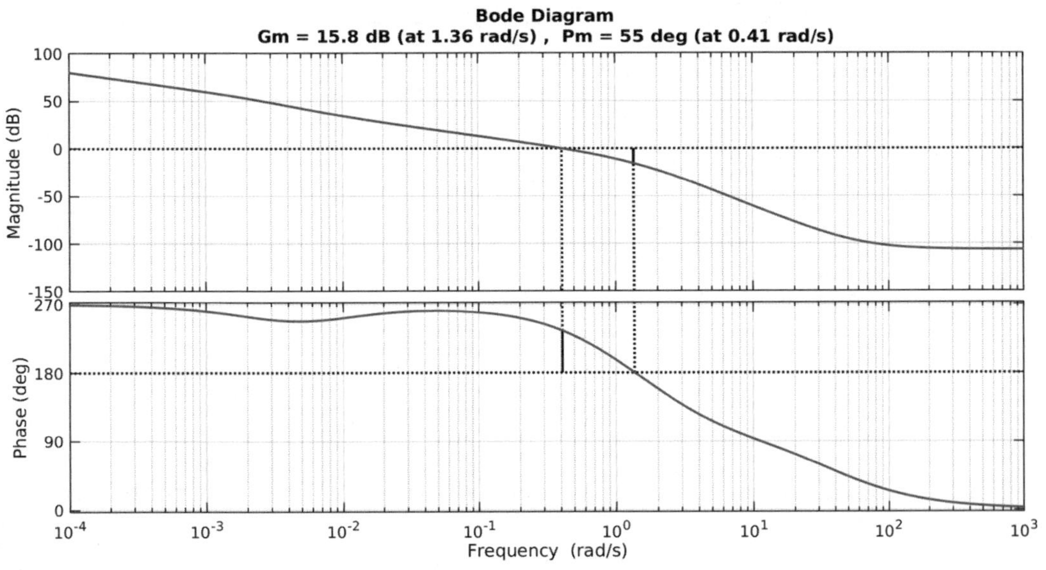

Figura 2.7: Diagrama de Bode do sistema da compensado.

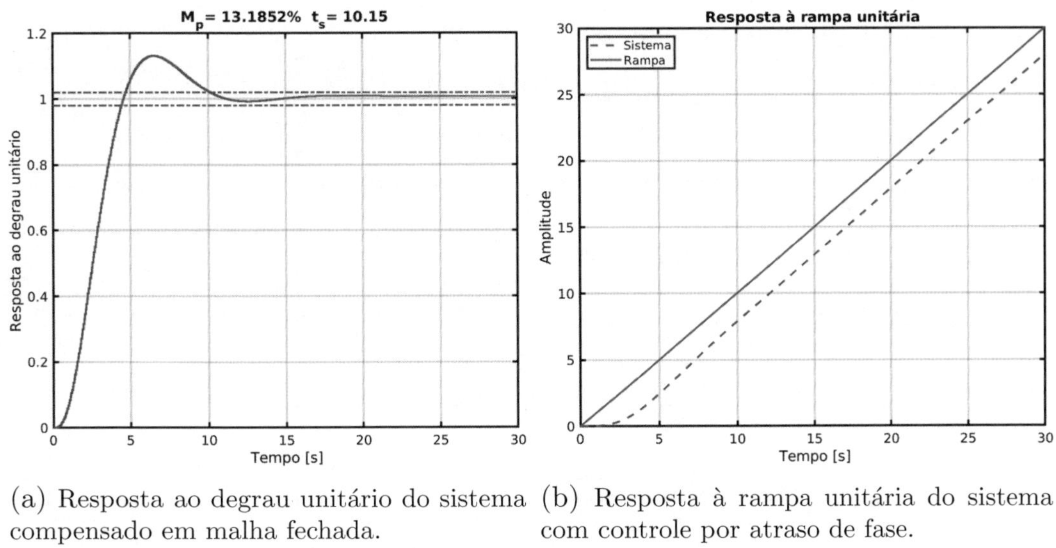

(a) Resposta ao degrau unitário do sistema compensado em malha fechada.

(b) Resposta à rampa unitária do sistema com controle por atraso de fase.

Figura 2.8: Simulações do exemplo 2.4.1.

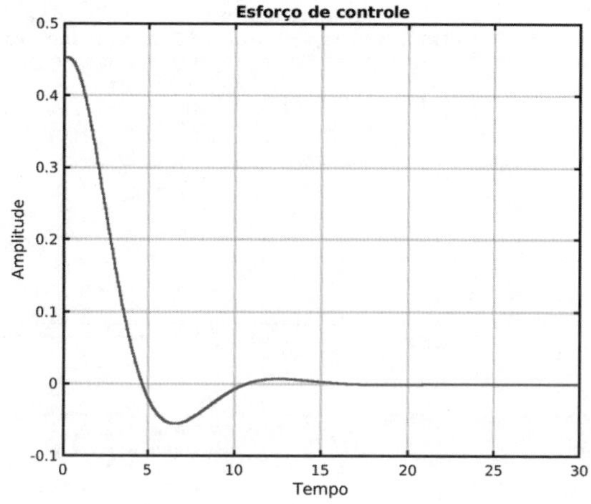

Figura 2.9: Esforço de controle a uma entrada degrau unitária o exemplo 2.4.1.

2.4.2 Projeto de compensador por avanço de fase

Se as especificações de projeto para um sistema de controle podem ser traduzidas em uma única MF, um único requisito de precisão em regime estacionário (o qual determina K_c^w) e um único t_s, então o projeto poderá produzir instabilidade. Logo deve ser mantido algum compromisso entre n_2, MF e t_s para que o sistema projetado tenha as características de estabilidade adequadas. Para o compensador por avanço de fase, o valor de θ deve ser positivo.

A faixa de valores de frequência para a qual w_1 deve ser escolhido é especificada pelas seguintes restrições para os compensadores por avanço de fase:

1. A fase do compensador por avanço, θ, deve ser positivo:

$$\theta = \underline{/G_c(jw_1)} = -180° + MF - \underline{/G(jw_1)} > 0,$$

   isto é, a frequência w_1 deve ser escolhida para satisfazer a condição de fase:

$$\underline{/G(jw_1)} < -180° + MF. \tag{2.24}$$

2. A escolha de w_1 deve satisfazer a condição de ganho:

$$|G(jw_1)| < 1. \tag{2.25}$$

3. Na função de transferência $G_c(jw)$, os parâmetros n_2 e d_2 devem ser positivos. A partir de $\operatorname{sen}(\theta) > 0$ para o compensador por avanço e das equações (2.18) e (2.19), obtém-se:

$$\cos(\theta) > |G(jw_1)|. \tag{2.26}$$

Para atingir a MF desejada, a escolha de w_1 deve satisfazer as restrições (2.24), (2.25) e (2.26) para um controlador por avanço de fase.

Exemplo 2.4.2 *Considere o projeto de um sistema servomotor, Exemplo 2.4.1. Projetar um compensador por avanço de fase com ganho DC unitário para alcançar uma margem de fase de* $55°$*.*

Solução 2.4.2 *Temos que a função de transferência da planta é:*

$$G_p(s) = \frac{1}{s(s+1)(0,5s+1)}$$

A função de transferência pulsada é determinada sabendo que $T = 0,05$ *s, logo:*

$$\begin{aligned} G(z) &= \frac{z-1}{z}\mathcal{Z}\left\{\frac{1}{s^2(s+1)(0,5s+1)}\right\} \\ &= \frac{4,014\times10^{-5}(z+3,595)(z+0,258)}{(z-1)(z-0,9512)(z-0,9048)} \end{aligned}$$

Fazendo a transformação do plano z *para o plano* w*, usamos a transformação:*

$$z = \frac{1+\frac{T}{2}w}{1-\frac{T}{2}w} = \frac{1+\frac{w}{40}}{1-\frac{w}{40}} = \frac{40+w}{40-w}$$

A função de transferência da planta no plano w fica:

$$G(w) = \frac{1,0398 \times 10^{-5}(w + 67,82)(w - 70,83)(w - 40)}{w(w + 1,999)(w + 1)} \tag{2.27}$$

O diagrama de Bode do sistema (2.27) é mostrado na Figura 2.6 e a Tabela 2.2 mostra os dados do diagrama de Bode com a fase apropriada para o projeto do compensador.

Para o projeto do compensador por avanço de fase, θ *deve ser positivo, deseja-se uma margem de fase* $MF = 55°$ *e a frequência* w_1 *deve ser escolhida de maneira que as restrições (2.24), (2.25) e (2.26) sejam satisfeitas. Para a escolha de* w_1*, usaremos a Tabela 2.2:*

1. *Para a restrição (2.24), sabe-se que* $MF = 55°$*, assim:*

   $$\theta = -180° + MF - \angle G(jw_1) > 0$$

   logo:

   $$\angle G(jw_1) < -180° + 55° = -125°.$$

   Da Tabela 2.2, as frequências w_1 *que satisfazem essa restrição são aquelas para as quais:*

   $$w_1 > 0,42 \ rad/s.$$

2. *Para a restrição (2.25), as frequências* w_1 *que a satisfazem são aquelas para as quais:*

   $$w_1 > 0,76 \ rad/s.$$

3. *Para a restrição (2.26), as frequências* w_1 *que a satisfazem são aquelas para as quais:*

   $$w_1 > 1,0 \ rad/s.$$

Tabela 2.2: Resposta em frequência para o Exemplo 2.4.2.

ω [rad/s]	υ [rad/s]	Amplitude	Amplitude [dB]	Fase [°]
0.40	0.40	2.2762	7.1441	-123.6833
0.42	0.42	2.1484	6.6423	-125.2426
0.44	0.44	2.0317	6.1573	-126.7858
0.46	0.46	1.9248	5.6877	-128.3126
0.48	0.48	1.8264	5.2318	-129.8226
0.50	0.50	1.7355	4.7886	-131.3156
0.52	0.52	1.6514	4.3568	-132.7913
0.54	0.54	1.5732	3.9357	-134.2497
0.56	0.56	1.5004	3.5243	-135.6906
0.58	0.58	1.4325	3.1219	-137.1138
0.60	0.60	1.3690	2.7279	-138.5193
0.62	0.62	1.3094	2.3417	-139.9070
0.64	0.64	1.2535	1.9627	-141.2769
0.66	0.66	1.2010	1.5906	-142.6291
0.68	0.68	1.1514	1.2248	-143.9634
0.70	0.70	1.1047	0.8651	-145.2801
0.72	0.72	1.0606	0.5111	-146.5791
0.74	0.74	1.0189	0.1625	-147.8605
0.76	0.76	0.9794	-0.1810	-149.1245
0.78	0.78	0.9419	-0.5196	-150.3712
0.80	0.80	0.9064	-0.8536	-151.6006
0.82	0.82	0.8726	-1.1832	-152.8130
0.84	0.84	0.8406	-1.5086	-154.0085
0.86	0.86	0.8100	-1.8298	-155.1873
0.88	0.88	0.7810	-2.1472	-156.3496
0.90	0.90	0.7533	-2.4609	-157.4955
0.92	0.92	0.7269	-2.7709	-158.6252
0.94	0.94	0.7017	-3.0774	-159.7389
0.96	0.96	0.6776	-3.3806	-160.8369
0.98	0.98	0.6546	-3.6805	-161.9193
1.00	1.00	0.6326	-3.9772	-162.9864
1.02	1.02	0.6116	-4.2709	-164.0383
1.04	1.04	0.5915	-4.5616	-165.0754
1.06	1.06	0.5722	-4.8495	-166.0977
1.08	1.08	0.5537	-5.1345	-167.1055
1.10	1.10	0.5360	-5.4168	-168.0991
1.12	1.12	0.5190	-5.6964	-169.0786
1.14	1.14	0.5027	-5.9734	-170.0443
1.16	1.16	0.4871	-6.2478	-170.9963
1.18	1.18	0.4721	-6.5198	-171.9350
1.20	1.20	0.4576	-6.7894	-172.8605
1.22	1.22	0.4438	-7.0566	-173.7731
1.24	1.24	0.4305	-7.3214	-174.6728
1.26	1.26	0.4176	-7.5840	-175.5601
1.28	1.28	0.4053	-7.8444	-176.4350

Das restrições, obtém-se que $w_1 > 1,0$ rad/s. Podemos escolher arbitrariamente, por exemplo, $w_1 = 1,2$ rad/s, a partir do que, teremos:

$$G(jw_1) = 0,458\underline{/-172,861}$$

a mesma que satisfaz as restrições (2.24), (2.25) e (2.26) e o valor de $\theta =$ 47,861°. Satisfeitas essas restrições e escolhido w_1, é possível determinador os coeficientes n_2 e d_2, equações (2.18) e (2.19), do compensador por avanço de fase, como se segue:

$$\begin{aligned} n_2 &= \frac{1 - |G(jw_1)| \cos\theta}{|G(jw_1)| \, w_1 \operatorname{sen}\theta} = 1,7016388 \\ d_2 &= \frac{\cos\theta - |G(jw_1)|}{w_1 \operatorname{sen}\theta} = 0,2396928. \end{aligned}$$

Da equação (2.12), obtemos:

$$\begin{aligned} K_c &= K_c^w \frac{2n_2 + T}{2d_2 + T} = 6,52318 \\ z_c &= \frac{2n_2 - T}{2n_2 + T} = 0,9710420 \\ z_p &= \frac{2d_2 - T}{2d_2 + T} = 0,8111018, \end{aligned}$$

assim, a função de transferência pulsada do compensador por avanço de fase fica como:

$$G_c(z) = 6,52318 \frac{z - 0,9710420}{z - 0,8111018}.$$

A constante de erro estático de velocidade pode ser determinada de:

$$
\begin{aligned}
K_v &= \lim_{z\to 1}\left[\frac{z-1}{Tz}G_c(z)G(z)\right] \\
&= \lim_{z\to 1}\left[\frac{z-1}{Tz}\times\frac{4,014\times 10^{-5}(z+3,595)(z+0,258)}{(z-1)(z-0,9512)(z-0,9048)}\times 6,52318\frac{z-0,9710420}{z-0,8111018}\right] \\
&= \lim_{z\to 1}\left[\frac{1}{Tz}\times\frac{4,014\times 10^{-5}\times 6,52318(z+3,595)(z+0,258)(z-0,9710420)}{(z-0,9512)(z-0,9048)(z-0,8111018)}\right] \\
&= 0,998888.
\end{aligned}
$$

O diagrama de Bode do sistema compensado no plano w é mostrado na Figura 2.10, na qual se observa que o sistema tem uma margem de fase de 55° com uma frequência de cruzamento de ganho $w_{cg} = 1,2$ rad/s, uma margem de ganho de $12,4$ dB com uma frequência de cruzamento de fase $w_{cf} = 3,05$ rad/s. O projeto do compensador por avanço de fase é satisfatório devido à margem de fase desejada que é atingida, entretanto, da resposta ao degrau unitário que é mostrada na Figura 2.11a, observa-se que o tempo de assentamento é $5,2$ s, o que caracteriza um sistema de resposta rápida. A Figura 2.11b mostra a resposta do sistema a uma entrada rampa unitária, a partir do que se observa que o erro de estado estacionário deverá ser da ordem de $1/K_v \approx 1,01$ e se conclui que o sistema apresenta um alto erro de estado estacionário. O erro de estado estacionário manteve-se devido ao requerimento do problema. A Figura 2.11c mostra o esforço de controle aplicado ao sistema, que é de media intensidade, entretanto bem maior que no caso do compensador por atraso.

Os programas para simulação do Exemplo 2.4.2 encontram-se em para Matlab e em para o Octave.

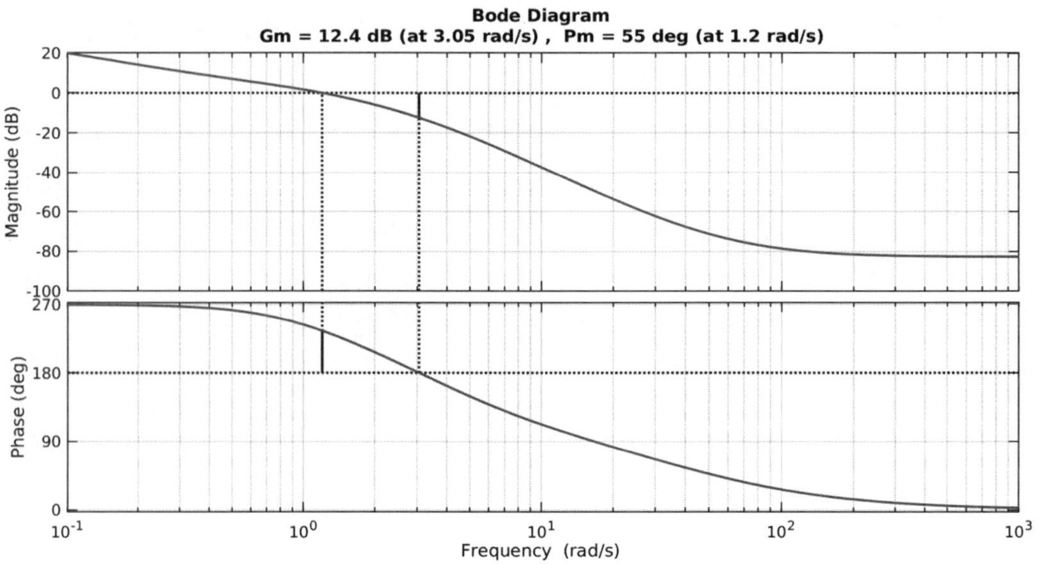

Figura 2.10: Diagrama de Bode do sistema compensado.

2.4.3 Projeto de compensador por atraso-avanço de fase

A forma mais usual da função de transferência do compensador por atraso-avanço de fase é dada por:

$$G_c(w) = K_c^w \left(\frac{n_2 w + 1}{d_2 w + 1}\right)\left(\frac{n_1 w + 1}{d_1 w + 1}\right),$$

na qual o termo:

$$\frac{n_2 w + 1}{d_2 w + 1},$$

corresponde a parte de atraso de fase, e o termo:

$$\frac{n_1 w + 1}{d_1 w + 1},$$

corresponde a parte de avanço de fase.

O projeto desse tipo de compensadores pelo método da resposta em frequência baseia-se na sequência da aplicação do procedimento por atraso de fase, seguido pelo procedimento por avanço de fase. O projeto do atraso de fase almeja manter o ganho de baixa frequência satisfazendo parte da margem de fase, e o projeto do avanço de fase satisfará o que resta para complementar a margem de fase desejada, bem como aumenta a largura de banda, o que implica no aumento da velocidade de resposta.

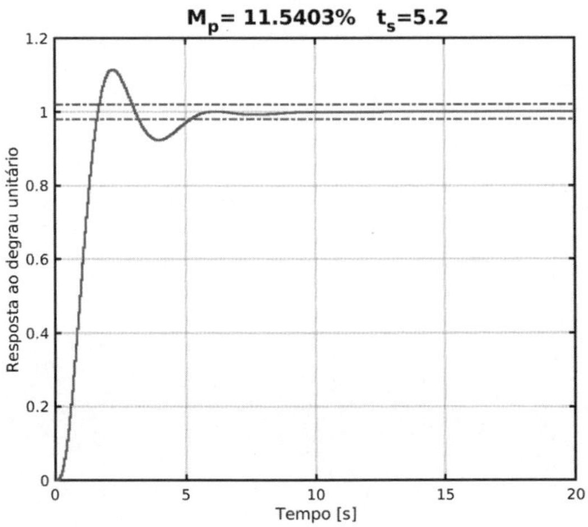

(a) Resposta ao degrau unitário do sistema compensado em malha fechada.

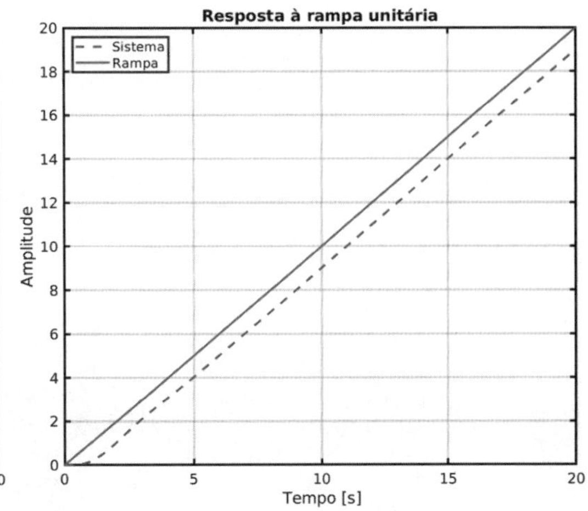

(b) Resposta à rampa unitária do sistema com controle por avanço de fase.

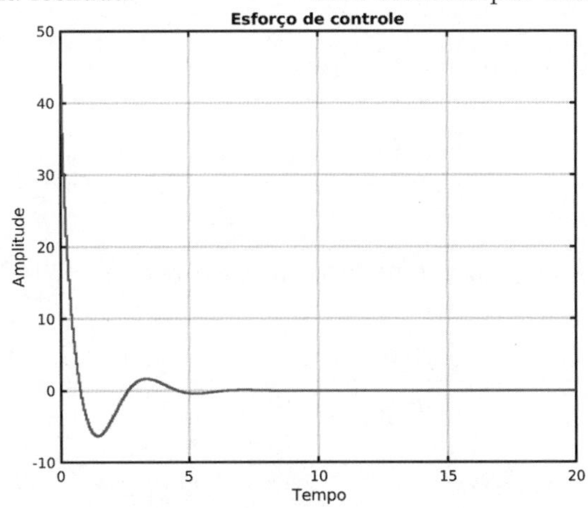

(c) Esforço de controle a uma entrada degrau unitária.

Figura 2.11: Simulações do exemplo 2.4.2.

Exemplo 2.4.3 *Considere o projeto de um sistema servomotor, Exemplo 2.4.1. Deseja-se projetar um compensador por atraso-avanço de fase com ganho DC unitário para alcançar uma margem de fase de 55°.*

Solução 2.4.3 *Sabe-se que a função de transferência da planta é:*

$$G_p(s) = \frac{1}{s(s+1)(0,5s+1)}$$

A função de transferência pulsada é determinada sabendo que $T = 0,05$ s, logo:

$$\begin{aligned} G(z) &= \frac{z-1}{z}\mathcal{Z}\left\{\frac{1}{s^2(s+1)(0,5s+1)}\right\} \\ &= \frac{4,014 \times 10^{-5}(z+3,595)(z+0,258)}{(z-1)(z-0,9512)(z-0,9048)} \end{aligned}$$

Fazendo a transformação do plano z para o plano w, usamos a transformação:

$$z = \frac{1+\frac{T}{2}w}{1-\frac{T}{2}w} = \frac{1+\frac{w}{40}}{1-\frac{w}{40}} = \frac{40+w}{40-w}$$

A função de transferência da planta no plano w fica:

$$G(w) = \frac{1,0398 \times 10^{-5}(w+67,82)(w-70,83)(w-40)}{w(w+1,999)(w+1)} \tag{2.28}$$

O diagrama de Bode do sistema sem compensação é mostrado na Figura 2.12 e a Tabela 2.3 mostra os dados do diagrama de Bode com a fase apropriada para o projeto do compensador.

Para o projeto do compensador por atraso de fase, θ deve ser negativo, seu valor deve ficar no intervalo $-5° < \theta < 0°$, e a frequência w_1 deve ser escolhida de maneira que as restrições (2.20), (2.21) e (2.22) sejam satisfeitas. Para a escolha de w_1, usaremos a Tabela 2.3, para a porção de

Tabela 2.3: Resposta em frequência para o Exemplo 2.4.3.

ω [rad/s]	υ [rad/s]	Amplitude	Amplitude [dB]	Fase [°]
0.30	0.30	3.1575	9.9868	-115.6593
0.31	0.31	3.0448	9.6713	-116.4777
0.32	0.32	2.9390	9.3639	-117.2928
0.33	0.33	2.8393	9.0643	-118.1044
0.34	0.34	2.7453	8.7717	-118.9124
0.35	0.35	2.6564	8.4859	-119.7169
0.36	0.36	2.5723	8.2064	-120.5177
0.37	0.37	2.4925	7.9328	-121.3148
0.38	0.38	2.4168	7.6647	-122.1082
0.39	0.39	2.3447	7.4019	-122.8977
0.40	0.40	2.2762	7.1441	-123.6833
0.41	0.41	2.2108	6.8909	-124.4649
0.42	0.42	2.1484	6.6423	-125.2426
0.43	0.43	2.0888	6.3978	-126.0162
0.44	0.44	2.0317	6.1573	-126.7858
0.45	0.45	1.9771	5.9207	-127.5513
0.46	0.46	1.9248	5.6877	-128.3126
0.47	0.47	1.8746	5.4581	-129.0697
0.48	0.48	1.8264	5.2318	-129.8226
0.49	0.49	1.7801	5.0087	-130.5712
0.50	0.50	1.7355	4.7886	-131.3156
0.51	0.51	1.6926	4.5713	-132.0556
0.52	0.52	1.6514	4.3568	-132.7913
0.53	0.53	1.6116	4.1450	-133.5227
0.54	0.54	1.5732	3.9357	-134.2497
0.55	0.55	1.5362	3.7288	-134.9724
0.56	0.56	1.5004	3.5243	-135.6906
0.57	0.57	1.4659	3.3220	-136.4044
0.58	0.58	1.4325	3.1219	-137.1138
0.59	0.59	1.4002	2.9239	-137.8188
0.60	0.60	1.3690	2.7279	-138.5193
0.61	0.61	1.3387	2.5338	-139.2154
0.62	0.62	1.3094	2.3417	-139.9070
0.63	0.63	1.2810	2.1513	-140.5942
0.64	0.64	1.2535	1.9627	-141.2769
0.65	0.65	1.2268	1.7758	-141.9552
0.66	0.66	1.2010	1.5906	-142.6291
0.67	0.67	1.1758	1.4069	-143.2985
0.68	0.68	1.1514	1.2248	-143.9634
0.69	0.69	1.1278	1.0443	-144.6240
0.70	0.70	1.1047	0.8651	-145.2801
0.71	0.71	1.0824	0.6874	-145.9318
0.72	0.72	1.0606	0.5111	-146.5791
0.73	0.73	1.0395	0.3362	-147.2220
0.74	0.74	1.0189	0.1625	-147.8605

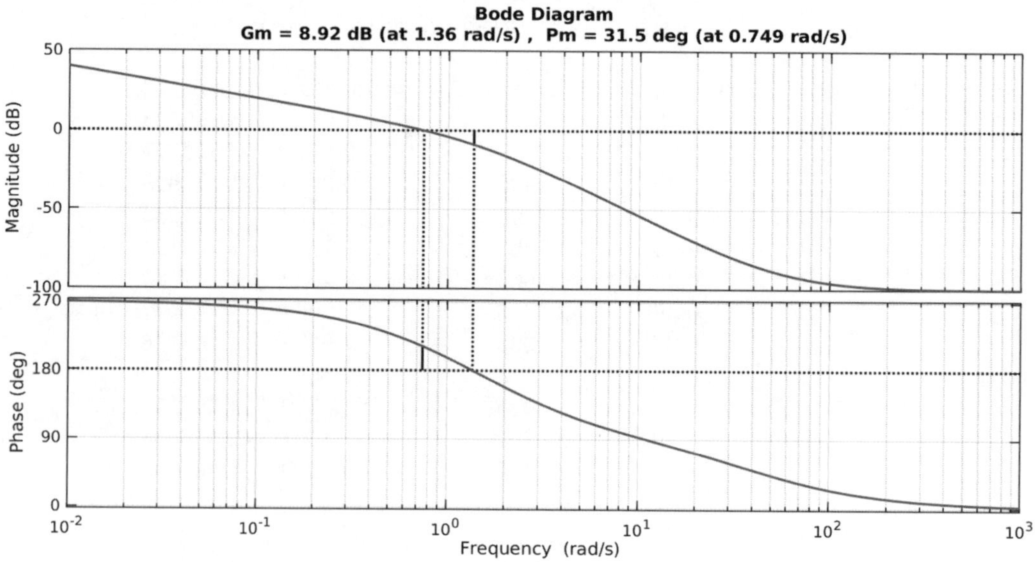

Figura 2.12: Diagrama de Bode do sistema da equação (2.28).

atraso, utiliza-se uma $MF = 40°$, *escolha arbitrária. Dessa maneira:*

1. *Para a restrição (2.20), sabe-se que* $MF = 40°$, *assim:*

$$\theta = -180° + MF - \underline{/G(jw_1)} < 0$$

e segue-se que:

$$\underline{/G(jw_1)} > -180° + 40° = -140°.$$

Da Tabela 2.3, as frequências w_1 *que satisfazem essa restrição são aquelas para as quais:*

$$w_1 < 0,63 \ rad/s.$$

Escolhe-se $w_1 = 0,62 \ rad/s$ *e, para essa frequência,* $\underline{/G(jw_1)} = -139,907$, *obtendo-se:*

$$\theta = -0,093°;$$

2. *Para a restrição (2.21), com* w_1 *escolhido no passo anterior, é possível verificar a respectiva restrição:*

$$|G(jw_1)| > 1 \quad \textit{verifica-se que} \quad |G(jw_1)| = 1,309 > 1;$$

3. *Para a restrição (2.22), verifica-se:*

$$\begin{aligned} \cos(\theta) &< |G(jw_1)| \\ 0,9999 &< 1,309. \end{aligned}$$

Com as restrições (2.20), (2.21) e (2.22) satisfeitas e escolhido w_1, *é possível determinador os coeficientes* n_2 *e* d_2, *equações (2.18) e (2.19), do compensador por atraso de fase, como se segue:*

$$\begin{aligned} n_2 &= \frac{1 - |G(jw_1)| \cos\theta}{|G(jw_1)|\, w_1 \operatorname{sen}\theta} = 234,8154 \\ d_2 &= \frac{\cos\theta - |G(jw_1)|}{w_1 \operatorname{sen}\theta} = 307,4775. \end{aligned}$$

Da equação (2.12), obtemos

$$\begin{aligned} K_c &= K_c^w \frac{2n_2 + T}{2d_2 + T} = 0,7637 \\ z_c &= \frac{2n_2 - T}{2n_2 + T} = 0,999787 \\ z_p &= \frac{2d_2 - T}{2d_2 + T} = 0,999837, \end{aligned}$$

assim, a função de transferência pulsada da porção de atraso de fase do compensador fica como:

$$G_c^{atraso}(z) = 0,7637 \frac{z - 0,999787}{z - 0,999837}.$$

Tabela 2.4: Resposta em frequência para o Exemplo 2.4.3.

ω [rad/s]	v [rad/s]	Amplitude	Amplitude [dB]	Fase [°]
0.40	0.40	1.7383	4.8026	-123.8274
0.41	0.41	1.6884	4.5494	-124.6055
0.42	0.42	1.6407	4.3007	-125.3799
0.43	0.43	1.5952	4.0562	-126.1503
0.44	0.44	1.5516	3.8158	-126.9168
0.45	0.45	1.5099	3.5791	-127.6794
0.46	0.46	1.4700	3.3461	-128.4379
0.47	0.47	1.4316	3.1165	-129.1923
0.48	0.48	1.3948	2.8902	-129.9427
0.49	0.49	1.3594	2.6671	-130.6889
0.50	0.50	1.3254	2.4469	-131.4309
0.51	0.51	1.2927	2.2297	-132.1687
0.52	0.52	1.2611	2.0152	-132.9022
0.53	0.53	1.2307	1.8034	-133.6315
0.54	0.54	1.2014	1.5940	-134.3565
0.55	0.55	1.1732	1.3872	-135.0772
0.56	0.56	1.1459	1.1826	-135.7936
0.57	0.57	1.1195	0.9804	-136.5056
0.58	0.58	1.0940	0.7802	-137.2132
0.59	0.59	1.0693	0.5822	-137.9165
0.60	0.60	1.0455	0.3862	-138.6154
0.61	0.61	1.0224	0.1922	-139.3099
0.62	0.62	1.0000	-0.0000	-140.0000
0.63	0.63	0.9783	-0.1904	-140.6857
0.64	0.64	0.9573	-0.3790	-141.3670
0.65	0.65	0.9369	-0.5658	-142.0439
0.66	0.66	0.9172	-0.7511	-142.7164
0.67	0.67	0.8980	-0.9347	-143.3845
0.68	0.68	0.8793	-1.1168	-144.0482
0.69	0.69	0.8613	-1.2974	-144.7075
0.70	0.70	0.8437	-1.4765	-145.3624
0.71	0.71	0.8266	-1.6542	-146.0130
0.72	0.72	0.8100	-1.8305	-146.6592
0.73	0.73	0.7938	-2.0055	-147.3010
0.74	0.74	0.7781	-2.1792	-147.9384
0.75	0.75	0.7628	-2.3515	-148.5716
0.76	0.76	0.7479	-2.5227	-149.2004
0.77	0.77	0.7335	-2.6926	-149.8249
0.78	0.78	0.7193	-2.8613	-150.4451
0.79	0.79	0.7056	-3.0289	-151.0610
0.80	0.80	0.6922	-3.1953	-151.6727
0.81	0.81	0.6792	-3.3606	-152.2801
0.82	0.82	0.6664	-3.5249	-152.8833
0.83	0.83	0.6540	-3.6881	-153.4824
0.84	0.84	0.6419	-3.8502	-154.0772
0.85	0.85	0.6301	-4.0114	-154.6679
0.86	0.86	0.6186	-4.1715	-155.2544
0.87	0.87	0.6074	-4.3307	-155.8368
0.88	0.88	0.5964	-4.4889	-156.4151
0.89	0.89	0.5857	-4.6462	-156.9894
0.90	0.90	0.5753	-4.8025	-157.5595
0.91	0.91	0.5651	-4.9580	-158.1257
0.92	0.92	0.5551	-5.1126	-158.6879
0.93	0.93	0.5454	-5.2663	-159.2460
0.94	0.94	0.5359	-5.4191	-159.8003
0.95	0.95	0.5266	-5.5711	-160.3506
0.96	0.96	0.5175	-5.7223	-160.8970
0.97	0.97	0.5086	-5.8726	-161.4395

Para o projeto da porção por avanço de fase, θ deve ser positivo, deseja-se uma margem de fase $MF = 55°$ e a frequência w_1 deve ser escolhida de maneira que as restrições (2.24), (2.25) e (2.26) sejam satisfeitas. Para a escolha de w_1 usaremos a Tabela 2.4:

1. *Para a restrição (2.24), sabe-se que $MF = 55°$, logo:*

$$\theta = -180° + MF - \underline{/G(jw_1)} > 0$$

assim:

$$\underline{/G(jw_1)} < -180° + 55° = -125°.$$

Da Tabela 2.4, as frequências w_1 que satisfazem essa restrição são aquelas para as quais:

$$w_1 > 0,42 \ rad/s.$$

2. *Para a restrição (2.25), as frequências w_1 que a satisfazem são aquelas para as quais:*

$$w_1 > 0,62 \ rad/s.$$

3. *Para a restrição (2.26), as frequências w_1 que a satisfazem são aquelas para as quais:*

$$w_1 > 0,82 \ rad/s.$$

Das restrições, obtém-se que $w_1 > 0,82$ rad/s. Podemos escolher arbitrariamente, por exemplo, $w_1 = 0,9$ rad/s, a partir do que, teremos:

$$G(jw_1) = 0,575\underline{/-157,56}$$

a mesma que satisfaz as restrições (2.24), (2.25) e (2.26) e o valor de $\theta = 32,56°$. *Satisfeitas as restrições e escolhido* w_1, *é possível determinador os coeficientes* n_2 *e* d_2, *equações (2.18) e (2.19), do compensador por avanço de fase, como se segue:*

$$
\begin{aligned}
n_2 &= \frac{1 - |G(jw_1)| \cos\theta}{|G(jw_1)|\, w_1 \,\text{sen}\theta} = 1,84879 \\
d_2 &= \frac{\cos\theta - |G(jw_1)|}{w_1 \,\text{sen}\theta} = 0,552405.
\end{aligned}
$$

Da equação (2.12), obtemos:

$$
\begin{aligned}
K_c &= K_c^w \frac{2n_2 + T}{2d_2 + T} = 3,245196 \\
z_c &= \frac{2n_2 - T}{2n_2 + T} = 0,9733161 \\
z_p &= \frac{2d_2 - T}{2d_2 + T} = 0,91340573,
\end{aligned}
$$

assim, a função de transferência pulsada da porção de avanço de fase do compensador fica como:

$$
G_c^{avanço}(z) = 3,245196 \frac{z - 0,9733161}{z - 0,91340573}.
$$

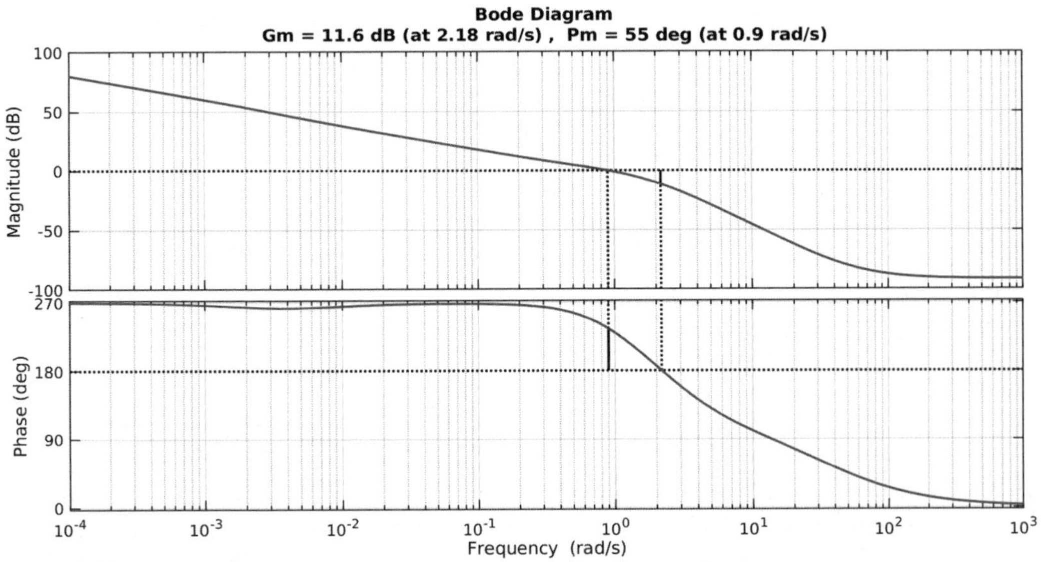

Figura 2.13: Diagrama de Bode do sistema compensado.

O diagrama de Bode do sistema compensado no plano w é mostrado na Figura 2.13, na qual se observa que o sistema tem uma margem de fase de 55° *com uma frequência de cruzamento de ganho* $w_{cg} = 0,9$ *rad/s, uma margem de ganho de* $11,6$ *dB com uma frequência de cruzamento de fase* $w_{cf} = 2,18$ *rad/s. O projeto do compensador por atraso-avanço de fase é satisfatório devido à margem de fase desejada que é atingida, entretanto, da resposta ao degrau unitário que é mostrada na Figura 2.14a, observa-se que o tempo de assentamento é* $6,7$ *s, o que caracteriza um sistema de resposta rápida. A Figura 2.11b mostra a resposta do sistema a uma entrada rampa unitária, a partir do que se observa que o erro de estado estacionário deverá ser da ordem de* $1/K_v \approx 1,01$ *e se conclui que o sistema apresenta um alto erro de estado estacionário. O erro de estado estacionário manteve-se devido ao requerimento do problema. A Figura 2.14c mostra o esforço de controle aplicado ao sistema, que é de baixa intensidade, entretanto maior que no caso do compensador por atraso e menor que no caso de um compensador por avanço.*

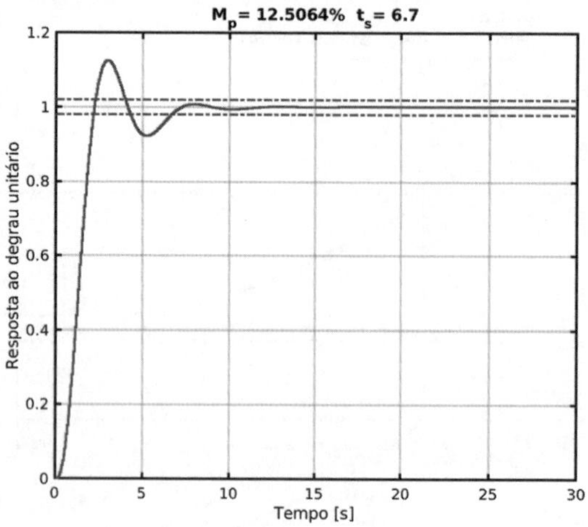

(a) Resposta ao degrau unitário do sistema compensado em malha fechada.

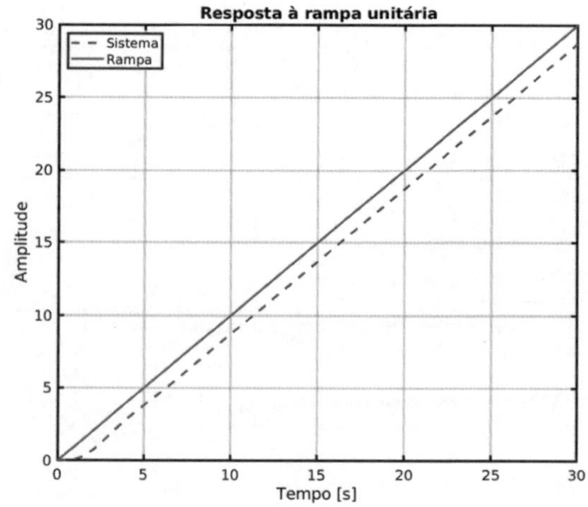

(b) Resposta à rampa unitária do sistema com controle por atraso de fase.

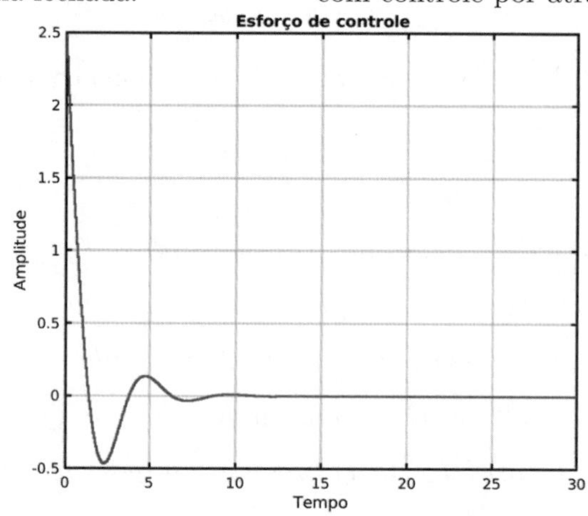

(c) Esforço de controle a uma entrada degrau unitária.

Figura 2.14: Simulações do exemplo 2.4.3.

Os programas para simulação do Exemplo 2.4.3 encontram-se em *para Matlab e em* *para o Octave.*

2.5 Procedimento de projeto no plano w - controlador da família proporcional, integral e diferencial

O controlador proporcional, integral e diferencial (PID) discreto, mostrado na Figura 2.15, é um tipo especial do controle por atraso-avanço de fase, e a função de transferência do controle PID no plano w é dada como segue:

$$G_c(w) = K_P + \frac{K_I}{w} + K_D w = \frac{K_D\omega^2 + K_P\omega + K_I}{\omega} = K_I \frac{\left(1+\frac{\omega}{w_1}\right)\left(1+\frac{\omega}{w_2}\right)}{\omega} \tag{2.29}$$

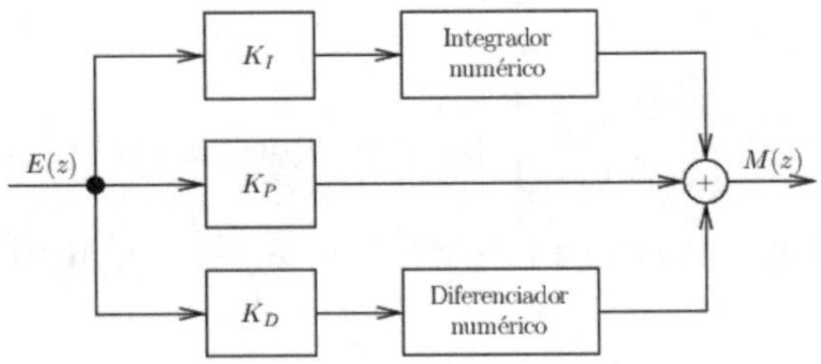

Figura 2.15: Controle PID discreto.

Dessa última expressão, é possível obter a resposta em frequência de $G_c(w)$ (Diagrama de Bode), como na Figura 2.16.

O controlador PID é amplamente utilizado como um compensador para estabilizar sistemas de malha fechada ajustando a margem de fase e a margem de ganho. Primeiro, tentamos ajustar a margem de fase para o valor desejado. Desde que:

$$w = \frac{2}{T}\operatorname{tg}\left(\frac{\omega T}{2}\right)$$

devido ao termo $K_D\omega$:

$$|G_c(jw)| \to \infty \quad \text{quando} \quad \omega T \to \pi.$$

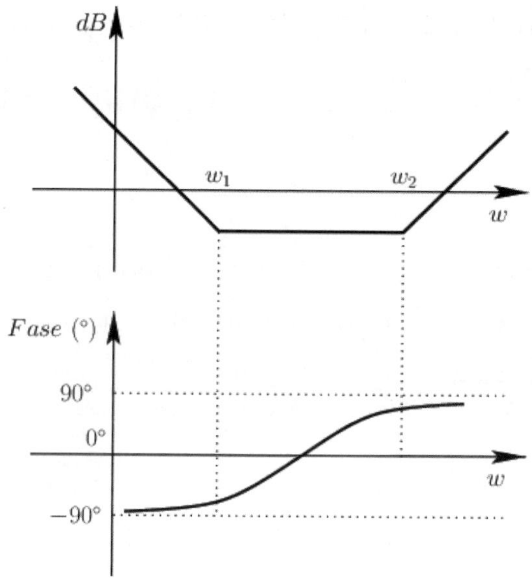

Figura 2.16: Resposta de frequência para o controle PID.

Não utilizaremos $w = \dfrac{2}{T}\dfrac{z-1}{z+1}$ para a ação diferencial da equação (2.29), ao invés disso, utilizaremos $\dfrac{1}{T}\left(1 - z^{-1}\right) = \dfrac{z-1}{Tz}$. Daqui:

$$\left.\frac{z-1}{Tz}\right|_{z=\frac{1+\frac{T}{2}w}{1-\frac{T}{2}w}} = \frac{w}{1+\dfrac{T}{2}w} = \frac{w}{1+\dfrac{w}{\frac{2}{T}}} = \frac{w}{1+\dfrac{w}{\left(\frac{\omega_s}{\pi}\right)}}$$

Portanto, a frequência de canto em:

$$w = \frac{\omega_s}{\pi} < \frac{\omega_s}{2}$$

evita que o ganho da ação diferencial tenda para infinito. Em outras palavras, o polo em $z = -1$ é instável, mas não o polo em $z = 0$. Utilizaremos a seguinte expressão de $G_c(w)$ para o projeto do controlador PID com uma hipótese que a atual frequência:

$$w \ll \frac{\omega_s}{\pi} < \frac{\omega_s}{2}.$$

A função de transferência no plano w do controle PID é:

$$G_c(w) = K_P + \frac{K_I}{w} + K_D w$$

A resposta de frequência do controle é:

$$\begin{aligned} G_c(jw) &= K_P - jK_I\frac{1}{w} + jK_D w \\ &= K_P + j\left(K_D w - \frac{K_I}{w}\right) \qquad (2.30) \\ &= |G_c(jw)|\,\underline{/\theta} \qquad (2.31) \end{aligned}$$

A partir do que:

$$|G_c(jw)| = \sqrt{K_P^2 + \left(K_D w - \frac{K_I}{w}\right)^2}$$

e

$$\theta = \text{tg}^{-1}\left(\frac{K_D w - \dfrac{K_I}{w}}{K_P}\right)$$

Procedimento de projeto do controlador PID

O problema de projeto é escolher $G_c(w)$, isto é, escolher K_P, K_I e K_D tal que a margem de fase, MF, seja a desejada na frequência de cruzamento escolhida w_1. Esta condição é:

$$G_c(jw_1)G(jw_1) = 1\underline{/-180^\circ + MF} \qquad (2.32)$$

daqui para o ganho:

$$|G_c(jw_1)| = \frac{1}{|G(jw_1)|}$$

e para a fase:

$$\begin{aligned} \underline{/G_c(jw_1)} + \underline{/G(jw_1)} &= \mp 180^\circ + MF \\ \theta = \underline{/G_c(jw_1)} &= \mp 180^\circ + MF - \underline{/G(jw_1)} \end{aligned} \tag{2.33}$$

Desde que:

$$\begin{aligned} K_P + j\left(K_D w_1 - \frac{K_I}{w_1}\right) &= |G_c(jw_1)|\, e^{j\theta} \\ &= |G_c(jw_1)|\,(\cos\theta + j\,\mathrm{sen}\theta) \\ &= \frac{1}{|G(jw_1)|}\,(\cos\theta + j\,\mathrm{sen}\theta) \end{aligned} \tag{2.34}$$

Portanto, da equação (2.32) e (2.34), obtém-se:

$$K_P = |G_c(jw_1)|\, \cos\theta = \frac{\cos\theta}{|G(jw_1)|} \tag{2.35}$$

$$K_D w_1 - \frac{K_I}{w_1} = \frac{\mathrm{sen}\theta}{|G(jw_1)|} \tag{2.36}$$

Para atraso de fase:

$$\theta < 0, \quad \mathrm{sen}\,(\theta) < 0, \quad K_D w_1 < K_I \frac{1}{w_1}$$

e para avanço de fase:

$$\theta > 0, \quad \mathrm{sen}\,(\theta) > 0, \quad K_D w_1 > K_I \frac{1}{w_1}$$

Aumentando K_D aumentamos a largura de banda. Aumentando K_I diminuímos o erro de estado estacionário e_{ss}, desde que o sistema mantenha uma margem de ganho aceitável.

Se as duas condições anteriores forem satisfeitas, variando K_I e K_D, mudamos a margem de ganho, enquanto a margem de fase permanece inalterada. Da relação:

$$\underline{/G_c(jw_1)} = \mp 180^\circ + MF - \underline{/G(jw_1)} = \theta,$$

a frequência de cruzamento w_1 deve ser escolhida dependendo se o controlador PID deve ser de avanço de fase ou atraso de fase:

- w_1 deverá ser escolhido caso $\underline{/G(jw_1)} < \mp 180^\circ + MF$, se for avanço de fase (maior influência da ação diferencial que da ação integral).
- w_1 deverá ser escolhido caso $\underline{/G(jw_1)} > \mp 180^\circ + MF$, se for atraso de fase (maior influência da ação integral que da ação diferencial).

Controladores PI e PD

Referindo-se ao diagrama de Bode do controlador PID, Figura 2.15, o controlador PID aumenta ambos de seus ganhos em baixa frequência e em alta frequência. Um alto ganho em baixa frequência diminui o erro de estado estacionário, e_{ss}. Um alto ganho em alta frequência poderia mudar a frequência de cruzamento para uma frequência maior causando a diminuição da margem de fase, mas com um avanço de fase até 90°. Um alto ganho em altas frequências faz com que a largura de banda aumente.

O método de projeto descrito previamente para o controlador PID não oferece uma única solução para K_D e K_I. O controlador PI ou PD possuem os termos da ação diferencial e da ação integral, respectivamente. No caso onde ambas ações diferencial e integral necessitem estar presentes, é possível utilizar os controladores PI e PD para os quais a solução para K_I e K_D tornam-se determináveis unicamente. No caso do PID:

$$K_P + j\left(K_D w_1 - \frac{K_I}{w_1}\right) = \frac{1}{|G(jw_1)|}\,(\cos\theta + j\,\mathrm{sen}\theta) \tag{2.37}$$

2.5.1 Projeto de controlador PI

A faixa de valores de frequência para a qual w_1 deve ser escolhido é especificada pelas seguintes restrições para os compensadores PI:

1. A fase do controlador PI, θ, deve ser negativa:

$$\theta = \angle G_c(jw_1) = -180^\circ + MF - \angle G(jw_1) < 0^\circ;$$

   e deve ficar dentro do intervalo:

$$-5^\circ < \theta < 0^\circ,$$

   isto é, a escolha da frequência w_1 deve satisfazer a condição de fase:

$$\angle G(jw_1) > -180^\circ + MF. \tag{2.38}$$

2. Da equação (2.37), considerando $K_D = 0$, obtém-se:

$$K_P - jK_I\frac{1}{w_1} = \frac{1}{|G(jw_1)|}\left(\cos\theta + j\,\mathrm{sen}\theta\right);$$

3. Com a escolha apropriada de w_1, o ganho K_p pode ser obtido de:

$$K_P = \frac{1}{|G(jw_1)|}\cos\theta; \tag{2.39}$$

4. Já o ganho K_I pode ser obtido de:

$$K_I = -w_1\frac{1}{|G(jw_1)|}\mathrm{sen}\theta \tag{2.40}$$

A função de transferência do controlador PI no plano w é:

$$G_c(w) = K_P + \frac{K_I}{w} = \frac{K_P w + K_I}{w} = K_I\frac{1 + w/w_0}{w} \tag{2.41}$$

a qual tem um zero em $w_0 = K_I/K_P$ e um polo em $w_p = 0$. Para a resposta de frequência do controle PI, veja a Figura 2.17.

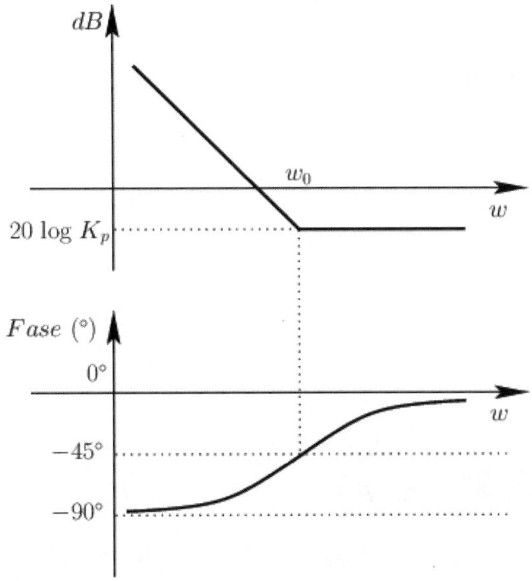

Figura 2.17: Resposta de frequência para o controle PI.

Características:

1. Ganho de baixa frequência é aumentado (tende a infinito quando $w = 0$);

2. O erro de estado estacionário é reduzido;

3. Objetivo: aumentar as margens de estabilidade e/ou reduzir o erro de estado estacionário;

4. Caso especial de compensador por atraso de fase.

Exemplo 2.5.1 *Considere o projeto de um sistema servomotor, Exemplo 2.4.1. Suponha que é desejado projetar um compensador para alcançar uma margem de fase de* $55°$. *Nesse caso, considere que o compensador é um PI.*

Solução 2.5.1 *Temos que a função de transferência da planta é:*

$$G_p(s) = \frac{1}{s(s+1)(0,5s+1)}$$

A função de transferência pulsada é:

$$\begin{aligned} G(z) &= \frac{z-1}{z}\mathcal{Z}\left\{\frac{1}{s^2(s+1)(0,5s+1)}\right\} \\ &= \frac{4,014\times 10^{-5}(z+3,595)(z+0,258)}{(z-1)(z-0,9512)(z-0,9048)} \end{aligned}$$

Fazendo a transformação do plano z para o plano w, usamos a transformação:

$$z = \frac{1+\frac{T}{2}w}{1-\frac{T}{2}w} = \frac{1+\frac{w}{40}}{1-\frac{w}{40}} = \frac{40+w}{40-w}$$

A função de transferência da planta no plano w fica:

$$G(w) = \frac{1,0398\times 10^{-5}(w+67,82)(w-70,83)(w-40)}{w(w+1,999)(w+1)} \tag{2.42}$$

Desde que $G_c(z)$ adiciona um polo em $z = 1$ na função de transferência da malha direta, então $G_c(z)G(z)$ tem dois polos em $z = 1$. Assim, o erro de estado estacionário a uma entrada rampa é nulo, satisfazendo o critério de projeto do e_{ss}.

O diagrama de Bode do sistema dado pela equação (2.42) é mostrado na Figura 2.18.

Da Tabela 2.5 ou do diagrama de Bode da Figura 2.18, deve-se escolher w_1 de maneira que a equação (2.38) seja satisfeita:

$$\underline{/G(jw_1)} > -180^\circ + MF = -180^\circ + 55^\circ = -125^\circ$$

para isso:

$$w_1 < 0,42\ rad/s.$$

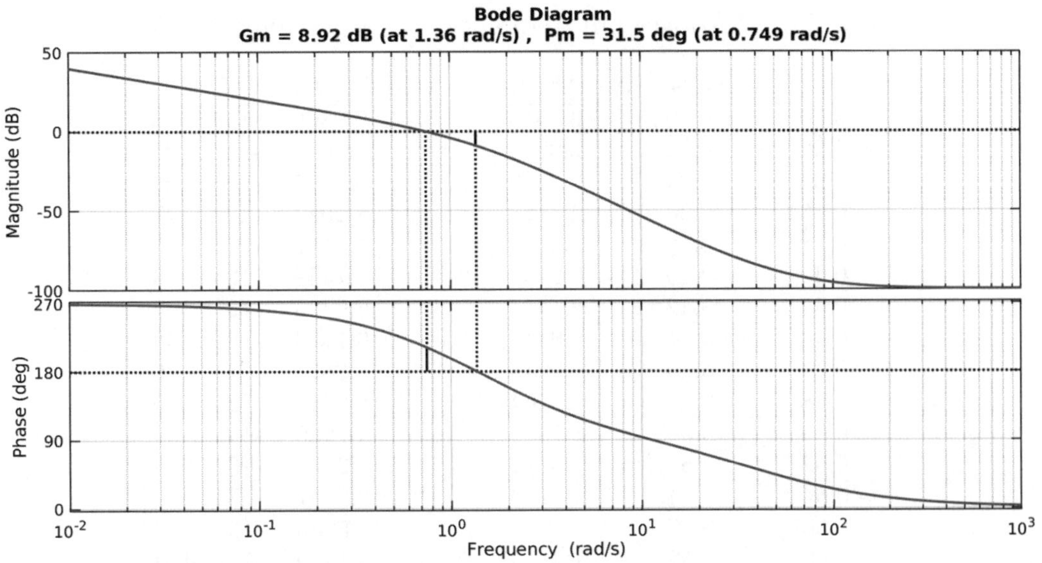

Figura 2.18: Diagrama de Bode do sistema dado pela equação (2.42).

Escolhe-se uma frequência $w_1 = 0,4$. *Então:*

$$G(jw_1) = G(j0,4) = 2,276\underline{/-123,683^\circ}$$

Da equação (2.33):

$$\theta = -180^\circ + 55^\circ - (-123,683^\circ) \approx -1,3^\circ$$

Observe que o ângulo de fase do compensador é muito pequeno na frequência da margem de fase, como desejado. Então, das equações (2.39) e (2.40) obtêm-se:

$$\begin{aligned} K_P &= \frac{\cos(-1,3^\circ)}{2,275} = 0,4394 \\ K_I &= \frac{-\operatorname{sen}(-1,3^\circ)}{2,275} \times 0,4 = 0,00398 \end{aligned}$$

Tabela 2.5: Resposta em frequência para o Exemplo 2.5.1.

ω [rad/s]	υ [rad/s]	Amplitude	Amplitude [dB]	Fase [°]
0.30	0.30	3.1575	9.9868	-115.6593
0.32	0.32	2.9390	9.3639	-117.2928
0.34	0.34	2.7453	8.7717	-118.9124
0.36	0.36	2.5723	8.2064	-120.5177
0.38	0.38	2.4168	7.6647	-122.1082
0.40	0.40	2.2762	7.1441	-123.6833
0.42	0.42	2.1484	6.6423	-125.2426
0.44	0.44	2.0317	6.1573	-126.7858
0.46	0.46	1.9248	5.6877	-128.3126
0.48	0.48	1.8264	5.2318	-129.8226
0.50	0.50	1.7355	4.7886	-131.3156
0.52	0.52	1.6514	4.3568	-132.7913
0.54	0.54	1.5732	3.9357	-134.2497
0.56	0.56	1.5004	3.5243	-135.6906
0.58	0.58	1.4325	3.1219	-137.1138
0.60	0.60	1.3690	2.7279	-138.5193
0.62	0.62	1.3094	2.3417	-139.9070
0.64	0.64	1.2535	1.9627	-141.2769
0.66	0.66	1.2010	1.5906	-142.6291
0.68	0.68	1.1514	1.2248	-143.9634
0.70	0.70	1.1047	0.8651	-145.2801
0.72	0.72	1.0606	0.5111	-146.5791
0.74	0.74	1.0189	0.1625	-147.8605
0.76	0.76	0.9794	-0.1810	-149.1245
0.78	0.78	0.9419	-0.5196	-150.3712
0.80	0.80	0.9064	-0.8536	-151.6006
0.82	0.82	0.8726	-1.1832	-152.8130
0.84	0.84	0.8406	-1.5086	-154.0085
0.86	0.86	0.8100	-1.8298	-155.1873
0.88	0.88	0.7810	-2.1472	-156.3496
0.90	0.90	0.7533	-2.4609	-157.4955
0.92	0.92	0.7269	-2.7709	-158.6252
0.94	0.94	0.7017	-3.0774	-159.7389
0.96	0.96	0.6776	-3.3806	-160.8369
0.98	0.98	0.6546	-3.6805	-161.9193
1.00	1.00	0.6326	-3.9772	-162.9864
1.02	1.02	0.6116	-4.2709	-164.0383
1.04	1.04	0.5915	-4.5616	-165.0754
1.06	1.06	0.5722	-4.8495	-166.0977
1.08	1.08	0.5537	-5.1345	-167.1055
1.10	1.10	0.5360	-5.4168	-168.0991
1.12	1.12	0.5190	-5.6964	-169.0786
1.14	1.14	0.5027	-5.9734	-170.0443
1.16	1.16	0.4871	-6.2478	-170.9963
1.18	1.18	0.4721	-6.5198	-171.9350
1.20	1.20	0.4576	-6.7894	-172.8605

Da equação (2.41), o zero do PI é localizado em:

$$\omega_{w0} = \frac{K_I}{K_P} = 0,00908$$

o qual é bastante pequena. Daqui reduzimos a largura de banda consideravelmente. Apesar de conseguirmos uma boa resposta de e_{ss}*, será necessário um tempo relativamente alto para ser atingido. A função de transferência do controle PI no plano* w *é:*

$$G_c(w) = \frac{K_P w + K_I}{w}$$

A função de transferência do controle PI no plano z *é:*

$$G_c(z) = K_P + K_I \frac{T}{2}\left(\frac{z+1}{z-1}\right) = \frac{(2K_P + K_I T)z - 2K_P + K_I T}{2(z-1)}$$
$$= 0,43932 \frac{z - 0,99954}{z-1}$$

Uma simulação do sistema mostra que o erro à entrada rampa unitária é 2,0 *depois de* 20 *s e decresce somente para* 1,5 *em* 50 *s.*

Se escolhemos $w_1 = 0,3$ *rad/s, os ganhos do controle PI são:*

$$K_p = 0,31251 \quad e \quad K_I = 0,0154$$

e

$$\omega_{w0} = \frac{K_I}{K_P} = 0,0497$$

a largura de banda do sistema aumenta. Para este controle PI, o erro à entrada rampa unitária é 1,3 *depois de* 20 *s. e decresce para* 0,11 *em* 50 *s. A resposta ao degrau unitário é mostrada na Figura 2.20a e a resposta à rampa unitária é mostrada na Figura 2.20b.*

O diagrama de Bode do sistema compensado no plano w *é mostrado na Figura 2.19, na qual se observa que o sistema tem uma margem de fase de* 55° *com uma frequência de cruzamento de ganho* $w_{cg} = 0,4$ *rad/s, uma margem de ganho de* 15,9 *dB com uma frequência de cruzamento de fase* $w_{cf} = 1,36$ *rad/s. O projeto do compensador PI é satisfatório devido à margem de fase desejada que é atingida, entretanto, da resposta ao degrau unitário que é mostrada na Figura 2.20a, observa-se que o tempo de assentamento é* 19,4 *s, o que caracteriza um sistema de resposta lenta. A Figura 2.20b mostra a resposta do sistema a uma entrada rampa unitária, de onde observa-se que o erro de estado estacionário deverá ser da ordem de* $1/K_v \approx 1,01$ *e se conclui que o sistema apresenta um alto erro de estado estacionário. O erro de estado estacionário manteve-se devido ao requerimento do problema. A Figura 2.20c mostra o esforço de controle aplicado ao sistema, o mesmo é de baixa intensidade, entretanto maior que no caso do compensador por atraso e menor que no caso de um compensador por avanço.*

Os programas para simulação do Exemplo 2.5.1 encontram-se em *para Matlab e em* *para o Octave.*

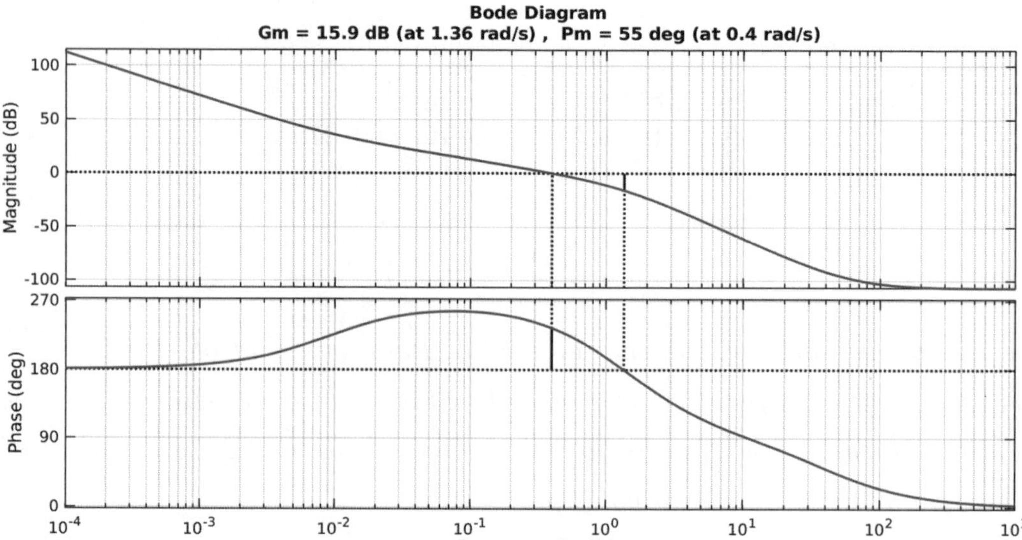

Figura 2.19: Diagrama de Bode do sistema compensado.

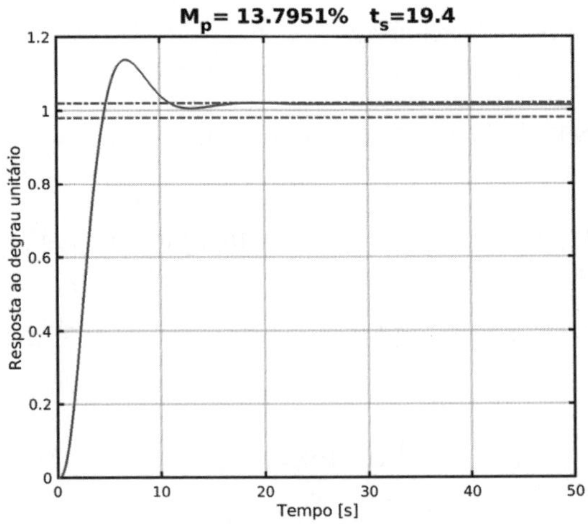

(a) Resposta ao degrau unitário do sistema compensado em malha fechada.

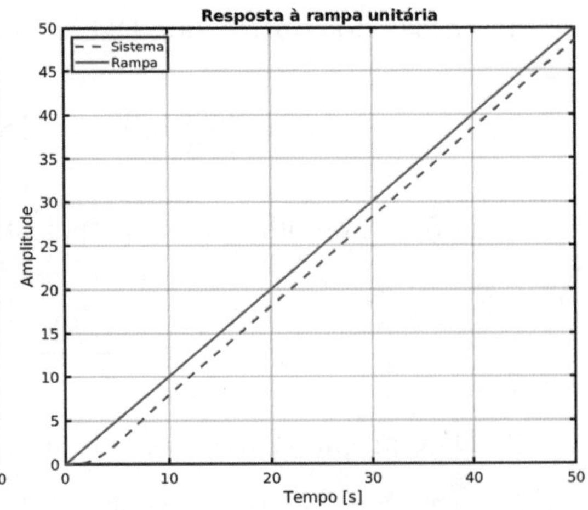

(b) Resposta à rampa unitária do sistema compensado em malha fechada.

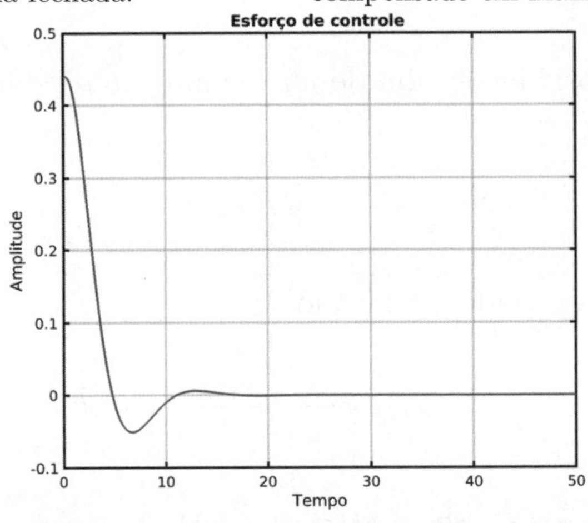

(c) Esforço de controle a uma entrada degrau unitária.

Figura 2.20: Simulações do exemplo 2.5.1.

2.5.2 Projeto de controlador PD

A faixa de valores de frequência para o qual w_1 deve ser escolhido, é especificado pelas seguintes restrições para os compensadores PD:

1. A fase do controlador PD, θ, deve ser positiva:

$$\theta = \angle G_c(jw_1) = -180^\circ + MF - \angle G(jw_1) > 0^\circ;$$

isto é, a escolha da frequência w_1 deve satisfazer a condição de fase:

$$\angle G(jw_1) < -180^\circ + MF. \tag{2.43}$$

2. Da equação (2.37), considerando $K_I = 0$, obtém-se:

$$K_P + jK_D w_1 = \frac{1}{|G(jw_1)|}\left(\cos\theta + j\,\mathrm{sen}\theta\right);$$

3. Com a apropriada escolha de w_1, o ganho K_P pode ser obtido de:

$$K_P = \frac{1}{|G(jw_1)|}\cos\theta; \tag{2.44}$$

4. Já o ganho K_D pode ser obtido de:

$$K_D = \frac{1}{w_1\,|G(jw_1)|}\,\mathrm{sen}\theta \tag{2.45}$$

A função de transferência do controlador PD no plano w é:

$$G_c(w) = K_P + K_D w = K_P\left(1 + \frac{w}{w_0}\right) \tag{2.46}$$

a qual tem um zero em $w_0 = K_P/K_D$. Para a resposta de frequência do controle PD, veja a Figura 2.21.

Características:

1. Adicionar ângulos de fase positivos na resposta de frequência de malha aberta de maneira a melhorar a estabilidade do sistema;

2. Aumentar a largura de banda do sistema em malha fechada de maneira

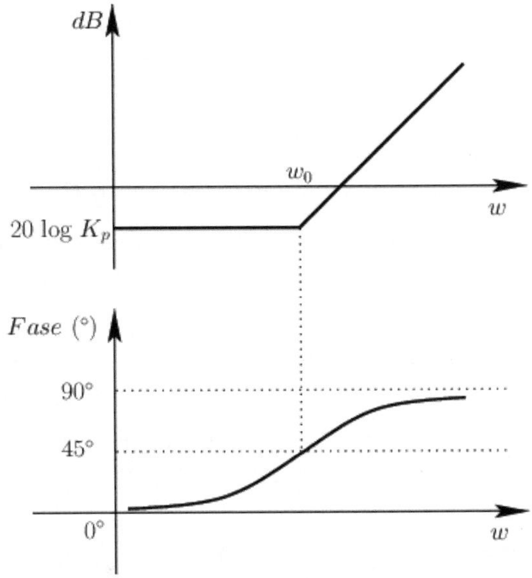

Figura 2.21: Resposta de frequência para o controle PD.

a aumentar a velocidade de resposta;

3. Efeitos em alta frequência;

4. Caso especial do avanço de fase.

Exemplo 2.5.2 *Considere o projeto de um sistema servomotor, Exemplo 2.4.1. Supõe-se que é desejado projetar um controlador PD com ganho DC unitário para alcançar uma margem de fase de 55°.*

Solução 2.5.2 *Sabe-se que a função de transferência da planta é:*

$$G_p(s) = \frac{1}{s(s+1)(0,5s+1)}$$

A função de transferência pulsada é determinada sabendo que $T = 0,05$ s, logo:

$$\begin{aligned} G(z) &= \frac{z-1}{z}\mathcal{Z}\left\{\frac{1}{s^2(s+1)(0,5s+1)}\right\} \\ &= \frac{4,014\times 10^{-5}(z+3,595)(z+0,258)}{(z-1)(z-0,9512)(z-0,9048)} \end{aligned}$$

Fazendo a transformação do plano z para o plano w, usamos a transformação:

$$z = \frac{1+\frac{T}{2}w}{1-\frac{T}{2}w} = \frac{1+\frac{w}{40}}{1-\frac{w}{40}} = \frac{40+w}{40-w}$$

A função de transferência da planta no plano w fica:

$$G(w) = \frac{1,0398\times 10^{-5}(w+67,82)(w-70,83)(w-40)}{w(w+1,999)(w+1)} \qquad (2.47)$$

O diagrama de Bode do sistema (2.47) é mostrado na Figura 2.6 e a Tabela 2.5 mostra os dados do diagrama de Bode com a fase apropriada para o projeto do compensador.

Para o projeto do controlador PD, θ deve ser positivo, deseja-se uma margem de fase $MF = 55°$ e a frequência w_1 deve ser escolhida de maneira que as restrições associadas à equação (2.46) sejam satisfeitas. Para a escolha de w_1, usaremos a Tabela 2.5, como se segue:

1. *Para a restrição (2.24), sabe-se que $MF = 55°$, assim:*

   $$\theta = -180° + MF - \underline{/G(jw_1)} > 0$$

   a partir disso, temos:

   $$\underline{/G(jw_1)} < -180° + 55° = -125°.$$

Da Tabela 2.2, as frequências w_1 que satisfazem essa restrição são aquelas para as quais:

$$w_1 > 0,42 \ rad/s.$$

2. *Para a restrição (2.25), as frequências w_1 que a satisfazem são aquelas para as quais:*

$$w_1 > 0,74 \ rad/s.$$

3. *Para a restrição (2.26), as frequências w_1 que a satisfazem são aquelas para as quais:*

$$w_1 > 0,84 \ rad/s.$$

Das restrições acima, temos $w_1 > 0,84$ rad/s. Podemos escolher arbitrariamente, por exemplo, $w_1 = 1,0$ rad/s, a partir do que, teremos:

$$G(jw_1) = 0,633\underline{/-162,986}$$

que também satisfaz as restrições (2.24), (2.25) e (2.26) e o valor de $\theta =$ $37,986°$. *A função de transferência do controle PD no plano w é:*

$$G_c(w) = K_P + K_D w.$$

Para transformar o controle PD do plano w para o plano z e obtermos uma estrutura fisicamente realizável, utiliza-se a transformação:

$$w = \frac{z-1}{Tz}$$

Como as restrições foram satisfeitas e, escolhido w_1, é possível determinar *os ganhos do controlador PD, que obtemos das equações (2.44) e (2.45):*

$$
\begin{aligned}
K_P &= \frac{\cos\theta}{|G(jw_1)|} = 1,24512 \\
K_D &= \frac{\operatorname{sen}\theta}{w_1\,|G(jw_1)|} = 0,9723.
\end{aligned}
$$

A estrutura no plano z do controle PD fica:

$$G_c(z) = \left(\frac{K_P T + K_D}{T}\right) \frac{z - \dfrac{K_d}{K_P T + K_D}}{z}$$

assim:

$$
\begin{aligned}
K_c &= K_c^w \frac{K_P T + K_D}{T} = 20,703853 \\
z_c &= \frac{K_d}{K_P T + K_D} = 0,939824 \\
z_p &= 0,0.
\end{aligned}
$$

O diagrama de Bode do sistema compensado no plano w é mostrado na Figura 2.26, na qual se observa que o sistema tem uma margem de fase de $55°$ com uma frequência de cruzamento de ganho $w_{cg} = 1,0$ rad/s, uma margem de ganho de $31,0$ dB com uma frequência de cruzamento de fase $w_{cf} = 8,38$ rad/s. O projeto do compensador PD é satisfatório devido à margem de fase desejada que é atingida, entretanto, da resposta ao degrau unitário que é mostrada na Figura 2.23a, observa-se que o tempo de assentamento é $4,4$ s, o que caracteriza um sistema de resposta rápida. A Figura 2.23b mostra a resposta do sistema a uma entrada rampa unitária. A Figura 2.24 mostra o esforço de controle aplicado ao sistema, que é de media intensidade, entretanto maior que no caso do compensador PI.

Os programas para simulação do Exemplo 2.5.2 encontram-se em para Matlab e em para o Octave.

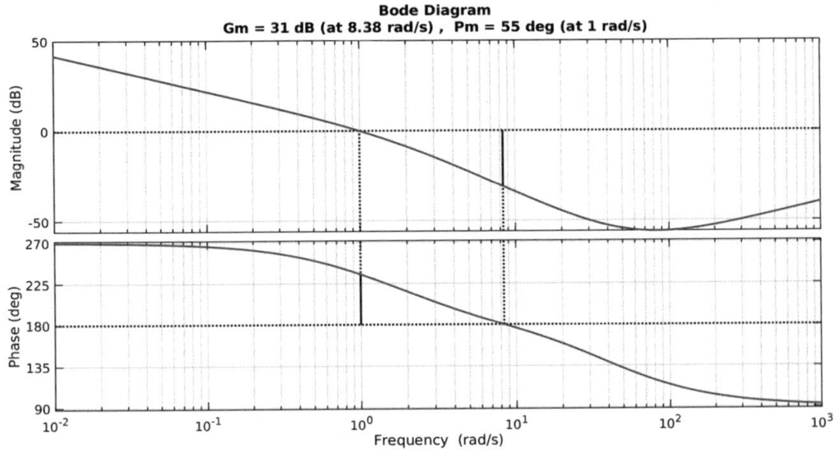

Figura 2.22: Diagrama de Bode do sistema compensado.

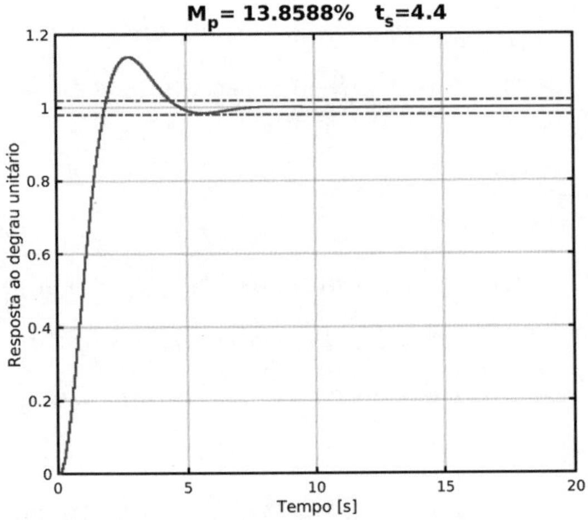

(a) Resposta ao degrau unitário do sistema compensado em malha fechada.

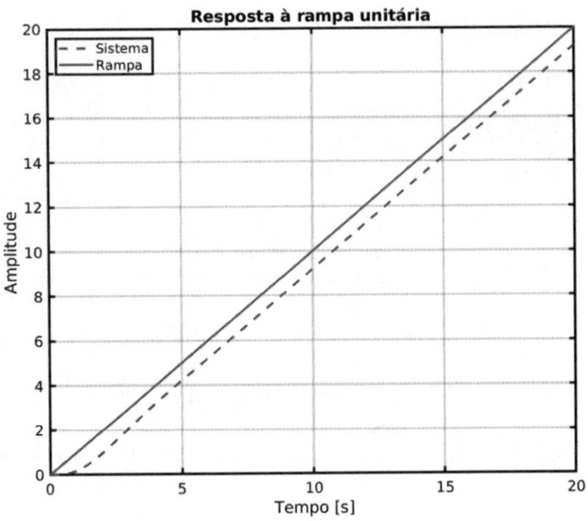

(b) Resposta à rampa unitária do sistema com controle por avanço de fase.

Figura 2.23: Simulações do exemplo 2.4.2.

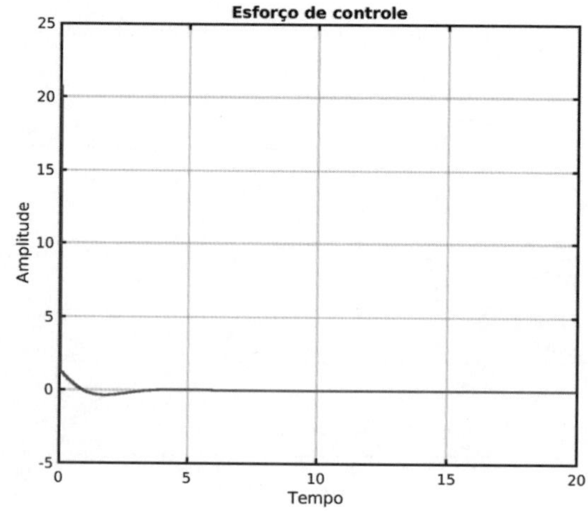

Figura 2.24: Esforço de controle a uma entrada degrau unitária do exemplo 2.4.2.

2.5.3 Projeto de controlador PID

Exemplo 2.5.3 *Considere o projeto de um sistema servomotor, como no exemplo 2.4.1. Suponha que é desejado projetar um compensador para alcançar uma margem de fase de* $55°$*. Nesse caso, considere que o compensador é um PID.*

Solução 2.5.3 *As equações de projeto (2.35) e (2.36) serão usadas (inicialmente, o polo no termo derivativo será ignorado). Da equação (2.35), temos:*

$$K_P = \frac{\cos\theta}{|G(jw_1)|}$$

Assim, uma escolha alta de w_1*, implica em uma escolha de* $|G(jw_1)|$ *(veja Tabela 2.6) menor e assim o ganho* K_P *será grande. Isso aumenta o ganho de malha aberta, o qual é desejável por muitos motivos. O diagrama de Bode do sistema é mostrado na Figura 2.25.*

Escolhemos $w_1 = 1,2$*. Do diagrama de Bode da Figura 2.25 e da Tabela 2.6, é possível obter os seguintes dados. Então:*

$$G(j1,2) = 0,4576\underline{/-172,9°}$$

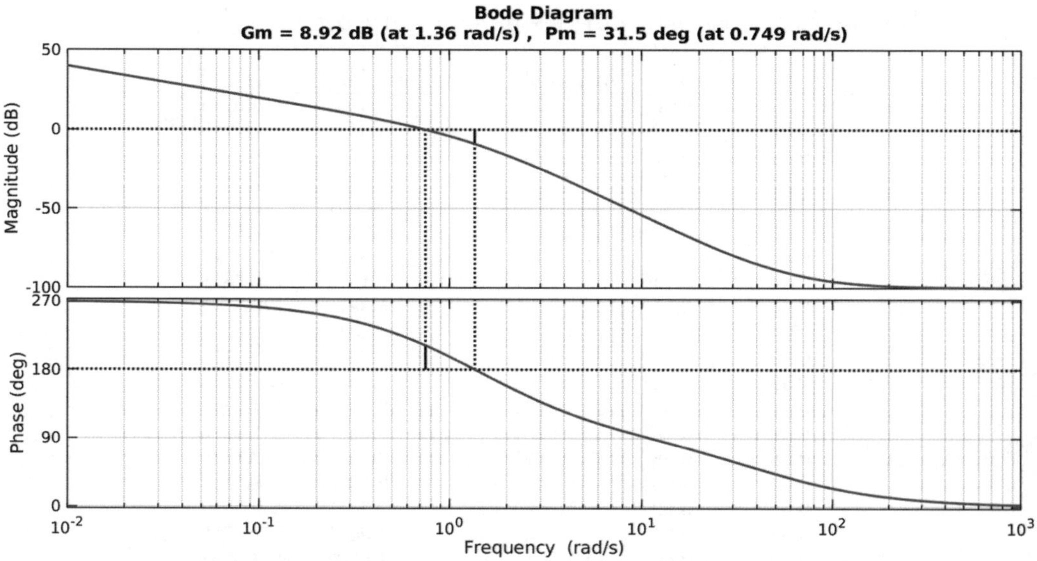

Figura 2.25: Diagrama de Bode do sistema sem compensação.

da equação (2.33):

$$\theta = -180° + 55° - (-172,9°) = 47,9°$$

e da equação (2.35):

$$K_P = \frac{\cos(47,9°)}{0,4576} = 1,465$$

Da equação (2.36):

$$K_D\, w_1 - \frac{K_I}{w_1} = \frac{\text{sen}\theta}{|G(jw_1)|}$$

com $G(jw_1)$:

$$K_D = \frac{\text{sen}(47,9°)}{0,4576} \times \frac{1}{1,2} + K_I \left(\frac{1}{1,2}\right)^2$$

$$K_D = 1,351 + 0,694\, K_I$$

Tabela 2.6: Resposta em frequência para o Exemplo 2.5.3.

ω [rad/s]	v [rad/s]	Amplitude	Amplitude [dB]	Fase [°]
0.30	0.30	3.1575	9.9868	-115.6593
0.32	0.32	2.9390	9.3639	-117.2928
0.34	0.34	2.7453	8.7717	-118.9124
0.36	0.36	2.5723	8.2064	-120.5177
0.38	0.38	2.4168	7.6647	-122.1082
0.40	0.40	2.2762	7.1441	-123.6833
0.42	0.42	2.1484	6.6423	-125.2426
0.44	0.44	2.0317	6.1573	-126.7858
0.46	0.46	1.9248	5.6877	-128.3126
0.48	0.48	1.8264	5.2318	-129.8226
0.50	0.50	1.7355	4.7886	-131.3156
0.52	0.52	1.6514	4.3568	-132.7913
0.54	0.54	1.5732	3.9357	-134.2497
0.56	0.56	1.5004	3.5243	-135.6906
0.58	0.58	1.4325	3.1219	-137.1138
0.60	0.60	1.3690	2.7279	-138.5193
0.62	0.62	1.3094	2.3417	-139.9070
0.64	0.64	1.2535	1.9627	-141.2769
0.66	0.66	1.2010	1.5906	-142.6291
0.68	0.68	1.1514	1.2248	-143.9634
0.70	0.70	1.1047	0.8651	-145.2801
0.72	0.72	1.0606	0.5111	-146.5791
0.74	0.74	1.0189	0.1625	-147.8605
0.76	0.76	0.9794	-0.1810	-149.1245
0.78	0.78	0.9419	-0.5196	-150.3712
0.80	0.80	0.9064	-0.8536	-151.6006
0.82	0.82	0.8726	-1.1832	-152.8130
0.84	0.84	0.8406	-1.5086	-154.0085
0.86	0.86	0.8100	-1.8298	-155.1873
0.88	0.88	0.7810	-2.1472	-156.3496
0.90	0.90	0.7533	-2.4609	-157.4955
0.92	0.92	0.7269	-2.7709	-158.6252
0.94	0.94	0.7017	-3.0774	-159.7389
0.96	0.96	0.6776	-3.3806	-160.8369
0.98	0.98	0.6546	-3.6805	-161.9193
1.00	1.00	0.6326	-3.9772	-162.9864
1.02	1.02	0.6116	-4.2709	-164.0383
1.04	1.04	0.5915	-4.5616	-165.0754
1.06	1.06	0.5722	-4.8495	-166.0977
1.08	1.08	0.5537	-5.1345	-167.1055
1.10	1.10	0.5360	-5.4168	-168.0991
1.12	1.12	0.5190	-5.6964	-169.0786
1.14	1.14	0.5027	-5.9734	-170.0443
1.16	1.16	0.4871	-6.2478	-170.9963
1.18	1.18	0.4721	-6.5198	-171.9350
1.20	1.20	0.4576	-6.7894	-172.8605
1.22	1.22	0.4438	-7.0566	-173.7731
1.24	1.24	0.4305	-7.3214	-174.6728
1.26	1.26	0.4176	-7.5840	-175.5601
1.28	1.28	0.4053	-7.8444	-176.4350
1.30	1.30	0.3934	-8.1026	-177.2978
1.32	1.32	0.3820	-8.3586	-178.1486
1.34	1.34	0.3710	-8.6125	-178.9878
1.36	1.36	0.3604	-8.8644	-179.8154
1.38	1.38	0.3502	-9.1142	-180.6317
1.40	1.40	0.3403	-9.3621	-181.4368
1.42	1.42	0.3308	-9.6079	-182.2310

Para a escolha do ganho K_I é possível considerar o ganho determinado no Exemplo 2.5.1, no qual $K_I = 0,004$. A função de transferência do controle PID no plano w é:

$$G_c(w) = K_P + \frac{K_I}{w} + K_D w$$

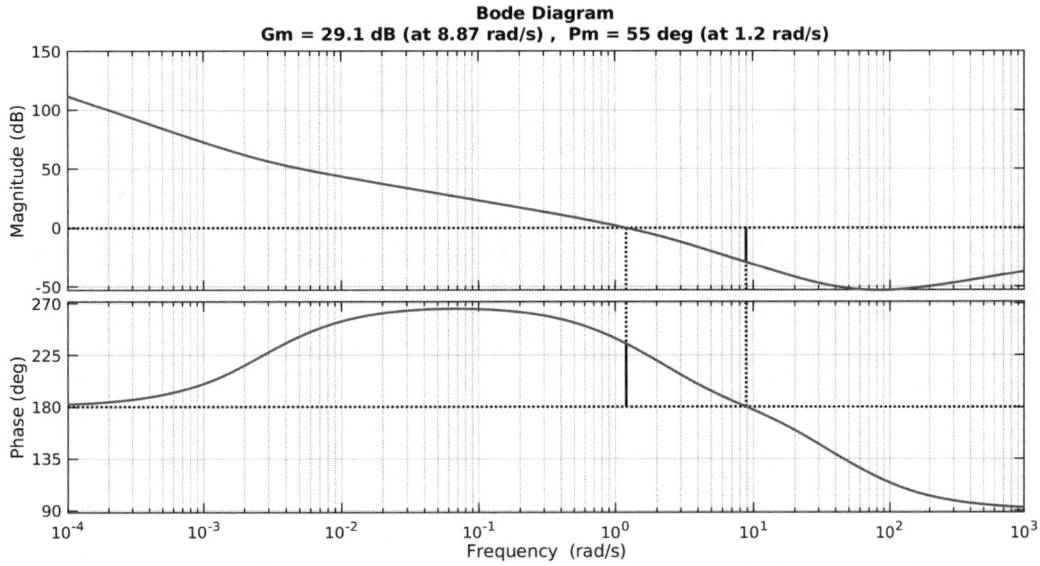

Figura 2.26: Diagrama de Bode do sistema compensado.

E a função de transferência do controle PID no plano z é:

$$G_c(z) = K_P + K_I \frac{T}{2} \left(\frac{z+1}{z-1} \right) + K_D \left(\frac{z-1}{Tz} \right)$$

$$G_c(z) = \frac{(2K_P T + 2K_D + K_I T^2)z^2 + (K_I T^2 - 2K_P T - 4K_D)z + 2K_D}{2Tz(z-1)}$$

O diagrama de Bode do sistema compensado no plano w é mostrado na Figura 2.26, na qual se observa que o sistema tem uma margem de fase de $55°$ com uma frequência de cruzamento de ganho $w_{cg} = 1,2$ rad/s, uma margem de ganho de $29,1$ dB com uma frequência de cruzamento de fase $w_{cf} = 8,87$ rad/s. O projeto do compensador PID é satisfatório devido à margem de *fase desejada que é atingida, entretanto, da resposta ao degrau unitário que é mostrada na Figura 2.27a, observa-se que o tempo de assentamento é* 3, 6 *s, o que caracteriza um sistema de resposta rápida. A Figura 2.27b mostra a resposta do sistema a uma entrada rampa unitária. A Figura 2.27c mostra o esforço de controle aplicado ao sistema, que é de media intensidade, entretanto maior que no caso do compensador PI e PD.*

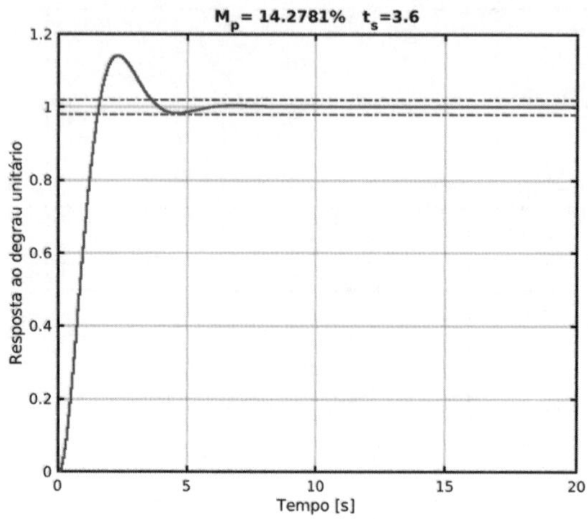

(a) Resposta ao degrau unitário do sistema compensado em malha fechada.

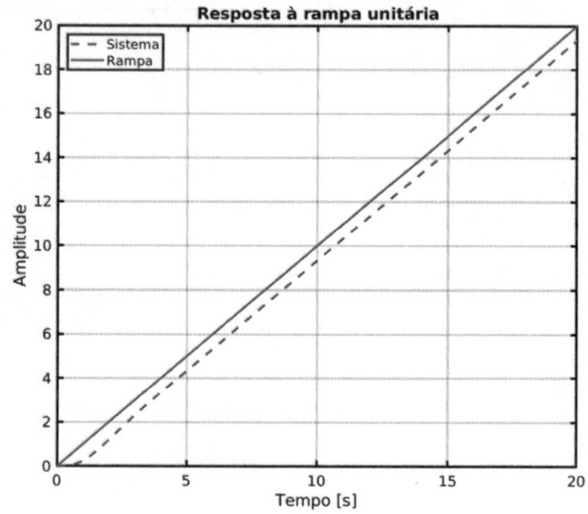

(b) Resposta à rampa unitária do sistema compensado em malha fechada.

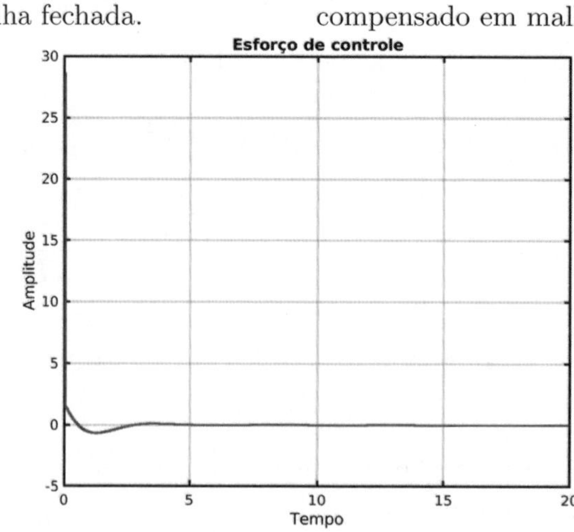

(c) Esforço de controle a uma entrada degrau unitária.

Figura 2.27: Simulações do exemplo 2.5.3.

Os programas para simulação do Exemplo 2.5.3 encontram-se em *para o Matlab e em* *para o Octave.*

2.6 Estudo de caso: circuito RLC

Considere o circuito mostrado na Figura 2.28, no qual $R = 10$ KΩ, $L = 22$ mH e $C = 100$ μF. A função de transferência do circuito é

$$\frac{V_C(s)}{U(s)} = \frac{1}{RCs^2 + LCs + 1}. \tag{2.48}$$

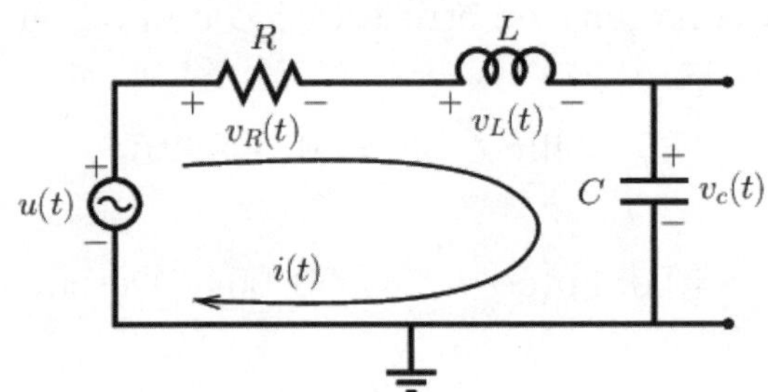

Figura 2.28: Circuito RLC série.

Projeto do compensador discreto

Sejam os parâmetros de desempenho desejados para o sistema: (i) máximo sobressinal de 10%; e (ii) constante de erro estático de posição 50. Considere que é desejável melhorar o erro de estado estacionário. Devido a essa caraterística, deve-se projetar um compensador por atraso de fase pelo método da resposta em frequência.

Escolhe-se o período de amostragem como sendo $T = 0,1$ s. Assim, a função de transferência pulsada de malha aberta é:

$$G(z) = \frac{0,095161K(z + 2,092 \times 10^{-5})}{z(z - 0,9048)}$$

Fazendo a transformação do plano z para o plano w, usamos a transformação:

$$z = \frac{1 + \frac{T}{2}w}{1 - \frac{T}{2}w} = \frac{1 + \frac{w}{20}}{1 - \frac{w}{20}} = \frac{20 + w}{20 - w}$$

A função de transferência da planta no plano w fica:

$$G(w) = \frac{-0,049956(w + 20)(w - 20)}{(w + 20)(w + 0,9992)}$$

simplificando, obtém-se:

$$G(w) = \frac{-0,049956K^w(w - 20)}{(w + 0,9992)} \tag{2.49}$$

Da definição da constante de erro estático de posição, é obtido:

$$K_p = \lim_{w \to 0} G(w) = 0,99992K^w$$

como é desejado $K_p = 50$, então $K^w = 50,004$. Desenha-se o diagrama de Bode de:

$$G(w) = \frac{-2,4978(w - 20)}{(w + 0,9992)}$$

O diagrama de Bode do sistema sem compensação, mas com ganho ajustado é mostrado na Figura 2.29 e a Tabela 2.7 mostra os dados do diagrama de Bode com a fase apropriada para o projeto do compensador.

Para o projeto do compensador por atraso de fase, θ deve ser negativo e seu valor deve ficar no intervalo $-5° < \theta < 0°$, e a frequência w_1 deve ser escolhida de maneira que as restrições (2.20), (2.21) e (2.22) sejam satisfeitas. Para a escolha de w_1, usaremos a Tabela 2.7, como se segue:

Tabela 2.7: Dados para o projeto do Caso de Estudo.

ω [rad/s]	v [rad/s]	Amplitude	Amplitude [dB]	Fase [°]
8.50	9.05	6.3423	16.0450	-106.3212
8.60	9.17	6.2809	15.9604	-106.6406
8.70	9.29	6.2210	15.8772	-106.9575
8.80	9.42	6.1625	15.7951	-107.2718
8.90	9.54	6.1054	15.7143	-107.5835
9.00	9.66	6.0497	15.6346	-107.8928
9.10	9.78	5.9952	15.5561	-108.1996
9.20	9.91	5.9421	15.4787	-108.5041
9.30	10.03	5.8901	15.4025	-108.8062
9.40	10.16	5.8393	15.3273	-109.1061
9.50	10.29	5.7897	15.2531	-109.4037
9.60	10.41	5.7412	15.1801	-109.6990
9.70	10.54	5.6938	15.1080	-109.9923
9.80	10.67	5.6474	15.0370	-110.2833
9.90	10.80	5.6020	14.9669	-110.5723
10.00	10.93	5.5576	14.8978	-110.8592
10.10	11.06	5.5142	14.8296	-111.1440
10.20	11.19	5.4717	14.7624	-111.4269
10.30	11.32	5.4301	14.6961	-111.7077
10.40	11.45	5.3893	14.6307	-111.9866
10.50	11.58	5.3494	14.5661	-112.2636
10.60	11.72	5.3103	14.5024	-112.5387
10.70	11.85	5.2721	14.4396	-112.8120
10.80	11.99	5.2346	14.3776	-113.0833
10.90	12.12	5.1978	14.3164	-113.3529
11.00	12.26	5.1618	14.2561	-113.6207
11.10	12.40	5.1265	14.1965	-113.8866
11.20	12.54	5.0919	14.1377	-114.1509
11.30	12.68	5.0580	14.0796	-114.4134
11.40	12.82	5.0248	14.0223	-114.6742
11.50	12.96	4.9922	13.9658	-114.9333
11.60	13.10	4.9602	13.9099	-115.1907
11.70	13.25	4.9288	13.8548	-115.4465
11.80	13.39	4.8980	13.8004	-115.7006
11.90	13.54	4.8678	13.7466	-115.9531
12.00	13.68	4.8381	13.6936	-116.2041
12.10	13.83	4.8091	13.6412	-116.4534
12.20	13.98	4.7805	13.5894	-116.7012
12.30	14.13	4.7525	13.5384	-116.9474
12.40	14.28	4.7249	13.4879	-117.1921
12.50	14.43	4.6979	13.4381	-117.4352
12.60	14.58	4.6713	13.3888	-117.6769
12.70	14.74	4.6453	13.3402	-117.9171
12.80	14.89	4.6197	13.2922	-118.1558
12.90	15.05	4.5945	13.2448	-118.3930

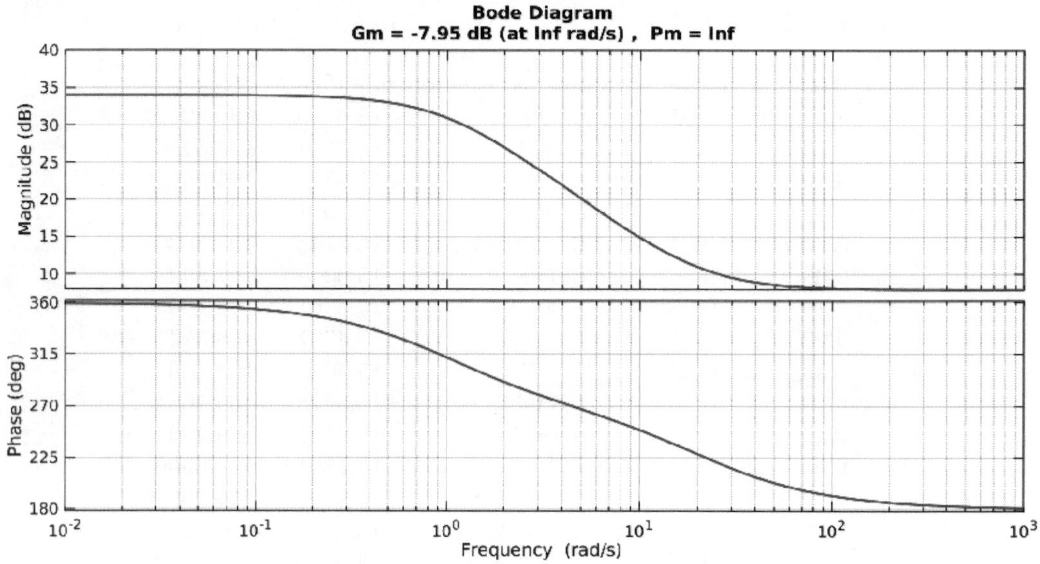

Figura 2.29: Diagrama de Bode do sistema da equação (2.49).

1. Para a restrição (2.20), sabe-se que $MF = 65°$, assim:

$$\theta = -180° + MF - \angle G(jw_1) < 0$$

logo:

$$\angle G(jw_1) > -180° + 55° = -115°.$$

Da Tabela 2.7, escolhe-se $w_1 = 10,4$ rad/s e, para essa frequência, $\angle G(jw_1) = -111,9866$. Sendo assim:

$$\theta = -3,0134°;$$

2. Para a restrição (2.21), com w_1 escolhido no passo anterior, é possível verificar a respectiva restrição:

$$|G(jw_1)| > 1 \quad \text{verifica-se que} \quad |G(jw_1)| = 5,3893 > 1;$$

3. Para a restrição (2.22), verifica-se:

$$\begin{aligned} \cos(\theta) &< |G(jw_1)| \\ 0,9999 &< 5,3893. \end{aligned}$$

Com as restrições (2.20), (2.21) e (2.22) satisfeitas e escolhido w_1, é possível determinador os coeficientes n_2 e d_2, equações (2.18) e (2.19), do compensador por atraso de fase:

$$\begin{aligned} n_2 &= \frac{1 - |G(jw_1)| \cos\theta}{|G(jw_1)|\, w_1 \operatorname{sen}\theta} = 1,48716 \\ d_2 &= \frac{\cos\theta - |G(jw_1)|}{w_1 \operatorname{sen}\theta} = 8,03092. \end{aligned}$$

Da equação (2.12), obtemos:

$$\begin{aligned} K_c &= K_c^w \frac{2n_2 + T}{2d_2 + T} = 9,51104 \\ z_c &= \frac{2n_2 - T}{2n_2 + T} = 0,93494 \\ z_p &= \frac{2d_2 - T}{2d_2 + T} = 0,98762. \end{aligned}$$

assim, a função de transferência pulsada do compensador por atraso de fase fica como:

$$G_c(z) = 9,51104 \frac{z - 0,93494}{z - 0,98762}. \tag{2.50}$$

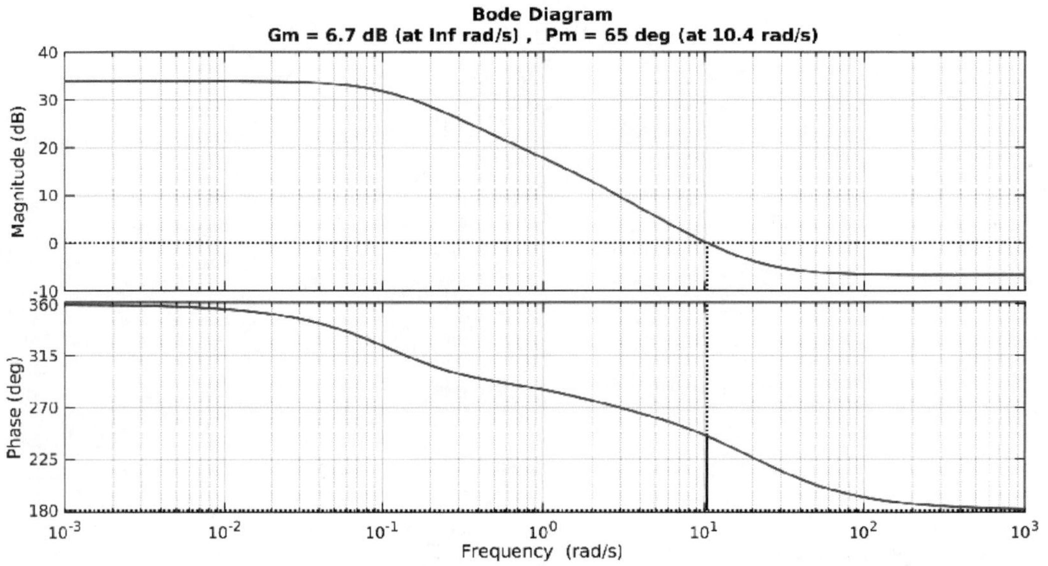

Figura 2.30: Diagrama de Bode do sistema da compensado.

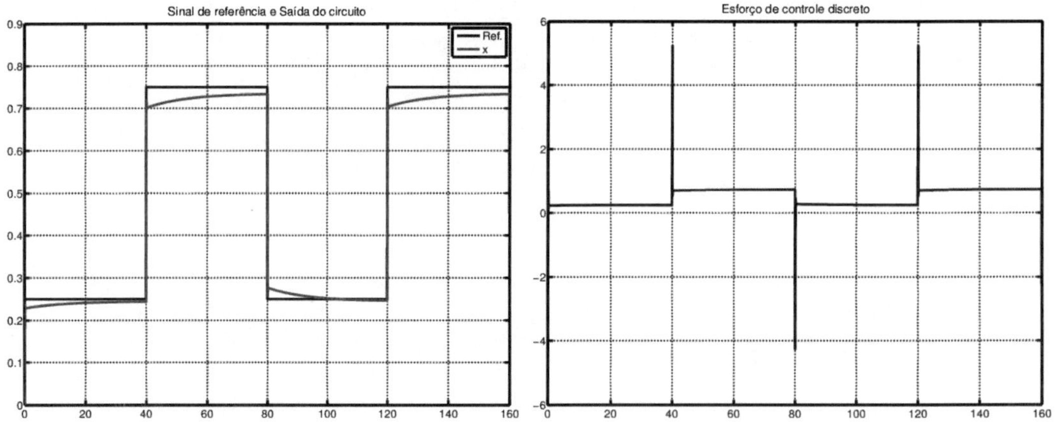

(a) Sinal de referência e saída do circuito RLC série, tensão no capacitor.

(b) Esforço de controle em malha fechada com compensador por atraso de fase.

Figura 2.31: Simulações do sistema com compensador discreto.

Simulação com sinal de referência seniodal

O sinal de referência é uma senoidal de amplitude de $\pm 0,25$ V e um offset de $0,35$ V, com frequência de $0,025$ Hz. Escolhe-se valores positivos para o sinal de referência uma vez que será implementado o sistema com um microprocessador Arduino, que trabalha com tensões positivas de entrada.

A simulação é realizada com o compensador mostrado na equação (2.50). A simulação do sistema com compensador por atraso de fase em série com o sistema é mostrado na Figura 2.32a para um sinal de referência senoidal, e a Figura 2.32b mostra o esforço do compensador por atraso de fase, no qual se observa que o esforço de controle é positivo e essa característica possibilita a implementação do controle em um microcontrolador Arduino.

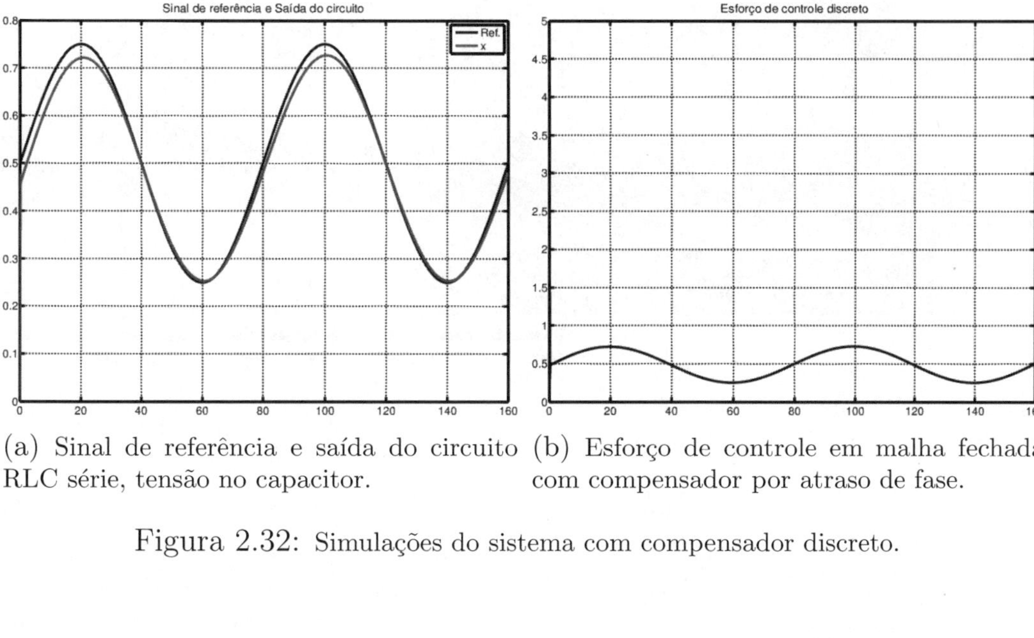

(a) Sinal de referência e saída do circuito RLC série, tensão no capacitor.

(b) Esforço de controle em malha fechada com compensador por atraso de fase.

Figura 2.32: Simulações do sistema com compensador discreto.

Implementação Arduino com sinal de referência seniodal

A implementação é realizada com o compensador mostrado na equação (2.50). Os dados do sistema real com compensador por atraso de fase em série com o sistema é mostrado na Figura 2.34a, e a Figura 2.34b mostra o esforço do compensador por atraso de fase.

O ganho da equação (2.50) saturava o esforço de controle fornecido pelo Arduino, devido a isso, o ganho foi reduzido pela metade.

O circuito de implementação do sistema discreto com o microprocessador Arduino é mostrado na Figura 2.33.

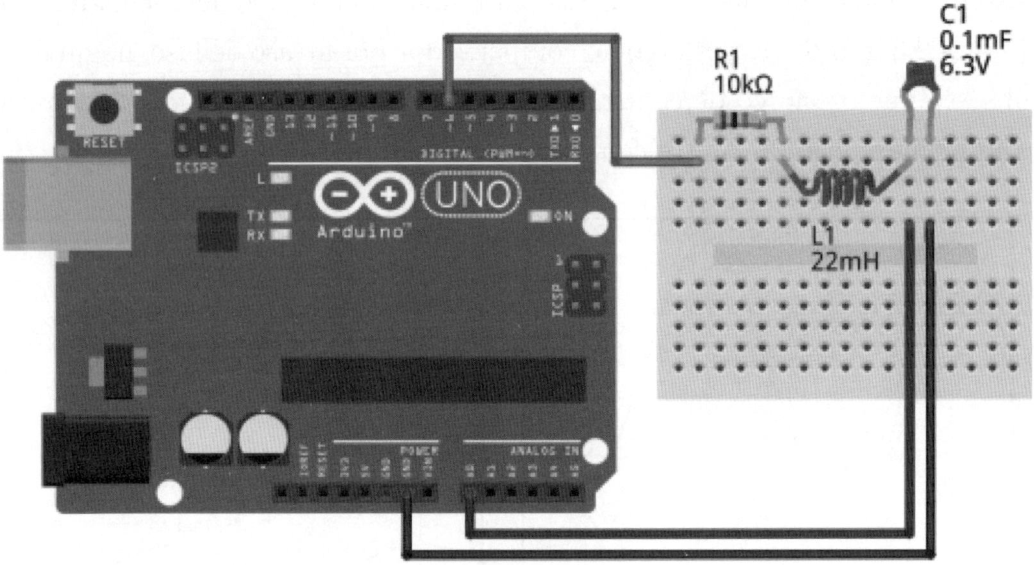

Figura 2.33: Implementação do circuito RLC série com microprocessador Arduino. Valores dos componentes: $R = 10$ KΩ; $L = 22$ mH; e $C = 100$ μF.

A saída do sistema discreto apresenta ruído devido à aquisição dos dados através da porta de entrada analógica A0 do Arduino, a qual lê a tensão nos terminais do capacitor, assim como a saída PWM (~6) do Arduino é conectada diretamente na entrada do sistema RLC, a qual é o controle sendo aplicado ao sistema, como mostrado na Figura 2.33. O sistema pode ser melhorado se for incluído filtros nas portas de saída e de entrada do Arduino.

O script embarcado no Arduino deste caso de estudo é mostrado no Apêndice C.1.

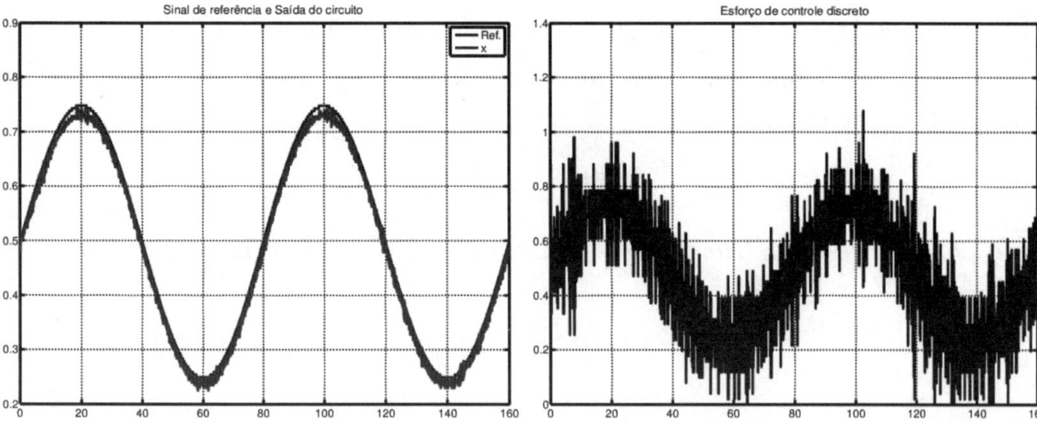

(a) Dados reais. Sinal de referência e saída do circuito RLC série, tensão no capacitor.

(b) Esforço de controle em malha fechada com compensador por atraso de fase.

Figura 2.34: Implementação do sistema com compensador discreto.

2.7 Exercícios resolvidos

Exemplo 2.7.1 *Considere o sistema de controle discreto da Figura 2.35, na qual:*

$$G_p(s) = \frac{1}{s(s+10)}.$$

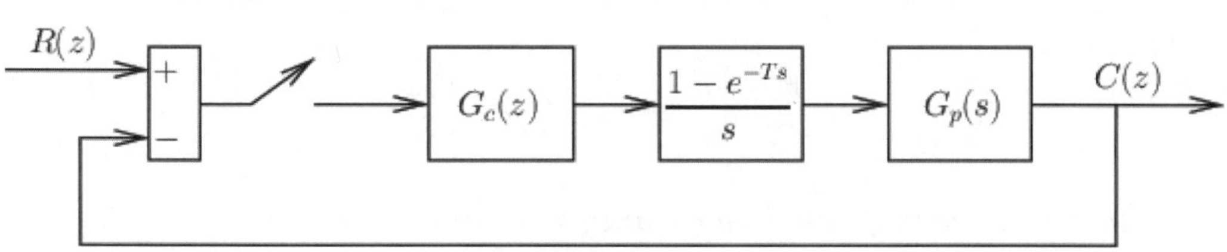

Figura 2.35: Sistema de controle discreto.

Utilizando o diagrama de Bode no plano w, projete um compensador discreto de maneira que a margem de fase seja de $50°$, *a margem de ganho de pelo menos* 10 *dB e uma constante de erro estático de velocidade de* 20 s^{-1}. *Determine um período de amostragem apropriado para o sistema.*

Solução 2.7.1 *Segundo a função de transferência, a máxima frequência presente é* $\omega_1 = 10$ *rad/s e, segundo a equação (2.7), a frequência de amostragem fica no intervalo:*

$$80 \leq \omega_s \leq 800$$

e o período de amostragem fica aproximadamente no seguinte intervalo:

$$0,01 \leq T \leq 0,1.$$

Portanto, escolhe-se o período de amostragem $T = 0,1$ *s. Temos que a função de transferência da planta é:*

$$G_p(s) = \frac{1}{s(s+10)}$$

A função de transferência pulsada é determinada sabendo que $T = 0,1$ *s, logo:*

$$\begin{aligned} G(z) &= \frac{z-1}{z}\mathcal{Z}\left\{\frac{1}{s^2(s+10)}\right\} \\ &= \frac{3,6788 \times 10^{-3}(z+0,7183)}{(z-1)(z-0,3679)} \end{aligned}$$

Fazendo a transformação do plano z *para o plano* w*, usamos a transformação:*

$$z = \frac{1+\frac{T}{2}w}{1-\frac{T}{2}w} = \frac{1+\frac{w}{20}}{1-\frac{w}{20}} = \frac{20+w}{20-w}$$

A função de transferência da planta no plano w *fica:*

$$G(w) = \frac{-3,7883 \times 10^{-4}(w+122)(w-20)}{z(w+9,242)} \tag{2.51}$$

O diagrama de Bode do sistema sem compensação é mostrado na Figura 2.36 e a Tabela 2.8 mostra os dados do diagrama de Bode com a fase apropriada para o projeto do compensador.

Tabela 2.8: Resposta em frequência para o Exemplo 2.7.1.

ω [rad/s]	v [rad/s]	Amplitude	Amplitude [dB]	Fase [°]
4.00	4.05	4.6821	13.4088	-122.8343
4.02	4.08	4.6560	13.3603	-122.9844
4.04	4.10	4.6302	13.3120	-123.1342
4.06	4.12	4.6047	13.2640	-123.2839
4.08	4.14	4.5794	13.2161	-123.4334
4.10	4.16	4.5543	13.1684	-123.5827
4.12	4.18	4.5295	13.1209	-123.7318
4.14	4.20	4.5049	13.0736	-123.8807
4.16	4.22	4.4805	13.0265	-124.0294
4.18	4.24	4.4564	12.9796	-124.1780
4.20	4.26	4.4325	12.9329	-124.3263
4.22	4.28	4.4088	12.8863	-124.4745
4.24	4.30	4.3853	12.8400	-124.6225
4.26	4.33	4.3620	12.7938	-124.7703
4.28	4.35	4.3390	12.7477	-124.9178
4.30	4.37	4.3161	12.7019	-125.0652
4.32	4.39	4.2935	12.6562	-125.2125
4.34	4.41	4.2711	12.6107	-125.3595
4.36	4.43	4.2488	12.5654	-125.5063
4.38	4.45	4.2268	12.5203	-125.6529
4.40	4.47	4.2050	12.4753	-125.7994
4.42	4.49	4.1833	12.4305	-125.9456
4.44	4.51	4.1619	12.3858	-126.0917
4.46	4.54	4.1406	12.3413	-126.2375
4.48	4.56	4.1195	12.2970	-126.3832
4.50	4.58	4.0987	12.2528	-126.5287
4.52	4.60	4.0779	12.2088	-126.6740
4.54	4.62	4.0574	12.1650	-126.8191
4.56	4.64	4.0370	12.1213	-126.9640
4.58	4.66	4.0169	12.0777	-127.1087
4.60	4.68	3.9968	12.0343	-127.2532
4.62	4.70	3.9770	11.9911	-127.3975
4.64	4.73	3.9573	11.9480	-127.5416
4.66	4.75	3.9378	11.9051	-127.6855
4.68	4.77	3.9185	11.8623	-127.8292
4.70	4.79	3.8993	11.8197	-127.9727
4.72	4.81	3.8802	11.7772	-128.1161
4.74	4.83	3.8614	11.7348	-128.2592
4.76	4.85	3.8426	11.6926	-128.4021
4.78	4.87	3.8241	11.6505	-128.5449
4.80	4.89	3.8057	11.6086	-128.6874
4.82	4.92	3.7874	11.5668	-128.8298
4.84	4.94	3.7693	11.5252	-128.9719
4.86	4.96	3.7513	11.4837	-129.1139
4.88	4.98	3.7335	11.4423	-129.2556

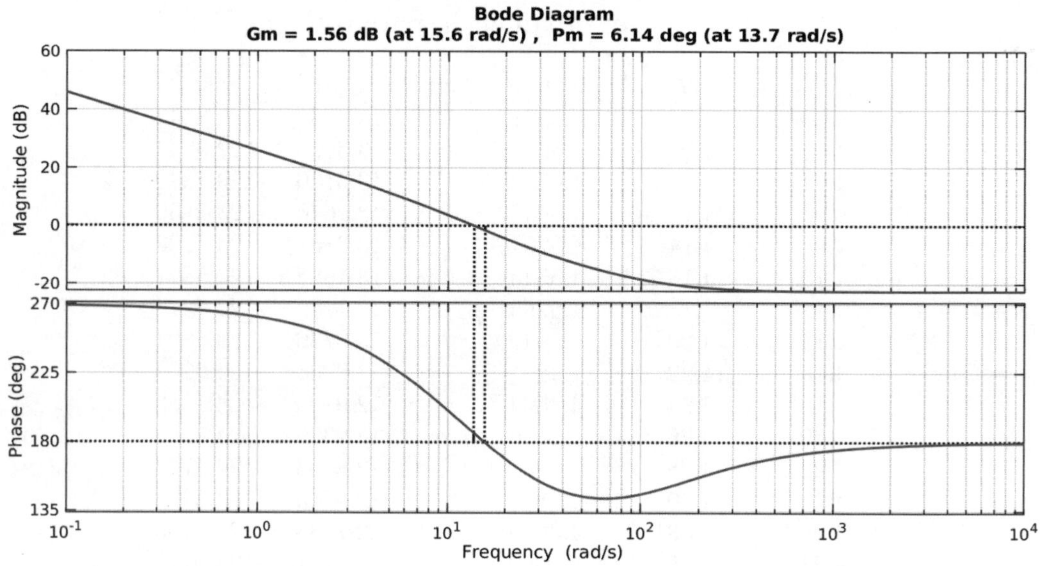

Figura 2.36: Diagrama de Bode do sistema da equação (2.51).

Para o projeto do compensador por atraso de fase, θ deve ser negativo, seu valor deve ficar no intervalo $-5^\circ < \theta < 0^\circ$ e a frequência w_1 deve ser escolhida de maneira que as restrições (2.20), (2.21) e (2.22) sejam satisfeitas. Para a escolha de w_1, usaremos a Tabela 2.8:

1. *Para a restrição (2.20), sabe-se que $MF = 50^\circ$, assim*

$$\theta = -180^\circ + MF - \underline{/G(jw_1)} < 0$$

logo:

$$\underline{/G(jw_1)} > -180^\circ + 50^\circ = -130^\circ.$$

Da Tabela 2.8, escolhe-se $w_1 = 4,6$ rad/s e, para essa frequência, $G(jw_1) = 3,997\underline{/-127,253^\circ}$. Assim:

$$\theta = -2,747^\circ;$$

2. *Para a restrição (2.21), com w_1 escolhido no passo anterior, é possível verificá-la da seguinte maneira:*

$$|G(jw_1)| > 1 \quad \textit{verifica-se que} \quad |G(jw_1)| = 3,997 > 1;$$

3. *Para a restrição (2.22), verifica-se:*

$$\begin{aligned} \cos(\theta) &< |G(jw_1)| \\ 0,9988 &< 3,997. \end{aligned}$$

Com as restrições (2.20), (2.21) e (2.22) satisfeitas e escolhido w_1, é possível determinar os coeficientes n_2 e d_2, equações (2.18) e (2.19), do compensador por atraso de fase:

$$\begin{aligned} n_2 &= \frac{1 - |G(jw_1)| \cos\theta}{|G(jw_1)| \, w_1 \, \text{sen}\theta} = 3,396 \\ d_2 &= \frac{\cos\theta - |G(jw_1)|}{w_1 \, \text{sen}\theta} = 13,599. \end{aligned}$$

Da equação (2.12), obtêm-se:

$$\begin{aligned} K_c &= K_c^w \frac{2n_2 + T}{2d_2 + T} = 50,493 \\ z_c &= \frac{2n_2 - T}{2n_2 + T} = 0,970980 \\ z_p &= \frac{2d_2 - T}{2d_2 + T} = 0,992673. \end{aligned}$$

assim, a função de transferência pulsada do compensador por atraso de fase fica como:

$$G_c(z) = 50,493 \frac{z - 0,970980}{z - 0,99267}.$$

A constante de erro estático de velocidade pode ser determinada de:

$$\begin{aligned}
K_v &= \lim_{z\to 1}\left[\frac{z-1}{Tz}G_c(z)G(z)\right]\\
&= \lim_{z\to 1}\left[\frac{z-1}{Tz}\times\frac{3,6788\times 10^{-3}(z+0,7183)}{(z-1)(z-0,3679)}\times 50,493\frac{z-0,971}{z-0,9927}\right]\\
&= \lim_{z\to 1}\left[\frac{1}{Tz}\times\frac{0,18575(z-0,971)(z-0,7183)}{(z-0,9927)(z-0,3679)}\right]\\
&\approx 20.
\end{aligned}$$

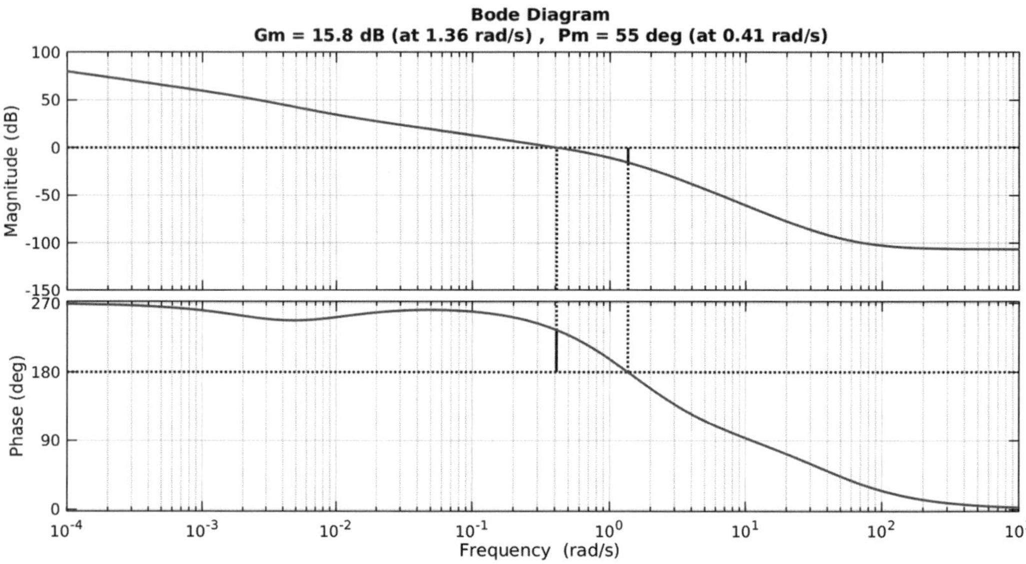

Figura 2.37: Diagrama de Bode do sistema da compensado.

O diagrama de Bode do sistema compensado no plano w *é mostrado na Figura 2.37, na qual se observa que o sistema tem uma margem de fase de* $50°$ *com uma frequência de cruzamento de ganho* $w_{cg} = 4,6$ *rad/s, uma margem de ganho de* $13,4$ *dB com uma frequência de cruzamento de fase* $w_{cf} = 15,3$ *rad/s. O projeto do compensador por atraso de fase é satisfatório devido à margem de fase desejada que é atingida, entretanto da resposta ao degrau unitário que é mostrada na Figura 2.38a observa-se que o tempo de assentamento é* 3 *s, o que caracteriza um sistema de resposta lenta. A Figura 2.38b mostra a resposta do sistema a uma entrada rampa unitária, a partir do que se observa que o erro de estado estacionário deverá ser da ordem de* $1/K_v \approx 0,05$ *e se conclui que o sistema apresenta um baixo erro de estado estacionário. A Figura 2.38c mostra o esforço de controle aplicado ao sistema, que fica dentro da faixa de* -10 *e* 55 *unidades de esforço de controle.*

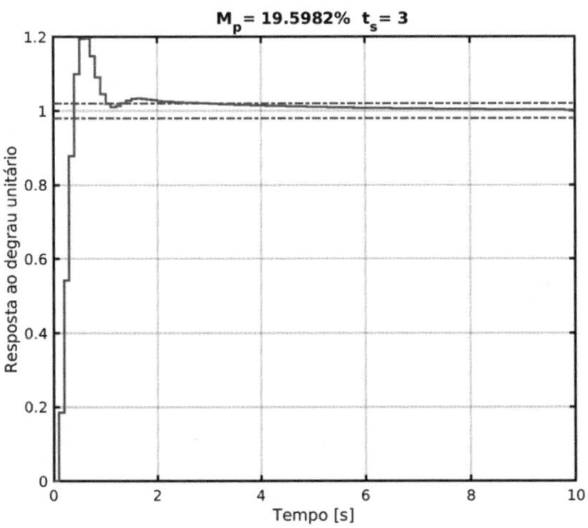

(a) Resposta ao degrau unitário do sistema compensado em malha fechada.

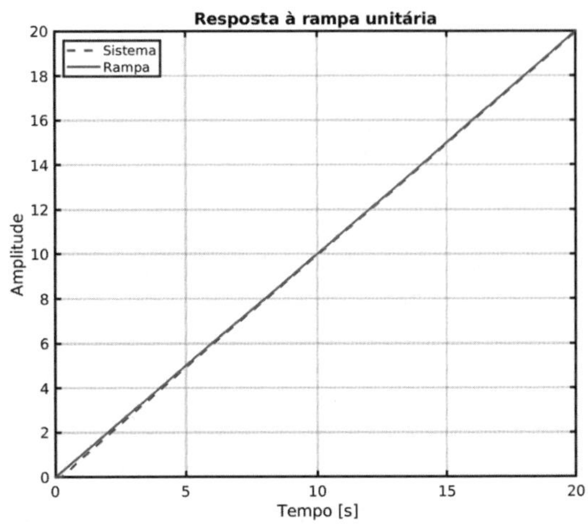

(b) Resposta à rampa unitária do sistema com controle por atraso de fase.

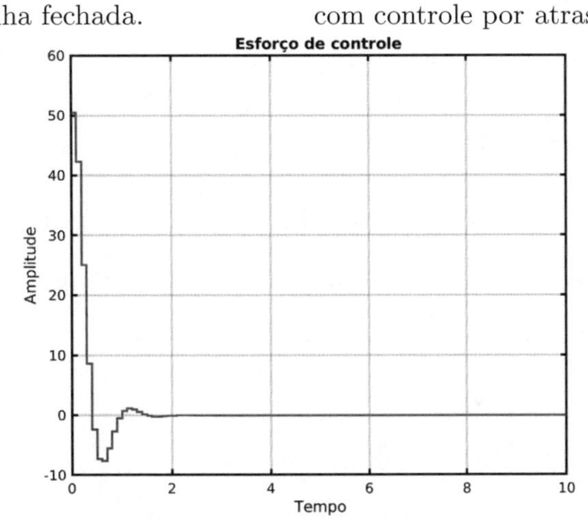

(c) Esforço de controle a uma entrada degrau unitária.

Figura 2.38: Simulações do exemplo 2.7.1.

Os programas para simulação do Exemplo 2.7.1 encontram-se em *para o Matlab e em* *para o Octave.*

Exemplo 2.7.2 *Considere o sistema de controle discreto da Figura 2.39, na qual:*

$$G_p(s) = \frac{e^{-5s}}{s(s+1)}.$$

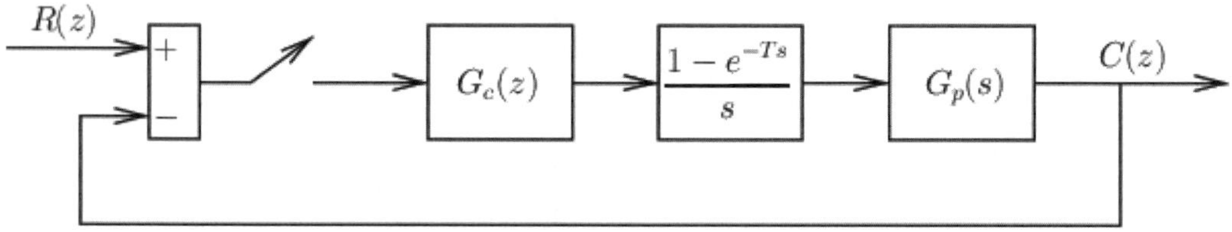

Figura 2.39: Sistema de controle discreto.

Utilizando o diagrama de Bode no plano w*, projete um compensador PI de maneira que o coeficiente de amortecimento dos polos dominantes em malha fechada seja* $0,6$*. Determine um período de amostragem apropriado para o sistema.*

Solução 2.7.2 *Segundo a função de transferência, a máxima frequência presente é* $\omega_1 = 1$ *rad/s e, segundo a equação (2.7), a frequência de amostragem fica no intervalo:*

$$8 \leq \omega_s \leq 80$$

e o período de amostragem fica aproximadamente no seguinte intervalo:

$$0,08 \leq T \leq 0,8.$$

Portanto, escolhe-se o período de amostragem $T = 0,1$ *s. Sabe-se que a função de transferência da planta é:*

$$G_p(s) = \frac{e^{-5s}}{s(s+1)}$$

A função de transferência pulsada é:

$$\begin{aligned} G(z) &= \frac{z-1}{z}\mathcal{Z}\left\{\frac{e^{-5s}}{s(s+1)}\right\} \\ &= \frac{4,8374\times10^{-3}z^{-50}(z+0,9672)}{(z-1)(z-0,9048)} \qquad (2.52) \\ &= \frac{4,8374\times10^{-3}(z+0,9672)}{z^{50}(z-1)(z-0,9048)} \qquad (2.53) \end{aligned}$$

O sistema da equação (2.52) ou da equação (2.53) em malha fechada e sem compensação é instável como pode ser observado na simulação da resposta do sistema em malha fechada a uma entrada degrau unitária, veja Figura 2.40.

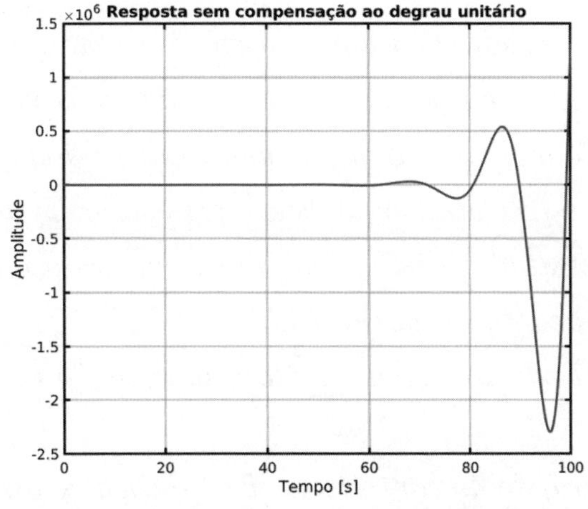

Figura 2.40: Resposta da saída do sistema em malha fechada sem compensação a uma entrada degrau unitária.

Realiza-se a transformação do plano z para o plano w, usamos a transformação:

$$z = \frac{1 + \frac{T}{2}w}{1 - \frac{T}{2}w} = \frac{1 + \frac{w}{20}}{1 - \frac{w}{20}} = \frac{20 + w}{20 - w}$$

A função de transferência da planta no plano w utilizando a equação (2.52) pode ser representada como:

$$G(w) = \frac{-4,1625 \times 10^{-5}(w + 1200)(w - 20)\, e^{-5w}}{w(w + 0,9992)} \tag{2.54}$$

e a função de transferência da planta no plano w utilizando a equação (2.53) pode ser representada como:

$$\begin{aligned} G(w) &= \left. \frac{4,8374 \times 10^{-3}(z + 0,9672)}{z^{50}(z - 1)(z - 0,9048)} \right|_{z=\frac{20+w}{20-w}} \\ &= \frac{4,16492 \times 10^{-5}(20 - w)^{51}(w + 1199,5122)}{w(w + 20)^{50}(w + 0,99958)} \end{aligned} \tag{2.55}$$

Uma vez que $G_c(z)$ adiciona um polo em $z = 1$ na função de transferência da malha direta, então $G_c(z)G(z)$ tem dois polos em $z = 1$. Assim, o erro de estado estacionário a uma entrada rampa é nulo.

No Matlab é possível utilizar ambas representações de $G(w)$, (2.54) ou (2.55), já que os resultados são semelhantes, enquanto no Octave é possível utilizar a representação da equação (2.55).

O diagrama de Bode do sistema dado pela equação (2.55) é mostrado na Figura 2.41.

O dado para o projeto do controlador PI é o coeficiente de amortecimento dos polos em malha fechada, logo podemos utilizar as relações (B.32) ou (B.33) para obter a margem de fase desejada para o sistema. Sendo assim, escolhemos a relação da equação (B.33) que se mostra mais simples. Por isso, a margem de fase desejada é $60°$.

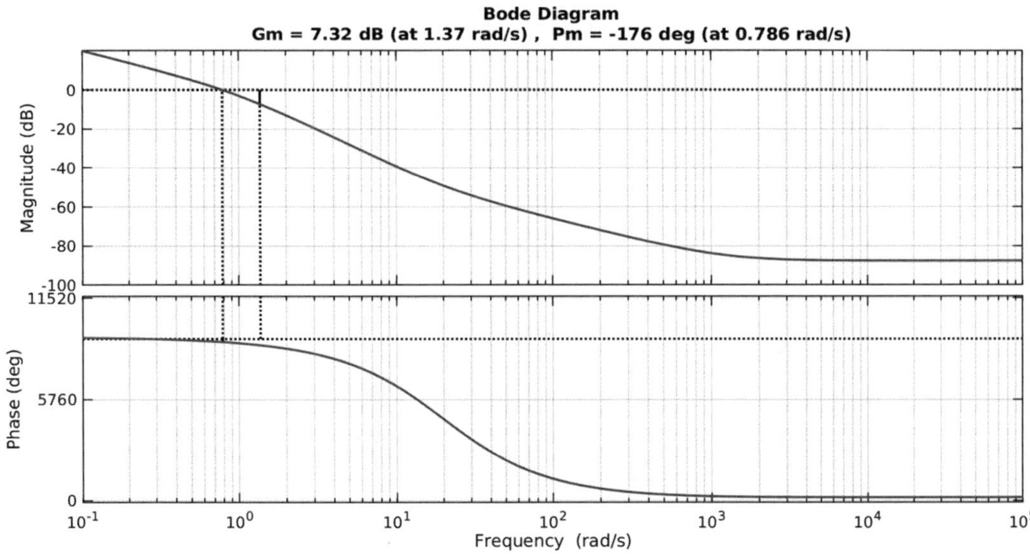

Figura 2.41: Diagrama de Bode do sistema dado pela equação (2.55).

Da Tabela 2.9 ou do diagrama de Bode da Figura 2.41, deve-se escolher w_1 *de maneira que a equação (2.38) seja satisfeita:*

$$\underline{/G(jw_1)} > -180^\circ + MF = -180^\circ + 60^\circ = -120^\circ$$

para isso:

$$w_1 < 0,09 \ rad/s.$$

Escolhe-se uma frequência $w_1 = 0,08 \ rad/s$. *Então:*

$$G(jw_1) = G(j0,08) = 12,4602\underline{/-117,7213^\circ}$$

Da equação (2.33):

$$\theta = -180^\circ + 60^\circ - (-117,7213^\circ) \approx -2,2787^\circ$$

Tabela 2.9: Resposta em frequência para o Exemplo 2.7.2.

ω [rad/s]	v [rad/s]	Amplitude	Amplitude [dB]	Fase [°]
0.01	0.01	99.9950	39.9996	-93.4664
0.02	0.02	49.9900	33.9777	-96.9326
0.03	0.03	33.3184	30.4537	-100.3987
0.04	0.04	24.9800	27.9519	-103.8643
0.05	0.05	19.9751	26.0098	-107.3296
0.06	0.06	16.6368	24.4214	-110.7942
0.07	0.07	14.2509	23.0768	-114.2581
0.08	0.08	12.4602	21.9105	-117.7213
0.09	0.09	11.0664	20.8801	-121.1835
0.10	0.10	9.9504	19.9568	-124.6447
0.11	0.11	9.0364	19.1200	-128.1047
0.12	0.12	8.2740	18.3543	-131.5635
0.13	0.13	7.6282	17.6484	-135.0210
0.14	0.14	7.0739	16.9932	-138.4769
0.15	0.15	6.5930	16.3816	-141.9313
0.16	0.16	6.1716	15.8079	-145.3841
0.17	0.17	5.7992	15.2674	-148.8351
0.18	0.18	5.4678	14.7562	-152.2842
0.19	0.19	5.1707	14.2711	-155.7313
0.20	0.20	4.9030	13.8092	-159.1764
0.21	0.21	4.6603	13.3684	-162.6193
0.22	0.22	4.4394	12.9465	-166.0600
0.23	0.23	4.2373	12.5418	-169.4983
0.24	0.24	4.0517	12.1528	-172.9343
0.25	0.25	3.8807	11.7782	-176.3677
0.26	0.26	3.7225	11.4167	-179.7986
0.27	0.27	3.5758	11.0674	-183.2267
0.28	0.28	3.4393	10.7294	-186.6522
0.29	0.29	3.3120	10.4017	-190.0749
0.30	0.30	3.1929	10.0837	-193.4947
0.31	0.31	3.0813	9.7747	-196.9115
0.32	0.32	2.9765	9.4740	-200.3253
0.33	0.33	2.8778	9.1813	-203.7361
0.34	0.34	2.7848	8.8958	-207.1437
0.35	0.35	2.6969	8.6173	-210.5482
0.36	0.36	2.6137	8.3453	-213.9494
0.37	0.37	2.5349	8.0794	-217.3473
0.38	0.38	2.4601	7.8192	-220.7419
0.39	0.39	2.3890	7.5645	-224.1331
0.40	0.40	2.3214	7.3150	-227.5208
0.41	0.41	2.2569	7.0703	-230.9051
0.42	0.42	2.1954	6.8303	-234.2859
0.43	0.43	2.1367	6.5947	-237.6631
0.44	0.44	2.0805	6.3633	-241.0368
0.45	0.45	2.0267	6.1359	-244.4068
0.46	0.46	1.9752	5.9123	-247.7732
0.47	0.47	1.9258	5.6923	-251.1360
0.48	0.48	1.8784	5.4759	-254.4950
0.49	0.49	1.8329	5.2627	-257.8504
0.50	0.50	1.7891	5.0528	-261.2020
0.51	0.51	1.7470	4.8459	-264.5499
0.52	0.52	1.7065	4.6419	-267.8940
0.53	0.53	1.6674	4.4408	-271.2343
0.54	0.54	1.6297	4.2424	-274.5709
0.55	0.55	1.5934	4.0466	-277.9036
0.56	0.56	1.5583	3.8533	-281.2326
0.57	0.57	1.5245	3.6624	-284.5577
0.58	0.58	1.4917	3.4739	-287.8791

Observe que o ângulo de fase do compensador é muito pequeno na frequência da margem de fase, como desejado. Então, das equações (2.39) e (2.40), obtêm-se:

$$
\begin{aligned}
K_P &= \frac{\cos(-2,2787°)}{12,4602} = 0,080192 \\
K_I &= \frac{-\operatorname{sen}(-2,2787°)}{12,4602} \times 0,08 = 2,552820 \times 10^{-4}
\end{aligned}
$$

Da equação (2.41), o zero do PI é localizado em:

$$
\omega_{w0} = \frac{K_I}{K_P} = 0,003183
$$

o qual é bastante pequena. Daqui reduzimos a largura de banda consideravelmente. Apesar de conseguirmos uma boa resposta de e_{ss}, será necessário um tempo relativamente alto para ser atingido. A função de transferência do controle PI no plano w é:

$$
G_c(w) = \frac{K_P w + K_I}{w}
$$

A função de transferência do controle PI no plano z é:

$$
\begin{aligned}
G_c(z) &= K_P + K_I \frac{T}{2}\left(\frac{z+1}{z-1}\right) = \frac{(2K_P + K_I T)z - 2K_P + K_I T}{2(z-1)} \\
&= 0,080205 \frac{z - 0,999682}{z-1}
\end{aligned}
$$

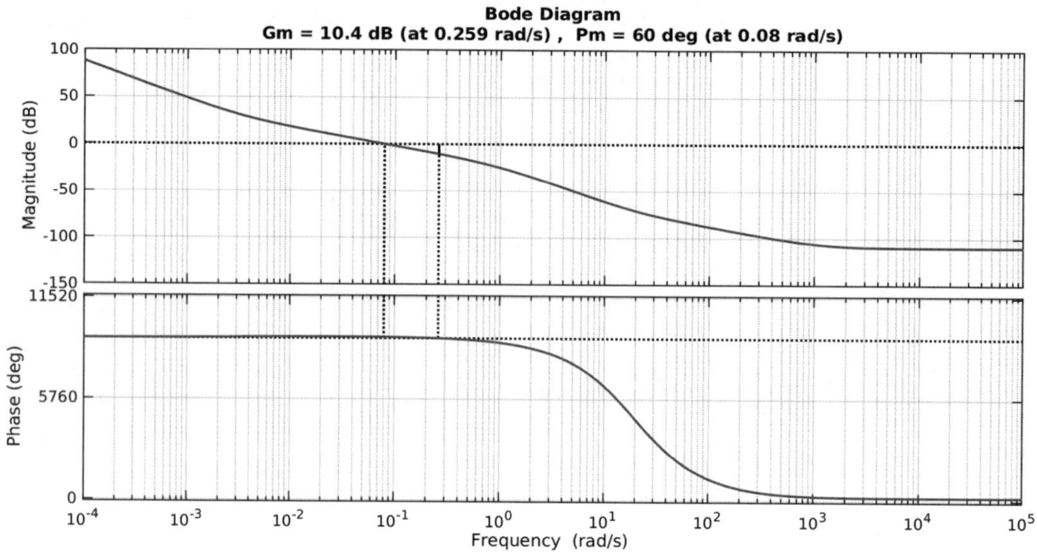

Figura 2.42: Diagrama de Bode do sistema compensado.

O diagrama de Bode do sistema compensado no plano w é mostrado na Figura 2.42, na qual se observa que o sistema tem uma margem de fase de 60° *com uma frequência de cruzamento de ganho* $w_{cg} = 0,08$ *rad/s, uma margem de ganho de* 10, 4 *dB com uma frequência de cruzamento de fase* $w_{cf} = 0,259$ *rad/s. O projeto do compensador PI é satisfatório devido à margem de fase desejada é que atingida, entretanto da resposta ao degrau unitário que é mostrada na Figura 2.43a observa-se que o tempo de assentamento tende a infinito, o que caracteriza um sistema de resposta lenta. A Figura 2.43b mostra a resposta do sistema a uma entrada rampa unitária, a partir do que se observa que o erro de estado estacionário deverá ser aproximadamente nula. A Figura 2.43c mostra o esforço de controle aplicado ao sistema, que é de baixa intensidade.*

Uma simulação do sistema mostra que o erro à entrada rampa unitária é 11, 69 *depois de* 40 *s e decresce somente para* 6, 84 *em* 200 *s. Isto mostra que a convergência é muita lenta. Lembrando que o sistema original é instável e isso pode ser observado em uma simulação da resposta em malha fechada a uma entrada degrau unitária.*

A resposta ao degrau unitário é mostrada na Figura 2.43a e a resposta à rampa unitária é mostrada na Figura 2.43b.

Os programas para simulação do Exemplo 2.7.2 encontram-se em para o Matlab.

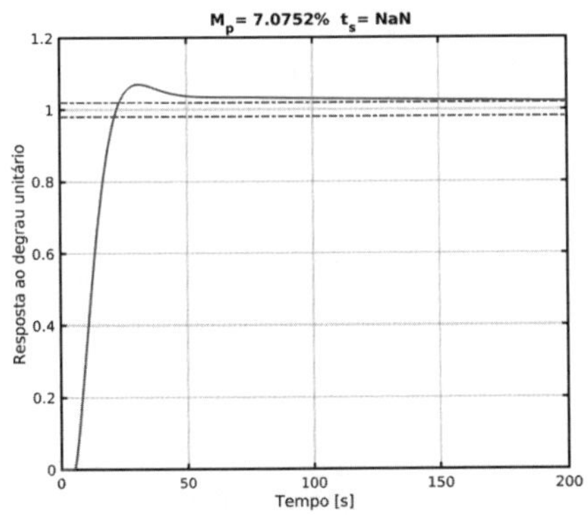

(a) Resposta ao degrau unitário do sistema compensado em malha fechada.

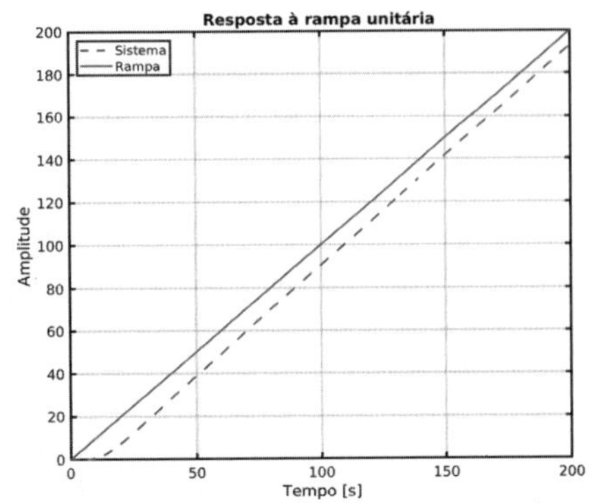

(b) Resposta à rampa unitária do sistema compensado em malha fechada.

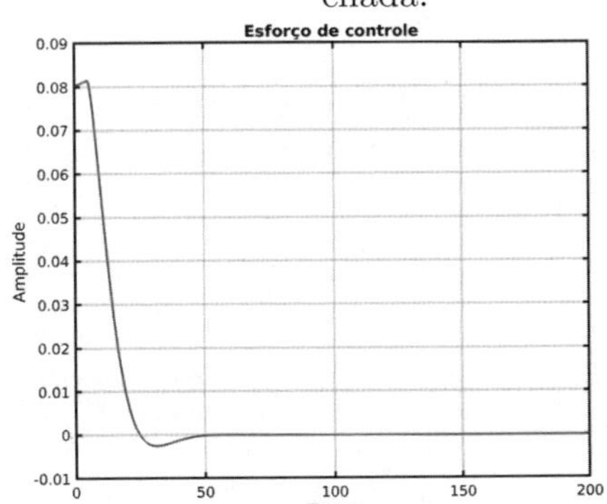

(c) Esforço de controle a uma entrada degrau unitária.

Figura 2.43: Simulações do exemplo 2.7.2.

Exemplo 2.7.3 *Considere o sistema de controle de posição do motor DC, cuja função de transferência é:*

$$G_p(s) = \frac{1}{s(s+1)(s+10)}$$

Projetar um controlador digital usando o método de resposta em frequência para obter um tempo de assentamento de 1 s e um máximo sobressinal de 5%.

Solução 2.7.3 *Segundo a função de transferência, a máxima frequência presente é* $\omega_1 = 10$ *rad/s e, segundo equação (2.7), a frequência de amostragem fica no intervalo:*

$$80 \leq \omega_s \leq 800$$

e o período de amostragem fica no seguinte intervalo:

$$0,008 \leq T \leq 0,08.$$

Portanto, escolhe-se o período de amostragem $T = 0,05$ *s. A função de transferência pulsada é determinada como segue:*

$$\begin{aligned} G(z) &= \frac{z-1}{z}\mathcal{Z}\left\{\frac{1}{s^2(s+1)(s+10)}\right\} \\ &= \frac{1,8235 \times 10^{-5}(z+3,27)(z+0,2324)}{(z-1)(z-0,9512)(z-0,6065)} \end{aligned}$$

Fazendo a transformação do plano z *para o plano* w*, usamos a transformação:*

$$z = \frac{1+\frac{T}{2}w}{1-\frac{T}{2}w} = \frac{1+\frac{w}{40}}{1-\frac{w}{40}} = \frac{40+w}{40-w}$$

A função de transferência da planta no plano w *fica:*

$$G(w) = \frac{5,0674 \times 10^{-6}(w+64,22)(w-75,25)(w-40)}{w(w+9,797)(w+1)} \tag{2.56}$$

A resposta do sistema $G(z)$ *em malha fechada a uma entrada degrau unitária tem um tempo de assentamento da ordem de 50 s. O sistema tem uma resposta lenta, devido à frequência de cruzamento de ganho que está na região de baixa frequência, isto é,* $\omega_{cg} = 0,0995$ *rad/s. Para que o sistema* *tenha uma resposta com um tempo de assentamento de aproximadamente 1 s, é necessário incluir um ganho $K_c^w = 25$. Observe que a constante de erro estático de velocidade do sistema sem ganho nem compensação é de 0,1, o que significa que o erro de estado estacionário a uma entrada rampa unitária é de 10. Com o intuito de diminuir esse erro, é introduzido o ganho K_c^w, assim o sistema com ganho ajustado fica:*

$$G(w) = \frac{1,2668 \times 10^{-4}(w + 64,22)(w - 75,25)(w - 40)}{w(w + 9,797)(w + 1)} \tag{2.57}$$

O diagrama de Bode do sistema (2.57) é mostrado na Figura 2.44 e a Tabela 2.10 mostra os dados do diagrama de Bode com a fase apropriada para o projeto do compensador.

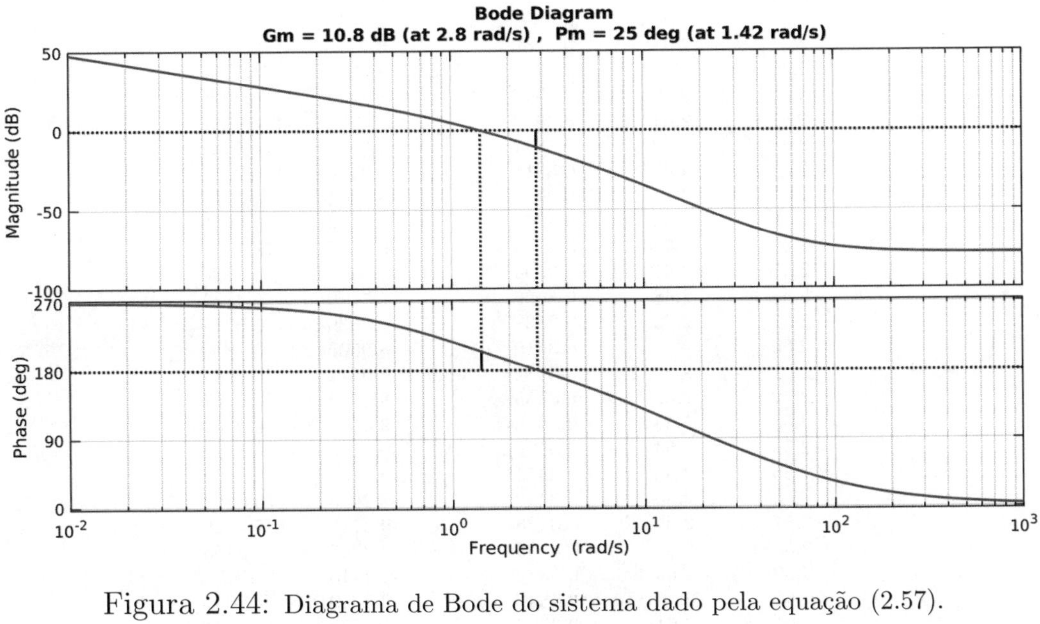

Figura 2.44: Diagrama de Bode do sistema dado pela equação (2.57).

Para o projeto do compensador por avanço de fase, θ deve ser positivo, deseja-se uma margem de fase $MF = 70°$ e a frequência w_1 deve ser escolhida de maneira que as restrições (2.24), (2.25) e (2.26) sejam satisfeitas. Para a escolha de w_1 usaremos a Tabela 2.10:

Tabela 2.10: Resposta em frequência para o Exemplo 2.7.3.

ω [rad/s]	v [rad/s]	Amplitude	Amplitude [dB]	Fase [°]
0.28	0.28	8.5946	18.6845	-107.6469
0.29	0.29	8.2762	18.3566	-108.2484
0.30	0.30	7.9784	18.0383	-108.8470
0.31	0.31	7.6993	17.7290	-109.4427
0.32	0.32	7.4371	17.4281	-110.0355
0.33	0.33	7.1903	17.1350	-110.6252
1.40	1.40	1.0284	0.2432	-154.4222
1.41	1.41	1.0162	0.1392	-154.6852
1.42	1.42	1.0041	0.0358	-154.9463
1.43	1.43	0.9923	-0.0672	-155.2056
1.44	1.44	0.9807	-0.1696	-155.4631
1.45	1.45	0.9692	-0.2715	-155.7189
2.00	2.00	0.5488	-5.2122	-167.5791
2.10	2.10	0.5015	-5.9942	-169.3708
2.20	2.20	0.4599	-6.7470	-171.0778
2.30	2.30	0.4230	-7.4728	-172.7083
2.31	2.31	0.4196	-7.5440	-172.8675
2.32	2.32	0.4162	-7.6149	-173.0259
2.33	2.33	0.4128	-7.6856	-173.1837
2.34	2.34	0.4094	-7.7560	-173.3408
2.35	2.35	0.4062	-7.8262	-173.4972
2.36	2.36	0.4029	-7.8961	-173.6530
2.37	2.37	0.3997	-7.9658	-173.8081
2.38	2.38	0.3965	-8.0353	-173.9626
2.39	2.39	0.3933	-8.1045	-174.1164
2.40	2.40	0.3902	-8.1735	-174.2696
2.41	2.41	0.3872	-8.2422	-174.4222
2.42	2.42	0.3841	-8.3107	-174.5741
2.43	2.43	0.3811	-8.3790	-174.7255
2.44	2.44	0.3781	-8.4471	-174.8762
2.45	2.45	0.3752	-8.5149	-175.0263
2.46	2.46	0.3723	-8.5825	-175.1758
2.47	2.47	0.3694	-8.6498	-175.3248
2.48	2.48	0.3666	-8.7170	-175.4731
2.49	2.49	0.3638	-8.7839	-175.6209
2.50	2.50	0.3610	-8.8506	-175.7680
2.51	2.51	0.3582	-8.9171	-175.9147
2.52	2.52	0.3555	-8.9834	-176.0607
2.53	2.53	0.3528	-9.0494	-176.2062
2.54	2.54	0.3501	-9.1153	-176.3511
2.55	2.55	0.3475	-9.1809	-176.4955
2.56	2.56	0.3449	-9.2463	-176.6393
2.57	2.57	0.3423	-9.3115	-176.7826
2.58	2.58	0.3398	-9.3765	-176.9253
2.59	2.59	0.3372	-9.4413	-177.0675
2.60	2.60	0.3347	-9.5059	-177.2092
2.61	2.61	0.3323	-9.5702	-177.3504
2.62	2.62	0.3298	-9.6344	-177.4910
2.63	2.63	0.3274	-9.6984	-177.6311
2.64	2.64	0.3250	-9.7621	-177.7707
2.65	2.65	0.3226	-9.8257	-177.9099
2.66	2.66	0.3203	-9.8891	-178.0485
2.67	2.67	0.3180	-9.9522	-178.1866
2.68	2.68	0.3157	-10.0152	-178.3242
2.69	2.69	0.3134	-10.0780	-178.4614
2.70	2.70	0.3112	-10.1406	-178.5980

1. *Para a restrição (2.24), sabe-se que* $MF = 70°$*, assim:*

$$\theta = -180° + MF - \angle G(jw_1) > 0$$

logo:

$$\angle G(jw_1) < -180° + 70° = -110°.$$

Da Tabela 2.10, as frequências w_1 *que satisfazem essa restrição são aquelas para as quais:*

$$w_1 > 0,31 \ rad/s.$$

2. *Para a restrição (2.25), as frequências* w_1 *que a satisfazem são aquelas para as quais:*

$$w_1 > 1,42 \ rad/s.$$

3. *Para a restrição (2.26), as frequências* w_1 *que a satisfazem são aquelas para as quais*

$$w_1 > 2,06 \ rad/s.$$

Das restrições, obtém-se que $w_1 > 2,06 \ rad/s$*. Podemos escolher arbitrariamente, por exemplo,* $w_1 = 2,5 \ rad/s$*, a partir do que, teremos:*

$$G(jw_1) = 0,361\angle -175,768$$

A mesma que satisfaz as restrições (2.24), (2.25) e (2.26) e o valor de $\theta = 65,768°$. *Satisfeitas essas restrições e escolhido* w_1, *é possível determinador os coeficientes* n_2 *e* d_2, *equações (2.18) e (2.19), do compensador por avanço de fase, como se segue:*

$$
\begin{aligned}
n_2 &= \frac{1 - |G(jw_1)| \cos\theta}{|G(jw_1)|\, w_1 \,\text{sen}\theta} = 1,035166 \\
d_2 &= \frac{\cos\theta - |G(jw_1)|}{w_1 \,\text{sen}\theta} = 0,021697.
\end{aligned}
$$

Da equação (2.12), obtemos:

$$
\begin{aligned}
K_c &= K_c^w \frac{2n_2 + T}{2d_2 + T} = 567,5747 \\
z_c &= \frac{2n_2 - T}{2n_2 + T} = 0,952838 \\
z_p &= \frac{2d_2 - T}{2d_2 + T} = -0,070728,
\end{aligned}
$$

assim, a função de transferência pulsada do compensador por avanço de fase fica como:

$$G_c(z) = 567,5747 \frac{z - 0,952838}{z + 0,07072}.$$

A constante de erro estático de velocidade pode ser determinada de:

$$
\begin{aligned}
K_v &= \lim_{z \to 1} \left[\frac{z-1}{Tz} G_c(z) G(z) \right] \\
&= \lim_{z \to 1} \left[\frac{z-1}{Tz} \times \frac{1,8235 \times 10^{-5}(z+3,27)(z+0,2324)}{(z-1)(z-0,9512)(z-0,6065)} \times 567,5747 \frac{z-0,952838}{z+0,07072} \right] \\
&= \lim_{z \to 1} \left[\frac{1}{Tz} \times \frac{1,035143 \times 10^{-2}(z+3,27)(z+0,2324)(z-0,952838)}{(z-0,9512)(z-0,6065)(z+0,07072)} \right] \\
&\approx 2,5.
\end{aligned}
$$

O diagrama de Bode do sistema compensado no plano w é mostrado na Figura 2.45, na qual se observa que o sistema tem uma margem de fase de $70°$ *com uma frequência de cruzamento de ganho* $w_{cg} = 2,5$ *rad/s, uma margem de ganho de* 19, 2 *dB com uma frequência de cruzamento de fase* w_{cf} = 14, 2 *rad/s. O projeto do compensador por avanço de fase é satisfatório devido à margem de fase desejada que é atingida, entretanto, da resposta ao degrau unitário que é mostrada na Figura 2.46a, observa-se que o tempo de assentamento é* 0, 95 *s, o que caracteriza um sistema de resposta rápida. A Figura 2.46b mostra a resposta do sistema a uma entrada rampa unitária, a partir do que se observa que o erro de estado estacionário deverá ser da ordem de* $1/K_v \approx 0,4$ *e se conclui que o sistema apresenta um baixo erro de estado estacionário. O erro de estado estacionário a uma entrada rampa foi reduzido. A Figura 2.46c mostra o esforço de controle aplicado ao sistema, que é de alta intensidade, da ordem de* 600 *Volts.*

Os programas para simulação do Exemplo 2.7.3 encontram-se em para o Matlab.

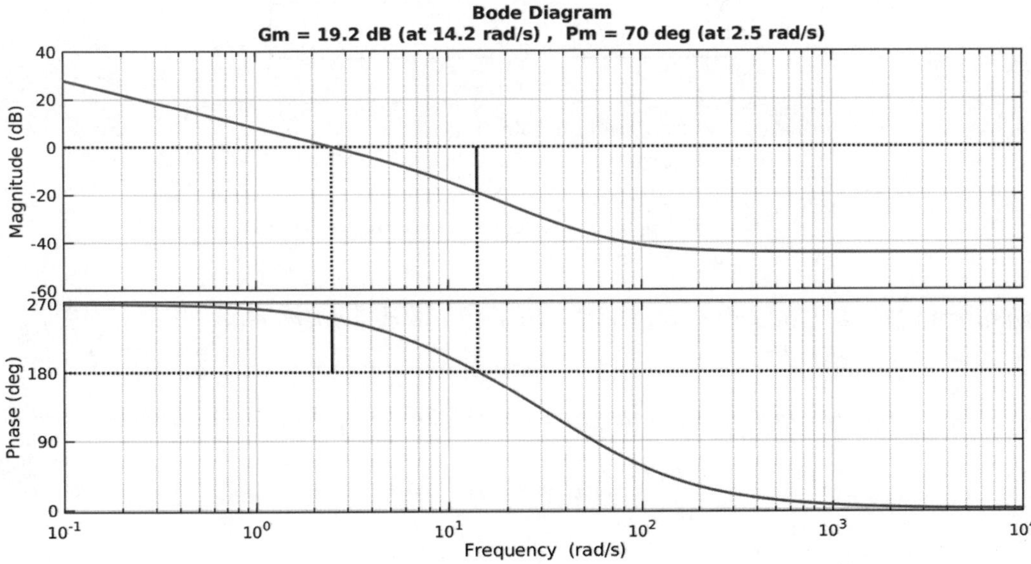

Figura 2.45: Diagrama de Bode do sistema compensado.

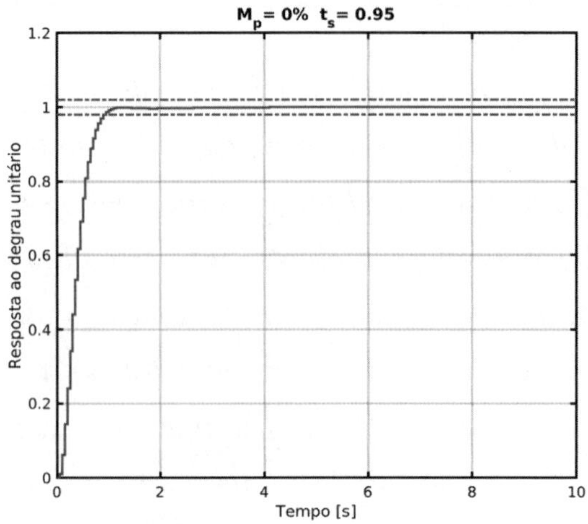

(a) Resposta ao degrau unitário do sistema compensado em malha fechada.

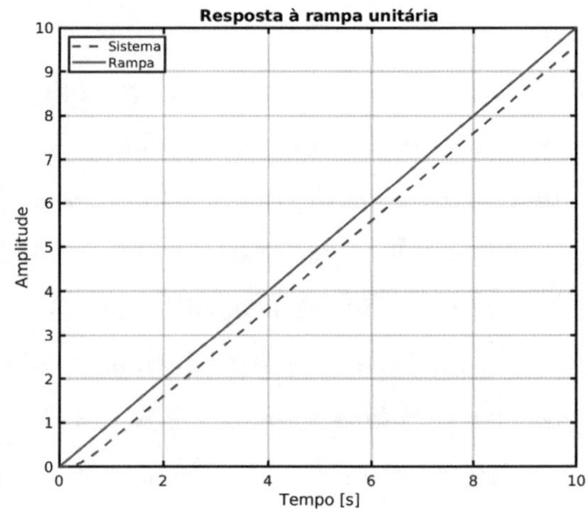

(b) Resposta à rampa unitária do sistema com controle por avanço de fase.

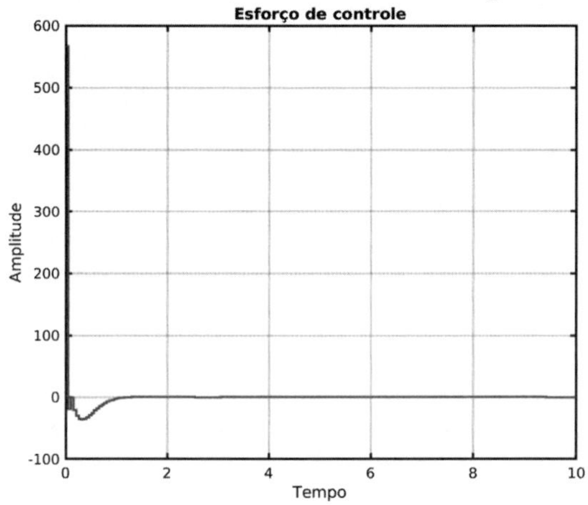

(c) Esforço de controle a uma entrada degrau unitária.

Figura 2.46: Simulações do exemplo 2.7.3.

Exemplo 2.7.4 *Considere o projeto do sistema de controle do Exemplo 2.7.3. Supõe-se que é desejado projetar um compensador por atraso-avanço via método de resposta em frequência para obter um tempo de assentamento de* 1 *s e um máximo sobressinal de 5%.*

Solução 2.7.4 *Segundo a função de transferência, a máxima frequência presente é* $\omega_1 = 10$ *rad/s e, segundo equação (2.7), a frequência de amostragem fica no intervalo:*

$$80 \leq \omega_s \leq 800$$

e o período de amostragem fica no seguinte intervalo:

$$0,008 \leq T \leq 0,08.$$

Portanto, escolhe-se o período de amostragem $T = 0,05$ *s. A função de transferência pulsada é determinada como segue:*

$$\begin{aligned} G(z) &= \frac{z-1}{z}\mathcal{Z}\left\{\frac{1}{s^2(s+1)(s+10)}\right\} \\ &= \frac{1,8235 \times 10^{-5}(z+3,27)(z+0,2324)}{(z-1)(z-0,9512)(z-0,6065)} \end{aligned}$$

Fazendo a transformação do plano z *para o plano* w, *usamos a transformação:*

$$z = \frac{1+\frac{T}{2}w}{1-\frac{T}{2}w} = \frac{1+\frac{w}{40}}{1-\frac{w}{40}} = \frac{40+w}{40-w}$$

A função de transferência da planta no plano w *fica:*

$$G(w) = \frac{5,0674 \times 10^{-6}(w+64,22)(w-75,25)(w-40)}{w(w+9,797)(w+1)} \qquad (2.58)$$

A resposta do sistema $G(z)$ *em malha fechada a uma entrada degrau unitária tem um tempo de assentamento da ordem de 50 s. O sistema tem uma resposta lenta, devido à frequência de cruzamento de ganho que está na região de baixa frequência, isto é,* $\omega_{cg} = 0,0995$ *rad/s. Para que o sistema tenha uma resposta com um tempo de assentamento de aproximadamente 1 s, é necessário incluir um ganho* $K_c^w = 25$. *Observe que a constante de erro estático de velocidade do sistema sem ganho nem compensação é de* $0,1$ s^{-1}, *o que significa que o erro de estado estacionário a uma entrada rampa unitária é de* 10*. Com o intuito de diminuir esse erro, é introduzido o ganho* K_c^w*, assim o sistema com ganho ajustado fica:*

$$G(w) = \frac{1,2668 \times 10^{-4}(w + 64,22)(w - 75,25)(w - 40)}{w(w + 9,797)(w + 1)} \tag{2.59}$$

O diagrama de Bode do sistema com ganho ajustado e sem compensação é mostrado na Figura 2.47 e a Tabela 2.11 mostra os dados do diagrama de Bode do sistema com ganho ajustado e com a fase apresentada de maneira apropriada para o projeto do compensador.

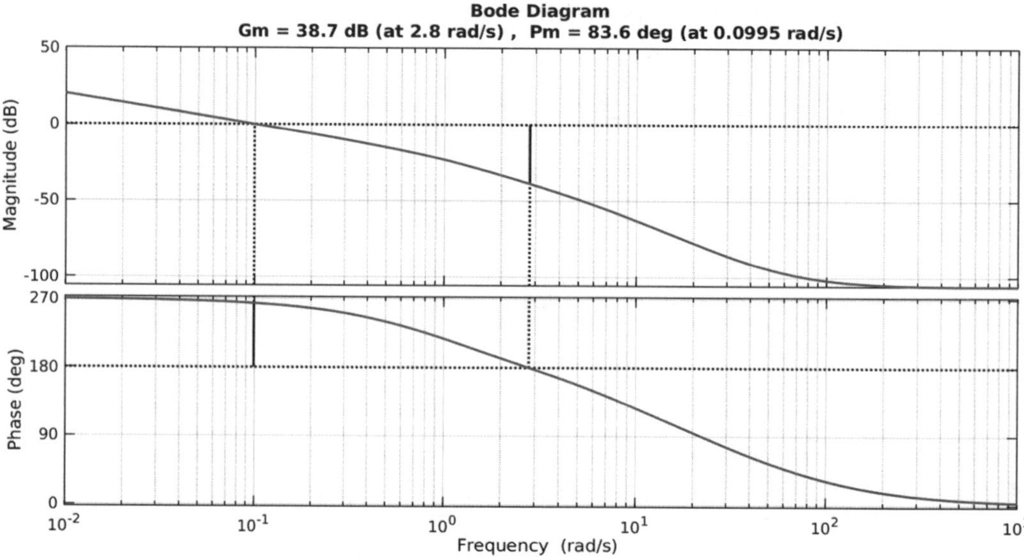

Figura 2.47: Diagrama de Bode do sistema da equação (2.28) com ganho ajustado.

Para o projeto da porção por atraso de fase, a escolha da contribuição angular do compensador é realizada de maneira arbitrária. Iniciou-se com uma contribuição de 35° *para o atraso e o sistema compensado por atraso-avanço tinha um tempo de assentamento da ordem de* 3 *s. Assim, foi diminuída a contribuição angular do atraso para* 27°*, o que permitiu um tempo de assentamento menor que* 2 *s.*

Tabela 2.11: Resposta em frequência para o Exemplo 2.7.4.

ω [rad/s]	υ [rad/s]	Amplitude	Amplitude [dB]	Fase [°]
1.00	1.00	1.7594	4.9071	-142.1355
1.01	1.01	1.7331	4.7764	-142.4915
1.02	1.02	1.7074	4.6466	-142.8446
1.03	1.03	1.6822	4.5176	-143.1948
1.04	1.04	1.6576	4.3895	-143.5423
1.05	1.05	1.6334	4.2621	-143.8870
1.06	1.06	1.6098	4.1355	-144.2290
1.07	1.07	1.5867	4.0098	-144.5683
1.08	1.08	1.5640	3.8848	-144.9048
1.09	1.09	1.5418	3.7606	-145.2388
1.10	1.10	1.5200	3.6371	-145.5701
1.11	1.11	1.4987	3.5144	-145.8988
1.12	1.12	1.4778	3.3924	-146.2250
1.13	1.13	1.4573	3.2712	-146.5486
1.14	1.14	1.4372	3.1506	-146.8697
1.15	1.15	1.4176	3.0308	-147.1883
1.16	1.16	1.3983	2.9117	-147.5045
1.17	1.17	1.3793	2.7933	-147.8182
1.18	1.18	1.3607	2.6755	-148.1295
1.19	1.19	1.3425	2.5585	-148.4385
1.20	1.20	1.3247	2.4421	-148.7451
1.21	1.21	1.3071	2.3263	-149.0494
1.22	1.22	1.2899	2.2112	-149.3513
1.23	1.23	1.2730	2.0968	-149.6510
1.24	1.24	1.2565	1.9830	-149.9485
1.25	1.25	1.2402	1.8698	-150.2437
1.26	1.26	1.2242	1.7573	-150.5368
1.27	1.27	1.2086	1.6453	-150.8276
1.28	1.28	1.1932	1.5340	-151.1164
1.29	1.29	1.1780	1.4233	-151.4030
1.30	1.30	1.1632	1.3131	-151.6875
1.31	1.31	1.1486	1.2036	-151.9699
1.32	1.32	1.1343	1.0946	-152.2503
1.33	1.33	1.1202	0.9862	-152.5286
1.34	1.34	1.1064	0.8784	-152.8050
1.35	1.35	1.0928	0.7712	-153.0793
1.36	1.36	1.0795	0.6645	-153.3517
1.37	1.37	1.0664	0.5584	-153.6222
1.38	1.38	1.0535	0.4528	-153.8908
1.39	1.39	1.0408	0.3477	-154.1574
1.40	1.40	1.0284	0.2432	-154.4222
1.41	1.41	1.0162	0.1392	-154.6852
1.42	1.42	1.0041	0.0358	-154.9463
1.43	1.43	0.9923	-0.0672	-155.2056
1.44	1.44	0.9807	-0.1696	-155.4631
1.45	1.45	0.9692	-0.2715	-155.7189
1.46	1.46	0.9580	-0.3729	-155.9729
1.47	1.47	0.9469	-0.4738	-156.2252
1.48	1.48	0.9360	-0.5742	-156.4758
1.49	1.49	0.9253	-0.6741	-156.7247
1.50	1.50	0.9148	-0.7736	-156.9720
1.51	1.51	0.9044	-0.8725	-157.2176
1.52	1.52	0.8942	-0.9710	-157.4616
1.53	1.53	0.8842	-1.0690	-157.7039
1.54	1.54	0.8743	-1.1665	-157.9447
1.55	1.55	0.8646	-1.2636	-158.1839
1.56	1.56	0.8550	-1.3602	-158.4216

Para o projeto do compensador por atraso de fase, θ deve ser negativo, seu valor deve ficar no intervalo $-5° < \theta < 0°$ e a frequência w_1 deve ser escolhida de maneira que as restrições (2.20), (2.21) e (2.22) sejam satisfeitas. Para a escolha de w_1, usaremos a Tabela 2.11, para a porção de atraso, utiliza-se uma $MF = 27°$, escolhida arbitrariamente, assim se obtém:

1. *Para a restrição (2.20), sabe-se que $MF = 27°$, assim:*

   $$\theta = -180° + MF - \underline{/G(jw_1)} < 0$$

   logo:

   $$\underline{/G(jw_1)} > -180° + 27° = -153°.$$

   Da Tabela 2.11, as frequências w_1 que satisfazem essa restrição são aquelas para as quais:

   $$w_1 < 1,35\ rad/s.$$

   Escolhe-se $w_1 = 1,34\ rad/s$ e, para essa frequência, $\underline{/G(jw_1)} = -152,805$, obtendo-se:

   $$\theta = -0,19504°;$$

2. *Para a restrição (2.21), com w_1 escolhido no passo anterior, é possível verificar que:*

   $$|G(jw_1)| > 1 \quad \textit{verifica-se que} \quad |G(jw_1)| = 1,093 > 1;$$

3. *Para a restrição (2.22), verifica-se:*

   $$\begin{aligned} \cos(\theta) &< |G(jw_1)| \\ 0,9999 &< 1,093. \end{aligned}$$

Com as restrições (2.20), (2.21) e (2.22) satisfeitas e escolhido w_1*, é possível determinador os coeficientes* n_2 *e* d_2*, equações (2.18) e (2.19), do compensador por atraso de fase, como se segue:*

$$\begin{aligned} n_2 &= \frac{1 - |G(jw_1)| \cos\theta}{|G(jw_1)|\, w_1 \operatorname{sen}\theta} = 21,085 \\ d_2 &= \frac{\cos\theta - |G(jw_1)|}{w_1 \operatorname{sen}\theta} = 23,3321. \end{aligned}$$

O diagrama de Bode do sistema compensado por atraso de fase é mostrado na Figura 2.48, na qual é possível observar que a margem de fase é de 27° *e a frequência de cruzamento de ganho é* $1,34$ *rad/s. Da equação (2.12), obtemos*

$$\begin{aligned} K_c &= K_c^w \frac{2n_2 + T}{2d_2 + T} = 22,5953 \\ z_c &= \frac{2n_2 - T}{2n_2 + T} = 0,997632 \\ z_p &= \frac{2d_2 - T}{2d_2 + T} = 0,997859, \end{aligned}$$

assim, a função de transferência pulsada da porção de atraso de fase do compensador fica como:

$$G_c^{atraso}(z) = 22,5953 \frac{z - 0,997632}{z - 0,997859}.$$

Para o projeto da porção por avanço de fase, θ *deve ser positivo, deseja-se uma margem de fase* $MF = 70^\circ$ *e a frequência* w_1 *deve ser escolhida de maneira que as restrições (2.24), (2.25) e (2.26) sejam satisfeitas. Para a escolha de* w_1*, usaremos a Tabela 2.12:*

Tabela 2.12: Resposta em frequência para o Exemplo 2.7.4.

ω [rad/s]	v [rad/s]	Amplitude	Amplitude [dB]	Fase [°]
0.27	0.27	8.0978	18.1673	-107.9854
0.28	0.28	7.7870	17.8274	-108.5577
0.29	0.29	7.4972	17.4979	-109.1292
0.30	0.30	7.2263	17.1783	-109.6998
0.31	0.31	6.9725	16.8678	-110.2692
0.32	0.32	6.7343	16.5658	-110.8372
0.33	0.33	6.5101	16.2717	-111.4035
1.28	1.28	1.0784	0.6557	-151.3205
1.29	1.29	1.0647	0.5449	-151.6056
1.30	1.30	1.0513	0.4348	-151.8885
1.31	1.31	1.0381	0.3252	-152.1694
1.32	1.32	1.0252	0.2162	-152.4483
1.33	1.33	1.0125	0.1078	-152.7251
1.34	1.34	1.0000	-0.0000	-153.0000
1.35	1.35	0.9877	-0.1073	-153.2729
1.36	1.36	0.9757	-0.2140	-153.5439
1.37	1.37	0.9638	-0.3201	-153.8130
1.38	1.38	0.9522	-0.4257	-154.0802
1.39	1.39	0.9407	-0.5308	-154.3455
1.40	1.40	0.9295	-0.6353	-154.6089
2.00	2.00	0.4960	-6.0911	-167.7098
2.01	2.01	0.4914	-6.1707	-167.8924
2.02	2.02	0.4870	-6.2500	-168.0741
2.03	2.03	0.4826	-6.3289	-168.2548
2.04	2.04	0.4782	-6.4076	-168.4347
2.05	2.05	0.4739	-6.4859	-168.6136
2.06	2.06	0.4697	-6.5640	-168.7917
2.07	2.07	0.4655	-6.6417	-168.9689
2.08	2.08	0.4614	-6.7192	-169.1452
2.09	2.09	0.4573	-6.7963	-169.3207
2.10	2.10	0.4533	-6.8732	-169.4953
2.11	2.11	0.4493	-6.9497	-169.6691
2.12	2.12	0.4453	-7.0260	-169.8420
2.20	2.20	0.4156	-7.6261	-171.1967
2.21	2.21	0.4121	-7.6999	-171.3625
2.22	2.22	0.4086	-7.7734	-171.5276
2.23	2.23	0.4052	-7.8466	-171.6919
2.24	2.24	0.4018	-7.9196	-171.8555
2.25	2.25	0.3985	-7.9923	-172.0184
2.26	2.26	0.3952	-8.0647	-172.1805
2.27	2.27	0.3919	-8.1369	-172.3420
2.28	2.28	0.3886	-8.2088	-172.5027
2.29	2.29	0.3855	-8.2805	-172.6627
2.30	2.30	0.3823	-8.3519	-172.8220
2.31	2.31	0.3792	-8.4231	-172.9807
2.32	2.32	0.3761	-8.4940	-173.1386
2.33	2.33	0.3730	-8.5647	-173.2959
2.34	2.34	0.3700	-8.6351	-173.4525
2.35	2.35	0.3671	-8.7053	-173.6085
2.36	2.36	0.3641	-8.7752	-173.7638
2.37	2.37	0.3612	-8.8449	-173.9185
2.38	2.38	0.3583	-8.9144	-174.0725
2.39	2.39	0.3555	-8.9836	-174.2259
2.40	2.40	0.3527	-9.0526	-174.3786

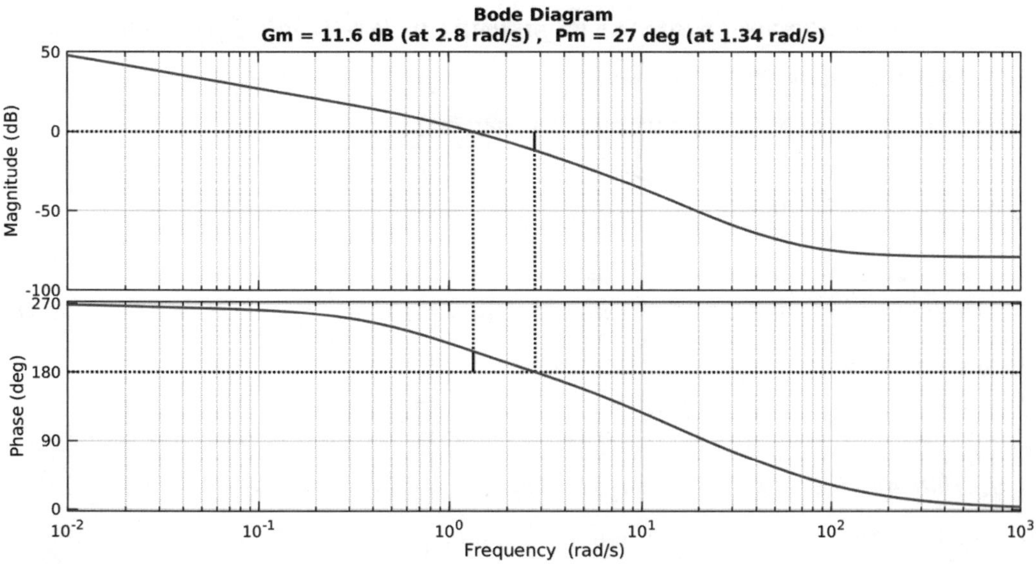

Figura 2.48: Diagrama de Bode do sistema com compensador por atraso de fase.

1. *Para a restrição (2.24), sabe-se que* $MF = 70°$, *assim:*

$$\theta = -180° + MF - \underline{/G(jw_1)} > 0$$

logo:

$$\underline{/G(jw_1)} < -180° + 70° = -110°.$$

Da Tabela 2.12, as frequências w_1 *que satisfazem essa restrição são aquelas para as quais:*

$$w_1 > 0,31 \ rad/s.$$

2. *Para a restrição (2.25), as frequências* w_1 *que a satisfazem são aquelas para as quais:*

$$w_1 > 1,34 \ rad/s.$$

3. Para a restrição (2.26), as frequências w_1 que a satisfazem são aquelas para as quais:

$$w_1 > 2,06 \; rad/s.$$

Das restrições, obtém-se que $w_1 > 2,06$ rad/s.

Podemos escolher arbitrariamente, por exemplo, $w_1 = 2,3$ rad/s, a partir do que, teremos:

$$G(jw_1) = 0,382\underline{/-172,822}$$

a mesma que satisfaz as restrições (2.24), (2.25) e (2.26) e o valor de $\theta =$ $62,8220°$. Satisfeitas as restrições e escolhido w_1, é possível determinador os coeficientes n_2 e d_2, equações (2.18) e (2.19), do compensador por avanço de fase, como se segue:

$$\begin{aligned} n_2 &= \frac{1 - |G(jw_1)| \cos\theta}{|G(jw_1)| \, w_1 \operatorname{sen}\theta} = 1,055195 \\ d_2 &= \frac{\cos\theta - |G(jw_1)|}{w_1 \operatorname{sen}\theta} = 0,552405. \end{aligned}$$

Da equação (2.12) obtemos:

$$\begin{aligned} K_c &= K_c^w \frac{2n_2 + T}{2d_2 + T} = 17,595604 \\ z_c &= \frac{2n_2 - T}{2n_2 + T} = 0,953712 \\ z_p &= \frac{2d_2 - T}{2d_2 + T} = 0,185536, \end{aligned}$$

assim, a função de transferência pulsada da porção de avanço de fase do compensador fica como:

$$G_c^{avanço}(z) = 17,595604 \frac{z - 0,953712}{z - 0,185536}.$$

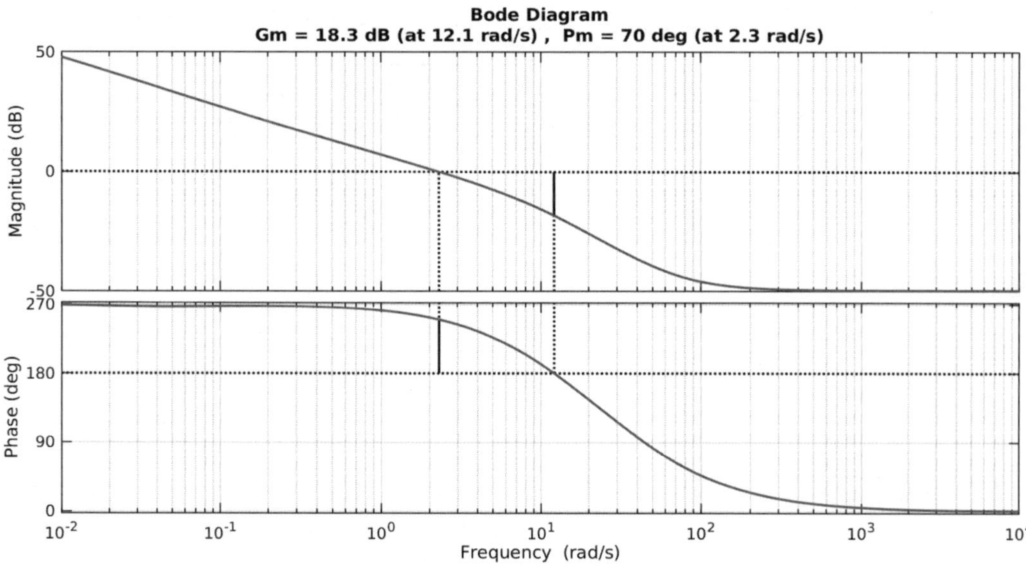

Figura 2.49: Diagrama de Bode do sistema compensado por atraso-avanço de fase.

O diagrama de Bode do sistema compensado no plano w é mostrado na Figura 2.49, na qual se observa que o sistema tem uma margem de fase de $70°$ *com uma frequência de cruzamento de ganho* $w_{cg} = 2,3$ *rad/s e uma margem de ganho de* $18,3$ *dB com uma frequência de cruzamento de fase* $w_{cf} = 12,1$ *rad/s. O projeto do compensador por atraso-avanço de fase é satisfatório devido à margem de fase desejada que é atingida e, na resposta ao degrau unitário que é mostrada na Figura 2.50a, observa-se que o tempo de assentamento é* $1,0$ *s, o que caracteriza um sistema de resposta rápida. A Figura 2.50b mostra a resposta do sistema a uma entrada rampa unitária, a partir do que se observa que o erro de estado estacionário deverá ser da ordem de* $1/K_v \approx 0,4$ *e se conclui que o sistema apresenta um baixo erro de estado estacionário. A Figura 2.50c mostra o esforço de controle aplicado ao sistema, que é de alta intensidade, da ordem de* 400*, entretanto é menor que no caso de um compensador por avanço de fase.*

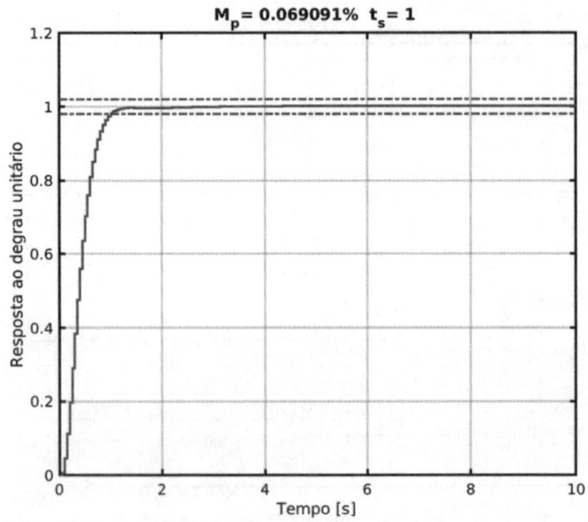

(a) Resposta ao degrau unitário do sistema compensado em malha fechada.

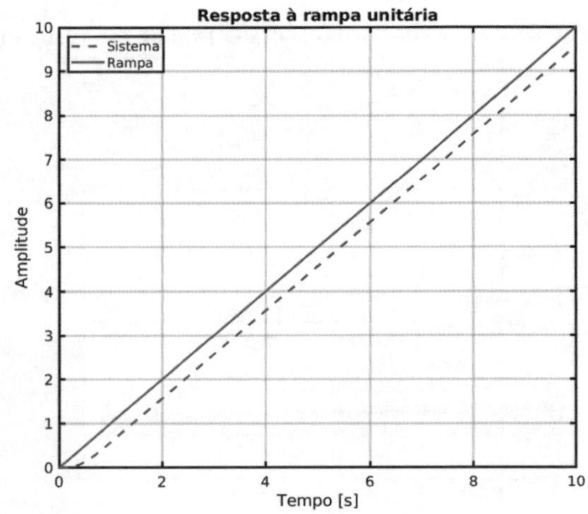

(b) Resposta à rampa unitária do sistema com controle por atraso de fase.

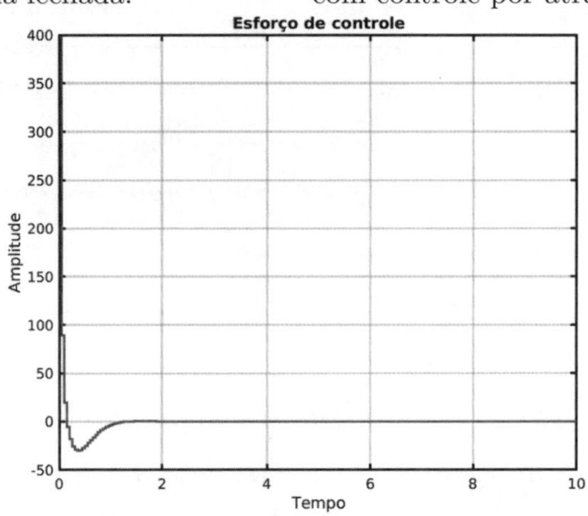

(c) Esforço de controle a uma entrada degrau unitária.

Figura 2.50: Simulações do exemplo 2.4.3.

Os programas para simulação do Exemplo 2.7.4 encontram-se em para o Matlab.

Exemplo 2.7.5 *Considere o sistema de controle discreto da Figura 2.39, na qual:*

$$G_p(s) = \frac{e^{-5s}}{s(s+1)}.$$

Utilizando o diagrama de Bode no plano w, projete um compensador por atraso de fase de maneira que o coeficiente de amortecimento dos polos dominantes em malha fechada seja $0,6$. Determine uma frequência de amostragem apropriada para o sistema.

Solução 2.7.5 *Temos que a função de transferência da planta é:*

$$G_p(s) = \frac{e^{-5s}}{s(s+1)}$$

A função de transferência pulsada é:

$$\begin{aligned} G(z) &= \frac{z-1}{z}\mathcal{Z}\left\{\frac{e^{-5s}}{s(s+1)}\right\} \\ &= \frac{4,8374 \times 10^{-3} z^{-50}(z+0,9672)}{(z-1)(z-0,9048)} \qquad (2.60) \\ &= \frac{4,8374 \times 10^{-3}(z+0,9672)}{z^{50}(z-1)(z-0,9048)} \qquad (2.61) \end{aligned}$$

O sistema da equação (2.60) ou da equação (2.61) em malha fechada e sem compensação é instável, como pode ser observado na simulação da resposta do sistema em malha fechada a uma entrada degrau unitária, como na Figura 2.51.

Figura 2.51: Resposta da saída do sistema em malha fechada sem compensação a uma entrada degrau unitária.

Realiza-se a transformação do plano z para o plano w. Usamos a transformação:

$$z = \frac{1 + \frac{T}{2}w}{1 - \frac{T}{2}w} = \frac{1 + \frac{w}{20}}{1 - \frac{w}{20}} = \frac{20 + w}{20 - w}$$

A função de transferência da planta no plano w utilizando a equação (2.52) pode ser representada como:

$$G(w) = \frac{-4,1625 \times 10^{-5}(w + 1200)(w - 20)\, e^{-5w}}{w(w + 0,9992)} \tag{2.62}$$

e a função de transferência da planta no plano w utilizando a equação (2.61) pode ser representada como:

$$\begin{aligned} G(w) &= \left. \frac{4,8374 \times 10^{-3}(z + 0,9672)}{z^{50}(z - 1)(z - 0,9048)} \right|_{z = \frac{20+w}{20-w}} \\ &= \frac{4,16492 \times 10^{-5}(20 - w)^{51}(w + 1199,5122)}{w(w + 20)^{50}(w + 0,99958)} \end{aligned} \tag{2.63}$$

Uma vez que $G_c(z)$ adiciona um polo em $z = 1$ na função de transferência da malha direta, então $G_c(z)G(z)$ tem um polo em $z = 1$. Assim, o *erro de estado estacionário a uma entrada degrau unitária é nulo.*

No Matlab é possível utilizar ambas as representações de $G(w)$, (2.62) ou (2.63), devido à semelhança dos resultados, enquanto no Octave é possível utilizar a representação da equação (2.63). O diagrama de Bode do sistema dado pela equação (2.55) é mostrado na Figura 2.52.

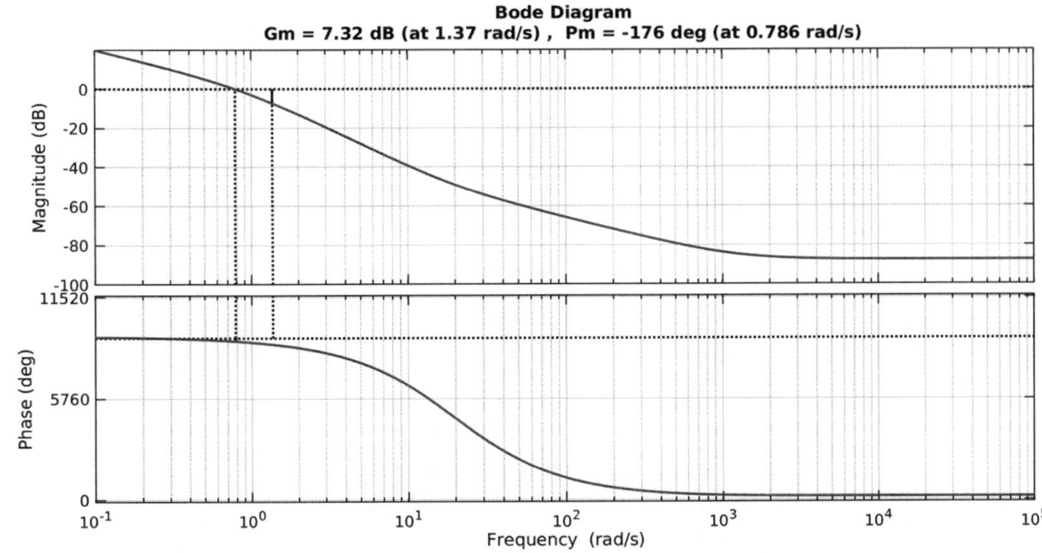

Figura 2.52: Diagrama de Bode do sistema dado pela equação (2.63).

Para o projeto do compensador por atraso de fase, θ deve ser negativo, seu valor deve ficar no intervalo $-5° < \theta < 0°$ e a frequência w_1 deve ser escolhida de maneira que as restrições (2.20), (2.21) e (2.22) sejam satisfeitas. Para a escolha de w_1, usaremos a Tabela 2.13:

1. *Para a restrição (2.20), sabe-se que $MF = 60°$, assim:*

$$\theta = -180° + MF - \underline{/G(jw_1)} < 0$$

logo:

$$\underline{/G(jw_1)} > -180° + 60° = -120°.$$

para isso:

$$w_1 < 0,09 \ rad/s.$$

Escolhe-se uma frequência $w_1 = 0,08$ *rad/s. Então:*

$$G(jw_1) = G(j0,08) = 12,4602\angle{-117,7213^\circ}$$

Da equação (2.33):

$$\theta = -180^\circ + 60^\circ - (-117,7213^\circ) \approx -2,2787^\circ$$

2. *Para a restrição (2.21), com* w_1 *escolhido no passo anterior, é possível verificar que:*

$$|G(jw_1)| > 1 \quad \textit{verifica-se que} \quad |G(jw_1)| = 12,4602 > 1;$$

3. *Para a restrição (2.22), verifica-se:*

$$\begin{array}{rcl} \cos(\theta) & < & |G(jw_1)| \\ 0,9999 & < & 12,4602. \end{array}$$

Tabela 2.13: Resposta em frequência para o Exemplo 2.7.5.

ω [rad/s]	v [rad/s]	Amplitude	Amplitude [dB]	Fase [°]
0.01	0.01	99.9950	39.9996	-93.4664
0.02	0.02	49.9900	33.9777	-96.9326
0.03	0.03	33.3184	30.4537	-100.3987
0.04	0.04	24.9800	27.9519	-103.8643
0.05	0.05	19.9751	26.0098	-107.3296
0.06	0.06	16.6368	24.4214	-110.7942
0.07	0.07	14.2509	23.0768	-114.2581
0.08	0.08	12.4602	21.9105	-117.7213
0.09	0.09	11.0664	20.8801	-121.1835
0.10	0.10	9.9504	19.9568	-124.6447
0.11	0.11	9.0364	19.1200	-128.1047
0.12	0.12	8.2740	18.3543	-131.5635
0.13	0.13	7.6282	17.6484	-135.0210
0.14	0.14	7.0739	16.9932	-138.4769
0.15	0.15	6.5930	16.3816	-141.9313
0.16	0.16	6.1716	15.8079	-145.3841
0.17	0.17	5.7992	15.2674	-148.8351
0.18	0.18	5.4678	14.7562	-152.2842
0.19	0.19	5.1707	14.2711	-155.7313
0.20	0.20	4.9030	13.8092	-159.1764
0.21	0.21	4.6603	13.3684	-162.6193
0.22	0.22	4.4394	12.9465	-166.0600
0.23	0.23	4.2373	12.5418	-169.4983
0.24	0.24	4.0517	12.1528	-172.9343
0.25	0.25	3.8807	11.7782	-176.3677
0.26	0.26	3.7225	11.4167	-179.7986
0.27	0.27	3.5758	11.0674	-183.2267
0.28	0.28	3.4393	10.7294	-186.6522
0.29	0.29	3.3120	10.4017	-190.0749
0.30	0.30	3.1929	10.0837	-193.4947
0.31	0.31	3.0813	9.7747	-196.9115
0.32	0.32	2.9765	9.4740	-200.3253
0.33	0.33	2.8778	9.1813	-203.7361
0.34	0.34	2.7848	8.8958	-207.1437
0.35	0.35	2.6969	8.6173	-210.5482
0.36	0.36	2.6137	8.3453	-213.9494
0.37	0.37	2.5349	8.0794	-217.3473
0.38	0.38	2.4601	7.8192	-220.7419
0.39	0.39	2.3890	7.5645	-224.1331
0.40	0.40	2.3214	7.3150	-227.5208
0.41	0.41	2.2569	7.0703	-230.9051
0.42	0.42	2.1954	6.8303	-234.2859
0.43	0.43	2.1367	6.5947	-237.6631
0.44	0.44	2.0805	6.3633	-241.0368
0.45	0.45	2.0267	6.1359	-244.4068
0.46	0.46	1.9752	5.9123	-247.7732
0.47	0.47	1.9258	5.6923	-251.1360
0.48	0.48	1.8784	5.4759	-254.4950
0.49	0.49	1.8329	5.2627	-257.8504
0.50	0.50	1.7891	5.0528	-261.2020
0.51	0.51	1.7470	4.8459	-264.5499
0.52	0.52	1.7065	4.6419	-267.8940
0.53	0.53	1.6674	4.4408	-271.2343
0.54	0.54	1.6297	4.2424	-274.5709
0.55	0.55	1.5934	4.0466	-277.9036
0.56	0.56	1.5583	3.8533	-281.2326
0.57	0.57	1.5245	3.6624	-284.5577
0.58	0.58	1.4917	3.4739	-287.8791

Com as restrições (2.20), (2.21) e (2.22) satisfeitas e escolhido w_1, é possível determinar os coeficientes n_2 e d_2, equações (2.18) e (2.19), do compensador por atraso de fase:

$$\begin{aligned} n_2 &= \frac{1 - |G(jw_1)| \cos\theta}{|G(jw_1)|\, w_1 \operatorname{sen}\theta} = 288,900087 \\ d_2 &= \frac{\cos\theta - |G(jw_1)|}{w_1 \operatorname{sen}\theta} = 3603,106256. \end{aligned}$$

Da equação (2.12), obtemos:

$$\begin{aligned} K_c &= K_c^w \frac{2n_2 + T}{2d_2 + T} = 0,080194 \\ z_c &= \frac{2n_2 - T}{2n_2 + T} = 0,999653 \\ z_p &= \frac{2d_2 - T}{2d_2 + T} = 0,999972. \end{aligned}$$

assim, a função de transferência pulsada do compensador por atraso de fase fica como:

$$G_c(z) = 0,080194 \frac{z - 0,999653}{z - 0,999972}.$$

A constante de erro estático de velocidade pode ser determinada de:

$$\begin{aligned} K_v &= \lim_{z \to 1} \left[\frac{z-1}{Tz} G_c(z) G(z) \right] \\ &= \lim_{z \to 1} \left[\frac{z-1}{Tz} \times \frac{4,8374 \times 10^{-3}(z + 0,9672)}{z^{50}(z-1)(z-0,9048)} \times 0,080194 \frac{z - 0,999653}{z - 0,999972} \right] \\ &= \lim_{z \to 1} \left[\frac{1}{Tz} \times \frac{3,879305 \times 10^{-4}(z + 0,9672)(z - 0,999653)}{z^{50}(z - 0,9048)(z - 0,999972)} \right] \\ &= 0,993429. \end{aligned}$$

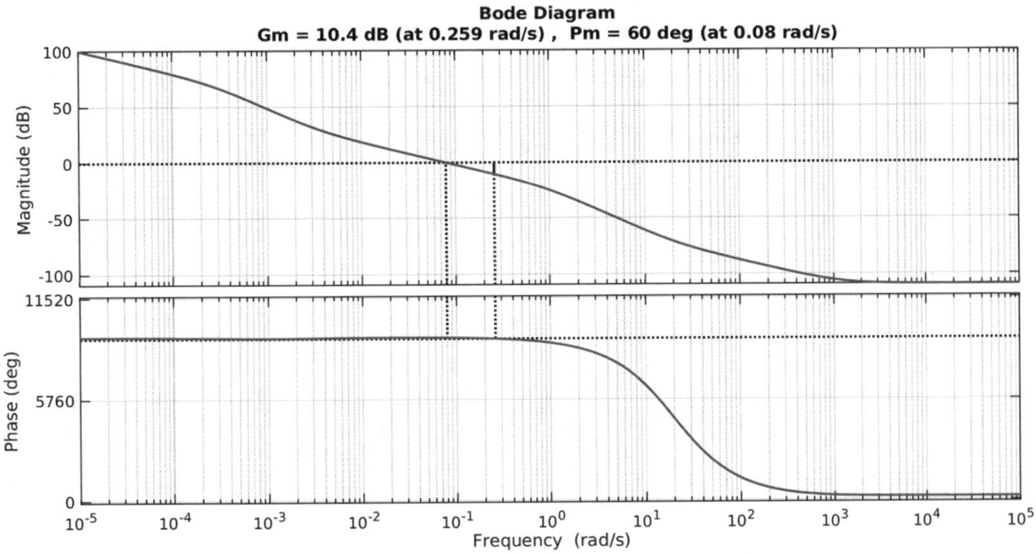

Figura 2.53: Diagrama de Bode do sistema compensado.

O diagrama de Bode do sistema compensado no plano w é mostrado na Figura 2.53, na qual se observa que o sistema tem uma margem de fase de 60° *com uma frequência de cruzamento de ganho* $w_{cg} = 0,08$ *rad/s e uma margem de ganho de* 10,4 *dB com uma frequência de cruzamento de fase* $w_{cf} = 0,259$ *rad/s. O projeto do compensador por atraso de fase é satisfatório devido à margem de fase desejada que é atingida, entretanto, da resposta ao degrau unitário que é mostrada na Figura 2.54a, observa-se que o tempo de assentamento tende a infinito, o que caracteriza um sistema de resposta lenta. A Figura 2.54b mostra a resposta do sistema a uma entrada rampa unitária, a partir do que se observa que o erro de estado estacionário deverá ser aproximadamente* 1 *à medida que o tempo tende a infinito. A Figura 2.54c mostra o esforço de controle aplicado ao sistema, que é de baixa intensidade.*

Uma simulação do sistema mostra que o erro à entrada rampa unitária é 11,69 *depois de* 40 *s e decresce somente para* 6,97 *em* 200 *s. Isso mostra que a convergência é muita lenta. Lembrando que o sistema original é instável e isso pode ser observado em uma simulação da resposta em malha fechada a uma entrada degrau unitária, como pode ser visto na Figura 2.51.*

A resposta ao degrau unitário é mostrada na Figura 2.54a e a resposta à rampa unitária é mostrada na Figura 2.54b.

O programa para simulação do Exemplo 2.7.5 encontra-se em para o Matlab.

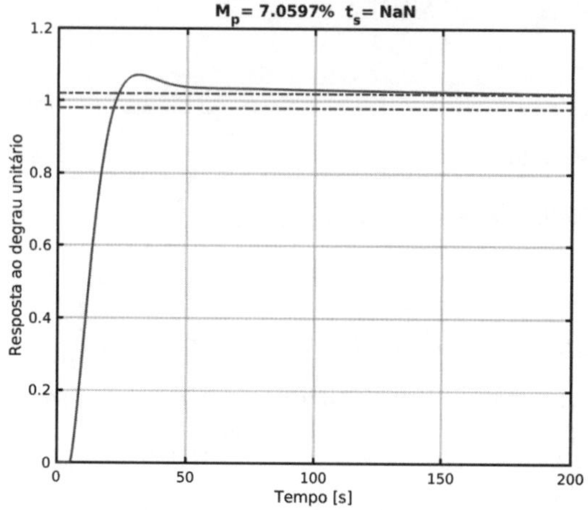

(a) Resposta ao degrau unitário do sistema compensado em malha fechada.

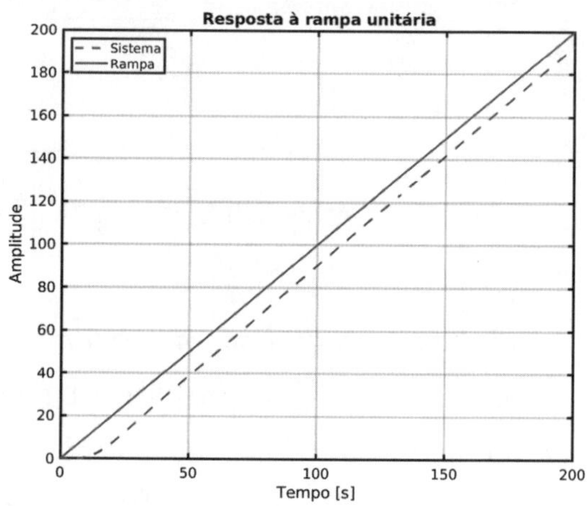

(b) Resposta à rampa unitária do sistema compensado em malha fechada.

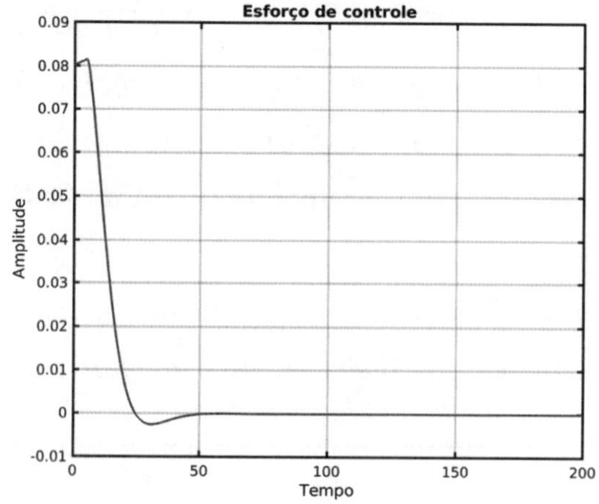

(c) Esforço de controle a uma entrada degrau unitária.

Figura 2.54: Simulações do exemplo 2.7.2.

Exercícios

1. Considere o sistema de controle discreto da Figura 2.55, na qual:

$$G_p(s) = \frac{1}{s(s+5)}.$$

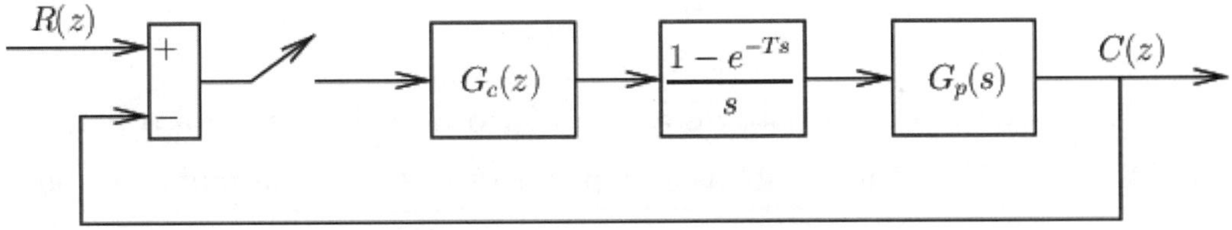

Figura 2.55: Sistema de controle discreto.

Projetar um controlador digital usando o método de resposta em frequência para obter um tempo de assentamento de 1 s e um máximo sobressinal de 10%. Determine uma frequência de amostragem apropriada para o sistema.

2. Considere o sistema de controle discreto da Figura 2.55, na qual:

$$G_p(s) = \frac{1}{(s+1)(s+5)}.$$

Projetar um controlador digital usando o método de resposta em frequência para obter um erro de estado estacionário nulo para uma entrada degrau unitária, um tempo de assentamento de no máximo 2 s e uma frequência natural não amortecida de 5 rad/s.

3. Considere o sistema de controle discreto da Figura 2.55, na qual:

$$G_p(s) = \frac{1}{s(s+0,5)}.$$

Projetar um controlador digital usando o método de resposta em frequência para obter uma margem de fase de 50°, uma margem de ganho de pelo menos 10 dB e uma constante de erro estático de velocidade de 20 s^{-1}. Determine uma frequência de amostragem apropriada para o sistema.

4. Considere o sistema de controle discreto da Figura 2.55, na qual:

$$G_p(s) = \frac{1}{s(s+1)}.$$

Deseja-se uma constante de erro estático de velocidade da ordem de 4 s^{-1}. Projete um compensador por atraso de fase de maneira que o sistema tenha uma margem de fase de 45°. Determine uma frequência de amostragem apropriada para o sistema. Verificar se o máximo sobressinal é próximo de 24%.

5. Considere o sistema de controle discreto da Figura 2.55, na qual:

$$G_p(s) = \frac{1}{s(s+1)}.$$

Deseja-se uma constante de erro estático de velocidade da ordem de 4 s^{-1}. Projete um controlador PID (proporcional - integral - diferencial) de maneira que o sistema tenha uma margem de fase de 45°. Determine uma frequência de amostragem apropriada para o sistema.

6. Considere o sistema de controle discreto da Figura 2.55, na qual:

$$G_p(s) = \frac{1}{s(s+1)}.$$

Deseja-se uma constante de erro estático de velocidade da ordem de 4 s^{-1}. Projete um controlador PD (proporcional - diferencial) de maneira que o sistema tenha uma margem de fase de 45°. Determine uma frequência de amostragem apropriada para o sistema.

7. Considere o sistema de controle discreto da Figura 2.55, na qual:

$$G_p(s) = \frac{1}{s(s+2)}.$$

Deseja-se uma constante de erro estático de velocidade da ordem de 10 s^{-1}. Projete um compensador por atraso de fase, por avanço de fase, PD, PI de maneira que o sistema tenha uma margem de fase de 45°. Determine uma frequência de amostragem apropriada para o sistema.

2.8 Vantagens e desvantagens das técnicas de compensação

Na Tabela 2.14, são mostradas as vantagens e desvantagens dos diferentes compensadores.

Tabela 2.14: Resumo das técnicas de compensação

Compensador por avanço de fase	
Vantagem	Desvantagem
Utilizado para melhorar as margens de estabilidade	Sistema sujeito a problemas de ruido de alta frequência devido ao aumento do ganho em alta frequência

Aumenta a largura de banda do sistema. O sistema tem mais velocidade para responder, isto é, pode ocorrer uma melhoria no desempenho em regime estacionário	O esforço de controle pode ser elevado O erro de estado estacionário não melhora
Compensador por atraso de fase	
Vantagem	Desvantagem
Reduz o ganho do sistema em frequências mais altas, sem reduzir o ganho do sistema em frequências mais baixas	A largura de banda do sistema é reduzida. O sistema tem uma velocidade baixa da resposta, isto é, pode ocorrer uma depreciação do desempenho em regime transitório
Devido ao reduzido ganho em alta frequência, o ganho total do sistema pode ser melhorado e, portanto, o ganho de baixa frequência pode ser aumentado e a precisão em estado permanente pode ser melhorada	Reduzir a largura de banda pode ser uma desvantagem
Pode atenuar qualquer ruido de alta frequência presente no sistema	
Compensador por atraso-avanço de fase	
Vantagem	Desvantagem

O ganho em baixa frequência pode ser aumentado, isto é, melhora a precisão em estado permanente A largura de banda e as margens de estabilidade podem ser aumentadas em frequência	
Compensador PID	
Vantagem	Desvantagem
Caso especial do controlador de atraso-avanço de fase	
Afeta a região de alta frequência	
Aumenta o ângulo de avanço de fase e melhora a estabilidade do sistema	
Aumenta a largura de banda do sistema	
Compensador PD	
Vantagem	Desvantagem
Comporta-se como o compensador de avanço de fase. Apresenta menor máximo sobressinal devido à componente diferencial	O erro de estado estacionário melhora pouco
Compensador PI	
Vantagem	Desvantagem

Afeta a região de baixa frequência	Apresenta um maior máximo sobressinal e tempo de acomodação
Aumenta o ganho em baixa frequência ao melhorar a precisão em estado permanente	
Atua como um compensador de atraso de fase	

Capítulo 3

Análise no espaço de estados

Métodos convencionais do lugar das raízes e da resposta em frequência são úteis para os casos de sistemas lineares invariantes no tempo com uma entrada e uma saída, isto é, baseiam-se na relação entrada-saída do sistema que é a função de transferência. Eles não se aplicam a sistemas não lineares multivariáveis.

Um sistema de controle moderno pode possuir múltiplas entradas e múltiplas saídas. Os métodos no espaço de estados são apropriados para a análise e síntese de sistemas multivariáveis. Nesses métodos, o sistema é descrito em função de n equações de diferença de primeira ordem, e a notação mais adequada é a vetorial-matricial.

3.1 Equações no espaço de estados

Na análise no espaço de estados, lidaremos com três variáveis envolvidas na modelagem dos sistemas dinâmicos:

- as variáveis de entrada;
- as variáveis de saída;
- as variáveis de estado.

Para sistemas (lineares ou não lineares) em tempo discreto variantes no tempo, a equação de estados se escreve como:

$$\mathbf{x}(k+1) = \mathbf{f}(\mathbf{x}(k), \mathbf{u}(k), k)$$

e a equação de saída como:

$$\mathbf{y}(k) = \mathbf{g}(\mathbf{x}(k), \mathbf{u}(k), k)$$

Para os sistemas discretos lineares invariantes no tempo, a equação de estados e a equação de saída podem ser simplificadas como:

$$\mathbf{x}(k+1) = \mathbf{A}_d\,\mathbf{x}(k) + \mathbf{B}_d\,\mathbf{u}(k) \tag{3.1}$$

$$\mathbf{y}(k) = \mathbf{C}\,\mathbf{x}(k) + \mathbf{D}\,\mathbf{u}(k) \tag{3.2}$$

na qual $\mathbf{x}(k)$ é o vetor de estado ($\mathbf{x} \in \mathbb{R}^n$), $\mathbf{y}(k)$ é o vetor de saída ($\mathbf{y} \in \mathbb{R}^m$), $\mathbf{u}(k)$ é o vetor de entrada ($\mathbf{u} \in \mathbb{R}^r$), $\mathbf{A}_d$ é a matriz de estado ($\mathbf{A}_d \in \mathbb{R}^{n\times n}$), $\mathbf{B}_d$ é a matriz de entrada($\mathbf{B}_d \in \mathbb{R}^{n\times r}$), $\mathbf{C}$ é a matriz de saída ($\mathbf{C} \in \mathbb{R}^{m\times n}$) e $\mathbf{D}$ matriz de transmissão direta ($\mathbf{D} \in \mathbb{R}^{m\times r}$). Para sistemas discretos variantes no tempo, as matrizes $\mathbf{A}_d(k)$, $\mathbf{B}_d(k)$, $\mathbf{C}(k)$ e $\mathbf{D}(k)$ variam com o tempo e a variável k aparece explicitamente nelas. O diagrama de blocos das equações (3.1) - (3.2) é mostrado na Figura 3.1.

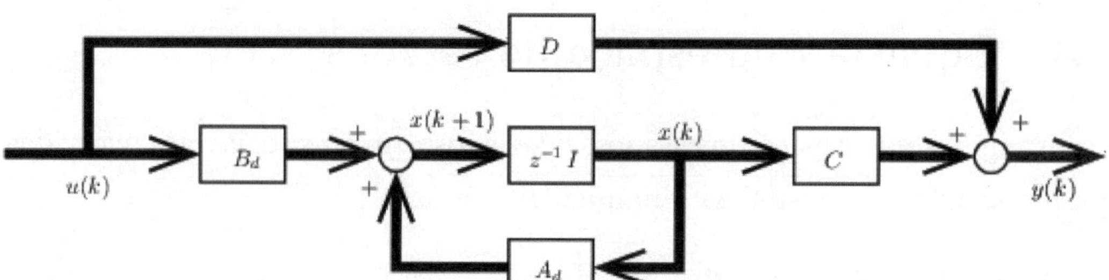

Figura 3.1: Diagrama de blocos de um sistema de controle linear em tempo discreto invariante no tempo, representado no espaço de estados.

3.2 Formas canônicas para equações no espaço de estado

Considere o sistema em tempo discreto descrito por:

$$y(k) + a_{n-1}\,y(k-1) + a_{n-2}\,y(k-2) + \cdots + a_0\,y(k-n) = \cdots$$
$$\cdots b_n\,u(k) + b_{n-1}\,u(k-1) + \cdots + b_0\,u(k-n) \quad (3.3)$$

na qual $u(k)$ é a entrada e $y(k)$ é a saída do sistema no instante de amostragem k. a_i $(i = 1, 2, \ldots, n)$ e b_j $(j = 0, 1, 2, \ldots, n)$ são constante reais e podem ser nulas. A equação (3.3) na forma de função de transferência é:

$$\frac{Y(z)}{U(z)} = \frac{b_n + b_{n-1}\,z^{-1} + \cdots + b_0\,z^{-n}}{1 + a_{n-1}\,z^{-1} + a_{n-2}\,z^{-2} + \cdots + a_0\,z^{-n}} \quad (3.4)$$

ou

$$\frac{Y(z)}{U(z)} = \frac{b_n\,z^{n} + b_{n-1}\,z^{n-1} + \cdots + b_0}{z^{n} + a_{n-1}\,z^{n-1} + a_{n-2}\,z^{n-2} + \cdots + a_0} \quad (3.5)$$

Existem muitas formas para realizar as representações no espaço de estados para sistemas em tempo discreto descritos por (3.3), (3.4) e (3.5), entre elas podemos mencionar:

1. Forma canônica controlável;

2. Forma canônica observável;

3. Forma canônica diagonal;

4. Forma canônica de Jordan.

3.2.1 Forma canônica controlável

A representação no espaço de estado do sistema em tempo discreto obtido por (3.3), (3.4) e (3.5) pode ser expressada como:

$$\begin{bmatrix} x_1(k+1) \\ x_2(k+1) \\ \vdots \\ x_{n-1}(k+1) \\ x_n(k+1) \end{bmatrix} = \begin{bmatrix} 0 & 1 & 0 & \cdots & 0 \\ 0 & 0 & 1 & \cdots & 0 \\ \vdots & \vdots & \vdots & \ddots & \vdots \\ 0 & 0 & 0 & \cdots & 1 \\ -a_0 & -a_1 & -a_2 & \cdots & -a_{n-1} \end{bmatrix} \begin{bmatrix} x_1(k) \\ x_2(k) \\ \vdots \\ x_{n-1}(k) \\ x_n(k) \end{bmatrix} + \cdots$$

$$\cdots + \begin{bmatrix} 0 & 0 & \cdots & 0 & 1 \end{bmatrix}^T u(k) \tag{3.6}$$

$$y(k) = \begin{bmatrix} b_0 - a_0 b_n \vdots b_1 - a_1 b_n \vdots \cdots \vdots b_{n-1} - a_{n-1} b_n \end{bmatrix} \begin{bmatrix} x_1(k) \\ x_2(k) \\ \vdots \\ x_{n-1}(k) \\ x_n(k) \end{bmatrix} + b_n\, u(k) \tag{3.7}$$

A representação (3.6) e (3.7) é a FORMA CANÔNICA CONTROLÁVEL.

Exemplo 3.2.1 *Considere um sistema em tempo discreto cuja função de transferência pulsada está definida por:*

$$\begin{aligned} \frac{Y(z)}{U(z)} &= \frac{b_2\, z^2 + b_1\, z + b_0}{z^2 + a_1\, z + a_0} \\ \frac{Y(z)}{U(z)} &= \frac{b_2 + b_1\, z^{-1} + b_0\, z^{-2}}{1 + a_1\, z^{-1} + a_0\, z^{-2}} \end{aligned}$$

Desenvolva o procedimento para obter a forma canônica controlável da função de transferência pulsada.

Solução 3.2.1 *A última equação pode ser escrita como:*

$$\begin{aligned} \frac{Y(z)}{U(z)} &= b_2 + \frac{(b_1 - a_1\, b_2)\, z^{-1} + (b_0 - a_0\, b_2)\, z^{-2}}{1 + a_1\, z^{-1} + a_0\, z^{-2}} \\ Y(z) &= b_2\, U(z) + \frac{(b_1 - a_1\, b_2)\, z^{-1} + (b_0 - a_0\, b_2)\, z^{-2}}{1 + a_1\, z^{-1} + a_0\, z^{-2}} U(z) \end{aligned} \tag{3.8}$$

Definamos:

$$\bar{Y}(z) = \frac{(b_1 - a_1\, b_2)\, z^{-1} + (b_0 - a_0\, b_2)\, z^{-2}}{1 + a_1\, z^{-1} + a_0\, z^{-2}} U(z) \tag{3.9}$$

Então a equação (3.8) torna-se:

$$Y(z) = b_2\, U(z) + \bar{Y}(z) \tag{3.10}$$

Reescreve-se equação (3.9):

$$\frac{\bar{Y}(z)}{(b_1 - a_1\, b_2)\, z^{-1} + (b_0 - a_0\, b_2)\, z^{-2}} = \frac{U(z)}{1 + a_1\, z^{-1} + a_0\, z^{-2}} = Q(z)$$

Da última equação obtemos:

$$Q(z) = -a_1\, z^{-1}\, Q(z) - a_0\, z^{-2}\, Q(z) + U(z) \tag{3.11}$$

e

$$\bar{Y}(z) = (b_1 - a_1\, b_2)\, z^{-1} Q(z) + (b_0 - a_0\, b_2)\, z^{-2} Q(z) \tag{3.12}$$

Definimos as variáveis de estado como:

$$\begin{aligned} X_1(z) &= z^{-2}\, Q(z) \\ X_2(z) &= z^{-1}\, Q(z) \end{aligned} \tag{3.13}$$

Assim, temos:

$$\begin{aligned} zX_1(z) &= X_2(z) \\ zX_2(z) &= Q(z) \end{aligned} \tag{3.14}$$

Em termos das equações de diferenças, as $n-1$ equações anteriores ficam:

$$x_1(k+1) = x_2(k) \tag{3.15}$$

Inserindo a equação (3.13) na equação (3.11):

$$z\,X_2(z) = -a_1 X_2(z) - a_0 X_1(z) + U(z)$$

a qual pode ser transformada em equações de diferença:

$$x_2(k+1) = -a_0\,x_1(k) - a_1\,x_2(k) + u(k). \tag{3.16}$$

A equação (3.12) pode ser reescrita como:

$$\bar{Y}(z) = (b_1 - a_1\,b_2)\,X_2(z) + (b_0 - a_0\,b_2)\,X_1(z) \tag{3.17}$$

da última equação e da equação (3.10), obtém-se:

$$y(k) = (b_0 - a_0\,b_2)x_1(k) + (b_1 - a_1\,b_2)x_2(k) + b_2\,u(k) \tag{3.18}$$

Combinando (3.15), (3.16) e (3.18), obtemos:

$$\begin{bmatrix} x_1(k+1) \\ x_2(k+1) \end{bmatrix} = \begin{bmatrix} 0 & 1 \\ -a_0 & -a_1 \end{bmatrix} \begin{bmatrix} x_1(k) \\ x_2(k) \end{bmatrix} + \begin{bmatrix} 0 \\ 1 \end{bmatrix} u(k)$$

$$y(k) = \begin{bmatrix} b_0 - a_0 b_2 \vdots b_1 - a_1 b_2 \end{bmatrix} \begin{bmatrix} x_1(k) \\ x_2(k) \end{bmatrix} + b_2\,u(k)$$

Outra forma de definir as variáveis de estado:

$$\begin{aligned} X_2(z) &= z^{-2}\,Q(z) \\ X_1(z) &= z^{-1}\,Q(z) \\ z\,X_2(z) &= X_1(z) \\ x_2(k+1) &= x_1(k) \end{aligned}$$

$$\begin{aligned} z\,X_1(z) &= Q(z) = -a_1 X_1(z) - a_0 X_2(z) + U(z) \\ z\,X_1(z) &= -a_1 X_1(z) - a_0 X_2(z) + U(z) \\ x_1(k+1) &= -a_1\,x_1(k) - a_0\,x_2(k) + u(k) \end{aligned}$$

$$\begin{aligned} \bar{Y}(z) &= (b_1 - a_1\,b_2)\,X_1(z) + (b_0 - a_0\,b_2)\,X_2(z) \\ y(k) &= (b_1 - a_1\,b_2)x_1(k) + (b_0 - a_0\,b_2)x_2(k) \end{aligned}$$

A seguinte representação é outra forma canônica controlável:

$$\begin{bmatrix} x_1(k+1) \\ x_2(k+1) \end{bmatrix} = \begin{bmatrix} -a_1 & -a_0 \\ 1 & 0 \end{bmatrix} \begin{bmatrix} x_1(k) \\ x_2(k) \end{bmatrix} + \begin{bmatrix} 1 \\ 0 \end{bmatrix} u(k)$$

$$y(k) = \begin{bmatrix} b_1 - a_1 b_2 \vdots b_0 - a_0 b_2 \end{bmatrix} \begin{bmatrix} x_1(k) \\ x_2(k) \end{bmatrix} + b_2\,u(k)$$

3.2.2 Forma canônica observável

A representação no espaço de estado do sistema em tempo discreto dada por (3.3), (3.4) e (3.5), pode ser expressada como:

$$\begin{bmatrix} x_1(k+1) \\ x_2(k+1) \\ \vdots \\ x_{n-1}(k+1) \\ x_n(k+1) \end{bmatrix} = \begin{bmatrix} 0 & 0 & \cdots & 0 & 0 & -a_0 \\ 1 & 0 & \cdots & 0 & 0 & -a_1 \\ \vdots & \vdots & \ddots & \vdots & \vdots & \vdots \\ 0 & 0 & \cdots & 1 & 0 & -a_{n-2} \\ 0 & 0 & \cdots & 0 & 1 & -a_{n-1} \end{bmatrix} \begin{bmatrix} x_1(k) \\ x_2(k) \\ \vdots \\ x_{n-1}(k) \\ x_n(k) \end{bmatrix} + \cdots$$

$$\cdots + \begin{bmatrix} b_0 - a_0 b_n \\ b_1 - a_1 b_n \\ \vdots \\ b_{n-2} - a_{n-2} b_n \\ b_{n-1} - a_{n-1} b_n \end{bmatrix} u(k) \tag{3.19}$$

$$y(k) = \begin{bmatrix} 0 & 0 & \cdots & 0 & 1 \end{bmatrix} \begin{bmatrix} x_1(k) \\ x_2(k) \\ \vdots \\ x_{n-1}(k) \\ x_n(k) \end{bmatrix} + b_n\, u(k) \tag{3.20}$$

A representação no espaço de estado (3.19) e (3.20) é a FORMA CANÔNICA OBSERVÁVEL.

Exemplo 3.2.2 *Considere um sistema em tempo discreto cuja função de transferência pulsada está definida por:*

$$\frac{Y(z)}{U(z)} = \frac{b_2 + b_1\, z^{-1} + b_0\, z^{-2}}{1 + a_1\, z^{-1} + a_0\, z^{-2}}$$

Desenvolva o procedimento para obter a forma canônica observável da função de transferência pulsada.

Solução 3.2.2 *Reescreve-se a função de transferência pulsada como:*

$$Y(z)\left[1+a_1\,z^{-1}+a_0\,z^{-2}\right]=b_2U(z)+b_1\,z^{-1}U(z)+b_0\,z^{-2}U(z)$$

$$Y(z)=b_2U(z)-a_1\,z^{-1}Y(z)+b_1\,z^{-1}U(z)-a_0z^{-2}Y(z)+b_0\,z^{-2}U(z)$$

ou

$$Y(z)=b_2U(z)+z^{-1}\left[b_1U(z)-a_1Y(z)+z^{-1}\left\{b_0U(z)-a_0Y(z)\right\}\right] \quad (3.21)$$

Definimos as variáveis de estado como:

$$\begin{aligned} X_2(z) &= z^{-1}\left[b_1U(z)-a_1Y(z)+X_1(z)\right] \\ X_1(z) &= z^{-1}\left\{b_0U(z)-a_0Y(z)\right\} \end{aligned} \quad (3.22)$$

A equação (3.21) pode ser escrita como:

$$Y(z)=b_2U(z)+X_2(z) \quad (3.23)$$

Substituindo a equação (3.23) na equação (3.22) e multiplicando por z, obtemos:

$$\begin{aligned} zX_2(z) &= b_1U(z)-a_1(b_2U(z)+X_2(z))+X_1(z) \\ zX_1(z) &= b_0U(z)-a_0(b_2U(z)+X_2(z)) \end{aligned}$$

daqui:

$$\begin{aligned} zX_2(z) &= X_1(z)-a_1X_2(z)+(b_1-a_1b_2)U(z) \\ zX_1(z) &= -a_0X_2(z)+(b_0-a_0b_2)U(z) \end{aligned}$$

Aplicando a transformada z inversa e ordenando, obtemos:

$$
\begin{aligned}
x_2(k+1) &= x_1(k) - a_1 x_2(k) + (b_1 - a_1 b_2)u(k) \\
x_1(k+1) &= -a_0 x_2(k) + (b_0 - a_0 b_2)u(k)
\end{aligned}
$$

e a transformada z inversa da equação (3.23):

$$y(k) = b_2 u(k) + x_2(k)$$

Finalmente, obtemos:

$$
\begin{bmatrix} x_1(k+1) \\ x_2(k+1) \end{bmatrix} = \begin{bmatrix} 0 & -a_0 \\ 1 & -a_1 \end{bmatrix} \begin{bmatrix} x_1(k) \\ x_2(k) \end{bmatrix} + \begin{bmatrix} b_0 - a_0 b_2 \\ b_1 - a_1 b_2 \end{bmatrix} u(k)
$$

$$
y(k) = \begin{bmatrix} 0 & 1 \end{bmatrix} \begin{bmatrix} x_1(k) \\ x_2(k) \end{bmatrix} + b_2\, u(k)
$$

Outra definição das variáveis de estado:

$$
\begin{aligned}
X_1(z) &= z^{-1}\left[b_1 U(z) - a_1 Y(z) + X_2(z)\right] \\
X_2(z) &= z^{-1}\left\{b_0 U(z) - a_0 Y(z)\right\}
\end{aligned}
\tag{3.24}
$$

A equação (3.21) pode ser escrita como:

$$Y(z) = b_2 U(z) + X_1(z) \tag{3.25}$$

Substituindo a equação (3.25) na equação (3.24) e multiplicando por z, obtemos:

$$
\begin{aligned}
zX_1(z) &= b_1 U(z) - a_1(b_2 U(z) + X_1(z)) + X_2(z) \\
zX_2(z) &= b_0 U(z) - a_0(b_2 U(z) + X_1(z))
\end{aligned}
$$

daqui:

$$\begin{aligned} zX_1(z) &= X_2(z) - a_1X_1(z) + (b_1 - a_1b_2)U(z) \\ zX_2(z) &= -a_0X_1(z) + (b_0 - a_0b_2)U(z) \end{aligned}$$

Aplicando a transformada z inversa e ordenando, obtemos:

$$\begin{aligned} x_1(k+1) &= -a_1x_1(k) + x_2(k) + (b_1 - a_1b_2)u(k) \\ x_2(k+1) &= -a_0x_1(k) + (b_0 - a_0b_2)u(k) \end{aligned}$$

e a transformada z inversa da equação (3.25):

$$y(k) = b_2u(k) + x_1(k)$$

Finalmente, obtemos:

$$\begin{bmatrix} x_1(k+1) \\ x_2(k+1) \end{bmatrix} = \begin{bmatrix} -a_1 & 1 \\ -a_0 & 0 \end{bmatrix} \begin{bmatrix} x_1(k) \\ x_2(k) \end{bmatrix} + \begin{bmatrix} b_1 - a_1b_2 \\ b_0 - a_0b_2 \end{bmatrix} u(k)$$

$$y(k) = \begin{bmatrix} 1 & 0 \end{bmatrix} \begin{bmatrix} x_1(k) \\ x_2(k) \end{bmatrix} + b_2\,u(k)$$

3.2.3 Forma canônica diagonal

Se os polos da função de transferência dados pelas equações (3.3), (3.4) ou (3.5) são todos diferentes, então a representação no espaço de estado pode ser expressa na forma canônica diagonal:

$$\begin{bmatrix} x_1(k+1) \\ x_2(k+1) \\ \vdots \\ x_n(k+1) \end{bmatrix} = \begin{bmatrix} p_1 & 0 & \cdots & 0 \\ 0 & p_2 & \cdots & 0 \\ \vdots & \vdots & \ddots & \vdots \\ 0 & 0 & \cdots & p_n \end{bmatrix} \begin{bmatrix} x_1(k) \\ x_2(k) \\ \vdots \\ x_n(k) \end{bmatrix} + \begin{bmatrix} 1 \\ 1 \\ \vdots \\ 1 \end{bmatrix} u(k) \tag{3.26}$$

$$y(k) = \begin{bmatrix} c_1 & c_2 & \cdots & c_n \end{bmatrix} \begin{bmatrix} x_1(k) \\ x_2(k) \\ \vdots \\ x_n(k) \end{bmatrix} + b_0\, u(k) \qquad (3.27)$$

Exemplo 3.2.3 *Considere-se um sistema em tempo discreto cuja função de transferência pulsada está definida por:*

$$\begin{aligned} \frac{Y(z)}{U(z)} &= \frac{b_2 + b_1\, z^{-1} + b_0\, z^{-2}}{1 + a_1\, z^{-1} + a_0\, z^{-2}} \\ \frac{Y(z)}{U(z)} &= b_2 + \frac{(b_1 - a_1 b_2)z + (b_0 - a_0 b_2)}{(z - p_1)(z - p_2)} \end{aligned} \qquad (3.28)$$

Desenvolva o procedimento para obter a forma canônica diagonal da função de transferência pulsada.

Solução 3.2.3 *Se todos os polos da função de transferência pulsada são diferentes, expandimos em frações parciais:*

$$\frac{Y(z)}{U(z)} = b_2 + \frac{c_1}{z - p_1} + \frac{c_2}{z - p_2} \qquad (3.29)$$

na qual

$$c_i = \lim_{z \to p_i} \left[\frac{Y(z)}{U(z)} (z - p_i) \right]$$

A equação (3.29) pode ser escrita como:

$$Y(z) = b_2 U(z) + \frac{c_1}{z - p_1} U(z) + \frac{c_2}{z - p_2} U(z) \qquad (3.30)$$

Defina-se as variáveis de estado:

$$\begin{aligned} X_1(z) &= \tfrac{U(z)}{z - p_1} \\ X_2(z) &= \tfrac{U(z)}{z - p_2} \end{aligned} \qquad (3.31)$$

Da equação (3.31), obtém-se:

$$\begin{aligned} zX_1(z) &= p_1X_1(z) + U(z) \\ zX_2(z) &= p_2X_2(z) + U(z) \end{aligned} \tag{3.32}$$

e a equação (3.30) pode ser escrita como:

$$Y(z) = b_2U(z) + c_1X_1(z) + c_2X_2(z) \tag{3.33}$$

Aplicando as transformada z inversa nas equações (3.32) e (3.33):

$$\begin{aligned} x_1(k+1) &= p_1x_1(k) + u(k) \\ x_2(k+1) &= p_2x_2(k) + u(k) \end{aligned} \tag{3.34}$$

e

$$y(k) = c_1x_1(k) + c_2x_2(k) + b_2u(k) \tag{3.35}$$

Finalmente, obtemos:

$$\begin{bmatrix} x_1(k+1) \\ x_2(k+1) \end{bmatrix} = \begin{bmatrix} p_1 & 0 \\ 0 & p_2 \end{bmatrix} \begin{bmatrix} x_1(k) \\ x_2(k) \end{bmatrix} + \begin{bmatrix} 1 \\ 1 \end{bmatrix} u(k)$$

$$y(k) = \begin{bmatrix} c_1 & c_2 \end{bmatrix} \begin{bmatrix} x_1(k) \\ x_2(k) \end{bmatrix} + b_2\, u(k)$$

3.2.4 Forma canônica de Jordan

A Equação (3.5) inclui um polo múltiplo de ordem m em $z = p_1$ e todos os demais polos são distintos, então a equação de estados e de saída são:

$$\begin{bmatrix} x_1(k+1) \\ x_2(k+1) \\ \vdots \\ x_m(k+1) \\ \hline x_{m+1}(k+1) \\ \vdots \\ x_n(k+1) \end{bmatrix} = \left[\begin{array}{ccccc|ccc} p_1 & 1 & 0 & \cdots & 0 & 0 & \cdots & 0 \\ 0 & p_1 & 1 & \cdots & 0 & 0 & \cdots & 0 \\ \vdots & \vdots & \vdots & & \vdots & \vdots & & \vdots \\ 0 & 0 & 0 & \cdots & p_1 & 0 & \cdots & 0 \\ \hline 0 & 0 & 0 & \cdots & 0 & p_{m+1} & \cdots & 0 \\ \vdots & \vdots & \vdots & & \vdots & \vdots & & \vdots \\ 0 & 0 & 0 & \cdots & 0 & 0 & \cdots & p_n \end{array}\right] \begin{bmatrix} cx_1(k) \\ x_2(k) \\ \vdots \\ x_m(k) \\ \hline x_{m+1}(k) \\ \vdots \\ x_n(k) \end{bmatrix} + \cdots$$

$$\cdots + \begin{bmatrix} c0 \\ 0 \\ \vdots \\ 1 \\ \hline 1 \\ \vdots \\ 1 \end{bmatrix} u(k) \tag{3.36}$$

$$y(k) = \begin{bmatrix} c_1 & c_2 & \cdots & c_n \end{bmatrix} \begin{bmatrix} x_1(k) \\ x_2(k) \\ \vdots \\ x_n(k) \end{bmatrix} + b_0\, u(k) \tag{3.37}$$

Exemplo 3.2.4 *Considere um sistema em tempo discreto cuja função de transferência pulsada está definida por:*

$$\frac{Y(z)}{U(z)} = \frac{b_3 z^3 + b_2\, z^2 + b_1\, z + b_0}{z^3 + a_2\, z^2 + a_1\, z + a_1}$$

Desenvolva o procedimento para obter a forma canônica de Jordan da função de transferência pulsada, a qual tem um polo duplo em $z = p_1$ e um polo simples em $z = p_2$.

Solução 3.2.4 *A função de transferência pulsada é:*

$$
\begin{aligned}
\frac{Y(z)}{U(z)} &= \frac{b_3 z^3 + b_2\, z^2 + b_1\, z + b_0}{(z-p_1)^2(z-p_2)} \\
\frac{Y(z)}{U(z)} &= b_3 + \frac{(b_2 - a_2 b_3)z^2 + (b_1 - a_1 b_3)z + (b_0 - a_0 b_3)}{(z-p_1)^2(z-p_2)} \\
\frac{Y(z)}{U(z)} &= b_3 + \frac{c_1}{(z-p_1)^2} + \frac{c_2}{z-p_1} + \frac{c_3}{z-p_2}
\end{aligned}
\tag{3.38}
$$

Obtemos:

$$
Y(z) = b_3 U(z) + \frac{c_1}{(z-p_1)^2}U(z) + \frac{c_2}{z-p_1}U(z) + \frac{c_3}{z-p_2}U(z) \tag{3.39}
$$

Defina-se as duas primeiras variáveis de estado $X_1(z)$ e $X_2(z)$:

$$
\begin{aligned}
X_1(z) &= \tfrac{1}{(z-p_1)^2}U(z) \\
X_2(z) &= \tfrac{1}{z-p_2}U(z)
\end{aligned}
\tag{3.40}
$$

e as restantes $n - m$ como:

$$
X_3(z) = \frac{1}{z-p_2}U(z) \tag{3.41}
$$

Da equação (3.40), obtém-se:

$$
\frac{X_1(z)}{X_2(z)} = \frac{1}{z-p_1} \tag{3.42}
$$

Tomando a transformada z inversa da equação (3.42), a equação (3.40) e

(3.41), obtém-se:

$$\begin{aligned} x_1(k+1) &= p_1 x_1(k) + x_2(k) \\ x_2(k+1) &= p_1 x_2(k) + u(k) \\ x_3(k+1) &= p_2 x_3(k) + u(k) \end{aligned} \tag{3.43}$$

A equação (3.39) pode ser escrita como:

$$Y(z) = c_1 X_1(z) + c_2 X_2(z) + c_3 X_3(z) + b_3 U(z)$$

aplicando a transformada z inversa:

$$y(k) = c_1 x_1(k) + c_2 x_2(k) + c_3 x_3(k) + b_3 u(k) \tag{3.44}$$

Finalmente, obtemos:

$$\begin{bmatrix} x_1(k+1) \\ x_2(k+1) \\ \hline x_3(k+1) \end{bmatrix} = \left[\begin{array}{cc|c} p_1 & 1 & 0 \\ 0 & p_1 & 0 \\ \hline 0 & 0 & p_2 \end{array}\right] \begin{bmatrix} x_1(k) \\ x_2(k) \\ \hline x_3(k) \end{bmatrix} + \begin{bmatrix} 0 \\ 0 \\ \hline 1 \end{bmatrix} u(k)$$

$$y(k) = \begin{bmatrix} c_1 & c_2 & c_3 \end{bmatrix} \begin{bmatrix} x_1(k) \\ x_2(k) \\ x_3(k) \end{bmatrix} + b_3\, u(k)$$

Observação 3.2.1 *Para um sistema com função de transferência pulsada dada, a representação no espaço de estado não é única. Existem diferentes representações no espaço de estado para um sistema em tempo discreto e essas representações estão relacionadas por meio de uma transformação de similaridade.*

Exemplo 3.2.5 *Considere o seguinte sistema:*

$$\frac{Y(z)}{U(z)} = \frac{z - 0,8}{z^2 + 1,5\,z + 0,54},$$

obtenha as respectivas representações na forma canônica controlável, observável e diagonal.

Solução 3.2.5 *1. Para a forma canônica controlável, considere as equações (3.6) e (3.7). Fazendo uma correspondência dos respectivos coeficientes, obtém-se:*

$$\begin{bmatrix} x_1(k+1) \\ x_2(k+1) \end{bmatrix} = \begin{bmatrix} 0 & 1 \\ -0,54 & -1,5 \end{bmatrix} \begin{bmatrix} x_1(k) \\ x_2(k) \end{bmatrix} + \begin{bmatrix} 0 \\ 1 \end{bmatrix} u(k)$$

$$y(k) = [-0,8 \;\; 1] \begin{bmatrix} x_1(k) \\ x_2(k) \end{bmatrix}$$

2. Para a forma canônica observável, considere as equações (3.19) e (3.20). Fazendo uma correspondência dos respectivos coeficientes, obtém-se:

$$\begin{bmatrix} x_1(k+1) \\ x_2(k+1) \end{bmatrix} = \begin{bmatrix} 0 & -0,54 \\ 1 & -1,5 \end{bmatrix} \begin{bmatrix} x_1(k) \\ x_2(k) \end{bmatrix} + \begin{bmatrix} -0,8 \\ 1 \end{bmatrix} u(k)$$

$$y(k) = [0 \;\; 1] \begin{bmatrix} x_1(k) \\ x_2(k) \end{bmatrix}$$

3. Para a forma canônica diagonal, considere as equações (3.26) e (3.27). Fazendo a respectiva expansão em frações parciais, obtém-se:

$$\begin{bmatrix} x_1(k+1) \\ x_2(k+1) \end{bmatrix} = \begin{bmatrix} -0,6 & 0 \\ 0 & -0,9 \end{bmatrix} \begin{bmatrix} x_1(k) \\ x_2(k) \end{bmatrix} + \begin{bmatrix} 1 \\ 1 \end{bmatrix} u(k)$$

$$y(k) = \begin{bmatrix} \frac{17}{3} & \frac{-14}{3} \end{bmatrix} \begin{bmatrix} x_1(k) \\ x_2(k) \end{bmatrix}$$

3.3 Solução das equações de estado em tempo discreto

Considere um sistema linear invariante no tempo discreto com as seguintes equações de estado e de saída:

$$\mathbf{x}(k+1) = \mathbf{A}_d\,\mathbf{x}(k) + \mathbf{B}_d\,\mathbf{u}(k) \tag{3.45}$$

$$\mathbf{y}(k) = \mathbf{C}\,\mathbf{x}(k) + \mathbf{D}\,\mathbf{u}(k) \tag{3.46}$$

A solução da equação (3.45) para qualquer inteiro positivo k pode ser obtida de maneira recursiva de forma que se obtém:

$$\mathbf{x}(k) = \mathbf{A}_d^k\,\mathbf{x}(0) + \sum_{j=0}^{k-1} \mathbf{A}_d^{k-j-1}\,\mathbf{B}_d\,\mathbf{u}(j), \quad k = 1, 2, 3, \ldots \tag{3.47}$$

$\mathbf{x}(k)$ está formada de duas partes, uma que representa a contribuição do estado inicial $\mathbf{x}(0)$ e a outra, a contribuição da entrada $\mathbf{u}(j)$, na qual $j = 0, 1, 2, \ldots, k-1$. A saída é dada por:

$$\mathbf{y}(k) = \mathbf{C}\,\mathbf{A}_d^k\,\mathbf{x}(0) + \mathbf{C}\sum_{j=0}^{k-1} \mathbf{A}_d^{k-j-1}\,\mathbf{B}_d\,\mathbf{u}(j) + \mathbf{D}\,\mathbf{u}(k) \tag{3.48}$$

3.3.1 Matriz de transição de estado

Observe que é possível escrever a solução da equação de estado homogênea:

$$\mathbf{x}(k+1) = \mathbf{A}_d\,\mathbf{x}(k) \tag{3.49}$$

na forma:

$$\mathbf{x}(k+1) = \mathbf{\Phi}(k)\,\mathbf{x}(0) \tag{3.50}$$

na qual $\mathbf{\Phi}(k)$ é uma matriz única de $n \times n$ que satisfaz a condição:

$$\mathbf{\Phi}(k+1) = \mathbf{A}_d\,\mathbf{\Phi}(k), \quad \mathbf{\Phi}(0) = \mathbf{I} \tag{3.51}$$

e $\mathbf{\Phi}(k)$ pode ser dada por:

$$\mathbf{\Phi}(k) = \mathbf{A}_d^k \tag{3.52}$$

De (3.50), observa-se que a solução da equação (3.49) é uma transformação do estado inicial. Portanto, a matriz única $\mathbf{\Phi}(k)$ é chamada MATRIZ DE TRANSIÇÃO DE ESTADO (ou MATRIZ FUNDAMENTAL). A matriz de transição de estado contem toda a informação sobre os movimentos livres do sistema definido pela equação (3.49).

Em termos de $\mathbf{\Phi}(k)$, a equação (3.47) converte-se em:

$$\mathbf{x}(k) = \mathbf{\Phi}(k)\,\mathbf{x}(0) + \sum_{j=0}^{k-1} \mathbf{\Phi}(k-j-1)\,\mathbf{B}_d\,\mathbf{u}(j), \tag{3.53}$$

Ao substituir a equação (3.53) na equação (3.48), obtemos a equação da saída:

$$\mathbf{y}(k) = \mathbf{C}\,\mathbf{\Phi}(k)\,\mathbf{x}(0) + \mathbf{C}\sum_{j=0}^{k-1} \mathbf{\Phi}(k-j-1)\,\mathbf{B}_d\,\mathbf{u}(j) + \mathbf{D}\,\mathbf{u}(k) \tag{3.54}$$

3.3.2 Método da transformada z para a solução das equações de estado em tempo discreto

Considere o sistema em tempo discreto:

$$\mathbf{x}(k+1) = \mathbf{A}_d\,\mathbf{x}(k) + \mathbf{B}_d\,\mathbf{u}(k) \tag{3.55}$$

se aplicamos a transformada z em ambos lados da equação (3.55), obtemos:

$$z\,\mathbf{X}(z) - z\,\mathbf{x}(0) = \mathbf{A}_d\,\mathbf{X}(z) + \mathbf{B}_d\,\mathbf{U}(z)$$

na qual $\mathbf{X}(z) = \mathcal{Z}[\mathbf{x}(k)]$ e $\mathbf{U}(z) = \mathcal{Z}[\mathbf{u}(k)]$. Então:

$$(z\,\mathbf{I} - \mathbf{A}_d)\,\mathbf{X}(z) = z\,\mathbf{x}(0) + \mathbf{B}_d\,\mathbf{U}(z)$$

Multiplicando ambos lados da última equação (pela esquerda) por $(z\,\mathbf{I} - \mathbf{A}_d)^{-1}$, obtemos:

$$\mathbf{X}(z) = (z\,\mathbf{I} - \mathbf{A}_d)^{-1}\,z\,\mathbf{x}(0) + (z\,\mathbf{I} - \mathbf{A}_d)^{-1}\,\mathbf{B}_d\,\mathbf{U}(z) \tag{3.56}$$

Aplicando a transformada z inversa na equação (3.56), teremos:

$$\mathbf{x}(k) = \mathcal{Z}^{-1}\left[(z\,\mathbf{I} - \mathbf{A}_d)^{-1}\,z\right]\mathbf{x}(0) + \mathcal{Z}^{-1}\left[(z\,\mathbf{I} - \mathbf{A}_d)^{-1}\,\mathbf{B}_d\,\mathbf{U}(z)\right] \tag{3.57}$$

Comparando a equação (3.47) com a equação (3.57), obtemos:

$$\mathbf{A}_d^k = \mathcal{Z}^{-1}\left[(z\,\mathbf{I} - \mathbf{A}_d)^{-1}\,z\right] \tag{3.58}$$

e

$$\sum_{j=0}^{k-1} \mathbf{A}_d^{k-j-1}\,\mathbf{B}_d\,\mathbf{u}(j) = \mathcal{Z}^{-1}\left[(z\,\mathbf{I} - \mathbf{A}_d)^{-1}\,\mathbf{B}_d\,\mathbf{U}(z)\right] \tag{3.59}$$

na qual $k = 1, 2, 3, \ldots$.

3.3.3 Método para calcular $(z\,\mathbf{I} - \mathbf{A}_d)^{-1}$

Método baseado na expansão da adjunta de $(z\,\mathbf{I} - \mathbf{A}_d)$:

$$(z\,\mathbf{I} - \mathbf{A}_d)^{-1} = \frac{adj\,(z\,\mathbf{I} - \mathbf{A}_d)}{|z\,\mathbf{I} - \mathbf{A}_d|} \tag{3.60}$$

Note que a determinante pode ser escrita como:

$$|z\,\mathbf{I} - \mathbf{A}_d| = z^n + a_{n-1}z^{n-1} + a_{n-2}z^{n-2} + \cdots + a_0 \tag{3.61}$$

A $adj\,(z\,\mathbf{I} - \mathbf{A}_d)$ pode ser escrita como:

$$adj\,(z\,\mathbf{I} - \mathbf{A}_d) = \mathbf{I}\,z^{n-1} + \mathbf{B}_1\,z^{n-2} + \mathbf{B}_2\,z^{n-3} + \cdots + \mathbf{B}_{n-1} \tag{3.62}$$

na qual

$$\mathbf{B}_k = \mathbf{A}_d\,\mathbf{B}_{k-1} + a_{n-k}\,\mathbf{I}, \quad k = 1,\,2,\,\ldots,n-1, \quad \text{e} \quad \mathbf{B}_0 = \mathbf{I} \tag{3.63}$$

$$\mathbf{A}_d\,\mathbf{B}_{n-1} + a_0\,\mathbf{I} = 0 \tag{3.64}$$

a_{n-1}, a_{n-2}, ..., a_0 são os coeficientes do determinante (3.61), isto é, a equação característica do sistema. As a_{n-i} podem ser dadas também por meio do traço:

$$a_{n-k} = -\frac{1}{n} tr\,\mathbf{A}_d\,\mathbf{B}_{k-1}, \quad k = 1,\,2,\,\ldots,n, \quad \text{e} \quad \mathbf{B}_0 = \mathbf{I} \tag{3.65}$$

no qual o traço de uma matriz $n \times n$ é definido como:

$$tr\,\mathbf{A} = \sum_{i=1}^{n} a_{ii} \tag{3.66}$$

que deve ser entendido como a soma dos elementos da diagonal.

Para um determinante de ordem superior ($n > 3$), obter os coeficientes da equação característica é extenso. Nesses casos, recomenda-se utilizar a equação recursiva (3.65).

Exemplo 3.3.1 *Considere o sistema em tempo discreto do Exemplo 3.2.5. Obtenha uma representação qualquer e, a partir dela, determine:*

1. *a matriz de transição de estados do sistema em tempo discreto;*

2. *o estado* $\mathbf{x}(k)$ *e a saída* $y(k)$*, sendo a entrada* $u(k) = 1$ *para* $k = 0, 1, 2, \ldots$*. Suponha que o estado inicial é dado por:*

$$\mathbf{x}(0) = \begin{bmatrix} x_1(0) \\ x_2(0) \end{bmatrix} = \begin{bmatrix} 1 \\ 1 \end{bmatrix}$$

Solução 3.3.1 *Para forma canônica controlável, considere as equações (3.6) e (3.7). Fazendo uma correspondência dos respectivos coeficientes, obtemos:*

$$\begin{bmatrix} x_1(k+1) \\ x_2(k+1) \end{bmatrix} = \begin{bmatrix} 0 & 1 \\ -0,54 & -1,5 \end{bmatrix} \begin{bmatrix} x_1(k) \\ x_2(k) \end{bmatrix} + \begin{bmatrix} 0 \\ 1 \end{bmatrix} u(k)$$

$$y(k) = [-0,8 \;\; 1] \begin{bmatrix} x_1(k) \\ x_2(k) \end{bmatrix}$$

Das equações (3.52) e (3.58), obtém-se:

$$\mathbf{\Phi} = \mathbf{A}_d^k = \mathcal{Z}^{-1} \left[(z\mathbf{I} - \mathbf{A}_d)^{-1} z \right]$$

determina-se:

$$\begin{aligned} (z\mathbf{I} - \mathbf{A}_d)^{-1} &= \begin{bmatrix} z & -1 \\ 0,54 & z+1,5 \end{bmatrix}^{-1} \\ &= \frac{1}{(z+0,9)(z+0,6)} \begin{bmatrix} z+1,5 & 1 \\ -0,54 & z \end{bmatrix} \end{aligned}$$

$$\begin{aligned} (z\mathbf{I} - \mathbf{A}_d)^{-1} &= \begin{bmatrix} \dfrac{z+1,5}{(z+0,9)(z+0,6)} & \dfrac{1}{(z+0,9)(z+0,6)} \\ \dfrac{-0,54}{(z+0,9)(z+0,6)} & \dfrac{z}{(z+0,9)(z+0,6)} \end{bmatrix} \\ &= \begin{bmatrix} \dfrac{-2}{z+0,9} + \dfrac{3}{z+0,6} & \dfrac{-10}{3}\dfrac{1}{z+0,9} + \dfrac{10}{3}\dfrac{1}{z+0,6} \\ \dfrac{1,8}{z+0,9} - \dfrac{1,8}{z+0,6} & \dfrac{3}{z+0,9} - \dfrac{2}{z+0,6} \end{bmatrix} \end{aligned}$$

$$
\begin{aligned}
\mathbf{\Phi} = \mathbf{A}_d^k &= \mathcal{Z}^{-1}\left\{(z\mathbf{I} - \mathbf{A}_d)^{-1} z\right\} \\
&= \mathcal{Z}^{-1}\left\{\begin{matrix} \dfrac{-2z}{z+0,9} + \dfrac{3z}{z+0,6} & \dfrac{-10}{3}\dfrac{z}{z+0,9} + \dfrac{10}{3}\dfrac{z}{z+0,6} \\ \dfrac{1,8z}{z+0,9} - \dfrac{1,8z}{z+0,6} & \dfrac{3z}{z+0,9} - \dfrac{2z}{z+0,6} \end{matrix}\right\} \\
&= \begin{bmatrix} -2\,(-0,9)^k + 3\,(-0,6)^k & \dfrac{-10}{3}(-0,9)^k + \dfrac{10}{3}(-0,6)^k \\ 1,8\,(-0,9)^k - 1,8\,(-0,6)^k & 3\,(-0,9)^k - 2\,(-0,6)^k \end{bmatrix}
\end{aligned}
$$

Da equação (3.57), é possível obter $\mathbf{x}(k)$*:*

$$
\begin{aligned}
\mathbf{x}(k) &= \mathcal{Z}^{-1}\left\{(z\,\mathbf{I} - \mathbf{A}_d)^{-1}\, z\right]\mathbf{x}(0) + \mathcal{Z}^{-1}\left[(z\,\mathbf{I} - \mathbf{A}_d)^{-1}\,\mathbf{B}_d\,\mathbf{U}(z)\right\} \\
&= \mathcal{Z}^{-1}\left\{(z\,\mathbf{I} - \mathbf{A}_d)^{-1}\left(z\mathbf{x}(0) + \mathbf{B}_d\,\mathbf{U}(z)\right)\right\} \\
&= \mathcal{Z}^{-1}\left\{(z\,\mathbf{I} - \mathbf{A}_d)^{-1}\left(\begin{bmatrix} z \\ z \end{bmatrix} + \begin{bmatrix} 0 \\ \dfrac{z}{z-1} \end{bmatrix}\right)\right\} \\
&= \mathcal{Z}^{-1}\left\{(z\,\mathbf{I} - \mathbf{A}_d)^{-1}\left(\begin{bmatrix} z \\ \dfrac{z^2}{z-1} \end{bmatrix}\right)\right\} \\
&= \mathcal{Z}^{-1}\left\{\begin{bmatrix} \dfrac{z+1,5}{(z+0,9)(z+0,6)} & \dfrac{1}{(z+0,9)(z+0,6)} \\ \dfrac{-0,54}{(z+0,9)(z+0,6)} & \dfrac{z}{(z+0,9)(z+0,6)} \end{bmatrix}\left(\begin{bmatrix} z \\ \dfrac{z^2}{z-1} \end{bmatrix}\right)\right\} \\
&= \mathcal{Z}^{-1}\left\{\begin{bmatrix} \dfrac{(z+1,5)z}{(z+0,9)(z+0,6)} + \dfrac{z^2}{(z-1)(z+0,9)(z+0,6)} \\ \dfrac{-0,54z}{(z+0,9)(z+0,6)} + \dfrac{z\,z^2}{(z-1)(z+0,9)(z+0,6)} \end{bmatrix}\right\} \\
&= \mathcal{Z}^{-1}\left\{\begin{bmatrix} \dfrac{(z^2+1,5z-1,5)z}{(z-1)(z+0,9)(z+0,6)} \\ \dfrac{(z^2-0,54z+0,54)z}{(z-1)(z+0,9)(z+0,6)} \end{bmatrix}\right\}
\end{aligned}
$$

Assim:

$$\begin{aligned}
\mathbf{x}(k) &= \mathcal{Z}^{-1}\left\{\begin{bmatrix} \dfrac{17}{4}\dfrac{z}{z+0,6} - \dfrac{68}{19}\dfrac{z}{z+0,9} + \dfrac{25}{76}\dfrac{z}{z-1} \\ \dfrac{-51}{20}\dfrac{z}{z+0,6} + \dfrac{306}{95}\dfrac{z}{z+0,9} + \dfrac{25}{76}\dfrac{z}{z-1} \end{bmatrix}\right\} \\
&= \begin{bmatrix} \dfrac{17}{4}(-0,6)^k - \dfrac{68}{19}(-0,9)^k + \dfrac{25}{76} \\ \dfrac{-51}{20}(-0,6)^k + \dfrac{306}{95}(-0,9)^k + \dfrac{25}{76} \end{bmatrix}
\end{aligned}$$

e a saída é :

$$\begin{aligned}
y(k) &= [-0,8 \;\; 1]\begin{bmatrix} x_1(k) \\ x_2(k) \end{bmatrix} \\
&= [-0,8 \;\; 1]\begin{bmatrix} \dfrac{17}{4}(-0,6)^k - \dfrac{68}{19}(-0,9)^k + \dfrac{25}{76} \\ \dfrac{-51}{20}(-0,6)^k + \dfrac{306}{95}(-0,9)^k + \dfrac{25}{76} \end{bmatrix} \\
&= \frac{-119}{20}(-0,6)^k + \frac{578}{95}(-0,9)^k + \frac{5}{76}
\end{aligned}$$

Exemplo 3.3.2 *Considere um sistema que tem como matriz de estados:*

$$\mathbf{A}_d = \begin{bmatrix} 0,1 & 0,2 & 0 \\ 0,2 & 0,1 & 0,3 \\ 0 & 0,1 & 0,1 \end{bmatrix}$$

determine $(z\mathbf{I} - \mathbf{A}_d)^{-1}$.

Solução 3.3.2 *Para resolver esse Exemplo, utiliza-se as equações (3.60) a (3.66). A equação característica é:*

$$|z\,\mathbf{I} - \mathbf{A}_d| = z^n + a_{n-1}z^{n-1} + a_{n-2}z^{n-2} + \cdots + a_0 = 0$$

e a adjunta pode ser obtida de:

$$adj\,(z\,\mathbf{I} - \mathbf{A}_d) = \mathbf{I}\,z^{n-1} + \mathbf{B}_1\,z^{n-2} + \mathbf{B}_2\,z^{n-3} + \cdots + \mathbf{B}_{n-1}$$

Os B_k são obtidos da equação (3.63) e os coeficientes da equação característica serão obtidos da equação (3.65). Calcula-se:

$$a_{n-1} = -tr\mathbf{A}_d = -0,3$$

e

$$\mathbf{B}_1 = \mathbf{A}_d + a_{n-1}\mathbf{I} = \begin{bmatrix} -0,2 & 0,2 & 0 \\ 0,2 & -0,2 & 0,3 \\ 0 & 0,1 & -0,2 \end{bmatrix}$$

$$a_{n-2} = -tr\mathbf{A}_d\mathbf{B}_1 = -0,04$$

e

$$\mathbf{B}_2 = \mathbf{A}_d\mathbf{B}_1 + a_{n-2}\mathbf{I} = \begin{bmatrix} -0,02 & -0,02 & 0,06 \\ -0,02 & 0,01 & -0,03 \\ 0,02 & -0,01 & -0.03 \end{bmatrix}$$

$$a_{n-3} = -tr\mathbf{A}_d\mathbf{B}_2 = 0,006$$

Verifica-se:

$$\mathbf{B}_3 = \mathbf{A}_d\mathbf{B}_2 + a_{n-3}\mathbf{I} = \begin{bmatrix} 0 & 0 & 0 \\ 0 & 0 & 0 \\ 0 & 0 & 0 \end{bmatrix}$$

Assim:

$$
\begin{aligned}
adj\,(z\,\mathbf{I}-\mathbf{A}_d) &= \mathbf{I}\,z^2+\mathbf{B}_1\,z^1+\mathbf{B}_2\\
&= \begin{bmatrix} 1 & 0 & 0\\ 0 & 1 & 0\\ 0 & 0 & 1\end{bmatrix} z^2 + \begin{bmatrix} -0,2 & 0,2 & 0\\ 0,2 & -0,2 & 0,3\\ 0 & 0,1 & -0,2\end{bmatrix} z + \cdots\\
&\cdots + \begin{bmatrix} -0,02 & -0,02 & 0,06\\ -0,02 & 0,01 & -0,03\\ 0,02 & -0,01 & -0.03\end{bmatrix}\\
&= \begin{bmatrix} z^2-0,2z-0,02 & 0,2z-0,02 & 0,06\\ 0,2z-0,02 & z^2-0,2z+0,01 & 0,3z-0,03\\ 0,02 & 0,1z-0,01 & z^2-0,2z-0.03\end{bmatrix}
\end{aligned}
$$

A equação característica é:

$$
|z\,\mathbf{I}-\mathbf{A}_d| = z^3-0,3z^2-0,04z+0,006 = (z-0.3646)(z+0,1646)(z-0,1)
$$

Portanto:

$$
\begin{aligned}
(z\mathbf{I}-\mathbf{A}_d)^{-1} &= \frac{adj\,(z\mathbf{I}-\mathbf{A}_d)}{|z\mathbf{I}-\mathbf{A}_d|}\\
&= \frac{\begin{bmatrix} z^2-0,2z-0,02 & 0,2z-0,02 & 0,06\\ 0,2z-0,02 & z^2-0,2z+0,01 & 0,3z-0,03\\ 0,02 & 0,1z-0,01 & z^2-0,2z-0.03\end{bmatrix}}{(z-0.3646)(z+0,1646)(z-0,1)}
\end{aligned}
$$

Das equações (3.52) e (3.58):

$$\boldsymbol{\Phi} = \mathbf{A}_d^k = \mathcal{Z}^{-1}\left\{(z\mathbf{I} - \mathbf{A}_d)^{-1} z\right\}$$

$$= \mathcal{Z}^{-1}\left\{\begin{bmatrix} \frac{0{,}2858z}{z-0{,}3646} + \frac{0{,}2858z}{z+0{,}1646} + \frac{0{,}4285z}{z-0{,}1} & \cdots \\ \frac{0{,}1378z}{z-0{,}3646} + \frac{0{,}0622z}{z+0{,}1646} & \cdots \\ \frac{0{,}1428z}{z-0{,}3646} + \frac{0{,}1428z}{z+0{,}1646} - \frac{0{,}2857z}{z-0{,}1} & \cdots \end{bmatrix}\right.$$

$$\begin{matrix} \cdots & \frac{0{,}1378z}{z-0{,}3646} + \frac{0{,}0622z}{z+0{,}1646} & \cdots \\ \cdots & \frac{0{,}5z}{z-0{,}3646} + \frac{0{,}5z}{z+0{,}1646} & \cdots \\ \cdots & \frac{0{,}189z}{z-0{,}3646} - \frac{0{,}189z}{z+0{,}1646} & \cdots \end{matrix}$$

$$\left.\begin{bmatrix} \cdots & \frac{0{,}4285z}{z-0{,}3646} + \frac{1{,}1338z}{z+0{,}1646} - \frac{0{,}87z}{z-0{,}1} \\ \cdots & \frac{0{,}5669z}{z-0{,}3646} - \frac{0{,}5669z}{z+0{,}1646} \\ \cdots & \frac{0{,}2143z}{z-0{,}3646} + \frac{0{,}2143z}{z+0{,}1646} + \frac{0{,}5713z}{z-0{,}1} \end{bmatrix}\right\}$$

Portanto:

$$\boldsymbol{\Phi} = \begin{bmatrix} 0,2858(0,3646)^k + 0,2858(-0,1646)^k + 0,4285(0,1)^k & + \cdots \\ 0,1378(0,3646)^k + 0,0622(-0,1646)^k & + \cdots \\ 0,1428(0,3646)^k + 0,1428(-0,1646)^k - 0,2857(0,1)^k & + \cdots \end{bmatrix}$$

$$\begin{matrix} \cdots + & 0,1378(0,3646)^k + 0,0622(-0,1646)^k & + \cdots \\ \cdots + & 0,5(0,3646)^k + 0,5(-0,1646)^k & + \cdots \\ \cdots + & 0,189(0,3646)^k - 0,189(-0,1646)^k & + \cdots \end{matrix}$$

$$\begin{bmatrix} \cdots + & 0,4285(0,3646)^k + 1,1338(-0,1646)^k - 0,87(0,1)^k \\ \cdots + & 0,5669(0,3646)^k - 0,5669(-0,1646)^k \\ \cdots + & 0,2143(0,3646)^k + 0,2143(-0,1646)^k + 0,5713(0,1)^k \end{bmatrix}$$

3.4 Matriz da função de transferência pulsada

Um sistema em tempo discreto de uma entrada e uma saída pode ser representado pela função de transferência. A extensão do conceito de função de transferência para um sistema em tempo discreto de várias entradas e várias saídas é a MATRIZ DA FUNÇÃO DE TRANSFERÊNCIA PULSADA.

A representação no espaço de estado de um sistema linear em tempo discreto e invariante no tempo de ordem n, com r entradas e m saídas é:

$$\mathbf{x}(k+1) = \mathbf{A}_d\,\mathbf{x}(k) + \mathbf{B}_d\,\mathbf{u}(k) \tag{3.67}$$

$$\mathbf{y}(k) = \mathbf{C}\,\mathbf{x}(k) + \mathbf{D}\,\mathbf{u}(k) \tag{3.68}$$

Aplicando a transformada z nas equações (3.67) e (3.68), obtemos:

$$\begin{aligned} z\,\mathbf{X}(z) - z\,\mathbf{x}(0) &= \mathbf{A}_d\,\mathbf{X}(z) + \mathbf{B}_d\,\mathbf{U}(z) \\ \mathbf{Y}(z) &= \mathbf{C}\,\mathbf{X}(z) + \mathbf{D}\,\mathbf{U}(z) \end{aligned}$$

supondo que as condições iniciais são nulas, $\mathbf{x}(0) = \mathbf{0}$. Então:

$$\mathbf{X}(z) = (z\,\mathbf{I} - \mathbf{A}_d)^{-1}\,\mathbf{B}_d\,\mathbf{U}(z)$$

e

$$\mathbf{Y}(z) = \left[\mathbf{C}\;(z\,\mathbf{I} - \mathbf{A}_d)^{-1}\,\mathbf{B}_d + \mathbf{D}\right]\mathbf{U}(z) = \mathbf{G}(z)\,\mathbf{U}(z)$$

na qual

$$\mathbf{G}(z) = \mathbf{C}\;(z\,\mathbf{I} - \mathbf{A}_d)^{-1}\,\mathbf{B}_d + \mathbf{D} \tag{3.69}$$

$\mathbf{G}(z)$ é a MATRIZ DA FUNÇÃO DE TRANSFERÊNCIA PULSADA. Trata-se de uma matriz $m \times r$, a qual caracteriza a dinâmica entrada/saída de um dado sistema de tempo discreto. Sabemos que:

$$(z\,\mathbf{I} - \mathbf{A}_d)^{-1} = \frac{adj\;(z\,\mathbf{I} - \mathbf{A}_d)}{|z\,\mathbf{I} - \mathbf{A}_d|}$$

a $\mathbf{G}(z)$ pode ser dada por:

$$\mathbf{G}(z) = \frac{\mathbf{C}\,adj\;(z\,\mathbf{I} - \mathbf{A}_d)\;\mathbf{B}_d}{|z\,\mathbf{I} - \mathbf{A}_d|} + \mathbf{D}$$

é claro que os polos de $\mathbf{G}(z)$ são os zeros de $|z\,\mathbf{I} - \mathbf{A}_d| = 0$. A equação característica do sistema em tempo discreto é dada por:

$$|z\,\mathbf{I} - \mathbf{A}_d| = 0$$

ou

$$z^n + a_{n-1}\,z^{n-1} + a_{n-2}\,z^{n-2} + \cdots + a_1\,z + a_0 = 0$$

na qual os coeficientes a_i dependem dos elementos de $\mathbf{A}_d$. Os autovalores de $\mathbf{A}_d$ são invariantes sob uma transformação de similaridade.

3.5 Discretização no espaço de estado de sistemas contínuos

No controle digital de plantas em tempo contínuo, é necessário converter as equações no espaço de estado em tempo discreto. O erro introduzido pela discretização pode ser desprezível utilizando um período de amostragem suficientemente pequeno comparado com a constante de tempo mais significativa do sistema.

Considere a equação de estado em tempo contínuo e a equação de saída:

$$\dot{\mathbf{x}} = \mathbf{A}\,\mathbf{x} + \mathbf{B}\,\mathbf{u} \tag{3.70}$$

$$\mathbf{y} = \mathbf{C}\,\mathbf{x} + \mathbf{D}\,\mathbf{u} \tag{3.71}$$

A solução temporal da equação (3.70) segue o mesmo procedimento apresentado na literatura de sistemas de controle (KUO; GOLNARAGHI, 1996; OGATA, 2009; OGATA, 1995; GOLNARAGHI; KUO, 2012; PHILLIPS; HARBOR, 1997; PHILLIPS; HARBOR, 2000; DORF; BISHOP, 2008; NISE, 2011; FRANKLIN; POWELL; WORKMAN, 1998; KUO, 1992).

Escrevendo a equação (3.70) na forma:

$$\dot{\mathbf{x}}(t) - \mathbf{A}\,\mathbf{x}(t) = \mathbf{B}\,\mathbf{u}(t)$$

e multiplicando por $e^{-\mathbf{A}\,t}$, obtemos:

$$e^{-\mathbf{A}\,t}\left[\dot{\mathbf{x}}(t) - \mathbf{A}\,\mathbf{x}(t)\right] = \frac{d}{dt}\left[e^{-\mathbf{A}\,t}\,\mathbf{x}(t)\right] = e^{-\mathbf{A}\,t}\,\mathbf{B}\,\mathbf{u}(t)$$

A solução das equações de estado de um sistema contínuo é mostrada a seguir:

$$e^{-\mathbf{A}\,t}\,\mathbf{x}(t) = \mathbf{x}(0) + \int_0^t e^{-\mathbf{A}\,\tau}\,\mathbf{B}\,\mathbf{u}(\tau)d\tau$$

ou

$$\mathbf{x}(t) = e^{\mathbf{A}\,t}\,\mathbf{x}(0) + \int_0^t e^{\mathbf{A}\,(t-\tau)}\,\mathbf{B}\,\mathbf{u}(\tau)d\tau \qquad (3.72)$$

A equação (3.72) é a solução da equação (3.70). A solução da equação de estado que inicia com estado inicial $\mathbf{x}(t_0)$ é:

$$\mathbf{x}(t) = e^{\mathbf{A}\,(t-t_0)}\,\mathbf{x}(t_0) + \int_{t_0}^t e^{\mathbf{A}\,(t-\tau)}\,\mathbf{B}\,\mathbf{u}(\tau)d\tau \qquad (3.73)$$

Supondo que o vetor de entrada $\mathbf{u}(t)$ muda somente nos instantes de amostragem e que a equação de estado e de saída em tempo discreto fornece os valores em $t = kT$, $k = 0, 1, 2, \ldots$ serão obtidos.

A representação em tempo discreto da equação (3.70) toma a forma:

$$\mathbf{x}((k+1)T) = \mathbf{A}_d(T)\,\mathbf{x}(kT) + \mathbf{B}_d(T)\,\mathbf{u}(kT) \qquad (3.74)$$

observe que $\mathbf{A}_d$ e $\mathbf{B}_d$ dependem do período de amostragem T, quando T é fixado, $\mathbf{A}_d$ e $\mathbf{B}_d$ são matrizes constantes. Para determinar $\mathbf{A}_d(T)$ e $\mathbf{B}_d(T)$, utiliza-se equação (3.72). Supõe-se que a entrada $\mathbf{u}(t)$ é amostrada e alimentada a um ZOH, e que $\mathbf{u}(t)$ permanece constante entre dois instantes de amostragem consecutivos quaisquer, isto é:

$$\mathbf{u}(t) = \mathbf{u}(kT) \quad \text{para} \quad kT \leq t < kT + T. \tag{3.75}$$

Utilizando a equação (3.72) para $t = (k+1)T$, $t = kT$ e a equação (3.75) $\mathbf{u}(t) = \mathbf{u}(kT)$ para $kT \leq t < kT + T$, podemos considerar $\mathbf{u}(\tau) = \mathbf{u}(kT) =$ constante. Portanto:

$$\mathbf{x}((k+1)T) = e^{\mathbf{A}T}\mathbf{x}(kT) + \int_0^T e^{\mathbf{A}\lambda}\mathbf{B}\,\mathbf{u}(kT)d\lambda \tag{3.76}$$

na qual $\lambda = T - t$. Se definimos:

$$\mathbf{A}_d(T) = e^{\mathbf{A}T} \tag{3.77}$$

$$\mathbf{B}_d(T) = \left(\int_0^T e^{\mathbf{A}\lambda}d\lambda\right)\mathbf{B} \tag{3.78}$$

então, a equação (3.76) será:

$$\mathbf{x}((k+1)T) = \mathbf{A}_d(T)\,\mathbf{x}(kT) + \mathbf{B}_d(T)\,\mathbf{u}(kT) \tag{3.79}$$

que é a equação (3.74). A equação de saída:

$$\mathbf{y}(kT) = \mathbf{C}\,\mathbf{x}(kT) + \mathbf{D}\,\mathbf{u}(kT) \tag{3.80}$$

na qual $\mathbf{C}$ e $\mathbf{D}$ são matrizes constantes e não dependem do período de amostragem T.

Exemplo 3.5.1 *Considere o sistema contínuo cuja função de transferência é:*

$$G(s) = \frac{Y(s)}{U(s)} = \frac{1}{(s+1)(s+2)}.$$

Obtenha as matrizes de estado, de entrada e de saída do sistema contínuo e suas correspondentes no espaço de estados em tempo discreto para um período de amostragem T.

Solução 3.5.1 *Representa-se o sistema contínuo na forma canônica controlável como se segue:*

$$\dot{\mathbf{x}}(t) = \begin{bmatrix} 0 & 1 \\ -2 & -3 \end{bmatrix} \mathbf{x}(t) + \begin{bmatrix} 0 \\ 1 \end{bmatrix} u(t)$$

$$y(t) = [1 \;\; 0]\, \mathbf{x}(t)$$

sendo que

$$\mathbf{x}(t) = \begin{bmatrix} x_1(t) \\ x_2(t) \end{bmatrix}$$

As equações desejadas de estados e da saída em tempo discreto têm a forma:

$$\begin{aligned} \mathbf{x}((k+1)T) &= \mathbf{A}_d(T)\,\mathbf{x}(kT) + \mathbf{B}_d(T)\,\mathbf{u}(kT) \\ \mathbf{y}(kT) &= \mathbf{C}\,\mathbf{x}(kT) \end{aligned}$$

nas quais as matrizes $\mathbf{A}_d(T)$ e $\mathbf{B}_d(T)$ são obtidas das equações (3.77) e (3.78), respectivamente. Determina-se primeiro:

$$
\begin{aligned}
\mathcal{L}^{-1}\left\{(s\mathbf{I}-\mathbf{A})^{-1}\right\} &= \mathcal{L}^{-1}\left\{\begin{bmatrix} s & -1 \\ 2 & s+3 \end{bmatrix}^{-1}\right\} \\
&= \mathcal{L}^{-1}\left\{\frac{1}{(s+1)(s+2)}\begin{bmatrix} s+3 & 1 \\ -2 & s \end{bmatrix}\right\} \\
&= \mathcal{L}^{-1}\left\{\begin{bmatrix} \dfrac{s+3}{(s+1)(s+2)} & \dfrac{1}{(s+1)(s+2)} \\ \dfrac{-2}{(s+1)(s+2)} & \dfrac{s}{(s+1)(s+2)} \end{bmatrix}\right\} \\
&= \mathcal{L}^{-1}\left\{\begin{bmatrix} \dfrac{2}{s+1}-\dfrac{1}{s+2} & \dfrac{1}{s+1}-\dfrac{1}{s+2} \\ \dfrac{-2}{s+1}+\dfrac{2}{s+2} & \dfrac{-1}{s+1}+\dfrac{2}{s+2} \end{bmatrix}\right\}
\end{aligned}
$$

Aplicando a transformada inversa de Laplace:

$$
\mathbf{A}_d(T) = e^{\mathbf{A}\,T} = \begin{bmatrix} 2e^{-T}-e^{-2T} & e^{-T}-e^{-2T} \\ -2e^{-T}+2e^{-2T} & -e^{-T}+2e^{-2T} \end{bmatrix}
$$

Calcula-se:

$$
\begin{aligned}
\mathbf{B}_d(T) &= \left(\int_0^T e^{\mathbf{A}\,\lambda} d\lambda\right)\mathbf{B} \\
&= \left(\int_0^T \begin{bmatrix} 2e^{-\lambda}-e^{-2\lambda} & e^{-\lambda}-e^{-2\lambda} \\ -2e^{-\lambda}+2e^{-2\lambda} & -e^{-\lambda}+2e^{-2\lambda} \end{bmatrix} d\lambda\right)\mathbf{B} \\
&= \begin{bmatrix} \dfrac{3}{2}-2e^{-T}+\dfrac{1}{2}e^{-2T} & \dfrac{1}{2}-e^{-T}+\dfrac{1}{2}e^{-2T} \\ 2e^{-T}-e^{-2T}-1 & e^{-T}-e^{-2T} \end{bmatrix}\begin{bmatrix} 0 \\ 1 \end{bmatrix} \\
&= \begin{bmatrix} \dfrac{1}{2}-e^{-T}+\dfrac{1}{2}e^{-T} \\ e^{-T}-e^{-2T} \end{bmatrix}
\end{aligned}
$$

Assim, a representação do sistema no espaço de estados discreto é:

$$\mathbf{x}(k+1) = \begin{bmatrix} 2e^{-T} - e^{-2T} & e^{-T} - e^{-2T} \\ -2e^{-T} + 2e^{-2T} & -e^{-T} + 2e^{-2T} \end{bmatrix} \mathbf{x}(k) + \cdots$$

$$\cdots + \begin{bmatrix} \frac{1}{2} - e^{-T} + \frac{1}{2}e^{-2T} \\ e^{-T} - e^{-2T} \end{bmatrix} u(k)$$

$$y(t) = [1 \quad 0]\, \mathbf{x}(k)$$

sendo:

$$\mathbf{x}(k) = \begin{bmatrix} x_1(k) \\ x_2(k) \end{bmatrix}$$

e

$$\mathbf{A}_d = \begin{bmatrix} 2e^{-T} - e^{-2T} & e^{-T} - e^{-2T} \\ -2e^{-T} + 2e^{-2T} & -e^{-T} + 2e^{-2T} \end{bmatrix}, \; \mathbf{B}_d = \begin{bmatrix} \frac{1}{2} - e^{-T} + \frac{1}{2}e^{-2T} \\ e^{-T} - e^{-2T} \end{bmatrix}$$

Determine-se a função de transferência pulsada utilizando a equação (3.69):

$$G(z) = \mathbf{C}\; (z\,\mathbf{I} - \mathbf{A}_d)^{-1}\, \mathbf{B}_d$$

$$= \begin{bmatrix} 1 & 0 \end{bmatrix} \begin{bmatrix} z - 2e^{-T} + e^{-2T} & -e^{-T} + e^{-2T} \\ 2e^{-T} - 2e^{-2T} & z + e^{-T} - 2e^{-2T} \end{bmatrix}^{-1} \begin{bmatrix} \frac{1}{2} - e^{-T} + \frac{1}{2}e^{-2T} \\ e^{-T} - e^{-2T} \end{bmatrix}$$

$$= \begin{bmatrix} 1 & 0 \end{bmatrix} \frac{\begin{bmatrix} z + e^{-T} - 2e^{-2T} & e^{-T} - e^{-2T} \\ -2e^{-T} + 2e^{-2T} & z - 2e^{-T} + e^{-2T} \end{bmatrix} \begin{bmatrix} \frac{1}{2} - e^{-T} + \frac{1}{2}e^{-2T} \\ e^{-T} - e^{-2T} \end{bmatrix}}{(z - 2e^{-T} + e^{-2T})(z + e^{-T} - 2e^{-2T}) - (2e^{-T} - 2e^{-2T})(-e^{-T} + e^{-2T})}$$

$$= \frac{\left(\frac{1}{2} - e^{-T} + \frac{1}{2}e^{-2T}\right)\left(z + e^{-T} - 2e^{-2T}\right) + \left(e^{-T} - e^{-2T}\right)^2}{(z - 2e^{-T} + e^{-2T})(z + e^{-T} - 2e^{-2T}) - (2e^{-T} - 2e^{-2T})(-e^{-T} + e^{-2T})}$$

Portanto:

$$G(z) = \frac{\left(\frac{1}{2} - e^{-T} + \frac{1}{2}e^{-2T}\right)z + \frac{1}{2}e^{-T} - e^{-2T} + \frac{1}{2}e^{-3T}}{\left(z - e^{-T}\right)\left(z - e^{-2T}\right)}$$

Aqui, determina-se a função de transferência pulsada do sistema utilizando a transformada z como se segue:

$$\begin{aligned}
G(z) &= \mathcal{Z}^{-1}\left\{\frac{1 - e^{-Ts}}{s}\frac{1}{(s+1)(s+2)}\right\} \\
&= \left(1 - z^{-1}\right)\mathcal{Z}^{-1}\left\{\frac{1}{s(s+1)(s+2)}\right\} \\
&= \left(1 - z^{-1}\right)\mathcal{Z}^{-1}\left\{\frac{1}{2}\frac{1}{s} - \frac{1}{s+1} + \frac{1}{2}\frac{1}{s+2}\right\} \\
&= \frac{z-1}{z}\left(\frac{1}{2}\frac{z}{z-1} - \frac{z}{z-e^{-T}} + \frac{1}{2}\frac{z}{z-e^{-2T}}\right) \\
&= \frac{\left(z - e^{-T}\right)\left(z - e^{-2T}\right) - 2\left(z-1\right)\left(z - e^{-2T}\right) + \left(z-1\right)\left(z - e^{-T}\right)}{2\left(z - e^{-T}\right)\left(z - e^{-2T}\right)} \\
&= \frac{\left(\frac{1}{2} - e^{-T} + \frac{1}{2}e^{-2T}\right)z + \frac{1}{2}e^{-T} - e^{-2T} + \frac{1}{2}e^{-3T}}{\left(z - e^{-T}\right)\left(z - e^{-2T}\right)}
\end{aligned}$$

O programa para simulação do Exemplo 3.5.1 encontra-se em *para o Matlab.*

3.6 Estudo de caso: circuito RLC

Considere o circuito mostrado na Figura 2.28, em quel $R = 10$ KΩ, $L = 22$ mH e $C = 100$ μF. A função de transferência do circuito é:

$$\frac{V_C(s)}{U(s)} = \frac{1}{RCs^2 + LCs + 1}, \tag{3.81}$$

devido ao valores dos componentes R, L e C, observa-se que a equação característica da função de transferência possui dois autovalores reais negativos e diferentes. Assim, a equação característica da função de transferência pode ser representada como o produto de dois fatores de primeira ordem, obtendo-se:

$$\frac{V_C(s)}{U(s)} = G(s) = \frac{1}{\left(\tau_1 s + 1\right)\left(\tau_2 s + 1\right)}.$$

Os valores das constantes de tempo τ_1 e τ_2 podem ser determinados das seguintes relações:

$$\begin{aligned} \tau_1 + \tau_2 &= RC \\ \tau_1 \tau_2 &= LC. \end{aligned}$$

Assim, as expressões das constantes de tempo ficam:

$$\begin{aligned} \tau_1 &= \frac{RC + \sqrt{(RC)^2 - 4LC}}{2} \\ \tau_2 &= \frac{RC - \sqrt{(RC)^2 - 4LC}}{2}. \end{aligned}$$

A função de transferência (3.81) origina-se da seguinte equação diferencial:

$$\ddot{v}_C(t) = \frac{1}{LC}u(t) - \frac{R}{L}\dot{v}_C(t) - \frac{1}{LC}v_C(t).$$

Para obter a representação no espaço de estados, é necessário escolher as variáveis de estado de maneira conveniente. Nesse caso, escolhe-se as variáveis de estado como se segue:

$$\begin{aligned} x_1 &= v_C \\ x_2 &= \dot{v}_C \end{aligned}$$

derivando as expressões anteriores em relação ao tempo e substituindo de maneira apropriada, obtém-se a seguinte representação no espaço de estados:

$$\begin{aligned} \dot{x}_1(t) &= x_2(t) \\ \dot{x}_2(t) &= \frac{1}{LC}u(t) - \frac{R}{L}x_2(t) - \frac{1}{LC}x_1(t) \end{aligned} \tag{3.82}$$

e a equação de saída fica:

$$y(t) = x_1(t). \tag{3.83}$$

Na escolha das variáveis de estado, recomenda-se que as mesmas sejam grandezas mensuráveis. No presente caso, a variável $x_1(t) = v_C(t)$ é a única mensurável, e isso afeta o desenvolvimento do projeto dos controles por realimentação de estados. Lembre que a derivada da tensão no capacitor é $\dot{v}_C = i/C$. Existe uma outra abordagem na modelagem de um circuito RLC série, na qual considera-se a corrente no circuito e a tensão no capacitor, mas essa abordagem não será tratada neste livro.

A representação matricial-vetorial do sistema das equações (3.82) e (3.83) é:

$$\dot{\mathbf{x}}(t) = \begin{bmatrix} 0 & 1 \\ -\dfrac{1}{LC} & -\dfrac{R}{L} \end{bmatrix} \mathbf{x}(t) + \begin{bmatrix} 0 \\ \dfrac{1}{LC} \end{bmatrix} u(t)$$

$$y(t) = [1 \;\; 0]\,\mathbf{x}(t)$$

sendo que:

$$\mathbf{x}(t) = \begin{bmatrix} x_1(t) \\ x_2(t) \end{bmatrix}$$

As equações desejadas de estados e da saída em tempo discreto têm a forma:

$$
\begin{aligned}
\mathbf{x}((k+1)T) &= \mathbf{A}_d(T)\,\mathbf{x}(kT) + \mathbf{B}_d(T)\,\mathbf{u}(kT) \\
\mathbf{y}(kT) &= \mathbf{C}\,\mathbf{x}(kT)
\end{aligned}
$$

nas quais as matrizes $\mathbf{A}_d(T)$ e $\mathbf{B}_d(T)$ são obtidas das equações (3.77) e (3.78), respectivamente. Determina-se primeiro:

$$
\begin{aligned}
\mathcal{L}^{-1}\left\{(s\mathbf{I}-\mathbf{A})^{-1}\right\} &= \mathcal{L}^{-1}\left\{\begin{bmatrix} s & -1 \\ \dfrac{1}{LC} & s+\dfrac{R}{L} \end{bmatrix}^{-1}\right\} \\
&= \mathcal{L}^{-1}\left\{\frac{1}{(\tau_1 s+1)(\tau_2 s+1)}\begin{bmatrix} s+\dfrac{R}{L} & 1 \\ -\dfrac{1}{LC} & s \end{bmatrix}\right\} \\
&= \mathcal{L}^{-1}\left\{\begin{bmatrix} \dfrac{s+\dfrac{R}{L}}{(\tau_1 s+1)(\tau_2 s+1)} & \dfrac{1}{(\tau_1 s+1)(\tau_2 s+1)} \\ \dfrac{-\dfrac{1}{LC}}{(\tau_1 s+1)(\tau_2 s+1)} & \dfrac{s}{(\tau_1 s+1)(\tau_2 s+1)} \end{bmatrix}\right\} \\
&= \mathcal{L}^{-1}\left\{\begin{bmatrix} \dfrac{a_1}{\tau_1 s+1}+\dfrac{a_2}{\tau_2 s+1} & \dfrac{a_3}{\tau_1 s+1}+\dfrac{a_4}{\tau_2 s+1} \\ \dfrac{a_5}{\tau_1 s+1}+\dfrac{a_6}{\tau_2 s+1} & \dfrac{a_7}{\tau_1 s+1}+\dfrac{a_8}{\tau_2 s+1} \end{bmatrix}\right\}
\end{aligned}
$$

Determinam-se os coeficientes a_i para $i = 1, \ldots, 8$ para os autovalores $s = \dfrac{-1}{\tau_1}$ e $s = \dfrac{-1}{\tau_2}$. Assim, obtiveram-se:

$$
\begin{aligned}
a_1 &= \frac{-\dfrac{1}{\tau_1}+\dfrac{R}{L}}{-\dfrac{\tau_2}{\tau_1}+1} \quad a_2 = \frac{-\dfrac{1}{\tau_2}+\dfrac{R}{L}}{-\dfrac{\tau_1}{\tau_2}+1}\\
a_3 &= \frac{1}{-\dfrac{\tau_2}{\tau_1}+1} \quad a_4 = \frac{1}{-\dfrac{\tau_1}{\tau_2}+1}\\
a_5 &= \frac{-\dfrac{1}{LC}}{-\dfrac{\tau_2}{\tau_1}+1} \quad a_6 = \frac{-\dfrac{1}{LC}}{-\dfrac{\tau_1}{\tau_2}+1}\\
a_7 &= \frac{-\dfrac{1}{\tau_1}}{-\dfrac{\tau_2}{\tau_1}+1} \quad a_8 = \frac{-\dfrac{1}{\tau_2}}{-\dfrac{\tau_1}{\tau_2}+1}
\end{aligned}
$$

Aplicando a transformada inversa de Laplace:

$$
e^{\mathbf{A}t} = \begin{bmatrix} \dfrac{a_1}{\tau_1}e^{-t/\tau_1}+\dfrac{a_2}{\tau_2}e^{-t/\tau_2} & \dfrac{a_3}{\tau_1}e^{-t/\tau_1}+\dfrac{a_4}{\tau_2}e^{-t/\tau_2} \\ \dfrac{a_5}{\tau_1}e^{-t/\tau_1}+\dfrac{a_6}{\tau_2}e^{-t/\tau_2} & \dfrac{a_7}{\tau_1}e^{-t/\tau_1}+\dfrac{a_8}{\tau_2}e^{-t/\tau_2} \end{bmatrix}
$$

A matriz de estados no espaço discreto é determinada como:

$$
\mathbf{A}_d(T) = e^{\mathbf{A}T} = \begin{bmatrix} \dfrac{a_1}{\tau_1}e^{-T/\tau_1}+\dfrac{a_2}{\tau_2}e^{-T/\tau_2} & \dfrac{a_3}{\tau_1}e^{-T/\tau_1}+\dfrac{a_4}{\tau_2}e^{-T/\tau_2} \\ \dfrac{a_5}{\tau_1}e^{-T/\tau_1}+\dfrac{a_6}{\tau_2}e^{-T/\tau_2} & \dfrac{a_7}{\tau_1}e^{-T/\tau_1}+\dfrac{a_8}{\tau_2}e^{-T/\tau_2} \end{bmatrix}
$$

e a matriz de entrada discreta é:

$$
\begin{aligned}
\mathbf{B}_d(T) &= \left(\int_0^T e^{\mathbf{A}\lambda} d\lambda\right)\mathbf{B}\\
&= \left(\int_0^T \begin{bmatrix} \frac{a_1}{\tau_1}e^{-T/\tau_1} + \frac{a_2}{\tau_2}e^{-T/\tau_2} & \frac{a_3}{\tau_1}e^{-T/\tau_1} + \frac{a_4}{\tau_2}e^{-T/\tau_2} \\ \frac{a_5}{\tau_1}e^{-T/\tau_1} + \frac{a_6}{\tau_2}e^{-T/\tau_2} & \frac{a_7}{\tau_1}e^{-T/\tau_1} + \frac{a_8}{\tau_2}e^{-T/\tau_2} \end{bmatrix} d\lambda\right)\mathbf{B}\\
&= \begin{bmatrix} a_1 + a_2 - a_1e^{-T/\tau_1} - a_2e^{-T/\tau_2} & a_3 + a_4 - a_3e^{-T/\tau_1} - a_4e^{-T/\tau_2} \\ a_5 + a_6 - a_5e^{-T/\tau_1} - a_6e^{-T/\tau_2} & a_7 + a_8 - a_7e^{-T/\tau_1} - a_8e^{-T/\tau_2} \end{bmatrix} \begin{bmatrix} 0 \\ \frac{1}{LC} \end{bmatrix}\\
&= \frac{1}{LC}\begin{bmatrix} a_3 + a_4 - a_3e^{-T/\tau_1} - a_4e^{-T/\tau_2} \\ a_7 + a_8 - a_7e^{-T/\tau_1} - a_8e^{-T/\tau_2} \end{bmatrix}
\end{aligned}
$$

Assim, a representação do sistema no espaço de estados discreto é:

$$
\begin{aligned}
\mathbf{x}(k+1) &= \mathbf{A}_d(T)\mathbf{x}(k) + \mathbf{B}_d(T)u(k)\\
y(t) &= [1 \;\; 0]\,\mathbf{x}(k)
\end{aligned}
$$

sendo

$$
\mathbf{x}(k) = \begin{bmatrix} x_1(k) \\ x_2(k) \end{bmatrix}
$$

e

$$
\begin{aligned}
\mathbf{A}_d &= \begin{bmatrix} \frac{a_1}{\tau_1}e^{-T/\tau_1} + \frac{a_2}{\tau_2}e^{-T/\tau_2} & \frac{a_3}{\tau_1}e^{-T/\tau_1} + \frac{a_4}{\tau_2}e^{-T/\tau_2} \\ \frac{a_5}{\tau_1}e^{-T/\tau_1} + \frac{a_6}{\tau_2}e^{-T/\tau_2} & \frac{a_7}{\tau_1}e^{-T/\tau_1} + \frac{a_8}{\tau_2}e^{-T/\tau_2} \end{bmatrix},\\
\mathbf{B}_d &= \frac{1}{LC}\begin{bmatrix} a_3 + a_4 - a_3e^{-T/\tau_1} - a_4e^{-T/\tau_2} \\ a_7 + a_8 - a_7e^{-T/\tau_1} - a_8e^{-T/\tau_2} \end{bmatrix}
\end{aligned}
$$

Determine-se a função de transferência pulsada utilizando a equação (3.69), na qual $\boldsymbol{D} = \mathbf{0}$:

$$G(z) = \mathbf{C}\,(z\,\mathbf{I} - \mathbf{A}_d)^{-1}\,\mathbf{B}_d$$

em que $\mathbf{C} = \begin{bmatrix} 1 & 0 \end{bmatrix}$ e

$$(z\,\mathbf{I} - \mathbf{A}_d)^{-1} = \begin{bmatrix} z - \frac{a_1}{\tau_1}e^{-T/\tau_1} - \frac{a_2}{\tau_2}e^{-T/\tau_2} & -\frac{a_3}{\tau_1}e^{-T/\tau_1} - \frac{a_4}{\tau_2}e^{-T/\tau_2} \\ -\frac{a_5}{\tau_1}e^{-T/\tau_1} - \frac{a_6}{\tau_2}e^{-T/\tau_2} & z - \frac{a_7}{\tau_1}e^{-T/\tau_1} - \frac{a_8}{\tau_2}e^{-T/\tau_2} \end{bmatrix}^{-1}$$

$$(z\,\mathbf{I} - \mathbf{A}_d)^{-1} = \frac{\begin{bmatrix} z - \frac{a_7}{\tau_1}e^{-T/\tau_1} - \frac{a_8}{\tau_2}e^{-T/\tau_2} & \frac{a_3}{\tau_1}e^{-T/\tau_1} + \frac{a_4}{\tau_2}e^{-T/\tau_2} \\ \frac{a_5}{\tau_1}e^{-T/\tau_1} + \frac{a_6}{\tau_2}e^{-T/\tau_2} & z - \frac{a_1}{\tau_1}e^{-T/\tau_1} - \frac{a_2}{\tau_2}e^{-T/\tau_2} \end{bmatrix}}{\det(z\,\mathbf{I} - \mathbf{A}_d)}$$

na qual

$$\det(z\,\mathbf{I} - \mathbf{A}_d) = \left(z - \frac{a_1}{\tau_1}e^{-T/\tau_1} - \frac{a_2}{\tau_2}\right)\left(z - \frac{a_7}{\tau_1}e^{-T/\tau_1} - \frac{a_8}{\tau_2}e^{-T/\tau_2}\right) - \cdots$$
$$- \left(- \frac{a_3}{\tau_1}e^{-T/\tau_1} - \frac{a_4}{\tau_2}e^{-T/\tau_2}\right)\left(- \frac{a_5}{\tau_1}e^{-T/\tau_1} - \frac{a_6}{\tau_2}e^{-T/\tau_2}\right).$$

Portanto:

$$G(z) = \frac{\begin{bmatrix} z - \frac{a_7}{\tau_1}e^{-T/\tau_1} - \frac{a_8}{\tau_2}e^{-T/\tau_2} & \frac{a_3}{\tau_1}e^{-T/\tau_1} + \frac{a_4}{\tau_2}e^{-T/\tau_2} \end{bmatrix} \times \cdots \\ \cdots \times \begin{bmatrix} a_3 + a_4 - a_3 e^{-T/\tau_1} - a_4 e^{-T/\tau_2} \\ a_7 + a_8 - a_7 e^{-T/\tau_1} - a_8 e^{-T/\tau_2} \end{bmatrix}}{LC\det(z\,\mathbf{I} - \mathbf{A}_d)}$$

$$= \frac{\left(z - \frac{a_7}{\tau_1}e^{-T/\tau_1} - \frac{a_8}{\tau_2}e^{-T/\tau_2}\right)\left(a_3 + a_4 - a_3 e^{-T/\tau_1} - a_4 e^{-T/\tau_2}\right) + \cdots \\ + \left(\frac{a_3}{\tau_1}e^{-T/\tau_1} + \frac{a_4}{\tau_2}e^{-T/\tau_2}\right)\left(a_7 + a_8 - a_7 e^{-T/\tau_1} - a_8 e^{-T/\tau_2}\right)}{LC\det(z\,\mathbf{I} - \mathbf{A}_d)}$$

3.7 Exercícios resolvidos

Exemplo 3.7.1 *Considere a seguinte equação de estados e de saída em tempo discreto:*

$$\begin{pmatrix} x_1(k+1) \\ x_2(k+1) \end{pmatrix} = \begin{pmatrix} 0 & 1 \\ -0,24 & -1 \end{pmatrix} \begin{pmatrix} x_1(k) \\ x_2(k) \end{pmatrix} + \begin{pmatrix} 0 \\ 1 \end{pmatrix} u(k)$$

$$y(k) = \begin{pmatrix} -0,5 & 1 \end{pmatrix} \begin{pmatrix} x_1(k) \\ x_2(k) \end{pmatrix}$$

Obtenha:

1. *a matriz de transição de estados do sistema em tempo discreto;*

2. *o estado* $\mathbf{x}(k)$ *e a saída* $y(k)$ *sendo a entrada* $u(k) = 1$ *para* $k = 0, 1, 2, \ldots$. *Suponha que o estado inicial é dado por:*

$$\mathbf{x}(0) = \begin{bmatrix} x_1(0) \\ x_2(0) \end{bmatrix} = \begin{bmatrix} 1 \\ 1 \end{bmatrix}$$

Solução 3.7.1 *Das equações (3.52) e (3.58), obtém-se:*

$$\mathbf{\Phi} = \mathbf{A}_d^k = \mathcal{Z}^{-1}\left[(z\mathbf{I} - \mathbf{A}_d)^{-1} z\right]$$

determina-se:

$$\begin{aligned} (z\mathbf{I} - \mathbf{A}_d)^{-1} &= \begin{bmatrix} z & -1 \\ 0,24 & z+1 \end{bmatrix}^{-1} \\ &= \frac{1}{(z+0,6)(z+0,4)} \begin{bmatrix} z+1 & 1 \\ -0,24 & z \end{bmatrix} \end{aligned}$$

$$
\begin{aligned}
(z\mathbf{I}-\mathbf{A}_d)^{-1} &= \begin{bmatrix} \dfrac{z+1}{(z+0,4)(z+0,6)} & \dfrac{1}{(z+0,4)(z+0,6)} \\ \dfrac{-0,24}{(z+0,4)(z+0,6)} & \dfrac{z}{(z+0,4)(z+0,6)} \end{bmatrix} \\
&= \begin{bmatrix} \dfrac{-2}{z+0,6}+\dfrac{3}{z+0,4} & \dfrac{-5}{z+0,6}+\dfrac{5}{z+0,4} \\ \dfrac{1,2}{z+0,6}-\dfrac{1,2}{z+0,4} & \dfrac{3}{z+0,6}-\dfrac{2}{z+0,4} \end{bmatrix}
\end{aligned}
$$

$$
\begin{aligned}
\mathbf{\Phi}=\mathbf{A}_d^k &= \mathcal{Z}^{-1}\left\{(z\mathbf{I}-\mathbf{A}_d)^{-1}z\right\} \\
&= \mathcal{Z}^{-1}\begin{Bmatrix} \dfrac{-2z}{z+0,6}+\dfrac{3z}{z+0,4} & \dfrac{-5z}{z+0,6}+\dfrac{5z}{z+0,4} \\ \dfrac{1,2z}{z+0,6}-\dfrac{1,2z}{z+0,4} & \dfrac{3z}{z+0,6}-\dfrac{2z}{z+0,4} \end{Bmatrix} \\
&= \begin{bmatrix} -2\,(-0,6)^k+3\,(-0,4)^k & -5\,(-0,6)^k+5\,(-0,4)^k \\ 1,2\,(-0,6)^k-1,2\,(-0,4)^k & 3\,(-0,6)^k-2\,(-0,4)^k \end{bmatrix}
\end{aligned}
$$

Da equação (3.57) é possível obter: $\mathbf{x}(k)$*:*

$$\begin{aligned}
\mathbf{x}(k) &= \mathcal{Z}^{-1}\left\{(z\,\mathbf{I}-\mathbf{A}_d)^{-1}\,z\right\}\mathbf{x}(0)+\mathcal{Z}^{-1}\left\{(z\,\mathbf{I}-\mathbf{A}_d)^{-1}\,\mathbf{B}_d\,\mathbf{U}(z)\right\}\\
&= \mathcal{Z}^{-1}\left\{(z\,\mathbf{I}-\mathbf{A}_d)^{-1}\,(z\mathbf{x}(0)+\mathbf{B}_d\,\mathbf{U}(z))\right\}\\
&= \mathcal{Z}^{-1}\left\{(z\,\mathbf{I}-\mathbf{A}_d)^{-1}\left(\begin{bmatrix} z\\ z\end{bmatrix}+\begin{bmatrix} 0\\ \dfrac{z}{z-1}\end{bmatrix}\right)\right\}\\
&= \mathcal{Z}^{-1}\left\{(z\,\mathbf{I}-\mathbf{A}_d)^{-1}\left(\begin{bmatrix} z\\ \dfrac{z^2}{z-1}\end{bmatrix}\right)\right\}\\
&= \mathcal{Z}^{-1}\left\{\begin{bmatrix} \dfrac{z+1}{(z+0,4)(z+0,6)} & \dfrac{1}{(z+0,4)(z+0,6)}\\ \dfrac{-0,24}{(z+0,4)(z+0,6)} & \dfrac{z}{(z+0,4)(z+0,6)}\end{bmatrix}\begin{bmatrix} z\\ \dfrac{z^2}{z-1}\end{bmatrix}\right\}\\
&= \mathcal{Z}^{-1}\left\{\begin{bmatrix} \dfrac{(z+1)z}{(z+0,6)(z+0,4)}+\dfrac{z^2}{(z-1)(z+0,6)(z+0,4)}\\ \dfrac{-0,24z}{(z+0,6)(z+0,4)}+\dfrac{z\,z^2}{(z-1)(z+0,6)(z+0,4)}\end{bmatrix}\right\}\\
&= \mathcal{Z}^{-1}\left\{\begin{bmatrix} \dfrac{(z^2+z-1)z}{(z-1)(z+0,6)(z+0,4)}\\ \dfrac{(z^2-0,24z+0,24)z}{(z-1)(z+0,6)(z+0,4)}\end{bmatrix}\right\}
\end{aligned}$$

Assim:

$$\begin{aligned}
\mathbf{x}(k) &= \mathcal{Z}^{-1}\left\{\begin{bmatrix} \dfrac{-31}{8}\dfrac{z}{z+0,6}+\dfrac{31}{7}\dfrac{z}{z+0,4}+\dfrac{25}{56}\dfrac{z}{z-1}\\ \dfrac{93}{40}\dfrac{z}{z+0,6}-\dfrac{62}{35}\dfrac{z}{z+0,4}+\dfrac{25}{56}\dfrac{z}{z-1}\end{bmatrix}\right\}\\
&= \begin{bmatrix} \dfrac{-31}{8}(-0,6)^k+\dfrac{31}{7}(-0,4)^k+\dfrac{25}{56}\\ \dfrac{93}{40}(-0,6)^k-\dfrac{62}{35}(-0,4)^k+\dfrac{25}{56}\end{bmatrix}
\end{aligned}$$

e a saída é:

$$
\begin{aligned}
y(k) &= [-0,5 \;\; 1]\begin{bmatrix} x_1(k) \\ x_2(k) \end{bmatrix} \\
&= [-0,5 \;\; 1]\begin{bmatrix} \frac{-31}{8}(-0,6)^k + \frac{31}{7}(-0,4)^k + \frac{25}{56} \\ \frac{93}{40}(-0,6)^k - \frac{62}{35}(-0,4)^k + \frac{25}{56} \end{bmatrix} \\
&= \frac{341}{80}(-0,6)^k - \frac{279}{70}(-0,4)^k + \frac{25}{112}
\end{aligned}
$$

Exemplo 3.7.2 *Considere a seguinte equação de estados e de saída em tempo discreto:*

$$
\begin{pmatrix} x_1(k+1) \\ x_2(k+1) \\ x_3(k+1) \end{pmatrix} = \begin{pmatrix} 0 & 1 & 0 \\ 0 & 0 & 1 \\ -0,25 & -1 & -1,5 \end{pmatrix}\begin{pmatrix} x_1(k) \\ x_2(k) \\ x_3(k) \end{pmatrix} + \begin{pmatrix} 0 \\ 0 \\ 1 \end{pmatrix} u(k)
$$

$$
y(k) = \begin{pmatrix} 1 & 0 & 0 \end{pmatrix}\begin{pmatrix} x_1(k) \\ x_2(k) \\ x_3(k) \end{pmatrix}
$$

Obtenha:

1. *a matriz de transição de estados do sistema em tempo discreto;*

2. *o estado* $\mathbf{x}(k)$ *e a saída* $y(k)$*, sendo a entrada* $u(k) = 1$ *para* $k = 0, 1, 2, \ldots$*. Suponha que o estado inicial é dado por*

$$
\mathbf{x}(0) = \begin{bmatrix} x_1(0) \\ x_2(0) \\ x_3(0) \end{bmatrix} = \begin{bmatrix} 1 \\ 1 \\ 0 \end{bmatrix}
$$

Solução 3.7.2 *Das equações (3.52) e (3.58):*

$$\mathbf{\Phi} = \mathbf{A}_d^k = \mathcal{Z}^{-1}\left[(z\mathbf{I} - \mathbf{A}_d)^{-1} z\right]$$

determina-se:

$$\begin{aligned}
(z\mathbf{I} - \mathbf{A}_d)^{-1} &= \begin{bmatrix} z & -1 & 0 \\ 0 & z & -1 \\ 0,25 & 1 & z+1,5 \end{bmatrix}^{-1} \\
&= \frac{1}{z^3 + 1,5z^2 + z + 0,25} \begin{bmatrix} z^2 + 1,5z + 1 & z + 1,5 & 1 \\ -0,25 & z(z+1,5) & z \\ -0,25z & -z - 0,25 & z^2 \end{bmatrix} \\
&= \left[\begin{matrix} \dfrac{2}{z+0,5} + \dfrac{-z}{z^2+z+0,5} & \dfrac{4}{z+0,5} + \dfrac{-4z-1}{z^2+z+0,5} & \cdots \\ \dfrac{-1}{z+0,5} + \dfrac{z+0,5}{z^2+z+0,5} & \dfrac{-2}{z+0,5} + \dfrac{3z+2}{z^2+z+0,5} & \cdots \\ \dfrac{0,5}{z+0,5} - \dfrac{z+0,5}{z^2+z+0,5} & \dfrac{1}{z+0,5} - \dfrac{z+1,5}{z^2+z+0,5} & \cdots \end{matrix}\right. \\
&\quad \left.\begin{matrix} \cdots & \dfrac{4}{z+0,5} + \dfrac{-4z-2}{z^2+z+0,5} \\ \cdots & \dfrac{-2}{z+0,5} + \dfrac{3z+2}{z^2+z+0,5} \\ \cdots & \dfrac{1}{z+0,5} - \dfrac{1}{z^2+z+0,5} \end{matrix}\right]
\end{aligned}$$

$$\mathbf{\Phi} = \mathbf{A}_d^k = \mathcal{Z}^{-1}\left\{(z\mathbf{I} - \mathbf{A}_d)^{-1} z\right\}$$

$$= \mathcal{Z}^{-1}\begin{Bmatrix} \dfrac{2z}{z+0,5} + \dfrac{-z^2}{z^2+z+0,5} & \dfrac{4z}{z+0,5} + \dfrac{-4z^2-z}{z^2+z+0,5} & \cdots \\ \dfrac{-z}{z+0,5} + \dfrac{z^2+0,5z}{z^2+z+0,5} & \dfrac{-2z}{z+0,5} + \dfrac{3z^2+2z}{z^2+z+0,5} & \cdots \\ \dfrac{0,5z}{z+0,5} - \dfrac{z^2+0,5z}{z^2+z+0,5} & \dfrac{z}{z+0,5} - \dfrac{z^2+1,5z}{z^2+z+0,5} & \cdots \end{Bmatrix.$$

$$\left.\begin{matrix} \cdots & \dfrac{4z}{z+0,5} + \dfrac{-4z^2-2z}{z^2+z+0,5} \\ \cdots & \dfrac{-2z}{z+0,5} + \dfrac{2z^2+2z}{z^2+z+0,5} \\ \cdots & \dfrac{z}{z+0,5} - \dfrac{z}{z^2+z+0,5} \end{matrix}\right\}$$

$$= \begin{bmatrix} 2(-0,5)^k - \cos\left(\frac{3\pi k}{4}\right) + \operatorname{sen}\left(\frac{3\pi k}{4}\right) & \cdots \\ -(-0,5)^k + \cos\left(\frac{3\pi k}{4}\right) & -\cdots \\ 0,5(-0,5)^k + \cos\left(\frac{3\pi k}{4}\right) & \cdots \end{bmatrix.$$

$$\begin{matrix} \cdots & 4(-0,5)^k - 4\cos\left(\frac{3\pi k}{4}\right) + 2\operatorname{sen}\left(\frac{3\pi k}{4}\right) & \cdots \\ \cdots & -2(-0,5)^k + 3\cos\left(\frac{3\pi k}{4}\right) + \operatorname{sen}\left(\frac{3\pi k}{4}\right) & \cdots \\ \cdots & (-0,5)^k - \cos\left(\frac{3\pi k}{4}\right) - 2\operatorname{sen}\left(\frac{3\pi k}{4}\right) & \cdots \end{matrix}$$

$$\left.\begin{matrix} \cdots & 4(-0,5)^k - 4\cos\left(\frac{3\pi k}{4}\right) \\ \cdots & -2(-0,5)^k + 2\cos\left(\frac{3\pi k}{4}\right) + 2\operatorname{sen}\left(\frac{3\pi k}{4}\right) \\ \cdots & (-0,5)^k + 2\operatorname{sen}\left(\frac{3\pi k}{4}\right) \end{matrix}\right]$$

Da equação (3.57), é possível obter $\mathbf{x}(k)$*:*

$$\begin{aligned}
\mathbf{x}(k) &= \mathcal{Z}^{-1}\left\{(z\,\mathbf{I}-\mathbf{A}_d)^{-1}\,z\right\}\mathbf{x}(0) + \mathcal{Z}^{-1}\left\{(z\,\mathbf{I}-\mathbf{A}_d)^{-1}\,\mathbf{B}_d\,\mathbf{U}(z)\right\} \\
&= \mathcal{Z}^{-1}\left\{(z\,\mathbf{I}-\mathbf{A}_d)^{-1}\left(z\mathbf{x}(0)+\mathbf{B}_d\,\mathbf{U}(z)\right)\right\} \\
&= \mathcal{Z}^{-1}\left\{(z\,\mathbf{I}-\mathbf{A}_d)^{-1}\left(\begin{bmatrix} z \\ z \\ 0 \end{bmatrix} + \begin{bmatrix} 0 \\ 0 \\ \dfrac{z}{z-1} \end{bmatrix}\right)\right\} \\
&= \mathcal{Z}^{-1}\left\{(z\,\mathbf{I}-\mathbf{A}_d)^{-1}\left(\begin{bmatrix} z \\ z \\ \dfrac{z}{z-1} \end{bmatrix}\right)\right\} \\
&= \mathcal{Z}^{-1}\left\{\left[\begin{matrix}
\dfrac{2z}{z+0,5} + \dfrac{-z^2}{z^2+z+0,5} + \dfrac{4z}{z+0,5} + \dfrac{-4z^2-z}{z^2+z+0,5} + \cdots \\
\dfrac{-z}{z+0,5} + \dfrac{z^2+0,5z}{z^2+z+0,5} + \dfrac{-2z}{z+0,5} + \dfrac{3z^2+2z}{z^2+z+0,5} + \cdots \\
\dfrac{0,5z}{z+0,5} - \dfrac{z^2+0,5z}{z^2+z+0,5} + \dfrac{z}{z+0,5} - \dfrac{z^2+1,5z}{z^2+z+0,5} + \cdots
\end{matrix}\right.\right. \\
&\qquad \left.\left.\begin{matrix}
\cdots + \dfrac{4z^2}{(z-1)(z+0,5)} + \dfrac{-4z^2-2z}{(z-1)(z^2+z+0,5)} \\
\cdots + \dfrac{-2z}{(z-1)(z+0,5)} + \dfrac{2z^2+2z}{(z-1)(z^2+z+0,5)} \\
\cdots + \dfrac{z}{(z-1)(z+0,5)} - \dfrac{z}{(z-1)(z^2+z+0,5)}
\end{matrix}\right]\right\}
\end{aligned}$$

Assim:

$$\mathbf{x}(k) = \mathcal{Z}^{-1}\left\{\begin{bmatrix} \dfrac{10}{3}\dfrac{z}{z+0,5} + \dfrac{\frac{-13z^2}{5} - \frac{z}{5}}{z^2+z+0,5} + \dfrac{4}{15}\dfrac{z}{z-1} \\ \dfrac{-5}{3}\dfrac{z}{z+0,5} + \dfrac{\frac{12z^2}{5} + \frac{13z}{10}}{z^2+z+0,5} + \dfrac{4}{15}\dfrac{z}{z-1} \\ \dfrac{5}{6}\dfrac{z}{z+0,5} - \dfrac{\frac{8z^2}{5} + \frac{6z}{5}}{z^2+z+0,5} + \dfrac{4}{15}\dfrac{z}{z-1} \end{bmatrix}\right\}$$

$$= \begin{bmatrix} \dfrac{10}{3}(-0,5)^k + \dfrac{11}{5}\operatorname{sen}\left(\frac{3\pi k}{4}\right) - \dfrac{13}{5}\cos\left(\frac{3\pi k}{4}\right) + \dfrac{4}{15}\mathbf{1}(k) \\ \dfrac{-5}{3}(-0,5)^k + \dfrac{1}{5}\operatorname{sen}\left(\frac{3\pi k}{4}\right) + \dfrac{12}{5}\cos\left(\frac{3\pi k}{4}\right) + \dfrac{4}{15}\mathbf{1}(k) \\ \dfrac{5}{6}(-0,5)^k - \dfrac{4}{5}\operatorname{sen}\left(\frac{3\pi k}{4}\right) - \dfrac{8}{5}\cos\left(\frac{3\pi k}{4}\right) + \dfrac{4}{15}\mathbf{1}(k) \end{bmatrix}$$

e a saída é:

$$y(k) = \begin{bmatrix} 1 & 0 & 0 \end{bmatrix}\begin{bmatrix} x_1(k) \\ x_2(k) \\ x_3(k) \end{bmatrix}$$

$$= \frac{10}{3}(-0,5)^k + \frac{11}{5}\operatorname{sen}\left(\frac{3\pi k}{4}\right) - \frac{13}{5}\cos\left(\frac{3\pi k}{4}\right) + \frac{4}{15}\mathbf{1}(k)$$

Exemplo 3.7.3 *Considere um sistema que tem como matriz de estados:*

$$\mathbf{A}_d = \begin{bmatrix} 0,1 & 0,2 & 0 \\ 0,2 & 0,1 & 0,3 \\ 0 & 0,1 & 0,1 \end{bmatrix}$$

determine $(z\mathbf{I} - \mathbf{A}_d)^{-1}$.

Solução 3.7.3 *Para resolver esse Exemplo, utiliza-se as equações (3.60) e (3.66). A equação característica é:*

$$|z\,\mathbf{I} - \mathbf{A}_d| = z^n + a_{n-1}z^{n-1} + a_{n-2}z^{n-2} + \cdots + a_0 = 0$$

e a adjunta pode ser obtida de:

$$adj\,(z\,\mathbf{I}-\mathbf{A}_d)=\mathbf{I}\,z^{n-1}+\mathbf{B}_1\,z^{n-2}+\mathbf{B}_2\,z^{n-3}+\cdots+\mathbf{B}_{n-1}$$

Os B_k são obtidos da equação (3.63) e os coeficientes da equação característica serão obtidas da equação (3.65). Calcula-se:

$$a_{n-1}=-tr\mathbf{A}_d=-0,3$$

e:

$$\mathbf{B}_1=\mathbf{A}_d+a_{n-1}\mathbf{I}=\begin{bmatrix}-0,2 & 0,2 & 0\\ 0,2 & -0,2 & 0,3\\ 0 & 0,1 & -0,2\end{bmatrix}$$

$$a_{n-2}=-tr\mathbf{A}_d\mathbf{B}_1=-0,04$$

assim como:

$$\mathbf{B}_2=\mathbf{A}_d\mathbf{B}_1+a_{n-2}\mathbf{I}=\begin{bmatrix}-0,02 & -0,02 & 0,06\\ -0,02 & 0,01 & -0,03\\ 0,02 & -0,01 & -0.03\end{bmatrix}$$

$$a_{n-3}=-tr\mathbf{A}_d\mathbf{B}_2=0,006$$

e verifica-se:

$$\mathbf{B}_3=\mathbf{A}_d\mathbf{B}_2+a_{n-3}\mathbf{I}=\begin{bmatrix}0 & 0 & 0\\ 0 & 0 & 0\\ 0 & 0 & 0\end{bmatrix}$$

Assim:

$$adj\,(z\,\mathbf{I}-\mathbf{A}_d)=\mathbf{I}\,z^2+\mathbf{B}_1\,z^1+\mathbf{B}_2$$

$$=\begin{bmatrix}1 & 0 & 0\\ 0 & 1 & 0\\ 0 & 0 & 1\end{bmatrix}z^2+\begin{bmatrix}-0,2 & 0,2 & 0\\ 0,2 & -0,2 & 0,3\\ 0 & 0,1 & -0,2\end{bmatrix}z+\cdots$$

$$\cdots+\begin{bmatrix}-0,02 & -0,02 & 0,06\\ -0,02 & 0,01 & -0,03\\ 0,02 & -0,01 & -0.03\end{bmatrix}$$

$$=\begin{bmatrix}z^2-0,2z-0,02 & 0,2z-0,02 & 0,06\\ 0,2z-0,02 & z^2-0,2z+0,01 & 0,3z-0,03\\ 0,02 & 0,1z-0,01 & z^2-0,2z-0.03\end{bmatrix}$$

A equação característica é:

$$|z\,\mathbf{I}-\mathbf{A}_d|=z^3-0,3z^2-0,04z+0,006=(z-0.3646)(z+0,1646)(z-0,1)$$

Portanto:

$$(z\mathbf{I}-\mathbf{A}_d)^{-1}=\frac{adj\,(z\mathbf{I}-\mathbf{A}_d)}{|z\mathbf{I}-\mathbf{A}_d|}$$

$$=\frac{\begin{bmatrix}z^2-0,2z-0,02 & 0,2z-0,02 & 0,06\\ 0,2z-0,02 & z^2-0,2z+0,01 & 0,3z-0,03\\ 0,02 & 0,1z-0,01 & z^2-0,2z-0.03\end{bmatrix}}{(z-0.3646)(z+0,1646)(z-0,1)}$$

Das equações (3.52) e (3.58):

$$\begin{aligned}\boldsymbol{\Phi} =& \mathbf{A}_d^k = \mathcal{Z}^{-1}\left\{(z\mathbf{I}-\mathbf{A}_d)^{-1}z\right\}\\ =&\mathcal{Z}^{-1}\left\{\begin{bmatrix} \frac{0{,}2858z}{z-0{,}3646}+\frac{0{,}2858z}{z+0{,}1646}+\frac{0{,}4285z}{z-0{,}1} & \cdots \\ \frac{0{,}1378z}{z-0{,}3646}+\frac{0{,}0622z}{z+0{,}1646} & \cdots \\ \frac{0{,}1428z}{z-0{,}3646}+\frac{0{,}1428z}{z+0{,}1646}-\frac{0{,}2857z}{z-0{,}1} & \cdots \end{bmatrix}\right.\\ &\begin{matrix} \cdots & \frac{0{,}1378z}{z-0{,}3646}+\frac{0{,}0622z}{z+0{,}1646} & \cdots \\ \cdots & \frac{0{,}5z}{z-0{,}3646}+\frac{0{,}5z}{z+0{,}1646} & \cdots \\ \cdots & \frac{0{,}189z}{z-0{,}3646}-\frac{0{,}189z}{z+0{,}1646} & \cdots \end{matrix}\\ &\left.\begin{matrix} \cdots & \frac{0{,}4285z}{z-0{,}3646}+\frac{1{,}1338z}{z+0{,}1646}-\frac{0{,}87z}{z-0{,}1} \\ \cdots & \frac{0{,}5669z}{z-0{,}3646}-\frac{0{,}5669z}{z+0{,}1646} \\ \cdots & \frac{0{,}2143z}{z-0{,}3646}+\frac{0{,}2143z}{z+0{,}1646}+\frac{0{,}5713z}{z-0{,}1} \end{matrix}\right]\right\}\end{aligned}$$

Logo:

$$\begin{aligned}\boldsymbol{\Phi} \;=\; &\left[\begin{matrix} 0,2858(0,3646)^k+0,2858(-0,1646)^k+0,4285(0,1)^k & +\cdots \\ 0,1378(0,3646)^k+0,0622(-0,1646)^k & +\cdots \\ 0,1428(0,3646)^k+0,1428(-0,1646)^k-0,2857(0,1)^k & +\cdots \end{matrix}\right.\\ &\begin{matrix} \cdots+ & 0,1378(0,3646)^k+0,0622(-0,1646)^k & +\cdots \\ \cdots+ & 0,5(0,3646)^k+0,5(-0,1646)^k & +\cdots \\ \cdots+ & 0,189(0,3646)^k-0,189(-0,1646)^k & +\cdots \end{matrix}\\ &\left.\begin{matrix} \cdots+ & 0,4285(0,3646)^k+1,1338(-0,1646)^k-0,87(0,1)^k \\ \cdots+ & 0,5669(0,3646)^k-0,5669(-0,1646)^k \\ \cdots+ & 0,2143(0,3646)^k+0,2143(-0,1646)^k+0,5713(0,1)^k \end{matrix}\right]\end{aligned}$$

Exercícios

1. Considere o seguinte sistema:

$$\frac{Y(z)}{U(z)} = \frac{z+1}{z^2+1,3\,z+0,4}$$

Obtenha as representações na forma canônica controlável, observável e diagonal.

2. Utilizando o método de programação aninhada, obter a equação de estado e a equação de saída do sistema, definida por:

$$\frac{Y(z)}{U(z)} = \frac{z^{-1} + 5\,z^{-2}}{1 + 4\,z^{-1} + 3\,z^{-2}}$$

Logo, desenhe o diagrama de blocos do sistema mostrando todas as variáveis de estado.

3. Obtenha uma representação no espaço de estado do sistema mostrado na Figura 3.2, na qual $G_1(s) = \dfrac{1}{s(s+1)}$. Considere o período de amostragem de $T = 1$ s.

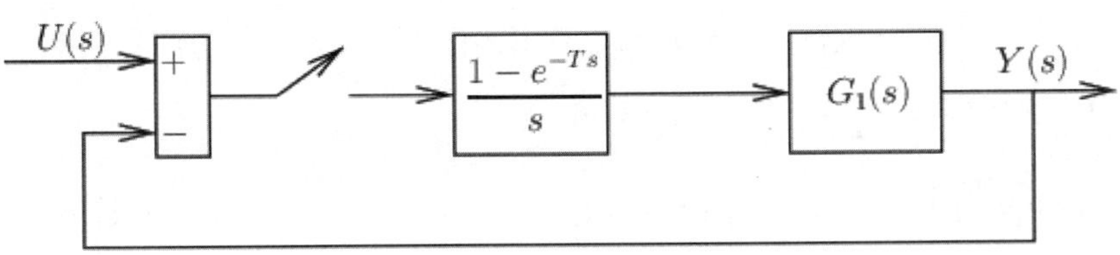

Figura 3.2: Diagrama de blocos de um sistema de controle.

4. Obtenha uma representação no espaço de estado da função de transferência do seguinte sistema:

$$\frac{Y(z)}{U(z)} = \frac{5}{(z+1)^2(z+2)}$$

Utilize o método de programação por expansão em frações parciais. Obtenha também as condições iniciais das variáveis de estado em termos de $y(0)$, $y(1)$ e $y(2)$. Em seguida, desenhe o diagrama de blocos para o sistema.

5. Obtenha uma representação no espaço de estado da seguinte função de transferência do sistema tal que a matriz de estado seja diagonal:

$$\frac{Y(z)}{U(z)} = \frac{z^3 + 8\,z^2 + 17\,z + 8}{(z+1)(z+2)(z+3)}$$

Em seguida, obtenha o estado inicial $\mathbf{x}(0)$ em termos de $y(0)$, $y(1)$ e $y(2)$ e $u(0)$, $u(1)$ e $u(2)$.

6. Considere um sistema de tempo discreto cuja função de transferência pulsada está definida por:

$$\frac{Y(z)}{U(z)} = \frac{b_4\,z^4 + b_3\,z^3 + b_2\,z^2 + b_1\,z + b_0}{z^4 + a_3\,z^3 + a_2\,z^2 + a_1\,z + a_0}$$

Desenvolva o procedimento para obter a forma canônica controlável da função de transferência pulsada.

7. Considere um sistema em tempo discreto cuja função de transferência pulsada está definida por:

$$\frac{Y(z)}{U(z)} = \frac{b_3 + b_2\,z^{-1} + b_1\,z^{-2} + b_0\,z^{-3}}{1 + a_2\,z^{-1} + a_1\,z^{-2} + a_0\,z^{-3}}$$

Desenvolva o procedimento para obter a forma canônica observável da função de transferência pulsada.

8. Considere um sistema em tempo discreto cuja função de transferência pulsada está definida por:

$$\frac{Y(z)}{U(z)} = \frac{b_4\,z^4 + b_3\,z^3 + b_2\,z^2 + b_1\,z^1 + b_0}{z^4 + a_3\,z^3 + a_2\,z^2 + a_1\,z^1 + a_0}$$

Desenvolva o procedimento para obter a forma canônica diagonal da função de transferência pulsada. Supõe-se que todos os polos da função de transferência pulsada são diferentes.

9. Considere um sistema em tempo discreto cuja função de transferência pulsada está definida por:

$$\frac{Y(z)}{U(z)} = \frac{b_5\, z^5 + b_4\, z^4 + b_3\, z^3 + b_2\, z^2 + b_1\, z + b_0}{z^5 + a_4\, z^4 + a_3\, z^3 + a_2\, z^2 + a_1\, z + a_1}$$

Desenvolva o procedimento para obter a forma canônica de Jordan da função de transferência pulsada, a qual tem um polo duplo em $z = p_1$ e em $z = p_2$ e um polo simples em $z = p_3$.

10. Considere a seguinte equação de estados e de saída em tempo discreto:

$$\begin{pmatrix} x_1(k+1) \\ x_2(k+1) \\ x_3(k+1) \end{pmatrix} = \begin{pmatrix} 0 & 1 & 0 \\ 0 & 0 & 1 \\ -0,36 & -0,12 & 0,7 \end{pmatrix} \begin{pmatrix} x_1(k) \\ x_2(k) \\ x_3(k) \end{pmatrix} + \begin{pmatrix} 0 \\ 0 \\ 1 \end{pmatrix} u(k)$$

$$y(k) = \begin{pmatrix} 1 & 1 & 0 \end{pmatrix} \begin{pmatrix} x_1(k) \\ x_2(k) \\ x_3(k) \end{pmatrix}$$

Obtenha:

(a) a matriz de transição de estados do sistema em tempo discreto;

(b) o estado $\mathbf{x}(k)$ e a saída $y(k)$, sendo a entrada $u(k) = 1$ para $k = 0, 1, 2, \ldots$. Suponha que o estado inicial é dado por

$$\mathbf{x}(0) = \begin{bmatrix} x_1(0) \\ x_2(0) \\ x_3(0) \end{bmatrix} = \begin{bmatrix} 1 \\ 0 \\ 1 \end{bmatrix}$$

11. Considere a seguinte equação de estados e de saída em tempo discreto:

$$\begin{pmatrix} x_1(k+1) \\ x_2(k+1) \end{pmatrix} = \begin{pmatrix} 0 & 1 \\ -0,52 & 1,2 \end{pmatrix} \begin{pmatrix} x_1(k) \\ x_2(k) \end{pmatrix} + \begin{pmatrix} 0 \\ 1 \end{pmatrix} u(k)$$

$$y(k) = \begin{pmatrix} -0,8 & 1 \end{pmatrix} \begin{pmatrix} x_1(k) \\ x_2(k) \end{pmatrix}$$

Obtenha:

(a) a matriz de transição de estados do sistema em tempo discreto;

(b) o estado $\mathbf{x}(k)$ e a saída $y(k)$ sendo a entrada $u(k) = 1$ para $k = 0, 1, 2, \ldots$. Suponha que o estado inicial é dado por

$$\mathbf{x}(0) = \begin{bmatrix} x_1(0) \\ x_2(0) \end{bmatrix} = \begin{bmatrix} 0,5 \\ 0,5 \end{bmatrix}$$

Capítulo 4

Método de projeto via realimentação de estados

Os conceitos fundamentais dos sistemas de controle são:

1. Um sistema é controlável se for possível, por meio de um vetor de controle ilimitado, transferir o sistema de um estado inicial qualquer a qualquer outro estado em um número finito de períodos de amostragem.

2. Um sistema é observável se, com o sistema no estado $\mathbf{x}(0)$, pode-se determinar o estado a partir da observação dos vetores de saída e de controle ao longo de um número finito de períodos de amostragem.

4.1 Controlabilidade

Considere o sistema de controle em tempo discreto definido por:

$$\mathbf{x}((k+1)T) = \mathbf{A}_d\,\mathbf{x}(kT) + \mathbf{B}_d\,\mathbf{u}(kT) \tag{4.1}$$

$$\mathbf{y}(kT) = \mathbf{C}\,\mathbf{x}(kT) + \mathbf{D}\,\mathbf{u}(kT) \tag{4.2}$$

no qual $\mathbf{x}(kT)$ é o vetor de estado (dimensão n), $\mathbf{u}(kT)$ é o vetor de controle (dimensão r) e $\mathbf{y}(kT)$ é o vetor de saída (dimensão m) no $k-$ésimo instante de amostragem; $\mathbf{A}_d$ é a matriz $n \times n$, $\mathbf{B}_d$ é a matriz $n \times r$, $\mathbf{C}$ é a matriz $m \times n$ e $\mathbf{D}$ é a matriz $m \times r$

Definição 4.1.1 (Controlabilidade completa do estado) *O sistema descrito pela equação (4.1) é dito de estado completamente controlável se, para qualquer estado inicial em* $k = 0$, *existe um conjunto de controle irrestrito* $\mathbf{u}(kT)$, $k = 0, 1, 2, \ldots, n-1$, *o qual transfere todo estado inicial* $\mathbf{x}(0)$ *para qualquer estado final* $\mathbf{x}(nT)$ *para algum* n *finito.*

A dedução da condição de controlabilidade pode ser encontrada na literatura de sistemas de controle.

A condição de controlabilidade completa de estado é que a matriz $n \times n\,r$:

$$\left[\begin{array}{c:c:c:c} \mathbf{B}_d & \mathbf{A}_d\mathbf{B}_d & \cdots & \mathbf{A}_d^{n-1}\mathbf{B}_d \end{array}\right] \tag{4.3}$$

tenha posto n (posto completo):

$$rank\left[\begin{array}{c:c:c:c} \mathbf{B}_d & \mathbf{A}_d\mathbf{B}_d & \cdots & \mathbf{A}_d^{n-1}\mathbf{B}_d \end{array}\right] = n$$

A matriz da equação (4.3) é conhecida como a MATRIZ DE CONTROLABILIDADE.

Controlabilidade completa da saída

Definição 4.1.2 (Controlabilidade completa de saída) *O sistema descrito pelas equações (4.1) e (4.2) é dito de saída completamente controlável se, para qualquer saída inicial em* $k = 0$, *existe um conjunto de controle irrestrito* $\mathbf{u}(kT)$, $k = 0, 1, 2, \ldots, n-1$, *tal que qualquer saída final* $\mathbf{y}(nT)$ *pode ser alcançada a partir de um estado inicial arbitrário em tempo finito* n.

A dedução da condição de controlabilidade completa da saída pode ser encontrada na literatura de sistemas de controle. Uma condição necessária e suficiente para que o sistema definido pelas equações (4.1) e (4.2) seja de saída completamente controlável é que a matriz $m \times (n+1)r$:

$$\left[\begin{array}{c:c:c:c:c} \mathbf{D} & \mathbf{C}\,\mathbf{B}_d & \mathbf{C}\,\mathbf{A}_d\,\mathbf{B}_d & \cdots & \mathbf{C}\,\mathbf{A}_d^{n-1}\,\mathbf{B}_d \end{array}\right]$$

seja de posto m:

$$rank\left[\begin{array}{c:c:c:c:c} \mathbf{D} & \mathbf{C}\,\mathbf{B}_d & \mathbf{C}\,\mathbf{A}_d\,\mathbf{B}_d & \cdots & \mathbf{C}\,\mathbf{A}_d^{n-1}\,\mathbf{B}_d \end{array}\right] = m \tag{4.4}$$

Note que a presença da matriz $\mathbf{D}$ na equação de saída do sistema sempre ajuda a estabelecer a controlabilidade completa de saída.

4.2 Observabilidade

Definição 4.2.1 (Observabilidade completa) *O sistema descrito pelas equações (4.1) e (4.2) é dito completamente observável se qualquer estado inicial* $\mathbf{x}(0)$ *em* $k = 0$ *pode ser determinado do conhecimento da saída* $\mathbf{y}(kT)$ *e da entrada* $\mathbf{u}(kT)$ *para* $0 \leq k < n$*, no qual* n *é algum tempo finito.*

O conceito de observabilidade é útil no projeto dos observadores de estado. Para pesquisar uma condição necessária e suficiente para a observabilidade completa, basta considerar o sistema descrito pelas equações:

$$\mathbf{x}((k+1)T) = \mathbf{A}_d\,\mathbf{x}(kT) \tag{4.5}$$

$$\mathbf{y}(kT) = \mathbf{C}\,\mathbf{x}(kT) \tag{4.6}$$

Uma vez que $\mathbf{x}(0)$ pode ser determinado da observação da saída, $\mathbf{x}(kT)$ também pode ser determinado já que $u(0)$, $u(T)$, ..., $u((k-1)T)$ são conhecidas.

Observabilidade completa dos sistemas em tempo discreto

Considere o sistema definido pelas equações (4.5) e (4.6). O sistema é completamente observável se, dada a saída $\mathbf{y}(kT)$ sobre um número finitos de períodos de amostragem, é possível determinar o vetor de estado inicial $\mathbf{x}(0)$.

Uma condição necessária e suficiente para que o sistema definido pelas equações (4.5) e (4.6) seja completamente observável é que o posto da matriz $n \times nm$:

$$\left[\begin{array}{c:c:c:c} \mathbf{C}^* & \mathbf{A}_d^* \mathbf{C}^* & \cdots & (\mathbf{A}_d^*)^{n-1} \mathbf{C}^* \end{array} \right] \tag{4.7}$$

seja n. A matriz dada pela equação (4.7) é a MATRIZ DE OBSERVABILIDADE.

Uma condição necessária e suficiente para a observabilidade completa é que não ocorra nenhum cancelamento de polos zeros na função de transferência pulsada. Se ocorrer cancelamento, o modo cancelado não poderá ser observado na saída.

4.3 Transformações úteis na análise e projeto no espaço de estados

Considere a equação de estado em tempo discreto e a equação de saída:

$$\mathbf{x}(k+1) = \mathbf{A}_d \mathbf{x}(k) + \mathbf{B}_d u(k) \tag{4.8}$$

$$y(k) = \mathbf{C} \mathbf{x}(k) + D u(k) \tag{4.9}$$

Nas próximas seções, serão apresentadas técnicas para transformar as equações no espaço de estados definidas pelas equações (4.8) e (4.9) nas três formas canônicas:

1. Controlável

2. Observável

3. Diagonal ou de Jordan

Estamos supondo que o sistema definido pelas equações (4.8) e (4.9) é de estado completamente controlável e observável.

4.3.1 Forma canônica controlável

O sistema definido pelas equações (4.8) e (4.9) pode ser transformado na forma canônica controlável pela matriz de transformação:

$$\mathbf{T} = \mathbf{M}\,\mathbf{W} \tag{4.10}$$

na qual:

$$\mathbf{M} = \left[\begin{array}{c:c:c:c} \mathbf{B}_d & \mathbf{A}_d\,\mathbf{B}_d & \cdots & \mathbf{A}_d^{n-1}\,\mathbf{B}_d \end{array} \right] \tag{4.11}$$

e:

$$\mathbf{W} = \begin{bmatrix} a_1 & a_2 & \cdots & a_{n-1} & 1 \\ a_2 & a_3 & \cdots & 1 & 0 \\ \vdots & \vdots & & \vdots & \vdots \\ a_{n-1} & 1 & \cdots & 0 & 0 \\ 1 & 0 & \cdots & 0 & 0 \end{bmatrix} \tag{4.12}$$

Os elementos a_i mostrados na matriz $\mathbf{W}$ são os coeficientes da equação característica:

$$|z\,\mathbf{I} - \mathbf{A}_d| = z^n + a_{n-1}\,z^{n-1} + \cdots + a_1\,z + a_0 = 0$$

Pode ser demonstrado que:

$$\begin{aligned}
\mathbf{T}^{-1}\,\mathbf{A}_d\,\mathbf{T} &= (\mathbf{M}\,\mathbf{W})^{-1}\,\mathbf{A}_d\,(\mathbf{M}\,\mathbf{W}) = \mathbf{W}^{-1}\,\mathbf{M}^{-1}\,\mathbf{A}_d\,\mathbf{M}\,\mathbf{W} \\
&= \begin{bmatrix} 0 & 1 & 0 & \cdots & 0 \\ 0 & 0 & 1 & \cdots & 0 \\ \vdots & \vdots & \vdots & \ddots & \vdots \\ 0 & 0 & 0 & \cdots & 1 \\ -a_0 & -a_1 & -a_2 & \cdots & -a_{n-1} \end{bmatrix}
\end{aligned} \tag{4.13}$$

e:

$$\mathbf{T}^{-1}\,\mathbf{B}_d = \begin{bmatrix} 0 \\ 0 \\ \vdots \\ 0 \\ 1 \end{bmatrix} \tag{4.14}$$

Definamos:

$$\mathbf{x}(k) = \mathbf{T}\,\mathbf{z}(k)$$

na qual a matriz de transformação $\mathbf{T}$ está dada pela equação (4.10). Então, as equações (4.8) e (4.9) se convertem em:

$$\begin{aligned}
\mathbf{z}(k+1) &= \mathbf{T}^{-1}\,\mathbf{A}_d\,\mathbf{T}\,\mathbf{z}(k) + \mathbf{T}^{-1}\,\mathbf{B}_d\,u(k) = \bar{\mathbf{A}}_\mathbf{d}\,\mathbf{z}(k) + \bar{\mathbf{B}}_\mathbf{d}\,u(k) \\
y(k) &= \mathbf{C}\,\mathbf{T}\,\mathbf{z}(k) + D\,u(k) = \bar{\mathbf{C}}\,\mathbf{z}(k) + \bar{D}\,u(k)
\end{aligned}$$

nas quais $\bar{\mathbf{A}}_\mathbf{d} = \mathbf{T}^{-1}\,\mathbf{A}_d\,\mathbf{T}$, $\bar{\mathbf{B}}_\mathbf{d} = \mathbf{T}^{-1}\,\mathbf{B}_d$, $\bar{\mathbf{C}} = \mathbf{C}\,\mathbf{T}$ e $\bar{D} = D$,

$$\begin{bmatrix} z_1(k+1) \\ z_2(k+1) \\ \vdots \\ z_{n-1}(k+1) \\ z_n(k+1) \end{bmatrix} = \begin{bmatrix} 0 & 1 & 0 & \cdots & 0 \\ 0 & 0 & 1 & \cdots & 0 \\ \vdots & \vdots & \vdots & \ddots & \vdots \\ 0 & 0 & 0 & \cdots & 1 \\ -a_0 & -a_1 & -a_2 & \cdots & -a_{n-1} \end{bmatrix} \begin{bmatrix} z_1(k) \\ z_2(k) \\ \vdots \\ z_{n-1}(k) \\ z_n(k) \end{bmatrix} + \cdots$$

$$= \cdots + \begin{bmatrix} 0 \\ 0 \\ \vdots \\ 0 \\ 1 \end{bmatrix} u(k) \tag{4.15}$$

$$y(k) = \begin{bmatrix} b_0 - a_0 b_n \vdots b_1 - a_1 b_n \vdots \cdots \vdots b_{n-1} - a_{n-1} b_n \end{bmatrix} \begin{bmatrix} z_1(k) \\ z_2(k) \\ \vdots \\ z_{n-1}(k) \\ z_n(k) \end{bmatrix} + b_n\, u(k) \tag{4.16}$$

b_k são os coeficientes do numerador da função de transferência pulsada:

$$\begin{aligned} \mathbf{C}(z\,\mathbf{I} - \mathbf{A}_d)^{-1}\mathbf{B}_d + D &= \bar{\mathbf{C}}(z\,\mathbf{I} - \bar{\mathbf{A}}_\mathbf{d})^{-1}\bar{\mathbf{B}}_\mathbf{d} + \bar{D} \\ &= \frac{b_n\, z^n + b_{n-1}\, z^{n-1} + \cdots + b_1\, z + b_0}{z^n + a_{n-1}\, z^{n-1} + \cdots + a_1\, z + a_0} \end{aligned} \tag{4.17}$$

Observe que $D = \bar{D} = b_n$.

4.3.2 Forma canônica observável

O sistema definido pelas equações (4.8) e (4.9) pode ser transformado na forma canônica observável por meio da matriz de transformação:

$$\mathbf{Q} = (\mathbf{W}\,\mathbf{N}^*)^{-1}$$

na qual:

$$\mathbf{N} = \left[\begin{array}{c:c:c:c} \mathbf{C}^* & \mathbf{A}_d^*\,\mathbf{C}^* & \cdots & (\mathbf{A}_d^*)^{n-1}\,\mathbf{C}^* \end{array}\right] \tag{4.18}$$

e $\mathbf{W}$ está dada pela equação (4.12). Pode ser demonstrado que:

$$\mathbf{Q}^{-1}\,\mathbf{A}_d\,\mathbf{Q} = \bar{\mathbf{A}}_\mathbf{d} = \begin{bmatrix} 0 & 0 & \cdots & 0 & 0 & -a_0 \\ 1 & 0 & \cdots & 0 & 0 & -a_1 \\ \vdots & \vdots & \ddots & \vdots & \vdots & \vdots \\ 0 & 0 & \cdots & 1 & 0 & -a_{n-2} \\ 0 & 0 & \cdots & 0 & 1 & -a_{n-1} \end{bmatrix}$$

$$\mathbf{Q}^{-1}\,\mathbf{B}_d = \bar{\mathbf{B}}_\mathbf{d} = \begin{bmatrix} b_0 - a_0 b_n \\ b_1 - a_1 b_n \\ \vdots \\ b_{n-2} - a_{n-2} b_n \\ b_{n-1} - a_{n-1} b_n \end{bmatrix}$$

e:

$$\mathbf{C}\,\mathbf{Q} = \bar{\mathbf{C}} = \begin{bmatrix} 0 & 0 & \cdots & 0 & 1 \end{bmatrix}$$

na qual b_k são os coeficientes do numerador da função de transferência pulsada da equação (4.17). Então, definamos:

$$\mathbf{x}(k) = \mathbf{Q}\,\mathbf{z}(k)$$

As equações (4.8) e (4.9) se convertem em:

$$
\begin{aligned}
\mathbf{z}(k+1) &= \mathbf{\bar{A}_d}\,\mathbf{z}(k) + \mathbf{\bar{B}_d}\,u(k) \\
y(k) &= \mathbf{\bar{C}}\,\mathbf{z}(k) + \bar{D}\,u(k)
\end{aligned}
$$

$$
\begin{bmatrix} z_1(k+1) \\ z_2(k+1) \\ \vdots \\ z_{n-1}(k+1) \\ z_n(k+1) \end{bmatrix} = \begin{bmatrix} 0 & 0 & \cdots & 0 & 0 & -a_0 \\ 1 & 0 & \cdots & 0 & 0 & -a_1 \\ \vdots & \vdots & \ddots & \vdots & \vdots & \vdots \\ 0 & 0 & \cdots & 1 & 0 & -a_{n-2} \\ 0 & 0 & \cdots & 0 & 1 & -a_{n-1} \end{bmatrix} \begin{bmatrix} z_1(k) \\ z_2(k) \\ \vdots \\ z_{n-1}(k) \\ z_n(k) \end{bmatrix} + \cdots
$$

$$
\cdots + \begin{bmatrix} b_0 - a_0 b_n \\ b_1 - a_1 b_n \\ \vdots \\ b_{n-2} - a_{n-2} b_n \\ b_{n-1} - a_{n-1} b_n \end{bmatrix} u(k) \tag{4.19}
$$

$$
y(k) = \begin{bmatrix} 0 & 0 & \cdots & 0 & 1 \end{bmatrix} \begin{bmatrix} z_1(k) \\ z_2(k) \\ \vdots \\ z_{n-1}(k) \\ z_n(k) \end{bmatrix} + D\,u(k) \tag{4.20}
$$

4.3.3 Forma canônica diagonal

Se os autovalores p_i da matriz $\mathbf{A}_d$ são distintos, então os autovetores correspondentes $\boldsymbol{\xi}_1$, $\boldsymbol{\xi}_2$, …, $\boldsymbol{\xi}_n$ também são distintos. Definamos a matriz de transformação $\mathbf{P}$ como:

$$
\mathbf{P} = \begin{bmatrix} \boldsymbol{\xi}_1 & \vdots & \boldsymbol{\xi}_2 & \vdots & \cdots & \vdots & \boldsymbol{\xi}_n \end{bmatrix}
$$

então:

$$\mathbf{P}^{-1}\,\mathbf{A}_d\,\mathbf{P} = \begin{bmatrix} p_1 & 0 & \cdots & 0 \\ 0 & p_2 & \cdots & 0 \\ \vdots & \vdots & \ddots & \vdots \\ 0 & 0 & \cdots & p_n \end{bmatrix}$$

Se definirmos:

$$\mathbf{x}(k) = \mathbf{P}\,\mathbf{z}(k)$$

então as equações (4.8) e (4.9) podem ser dadas pelas equações:

$$\begin{aligned} \mathbf{z}(k+1) &= \bar{\mathbf{A}}_\mathbf{d}\,\mathbf{z}(k) + \bar{\mathbf{B}}_\mathbf{d}\,u(k) \qquad (4.21) \\ y(k) &= \bar{\mathbf{C}}\,\mathbf{z}(k) + \bar{D}\,u(k) \qquad (4.22) \end{aligned}$$

nas quais $\bar{\mathbf{A}}_\mathbf{d} = \mathbf{P}^{-1}\,\mathbf{A}_d\,\mathbf{P}$, $\bar{\mathbf{B}}_\mathbf{d} = \mathbf{P}^{-1}\,\mathbf{B}_d$, $\bar{\mathbf{C}} = \mathbf{C}\,\mathbf{P}$ e $\bar{D} = D$. Portanto, as equações (4.21) e (4.22) podem ser escritas como:

$$\begin{bmatrix} z_1(k+1) \\ z_2(k+1) \\ \vdots \\ z_n(k+1) \end{bmatrix} = \begin{bmatrix} p_1 & 0 & \cdots & 0 \\ 0 & p_2 & \cdots & 0 \\ \vdots & \vdots & \ddots & \vdots \\ 0 & 0 & \cdots & p_n \end{bmatrix} \begin{bmatrix} z_1(k) \\ z_2(k) \\ \vdots \\ z_n(k) \end{bmatrix} + \begin{bmatrix} \alpha_1 \\ \alpha_2 \\ \vdots \\ \alpha_n \end{bmatrix} u(k) \qquad (4.23)$$

$$y(k) = \begin{bmatrix} \beta_1 & \beta_2 & \cdots & \beta_n \end{bmatrix} \begin{bmatrix} z_1(k) \\ z_2(k) \\ \vdots \\ z_n(k) \end{bmatrix} + D\,u(k) \qquad (4.24)$$

nas quais α_i e β_i são constantes, tais que $\alpha_i\,\beta_i$ é o resíduo no polo $z = p_i$, isto é, $\alpha_i\,\beta_i$ aparecerão no numerador do termo $1/(z - p_i)$ quando a função de transferência pulsada é expandida em frações parciais como se segue:

$$\begin{aligned} \mathbf{C}(z\,\mathbf{I}-\mathbf{A}_d)^{-1}\,\mathbf{B}_d + D &= \bar{\mathbf{C}}(z\,\mathbf{I}-\bar{\mathbf{A}}_{\mathbf{d}})^{-1}\,\bar{\mathbf{B}}_{\mathbf{d}} + \bar{D} \\ &= \frac{\alpha_1\,\beta_1}{z-p_1} + \frac{\alpha_2\,\beta_2}{z-p_2} + \cdots + \frac{\alpha_n\,\beta_n}{z-p_n} + D \end{aligned} \tag{4.25}$$

Em muitos casos, escolhemos $\alpha_1 = \alpha_2 = \cdots \alpha_n = 1$. Note que a condição necessária e suficiente para que o sistema seja de estado completamente controlável é que $\alpha_i \neq 0$ $(i = 1, 2, \ldots, n)$ e a condição para que seja completamente observável é que $\beta_i \neq 0$ $(i = 1, 2, \ldots, n)$.

4.3.4 Forma canônica de Jordan

Se existem autovalores múltiplos p_i da matriz $\mathbf{A}_d$, então escolhemos a matriz de transformação $\mathbf{S}$ definida como:

$$\mathbf{S} = \left[\begin{array}{c:c:c:c} \eta_1 & \eta_2 & \cdots & \eta_n \end{array}\right]$$

na qual η_i são autovetores (os quais correspondem a distintos autovalores) ou autovetores generalizados (os quais correspondem a autovalores múltiplos). Então:

$$\mathbf{S}^{-1}\,\mathbf{A}_d\,\mathbf{S} = \text{matriz na forma canônica de Jordan}$$

Agora, se definimos:

$$\mathbf{x}(k) = \mathbf{S}\,\mathbf{z}(k)$$

então as equações (4.8) e (4.9) podem ser dadas como:

$$\begin{aligned} \mathbf{z}(k+1) &= \bar{\mathbf{A}}_{\mathbf{d}}\,\mathbf{z}(k) + \bar{\mathbf{B}}_{\mathbf{d}}\,u(k) \\ y(k) &= \bar{\mathbf{C}}\,\mathbf{z}(k) + \bar{D}\,\hat{u}(k) \end{aligned}$$

nas quais $\bar{\mathbf{A}}_{\mathbf{d}} = \mathbf{S}^{-1}\,\mathbf{A}_d\,\mathbf{S}$, $\bar{\mathbf{B}}_{\mathbf{d}} = \mathbf{S}^{-1}\,\mathbf{B}_d$, $\bar{\mathbf{C}} = \mathbf{C}\,\mathbf{S}$ e $\bar{D} = D$. Se a matriz $\mathbf{A}_d$ envolve um autovalor m-múltiplo p_1 e outros autovalores p_{m+1}, p_{m+2}, $\ldots$, p_n

que são todos distintos e diferentes de p_1, e se o posto de $p_1\,\mathbf{I}-\mathbf{A}_d$ é $n-1$ (o que implica que o polinômio mínimo é idêntico ao polinômio característico), então as equações no espaço de estado na forma canônica de Jordan são dadas como se segue:

$$
\left[\begin{array}{c} z_1(k+1) \\ z_2(k+1) \\ \vdots \\ z_m(k+1) \\ \hline z_{m+1}(k+1) \\ \vdots \\ z_n(k+1) \end{array}\right] = \left[\begin{array}{ccccc|ccc} p_1 & 1 & 0 & \cdots & 0 & 0 & \cdots & 0 \\ 0 & p_1 & 1 & \cdots & \vdots & 0 & \cdots & 0 \\ \vdots & \vdots & \vdots & & 1 & 0 & \cdots & 0 \\ 0 & 0 & 0 & \cdots & p_1 & 0 & \cdots & 0 \\ \hline 0 & 0 & 0 & \cdots & 0 & p_{m+1} & \cdots & 0 \\ \vdots & \vdots & \vdots & & \vdots & \vdots & & \vdots \\ 0 & 0 & 0 & \cdots & 0 & 0 & \cdots & p_n \end{array}\right] \left[\begin{array}{c} z_1(k) \\ z_2(k) \\ \vdots \\ z_m(k) \\ \hline z_{m+1}(k) \\ \vdots \\ z_n(k) \end{array}\right] +
$$

$$
\cdots + \left[\begin{array}{c} 0 \\ 0 \\ \vdots \\ \alpha_m \\ \hline \alpha_{m+1} \\ \vdots \\ \alpha_n \end{array}\right] u(k) \tag{4.26}
$$

$$
y(k) = \left[\begin{array}{cccc} \beta_1 & \beta_2 & \cdots & \beta_n \end{array}\right] \left[\begin{array}{c} z_1(k) \\ z_2(k) \\ \vdots \\ z_n(k) \end{array}\right] + D\,u(k) \tag{4.27}
$$

na qual α_i e β_i são as constantes que aparecem na função de transferência pulsada para esse sistema:

$$\begin{aligned}
\mathbf{C}(z\,\mathbf{I}-\mathbf{A}_d)^{-1}\,\mathbf{B}_d + D &= \bar{\mathbf{C}}(z\,\mathbf{I}-\bar{\mathbf{A}}_\mathbf{d})^{-1}\,\bar{\mathbf{B}}_\mathbf{d} + \bar{D} \\
&= \frac{\alpha_m\,\beta_1}{(z-p_1)^m} + \frac{\alpha_m\,\beta_2}{(z-p_1)^{m-1}} + \cdots + \frac{\alpha_m\,\beta_m}{z-p_1} \\
&\quad \frac{\alpha_{m+1}\,\beta_{m+1}}{z-p_{m+1}} + \cdots + \frac{\alpha_n\,\beta_n}{z-p_n} + D
\end{aligned}$$

Em muitos casos, escolhemos $\alpha_m = \alpha_{m+1} = \cdots = \alpha_n = 1$. Note-se que a condição necessária e suficiente para que o sistema seja de estado completamente controlável é que $\alpha_i \neq 0$ $(i = m, m+1, \ldots, n)$ e, para que seja completamente observável, $\beta_i \neq 0$ $(i = 1, m+1, m+2, \ldots, n)$.

4.4 Método de projeto via alocação de polos

O método conhecido como a técnica de alocação de polos requer as seguintes considerações: (i) que todas as variáveis de estado sejam mensuráveis e estejam disponíveis para realimentação; (ii) que o sistema considerado seja de estado completamente controlável para que os polos do sistema em malha fechada possam ser localizados em qualquer posição desejada por meio de uma realimentação de estados com uma matriz de ganho de realimentação apropriada; e (iii) que a técnica comece com a determinação dos polos desejados em malha fechada, os quais devem de satisfazer os requerimentos de resposta transitória e/ou resposta em frequência como velocidade, coeficiente de amortecimento e largura de banda.

4.4.1 Alocação de polos: procedimento igualando coeficientes

Dadas essas considerações, supõe-se que os polos desejados em malha fechada devem ser posicionados em $z = p_1$, $z = p_2$, …, $z = p_n$. Deve-se ter cuidado na escolha de T, o período de amostragem, para que o sistema desejado não requeira sinais de controle excessivamente grandes. Ao selecionar uma matriz de ganho apropriada para a realimentação de estado, é possível que o sistema tenha os polos em malha fechada nas posições desejadas, lembrando que o sistema original deve ser de estado completamente controlável.

Considere o sistema de controle em malha aberta mostrado na Figura 4.1.

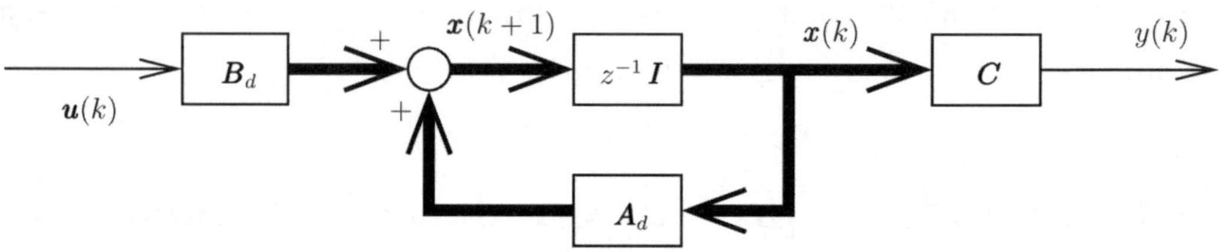

Figura 4.1: Sistema de controle em malha aberta.

A equação de estado é:

$$\mathbf{x}(k+1) = \mathbf{A}_d\,\mathbf{x}(k) + \mathbf{B}_d\,u(k) \tag{4.28}$$

na qual $\mathbf{x}(k)$ é o vetor de estado (de dimensão n), $u(k)$ é o sinal de controle (escalar), $\mathbf{A}_d$ é a matriz $n \times n$ e $\mathbf{B}_d$ é a matriz $n \times 1$. Supondo que a magnitude do sinal de controle $u(k)$ é ilimitado e que o sinal de controle é:

$$u(k) = -\boldsymbol{K}_d\,\mathbf{x}(k)$$

no qual $\boldsymbol{K}_d$ é a matriz de ganho de realimentação do estado (uma matriz $1 \times n$), então o sistema se converte em um sistema de controle em malha fechada, como mostrado na Figura 4.2 e sua equação de estado fica da seguinte forma:

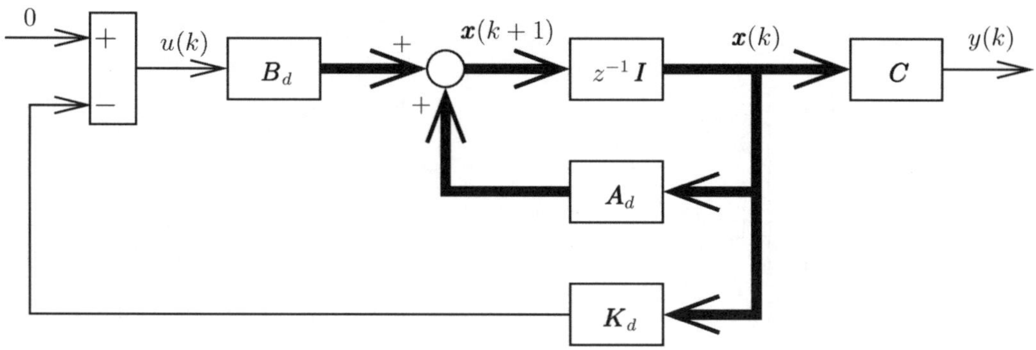

Figura 4.2: Sistema de controle em malha fechada com $u(k) = -\boldsymbol{K}_d\,\mathbf{x}(k)$.

$$\mathbf{x}(k+1) = (\mathbf{A}_d - \mathbf{B}_d\,\boldsymbol{K}_d)\mathbf{x}(k) \tag{4.29}$$

Cabe ressaltar que a matriz $\boldsymbol{K}_d$ é escolhida de forma que os autovalores de $\mathbf{A}_d - \mathbf{B}_d\,\boldsymbol{K}_d$ sejam os polos desejados em malha fechada p_1, p_2, ..., p_n. Quaisquer autovalores complexos devem vir como pares conjugados. Se a equação característica do sistema original dado pela equação (4.28) é:

$$|z\,\mathbf{I} - \mathbf{A}_d| = z^n + a_{n-1}\,z^{n-1} + a_{n-2}\,z^{n-2} + \cdots + a_1\,z + a_0 = 0 \tag{4.30}$$

então define-se a matriz de transformação $\mathbf{T}$ como (4.10) e as matrizes $\mathbf{M}$ e $\mathbf{W}$ como as equações (4.11) e (4.12), respectivamente. Logo, das equações (4.13) e (4.14), temos $\mathbf{T}^{-1}\,\mathbf{A}_d\,\mathbf{T} = \bar{\mathbf{A}}_\mathbf{d}$ e $\mathbf{T}^{-1}\,\mathbf{B}_d = \bar{\mathbf{B}}_\mathbf{d}$, respectivamente. A seguir, define-se a matriz:

$$\bar{\mathbf{K}} = \boldsymbol{K}_d\,\mathbf{T} = \begin{bmatrix} \bar{k}_0 & \bar{k}_1 & \cdots & \bar{k}_{n-1} \end{bmatrix} \tag{4.31}$$

então:

$$\bar{\mathbf{B}}_{\mathbf{d}}\,\bar{\mathbf{K}} = \begin{bmatrix} 0 \\ 0 \\ \vdots \\ 0 \\ 1 \end{bmatrix} \begin{bmatrix} \bar{k}_0 & \bar{k}_1 & \cdots & \bar{k}_{n-1} \end{bmatrix} = \begin{bmatrix} 0 & 0 & \cdots & 0 \\ 0 & 0 & \cdots & 0 \\ \vdots & \vdots & & \vdots \\ 0 & 0 & \cdots & 0 \\ \bar{k}_0 & \bar{k}_1 & \cdots & \bar{k}_{n-1} \end{bmatrix}$$

a equação característica do sistema (4.29) será:

$$\begin{aligned}
|z\,\mathbf{I} - \mathbf{A}_d \; &+ \; \mathbf{B}_d\,\boldsymbol{K}_d| = |z\,\mathbf{I} - \bar{\mathbf{A}}_{\mathbf{d}} + \bar{\mathbf{B}}_{\mathbf{d}}\,\bar{\mathbf{K}}| \\
&= \left| z \begin{bmatrix} 1 & 0 & \cdots & 0 \\ 0 & 1 & \cdots & 0 \\ \vdots & \vdots & & \vdots \\ 0 & 0 & \cdots & 0 \\ 0 & 0 & \cdots & 1 \end{bmatrix} - \begin{bmatrix} 0 & 1 & \cdots & 0 \\ 0 & 0 & \cdots & 0 \\ \vdots & \vdots & & \vdots \\ 0 & 0 & \cdots & 1 \\ -a_0 & -a_1 & \cdots & -a_{n-1} \end{bmatrix} + \cdots \right. \\
&\quad \left. \cdots + \begin{bmatrix} 0 & 0 & \cdots & 0 \\ 0 & 0 & \cdots & 0 \\ \vdots & \vdots & & \vdots \\ 0 & 0 & \cdots & 0 \\ \bar{k}_0 & \bar{k}_1 & \cdots & \bar{k}_{n-1} \end{bmatrix} \right| \\
&= \begin{vmatrix} z & -1 & \cdots & 0 \\ 0 & z & \cdots & 0 \\ \vdots & \vdots & & \vdots \\ 0 & 0 & \cdots & -1 \\ a_0 + \bar{k}_0 & a_1 + \bar{k}_1 & \cdots & z + a_{n-1} + \bar{k}_{n-1} \end{vmatrix} \\
&= z^n + (a_{n-1} + \bar{k}_{n-1})\,z^{n-1} + \cdots \\
&\quad \cdots + (a_1 + \bar{k}_1)\,z + + a_0 + \bar{k}_0 = 0
\end{aligned} \tag{4.32}$$

A equação característica com os autovalores desejados é dada por:

$$(z-p_1)(z-p_2)\cdots(z-p_n) = \\ z^n + \alpha_{n-1}\, z^{n-1} + \alpha_{n-2}\, z^{n-2} + \cdots + \alpha_1\, z + \alpha_0 = 0 \qquad (4.33)$$

Igualando os coeficientes de potências iguais de z das equações (4.32) e (4.33), obtemos:

$$\begin{aligned} \alpha_{n-1} &= a_{n-1} + \bar{k}_{n-1} \\ \alpha_{n-2} &= a_{n-2} + \bar{k}_{n-2} \\ &\vdots \\ \alpha_0 &= a_0 + \bar{k}_0 \end{aligned}$$

Por isso, da equação (4.31) temos:

$$\begin{aligned} \boldsymbol{K}_d &= \bar{\mathbf{K}}\,\mathbf{T}^{-1} \\ &= \begin{bmatrix} \bar{k}_0 & \bar{k}_1 & \cdots & \bar{k}_{n-1} \end{bmatrix} \mathbf{T}^{-1} \\ &= \begin{bmatrix} \alpha_0 - a_0 & \vdots & \alpha_1 - a_1 & \vdots & \cdots & \vdots & \alpha_{n-1} - a_{n-1} \end{bmatrix} \mathbf{T}^{-1} \end{aligned} \qquad (4.34)$$

na qual a_i e α_i são coeficientes conhecidos e $\mathbf{T}$ é uma matriz conhecida.

Exemplo 4.4.1 (Alocação de polos: Procedimento igualando coeficientes) *Considere um sistema contínuo que tem as seguintes matrizes de estado, de entrada e de saída:*

$$\mathbf{A} = \begin{bmatrix} 0 & 1 & 0 \\ 0 & 0 & 1 \\ 0 & 0 & 0 \end{bmatrix}, \quad \mathbf{B} = \begin{bmatrix} 0 \\ 0 \\ 1 \end{bmatrix}, \quad \mathbf{C} = \begin{bmatrix} 1 & 0 & 0 \end{bmatrix}, \quad \mathbf{D} = \begin{bmatrix} 0 \end{bmatrix}$$

Aqui, supõe-se que todos os estados estão disponíveis para realimentação. Deseja-se que os polos do sistema contínuo estejam em $s = -5$.

Calcular a matriz de ganhos K para o sistema discreto, considerando um período de amostragem $T = 0,01$ s.

Solução 4.4.1 *Dadas as matrizes do sistema contínuo, calculemos as matrizes do sistema discreto das equações (3.77) e (3.78):*

$$\mathbf{A}_d = \begin{bmatrix} 1,00000 & 0,01000 & 0,00005 \\ 0 & 1,00000 & 0,01000 \\ 0 & 0 & 1,00000 \end{bmatrix}, \quad \mathbf{B}_d = \begin{bmatrix} 1,66666667 \times 10^{-7} \\ 5,0 \times 10^{-5} \\ 1,0 \times 10^{-2} \end{bmatrix}$$

as matrizes $\mathbf{C}_d$ e $\mathbf{D}_d$ são as mesmas que no caso contínuo. Calculemos a matriz de transformação para a forma canônica controlável $\mathbf{T}$ dada pela equação (4.10), a qual está composta pelas matrizes $\mathbf{M}$ e $\mathbf{W}$ dadas pelas equações (4.11) e (4.12), respectivamente. Para isso, calcula-se a equação característica do sistema:

$$P(z) = z^3 - 3,0z^2 + 3,0z - 1,0$$

a partir da qual, identificam-se os coeficientes:

$$a_3 = 1; \quad a_2 = -3,0; \quad a_1 = 3,0; \quad a_0 = -1,0$$

O polo desejado discreto é calculado de $z = e^{Ts}$, e, uma vez que $s = -5$, teremos $z_p = 0,9512$. A partir disso, a equação característica desejada será:

$$P_d(z) = z^3 - 2,853688z^2 + 2,714512z - 0.860708$$

na qual identifica-se os coeficientes:

$$a_{d3} = 1; \quad a_{d2} = -2,853688; \quad a_{d1} = 2,714512; \quad a_{d0} = -0,860708$$

As matrizes **M** *e* **W** *são:*

$$\mathbf{M} = \begin{bmatrix} 1,66666667 \times 10^{-7} & 1,166666667 \times 10^{-6} & 3,166666667 \times 10^{-6} \\ 5,0 \times 10^{-5} & 1,5 \times 10^{-4} & 2,5 \times 10^{-4} \\ 1,0 \times 10^{-2} & 1,0 \times 10^{-2} & 1,0 \times 10^{-2} \end{bmatrix}$$

$$\mathbf{W} = \begin{bmatrix} 3 & -3 & 1 \\ -3 & 1 & 0 \\ 1 & 0 & 0 \end{bmatrix}$$

A matriz de ganhos é calculada segundo a equação (4.34):

$$\boldsymbol{K}_d = \begin{bmatrix} 116,0041807 & 70,1970292 & 14,2782541 \end{bmatrix}$$

O programa para simulação do Exemplo 4.4.1 encontra-se em *para o Matlab.*

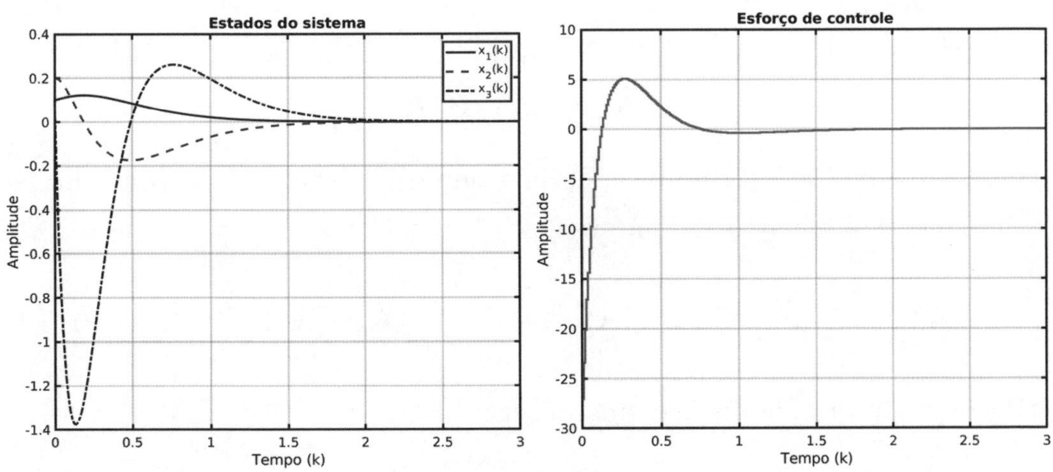

(a) Evolução no tempo dos estados do sistema. (b) Esforço de controle aplicado no sistema.

Figura 4.3: Resposta do sistema geral para o problema de regulação.

A Figura 4.3a mostra a evolução dos estados do sistema geral para o problema de regulação e a Figura 4.3b mostra o esforço de controle aplicado ao sistema geral para a regulação.

4.4.2 Alocação de polos: procedimento utilizando fórmula de Ackermann

A expressão dada pela equação (4.34) não é a única utilizada para determinar a matriz de ganho de realimentação de estado $\boldsymbol{K}_d$. Uma outra expressão é a fórmula de Ackermann. Considere o sistema definido pela equação (4.28). Suponha-se que o sistema é de estado completamente controlável e que ele utiliza a realimentação de estados $u(k) = -\boldsymbol{K}_d\,\mathbf{x}(k)$, deseja-se que os polos de malha fechada estejam em $z = p_1$, $z = p_2$, ..., $z = p_n$, isto é, a equação característica desejada fica como se segue:

$$\begin{aligned} |z\,\mathbf{I} - \mathbf{A}_d + \mathbf{B}_d\boldsymbol{K}_d| &= (z-p_1)(z-p_2)\cdots(z-p_n) \\ &= z^n + \alpha_{n-1}\,z^{n-1} + \alpha_{n-2}\,z^{n-2} + \cdots + \alpha_1\,z + \alpha_0 = 0 \end{aligned}$$

Defina-se:

$$\tilde{\mathbf{A}}_{\mathbf{d}} = \mathbf{A}_d - \mathbf{B}_d\boldsymbol{K}_d$$

O teorema de Cayley-Hamilton declara que $\tilde{\mathbf{A}}_{\mathbf{d}}$ satisfaz sua própria equação característica, a partir do que, temos:

$$\tilde{\mathbf{A}}_{\mathbf{d}}^n + \alpha_{n-1}\,\tilde{\mathbf{A}}_{\mathbf{d}}^{n-1} + \alpha_{n-2}\,\tilde{\mathbf{A}}_{\mathbf{d}}^{n-2} + \cdots + \alpha_1\,\tilde{\mathbf{A}}_{\mathbf{d}} + \alpha_0\,\mathbf{I} = \phi(\tilde{\mathbf{A}}_{\mathbf{d}}) = \mathbf{0}$$

Portanto, a fórmula de Ackermann será:

$$\boldsymbol{K}_d = \begin{bmatrix} 0 & 0 & \cdots & 0 & 1 \end{bmatrix} \begin{bmatrix} \mathbf{B}_d & \vdots & \mathbf{A}_d\mathbf{B}_d & \vdots & \cdots & \vdots & \mathbf{A}_d^{n-1}\mathbf{B}_d \end{bmatrix}^{-1} \phi(\mathbf{A}_d) \qquad (4.35)$$

na qual

$$\phi(\mathbf{A}_d) = \mathbf{A}_d^n + \alpha_{n-1}\,\mathbf{A}_d^{n-1} + \alpha_{2n-}\,\mathbf{A}_d^{n-2} + \cdots + \alpha_1\,\mathbf{A}_d + \alpha_0\,\mathbf{I} \qquad (4.36)$$

Exemplo 4.4.2 (Alocação de polos) ***Procedimento usando fórmula de Ackermann.*** *Resolva o Exemplo 4.4.1 usando a fórmula de Ackermann.*

Solução 4.4.2 *Dadas as matrizes do sistema contínuo, calculemos as matrizes do sistema discreto das equações (3.77) e (3.78):*

$$\mathbf{A}_d = \begin{bmatrix} 1,00000 & 0,01000 & 0,00005 \\ 0 & 1,00000 & 0,01000 \\ 0 & 0 & 1,00000 \end{bmatrix}, \quad \mathbf{B}_d = \begin{bmatrix} 1,66666667 \times 10^{-7} \\ 5,0 \times 10^{-5} \\ 1,0 \times 10^{-2} \end{bmatrix}$$

as matrizes $\mathbf{C}_d$ e $\mathbf{D}_d$ são iguais às matrizes do caso contínuo. O polo desejado discreto é calculado de $z = e^{Ts}$ e, uma vez que $s = -5$, teremos $z_p = 0,9512$. A partir disso, a equação característica desejada será:

$$P_d(z) = z^3 - 2,853688z^2 + 2,714512z - 0.860708$$

na qual, identifica-se os coeficientes:

$$\alpha_3 = 1; \quad \alpha_2 = -2,853688; \quad \alpha_1 = 2,714512; \quad \alpha_0 = -0,860708$$

A matriz de ganhos é calculada segundo as equações (4.35) e (4.36):

$$\boldsymbol{K}_d = \begin{bmatrix} 116,0041807 & 70,1970292 & 14,2782541 \end{bmatrix}$$

O programa para simulação do Exemplo 4.4.2 é basicamente o mesmo que no Exemplo 4.4.1, para o presente caso no programa em *para o Matlab. Como o ganho de realimentação de estados é o mesmo que no exemplo anterior não é necessário incluir as figuras correspondentes da simulação de regulação do sistema.*

O programa para simulação do Exemplo 4.4.2 encontra-se em *para o Octave. Nesse caso, o sistema foi simulado, sem o uso de uma interface gráfica, de maneira iterativa, com a evolução do tempo em múltiplos inteiros do período de amostragem. Os gráficos de simulação obtidos com o Octave são idênticos aos gráficos mostrados nas Figuras 4.3a e 4.3b que mostram a evolução dos estados e do esforço de controle, respectivamente.*

Observação 4.4.1 *A matriz* $\mathbf{K}_d$ *depende das posições dos polos desejados em malha fechada. A escolha dos polos desejados determinam a velocidade de resposta, bem como influencia nos efeitos prejudiciais das perturbações e erros de medição. Uma pequena modificação da localização dos polos desejados pode favorecer o comportamento do sistema. Escolhidos os polos desejados, apresentou-se dois procedimento para determinar a matriz de ganho de realimentação de estados* $\mathbf{K}_d$*, nas subseções (4.4.1) e (4.4.2), os quais não são os únicos, existem outros procedimentos de projeto na vasta literatura de sistemas de controle em tempo discreto.*

4.5 Método de projeto via alocação de polos na origem - controle *deadbeat*

O conceito da resposta *deadbeat* é único para sistemas de controle em tempo discreto, isto é, não existe seu equivalente em sistemas contínuos. O controle *deadbeat* conduz qualquer vetor de erro não nulo à origem no máximo período de amostragem n, mas a desvantagem é a necessidade de um esforço de controle ilimitado. Nesse controle, o período de amostragem deve ser escolhido de maneira adequada uma vez que é o único parâmetro de projeto.

Considere o sistema definido pela equação (4.28), bem como o mesmo sistema com realimentação de estados $u(k) = -\boldsymbol{K}_d\mathbf{x}(k)$. A equação de estados fica como na equação (4.29). Note que a solução dessa última equação é dada por:

$$\mathbf{x}(k+1) = (\mathbf{A}_d - \mathbf{B}_d\boldsymbol{K}_d)^k\mathbf{x}(0). \tag{4.37}$$

Se os autovalores p_i da matriz $\mathbf{A}_d - \mathbf{B}_d\boldsymbol{K}_d$ ficam dentro do círculo unitário, então o sistema é assintoticamente estável. Ao escolher todos os autovalores de $\mathbf{A}_d - \mathbf{B}_d \boldsymbol{K}_d$ nulos é possível obter a resposta *deadbeat*:

$$\mathbf{x}(k) = \mathbf{0}, \quad \text{para} \quad k \geq q, \quad q \leq n.$$

Considere o sistema de estado completamente controlável dado por:

$$\mathbf{x}(k+1) = \mathbf{A}_d \, \mathbf{x}(k) + \mathbf{B}_d \, u(k) \tag{4.38}$$

Escolhe-se a locação dos polos desejados (autovalores desejados) como nulos: $p_1 = p_2 = \cdots = p_n = 0$. Já que a equação característica com os autovalores desejados pode ser dada por:

$$(z - p_1)(z - p_2) \cdots (z - p_n) = z^n + \alpha_{n-1} \, z^{n-1} + \cdots + \alpha_1 \, z + \alpha_0 = z^n$$

obtemos:

$$\alpha_1 = \alpha_2 = \cdots = \alpha_n = 0$$

e a matriz $\boldsymbol{K}_d$ dada pela equação (4.34) pode ser simplificada como se segue:

$$\begin{aligned} \boldsymbol{K}_d &= \begin{bmatrix} \alpha_0 - a_0 & \vdots & \alpha_1 - a_1 & \vdots & \cdots & \vdots & \alpha_{n-1} - a_{n-1} \end{bmatrix} \mathbf{T}^{-1} \\ &= \begin{bmatrix} -a_0 & -a_1 & \cdots & -a_{n-1} \end{bmatrix} \mathbf{T}^{-1} \end{aligned} \tag{4.39}$$

Utilizando a matriz de transformação $\mathbf{T}$ dada pela equação (4.10), definimos:

$$\mathbf{x}(k) = \mathbf{T} \, \mathbf{z}(k)$$

bem como:

$$\mathbf{T}^{-1} \, \mathbf{A}_d \, \mathbf{T} = \bar{\mathbf{A}}_\mathbf{d}, \quad \mathbf{T}^{-1} \, \mathbf{B}_d = \bar{\mathbf{B}}_\mathbf{d}$$

Então a equação (4.38) pode ser escrita como:

$$\mathbf{z}(k) = \mathbf{T}^{-1} \, \mathbf{A}_d \, \mathbf{T} + \mathbf{T}^{-1} \, \mathbf{B}_d \, u(k) = \bar{\mathbf{A}}_\mathbf{d} \, \mathbf{z}(k) + \bar{\mathbf{B}}_\mathbf{d} \, u(k)$$

Se utilizamos a realimentação de estados $u(k) = -\boldsymbol{K}_d \, \mathbf{x}(k) = -\boldsymbol{K}_d \, \mathbf{T} \, \mathbf{z}(k)$, então essa equação torna-se:

$$\mathbf{z}(k+1) = (\bar{\mathbf{A}}_{\mathbf{d}} - \bar{\mathbf{B}}_{\mathbf{d}} \boldsymbol{K}_d \, \mathbf{T})\mathbf{z}(k)$$

Referente a equação (4.39), temos:

$$\mathbf{\bar{A}_d} - \mathbf{\bar{B}_d} \boldsymbol{K}_d \mathbf{T} = \mathbf{\bar{A}_d} - \mathbf{\bar{B}_d} \begin{bmatrix} -a_0 & -a_1 & \cdots & -a_{n-1} \end{bmatrix}$$

$$= \begin{bmatrix} 0 & 1 & 0 & \cdots & 0 \\ 0 & 0 & 1 & \cdots & 0 \\ \vdots & \vdots & \vdots & & \vdots \\ 0 & 0 & 0 & \cdots & 1 \\ -a_0 & -a_1 & -a_2 & \cdots & -a_{n-1} \end{bmatrix} - \cdots$$

$$\cdots - \begin{bmatrix} 0 \\ 0 \\ \vdots \\ 0 \\ 1 \end{bmatrix} \begin{bmatrix} -a_0 & -a_1 & \cdots & -a_{n-1} \end{bmatrix}$$

$$= \begin{bmatrix} 0 & 1 & 0 & \cdots & 0 \\ 0 & 0 & 1 & \cdots & 0 \\ \vdots & \vdots & \vdots & & \vdots \\ 0 & 0 & 0 & \cdots & 1 \\ -a_0 & -a_1 & -a_2 & \cdots & -a_{n-1} \end{bmatrix} - \cdots$$

$$\cdots - \begin{bmatrix} 0 & 0 & 0 & \cdots & 0 \\ 0 & 0 & 0 & \cdots & 0 \\ \vdots & \vdots & \vdots & & \vdots \\ 0 & 0 & 0 & \cdots & 0 \\ -a_0 & -a_1 & -a_2 & \cdots & -a_{n-1} \end{bmatrix}$$

$$= \begin{bmatrix} 0 & 1 & 0 & \cdots & 0 \\ 0 & 0 & 1 & \cdots & 0 \\ \vdots & \vdots & \vdots & & \vdots \\ 0 & 0 & 0 & \cdots & 1 \\ 0 & 0 & 0 & \cdots & 0 \end{bmatrix}$$

Assim, $\bar{\mathbf{A}}_\mathbf{d} - \bar{\mathbf{B}}_\mathbf{d} \boldsymbol{K}_d \mathbf{T}$ é uma matriz nilpotente. Portanto, temos:

$$(\bar{\mathbf{A}}_\mathbf{d} - \bar{\mathbf{B}}_\mathbf{d} \boldsymbol{K}_d \mathbf{T})^n = \mathbf{0}$$

Em termos do estado original $\mathbf{x}(k)$, obtém-se:

$$\begin{aligned}
\mathbf{x}(k) &= (\mathbf{A}_\mathbf{d} - \mathbf{B}_\mathbf{d} \boldsymbol{K}_d)^n \mathbf{x}(0) \\
&= (\mathbf{T}\, \bar{\mathbf{A}}_\mathbf{d}\, \mathbf{T}^{-1} - \mathbf{T}\, \bar{\mathbf{B}}_\mathbf{d} \boldsymbol{K}_d)^n \mathbf{x}(0) \\
&= [\mathbf{T}(\bar{\mathbf{A}}_\mathbf{d} - \bar{\mathbf{B}}_\mathbf{d} \boldsymbol{K}_d \mathbf{T})\, \mathbf{T}^{-1}]^n \mathbf{x}(0) \\
&= \mathbf{T}(\bar{\mathbf{A}}_\mathbf{d} - \bar{\mathbf{B}}_\mathbf{d} \boldsymbol{K}_d \mathbf{T})^n \mathbf{T}^{-1} \mathbf{x}(0) = \mathbf{0}
\end{aligned}$$

Assim, se todos os autovalores desejados são nulos, então qualquer estado inicial $\mathbf{x}(0)$ pode se levado à origem no máximo período de amostragem n e a resposta é *deadbeat* desde que a saída $u(k)$ é ilimitada.

Exemplo 4.5.1 (Controle *deadbeat*) ***Procedimento usando fórmula de Ackermann.*** *Projete o controle* deadbeat *para o Exemplo 4.4.1 usando a fórmula de Ackermann.*

Solução 4.5.1 *Dadas as matrizes do sistema contínuo, calculemos as matrizes do sistema discreto das equações (3.77) e (3.78):*

$$\mathbf{A}_d = \begin{bmatrix} 1,00000 & 0,01000 & 0,00005 \\ 0 & 1,00000 & 0,01000 \\ 0 & 0 & 1,00000 \end{bmatrix}, \quad \mathbf{B}_d = \begin{bmatrix} 1,66666667 \times 10^{-7} \\ 5,0 \times 10^{-5} \\ 1,0 \times 10^{-2} \end{bmatrix}$$

as matrizes $\mathbf{C}_d$ e $\mathbf{D}_d$ são iguais às matrizes do caso contínuo. O polo desejado discreto é $z_p = 0$. A partir disso, a equação característica será:

$$P_d(z) = z^3$$

na qual identifica-se os coeficientes:

$$alpha_3 = 1; \quad \alpha_2 = 0; \quad \alpha_1 = 0; \quad \alpha_0 = 0$$

A matriz de ganhos é calculada segundo a equação (4.39):

$$\boldsymbol{K}_d = \begin{bmatrix} 1,0 \times 10^6 & 2,0 \times 10^4 & 1,83333333333 \times 10^2 \end{bmatrix}$$

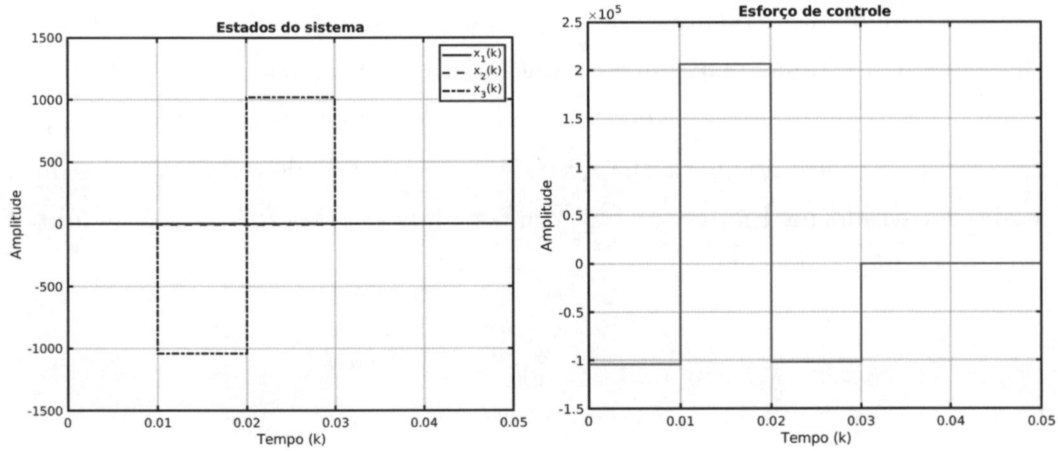

(a) Evolução no tempo dos estados do sistema sob o controle *deadbeat*.

(b) Esforço de controle *deadbeat* aplicado no sistema.

Figura 4.4: Resposta do sistema geral para o problema de regulação sob o controle *deadbeat*.

O programa para simulação do Exemplo 4.5.1 encontra-se em para o Matlab.

A Figura 4.4a mostra a evolução no tempo dos estados do sistema sob a ação do controle *deadbeat* e a Figura 4.4b mostra o esforço de controle *deadbeat*. Observe que o sistema se estabiliza em 3 períodos de amostragem, mas o esforço de controle é extremadamente alto, isto é, ilimitado.

O programa para simulação do Exemplo 4.5.1 encontra-se em para o Octave e os gráficos mostram-se semelhantes aos mostrados nas Figuras 4.4a e 4.4b. Nesse caso, o sistema foi simulado, sem o uso de uma interface gráfica, de maneira iterativa, com a evolução do tempo em múltiplos inteiros do período de amostragem.

4.6 Método de projeto via alocação de polos com entrada de referência

Até o momento, consideramos sistemas reguladores, nos quais a entrada de referência é nula. A equação característica para o sistema determina a velocidade pela qual os estados não nulos aproximam-se da origem. Aqui, considera-se o caso no qual o sistema tem uma entrada de referência não nula como mostrado na Figura 4.5, na qual a planta é descrita pelas seguintes equações de estado e de saída:

$$\begin{aligned} \mathbf{x}(k+1) &= \mathbf{A}_d\,\mathbf{x}(k) + \mathbf{B}_d\,u(k) \\ y(k) &= \mathbf{C}\,\mathbf{x}(k) \end{aligned}$$

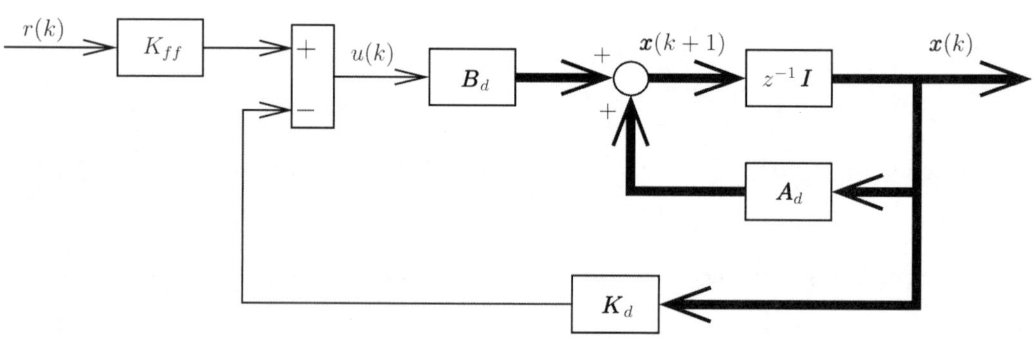

Figura 4.5: Sistema de controle com realimentação de estados e entrada de referência.

O sinal de controle $u(k)$ é dado por:

$$u(k) = -\boldsymbol{K}_d\,\mathbf{x}(k) + K_{ff}\,r(k) \tag{4.40}$$

Ao eliminar $u(k)$ da equação de estado, temos:

$$\begin{aligned} \mathbf{x}(k+1) &= (\mathbf{A}_d - \mathbf{B}_d \boldsymbol{K}_d)\,\mathbf{x}(k) + \mathbf{B}_d\,K_{ff}\,r(k) \\ y(k) &= \mathbf{C}\,\mathbf{x}(k) \end{aligned}$$

A equação característica para o sistema é:

$$|z\,\mathbf{I} - \mathbf{A}_d + \mathbf{B}_d \boldsymbol{K}_d| = 0$$

Se o sistema é de estado completamente controlável, então a matriz de ganho de realimentação $\boldsymbol{K}_d$ pode ser determinada para fornecer os polos desejados em malha fechada. É importante salientar que a realimentação de estados pode mudar a equação característica correspondente ao sistema, mas, ao fazê-lo, o ganho de estado estacionário do sistema completo é modificado. Portanto, é necessário ter um ganho ajustável K_{ff} no sistema. O ganho K_{ff} deve ser ajustado de maneira que a resposta ao degrau unitário do sistema no estado estacionário seja a unidade, ou $y(\infty) = 1$.

A transformada z da saída é dada por:

$$Y(z) = C\left[z\,\mathbf{I}_n - (\mathbf{A}_d - \mathbf{B}_d \boldsymbol{K}_d)\right]^{-1} \mathbf{B}_d\,K_{ff}\,R(z)$$

e o erro de rastreamento do erro de estado estacionário a uma entrada degrau unitária é:

$$\begin{aligned} \lim_{z\to 1}(z-1)\,(Y(z) - R(z)) &= \lim_{z\to 1}\left(C\left[z\,\mathbf{I}_n - (\mathbf{A}_d - \mathbf{B}_d \boldsymbol{K}_d)\right]^{-1} \mathbf{B}_d\,K_{ff} - \mathbf{I}_n\right) \\ &= C\left[\mathbf{I}_n - (\mathbf{A}_d - \mathbf{B}_d \boldsymbol{K}_d)\right]^{-1} \mathbf{B}_d\,K_{ff} - \mathbf{I}_n \end{aligned}$$

Para um erro de estado estacionário nulo, exige-se a condição:

$$C\left[\mathbf{I}_n - (\mathbf{A}_d - \mathbf{B}_d \boldsymbol{K}_d)\right]^{-1} \mathbf{B}_d\,K_{ff} = \mathbf{I}_n \tag{4.41}$$

Se o sistema é quadrado e $\mathbf{A}_d - \mathbf{B}_d \boldsymbol{K}_d$ é estável, o ganho fica:

$$K_{ff} = \left(C\left[\mathbf{I}_n - (\mathbf{A}_d - \mathbf{B}_d \boldsymbol{K}_d)\right]^{-1} \mathbf{B}_d\right)^{-1} \tag{4.42}$$

Exemplo 4.6.1 *Projete um sistema de controle de seguimento de sinal para o Exemplo 4.4.1 usando a fórmula de Ackermann.*

Solução 4.6.1 *Dadas as matrizes do sistema contínuo, calculemos as matrizes do sistema discreto das equações (3.77) e (3.78), resultando em:*

$$\mathbf{A}_d = \begin{bmatrix} 1,00000 & 0,01000 & 0,00005 \\ 0 & 1,00000 & 0,01000 \\ 0 & 0 & 1,00000 \end{bmatrix}, \quad \mathbf{B}_d = \begin{bmatrix} 1,66666667 \times 10^{-7} \\ 5,0 \times 10^{-5} \\ 1,0 \times 10^{-2} \end{bmatrix}$$

as matrizes $\mathbf{C}_d$ e $\mathbf{D}_d$ são iguais às matrizes do caso contínuo.

O polo desejado discreto é calculado de $z = e^{Ts}$, e, uma vez que $s = -5$, teremos $z_p = 0,9512$. A matriz de ganhos é calculada segundo as equações (4.35) e (4.36):

$$K_d = \begin{bmatrix} 116,0041807 & 70,1970292 & 14,2782541 \end{bmatrix}$$

O programa para simulação do Exemplo 4.6.1 encontra-se em [QR] para o Matlab. Para esse caso, o sinal de referência é uma onda quadrada de frequência de 0,1 Hz e amplitude de 0,3. A Figura 4.6a mostra a evolução no tempo dos estados do sistema para um seguimento de sinal de referência e a Figura 4.6c mostra o esforço de controle para o seguimento de sinal de referência. Observe que a saída do sistema não segue o sinal de referência na Figura 4.7a.

Para um apropriado seguimento de sinal é determinado o valor do ganho K_{ff} da equação (4.42):

$$K_{ff} = \left(\mathbf{C}\left[\mathbf{I}_n - (\mathbf{A}_d - \mathbf{B}_d \boldsymbol{K}_d)\right]^{-1} \mathbf{B}_d\right)^{-1} = 116,0041807.$$

A Figura 4.6b mostra a evolução no tempo dos estados do sistema para um seguimento de sinal de referência sob o controle feedforward *e a Figura 4.6d mostra o esforço de controle* feedforward. *Observe que a saída do sistema segue o sinal de referência 4.7b.*

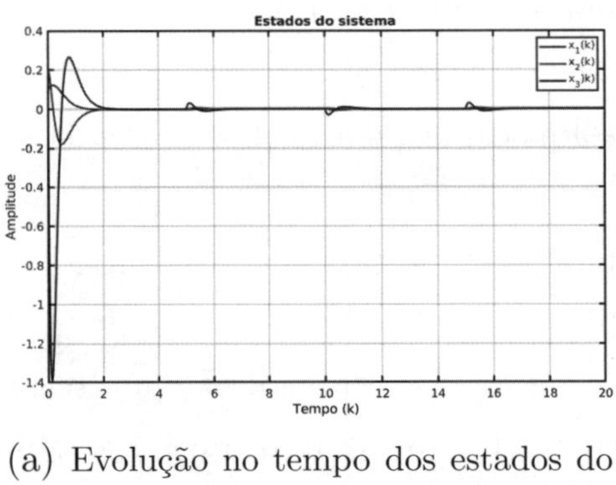

(a) Evolução no tempo dos estados do sistema para o seguimento de sinal SEM controle *feedforward.*

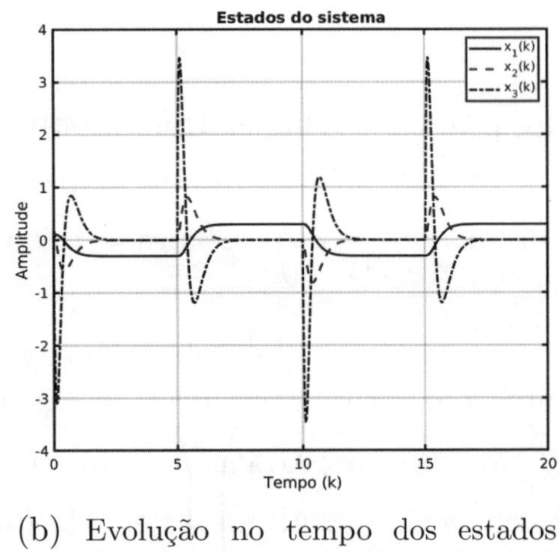

(b) Evolução no tempo dos estados do sistema para o seguimento de sinal COM o controle *feedforward.*

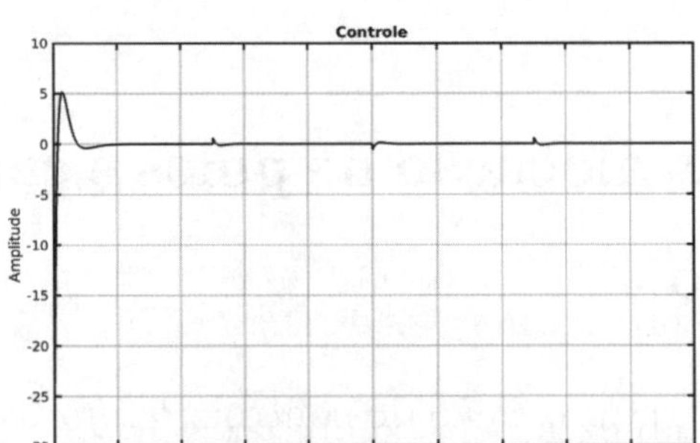

(c) Esforço de controle aplicado no sistema para um seguimento de sinal SEM controle *feedforward.*

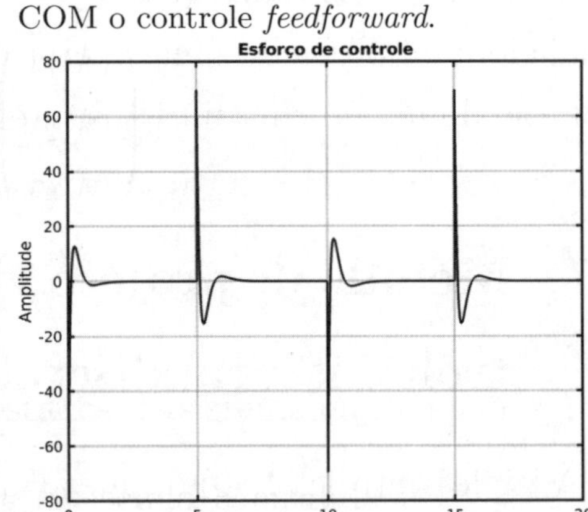

(d) Esforço do controle *feedforward* para o seguimento de sinal.

Figura 4.6: Resposta do sistema geral para o seguimento de um sinal de referência sem e com controle *feedforward.*

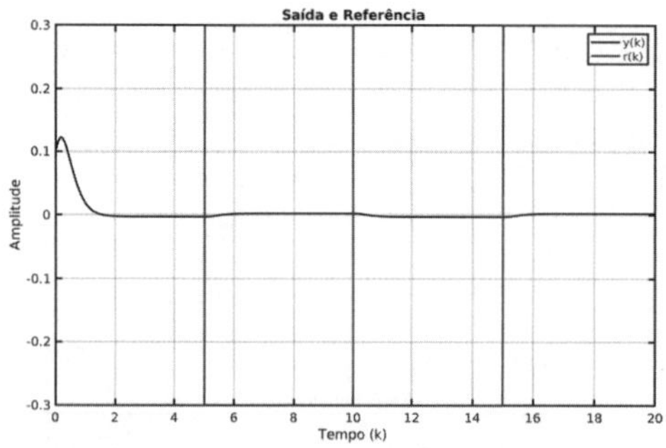

(a) Saída do sistema e sinal de referência para um seguimento de sinal SEM controle *feedforward.*

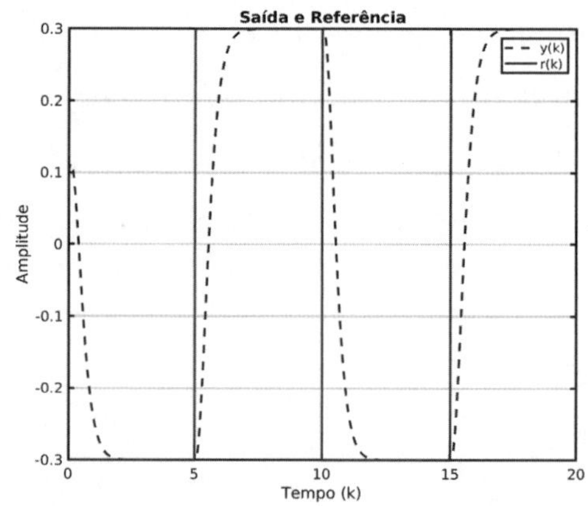

(b) Saída do sistema e sinal de referência para um seguimento de sinal COM controle *feedforward*

Figura 4.7: Saída do sistema geral para o seguimento de um sinal de referência sem e com controle *feedforward.*

O programa para simulação do Exemplo 4.6.1 encontra-se em para o Octave. Para esse caso, o sinal de referência é uma onda quadrada de frequência de 0, 1 Hz e amplitude de 0, 3. Os gráficos resultantes são semelhantes aos mostrados nas Figuras 4.6a e 4.6c. Nesse caso, o sistema foi simulado, sem o uso de uma interface gráfica, de maneira iterativa, com a evolução do tempo em múltiplos inteiros do período de amostragem.

4.7 Método de projeto via alocação de polos e controle integral discreto

A lei de controle (4.40) é equivalente a uma ação de controle *feedforward* determinada por K_{ff} que resulta em um erro de estado estacionário nulo para uma entrada de referência $r(k)$. Uma vez que o controle *feedforward* não inclui nenhuma realimentação, essa aproximação não é robusta no que se refere a incertezas de modelagem. Assim, erros de modelagem sempre acontecem na prática, o que resultará em um erro de estado estacionário não nulo. Para eliminar tal erro, introduzimos um controle integral como mostrado na Figura 4.8, com um novo estado adicionado para cada erro de controle integrado.

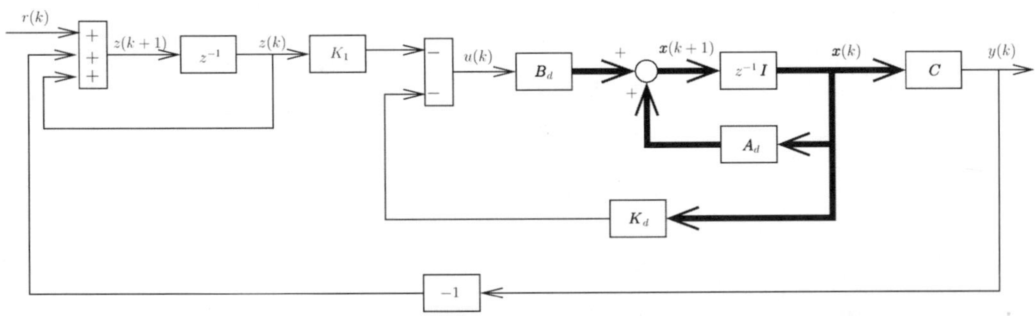

Figura 4.8: Sistema de controle com realimentação de estados e controle integral.

A dinâmica do sistema do diagrama de blocos da Figura 4.8 é como segue:

$$
\begin{aligned}
\mathbf{x}(k+1) &= \mathbf{A}_d\,\mathbf{x}(k) + \mathbf{B}_d\,u(k) \\
\mathbf{z}(k+1) &= \mathbf{z}(k) + r(k) - y(k) \\
y(k) &= \mathbf{C}\,\mathbf{x}(k) \\
u(k) &= -\boldsymbol{K}_d\,\mathbf{x}(k) - K_1\,z(k)
\end{aligned}
$$

no qual $z(k)$ é um vetor coluna, por exemplo, $l \times 1$. As equações no espaço de estados em termos do vetor de estado aumentado:

$$\tilde{\mathbf{x}}(k) = [\mathbf{x}(k) \quad z(k)]'$$

$$
\begin{bmatrix} \mathbf{x}(k+1) \\ \mathbf{z}(k+1) \end{bmatrix} = \begin{bmatrix} \mathbf{A}_d & \mathbf{0} \\ -\mathbf{C} & \mathbf{I}_l \end{bmatrix} \begin{bmatrix} \mathbf{x}(k) \\ \mathbf{z}(k) \end{bmatrix} - \begin{bmatrix} \mathbf{B} \\ \mathbf{0} \end{bmatrix} (\boldsymbol{K}_d \quad K_1) \begin{bmatrix} \mathbf{x}(k) \\ \mathbf{z}(k) \end{bmatrix} + \cdots
$$

$$
\cdots + \begin{bmatrix} \mathbf{0} \\ \mathbf{I}_l \end{bmatrix} r(k)
$$

$$\mathbf{y}(k) = [\mathbf{C} \quad \mathbf{0}] \begin{bmatrix} \mathbf{x}(k) \\ \mathbf{z}(k) \end{bmatrix}$$

A partir do que, temos:

$$\begin{aligned} \tilde{\mathbf{x}}(k+1) &= \left[\tilde{\mathbf{A}} - \tilde{\mathbf{B}}\tilde{\mathbf{K}}\right] \tilde{\mathbf{x}}(k) + \begin{bmatrix} \mathbf{0} \\ \mathbf{I}_l \end{bmatrix} r(k) \\ \mathbf{y}(k) &= [\mathbf{C} \quad \mathbf{0}]\, \tilde{\mathbf{x}}(k) \end{aligned} \tag{4.43}$$

na qual:

$$\tilde{\mathbf{A}} = \begin{bmatrix} \mathbf{A}_d & \mathbf{0} \\ -\mathbf{C} & \mathbf{I}_l \end{bmatrix}, \quad \tilde{\mathbf{B}} = \begin{bmatrix} \mathbf{B} \\ \mathbf{0} \end{bmatrix} \quad \tilde{\mathbf{K}} = [\boldsymbol{K}_d \quad K_1]$$

Os autovalores da matriz de estados de malha fechada $\tilde{\mathbf{A}} - \tilde{\mathbf{B}}\tilde{\mathbf{K}}$ podem ser escolhidos arbitrariamente para calcular a matriz de ganho $\tilde{\mathbf{K}}$.

Exemplo 4.7.1 *Projete um sistema de seguimento de sinal com controle integral para o Exemplo 4.4.1 usando a fórmula de Ackermann.*

Solução 4.7.1 *Dadas as matrizes do sistema contínuo, calculemos as matrizes do sistema discreto das equações (3.77) e (3.78):*

$$\mathbf{A}_d = \begin{bmatrix} 1,00000 & 0,01000 & 0,00005 \\ 0 & 1,00000 & 0,01000 \\ 0 & 0 & 1,00000 \end{bmatrix}, \quad \mathbf{B}_d = \begin{bmatrix} 1,66666667 \times 10^{-7} \\ 5,0 \times 10^{-5} \\ 1,0 \times 10^{-2} \end{bmatrix}$$

as matrizes $\mathbf{C}_d$ e $\mathbf{D}_d$ são as mesmas que no caso contínuo. O polo discreto desejado é calculado de $z = e^{Ts}$ e, uma vez que $s = -5$, teremos $z_p = 0,9512$.

As matrizes aumentadas são obtidas como segue:

$$\tilde{\mathbf{A}}_d = \begin{bmatrix} \mathbf{A}_d & \mathbf{0} \\ -\mathbf{C} & \mathbf{I}_l \end{bmatrix}, \quad \tilde{\mathbf{B}}_d = \begin{bmatrix} \mathbf{B} \\ \mathbf{0} \end{bmatrix} \quad \tilde{\mathbf{K}} = [\boldsymbol{K}_d \quad K_1],$$

assim, obtém-se:

$$\tilde{\mathbf{A}}_d = \begin{bmatrix} 1,00000 & 0,01000 & 0,00005 & 0,0 \\ 0 & 1,00000 & 0,01000 & 0,0 \\ 0 & 0 & 1,00000 & 0,0 \\ -1,0 & 0 & 0 & 1 \end{bmatrix}$$

$$\tilde{\mathbf{B}}_d = \begin{bmatrix} 1,66666667 \times 10^{-7} \\ 5,0 \times 10^{-5} \\ 1,0 \times 10^{-2} \\ 0,0 \end{bmatrix}$$

e a matriz de saída fica:

$$\tilde{\mathbf{C}}_d = \begin{bmatrix} 1 & 0 & 0 & 0 \end{bmatrix}$$

já que está se considerando seguimento de sinal somente no primeiro estado de saída do sistema. A matriz de ganhos é calculada segundo as equações (4.35) e (4.36). Considerando o polo $z_{p_5} = 0,7$ *para o estado aumentado, obtém-se:*

$$\boldsymbol{K}_d = \begin{bmatrix} 2.221,9150576 & 488,0150979 & 42,1540652 & -34,8012542 \end{bmatrix}$$

O programa para simulação do Exemplo 4.7.1 encontra-se em *para o Matlab. Para esse caso, o sinal de referência é uma onda quadrada de frequência de* 0,1 *Hz e amplitude de* 0,3*. A Figura 4.9a mostra a evolução no tempo dos estados do sistema para um seguimento de sinal de referência com controle integral e a Figura 4.9b mostra o esforço de controle para o seguimento de sinal de referência com controle integral. Observe que a saída do sistema segue o sinal de referência na Figura 4.9c.*

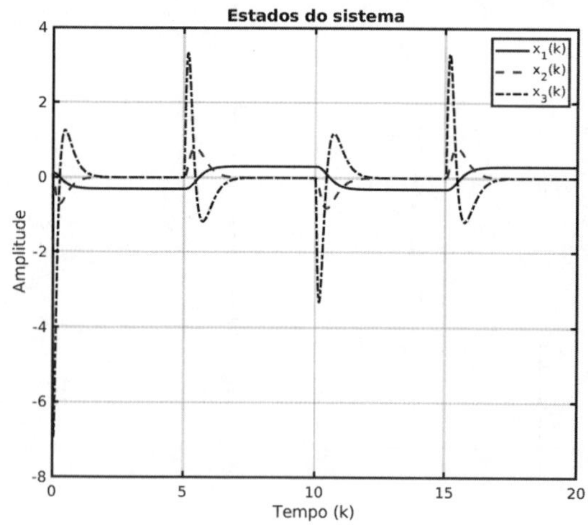

(a) Evolução no tempo dos estados do sistema com seguimento de sinal e controle integral.

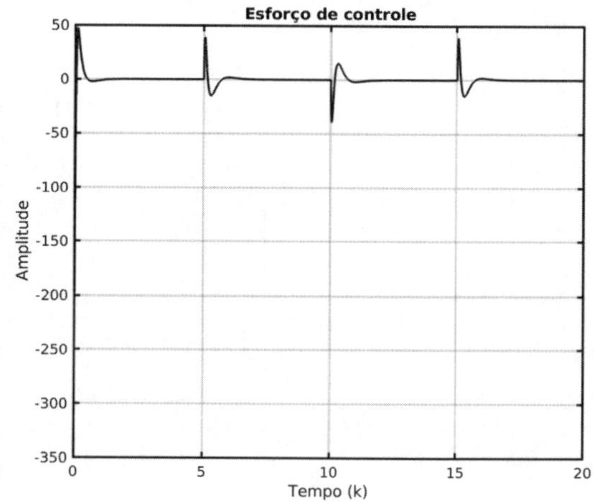

(b) Esforço de controle aplicado no sistema para um seguimento de sinal e controle integral.

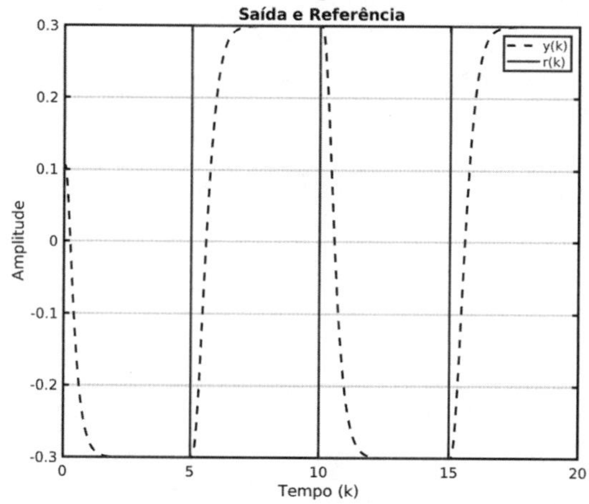

(c) Saída do sistema e sinal de referência para um seguimento de sinal com controle integral.

Figura 4.9: Resposta do sistema geral para o seguimento de um sinal e controle integral.

O programa para simulação do Exemplo 4.7.1 encontra-se em *para o Octave. Para esse caso, o sinal de referência é uma onda quadrada de frequência de* 0, 1 *Hz e amplitude de* 0, 3. *Os gráficos resultantes são semelhantes aos mostrados nas Figuras 4.9a, 4.9b e 4.9c.*

Nesse caso, o sistema foi simulado, sem o uso de uma interface gráfica, de maneira iterativa, com a evolução do tempo em múltiplos inteiros do período de amostragem.

4.8 Método de projeto de controle ótimo

Para esta seção, consideram-se as seguintes notações para uma variável qualquer: $\boldsymbol{x}$: $\boldsymbol{x}(k+1) = \boldsymbol{x}_{k+1}$ e $\boldsymbol{x}(k) = \boldsymbol{x}_k$. N é o número total de iterações.

4.8.1 Controle ótimo para o problema de regulação

Definamos um funcional como o seguinte índice de desempenho, conhecido também como função de custo ou função de perda:

$$J = \frac{1}{2}\boldsymbol{x}_N^T \boldsymbol{F}_N \boldsymbol{x}_N + \frac{1}{2}\sum_{k=0}^{N-1} \left(\boldsymbol{x}_k^T \boldsymbol{Q}_k \boldsymbol{x}_k + \boldsymbol{u}_k^T \boldsymbol{R}_k \boldsymbol{u}_k\right) \tag{4.44}$$

sujeito à restrição:

$$\boldsymbol{x}_{k+1} = \boldsymbol{A}_d \boldsymbol{x}_k + \boldsymbol{B}_d \boldsymbol{u}_k \tag{4.45}$$

em que $\boldsymbol{F}_N$ e $\boldsymbol{Q}_k$ são matrizes $\mathbb{R}^{n\times n}$ simétricas, semidefinidas positivas, $\boldsymbol{R}_k$ é uma matriz $\mathbb{R}^{r\times r}$ simétrica definida positiva, $\boldsymbol{x}_k$ é o vetor de estados do sistema $\mathbb{R}^n$ e $\boldsymbol{u}_k$ é o vetor de controle $\mathbb{R}^r$. A condição inicial $\boldsymbol{x}_0$ é conhecida, $\boldsymbol{x}_N$ é livre e N é fixa.

Para minimizar o problema de otimização dado pelas equações (4.44) e (4.45), propõe-se o seguinte Hamiltoniano que tem a forma:

$$H\left(\boldsymbol{x}_k, \boldsymbol{u}_k, \boldsymbol{\lambda}_{k+1}\right) = \frac{1}{2}\left(\boldsymbol{x}_k^T \boldsymbol{Q}_k \boldsymbol{x}_k + \boldsymbol{u}_k^T \boldsymbol{R}_k \boldsymbol{u}_k\right) + \boldsymbol{\lambda}_{k+1}^T\left(\boldsymbol{A}_d \boldsymbol{x}_k + \boldsymbol{B}_d \boldsymbol{u}_k\right) \tag{4.46}$$

as condições de otimalidade são:

$$\boldsymbol{x}_{k+1} = \frac{\partial H}{\partial \boldsymbol{\lambda}_{k+1}} = \boldsymbol{A}_d\,\boldsymbol{x}_k + \boldsymbol{B}_d\,\boldsymbol{u}_k \tag{4.47}$$

$$\boldsymbol{\lambda}_k = \frac{\partial H}{\partial \boldsymbol{x}_k} = \boldsymbol{A}_d^T\,\boldsymbol{\lambda}_{k+1} + \boldsymbol{Q}_k\,\boldsymbol{x}_k \tag{4.48}$$

$$\frac{\partial H}{\partial \boldsymbol{u}_k} = 0, \quad \text{de onde} \quad \boldsymbol{u}_k = -\boldsymbol{R}_k^{-1}\,\boldsymbol{B}_d^T\,\boldsymbol{\lambda}_{k+1} \tag{4.49}$$

$$\boldsymbol{\lambda}_N = \boldsymbol{F}_N\,\boldsymbol{x}_N \tag{4.50}$$

Para determinar a solução do problema de otimização é necessário resolver as equações (4.47) a (4.50) simultaneamente. O controle ótimo em malha fechada tem a forma:

$$\boldsymbol{u}_k = \boldsymbol{K}_k\,\boldsymbol{x}_k \tag{4.51}$$

Supõe-se que os coestados $\boldsymbol{\lambda}_k$ podem ser escritos da seguinte maneira:

$$\boldsymbol{\lambda}_k = \boldsymbol{P}_k\,\boldsymbol{x}_k \tag{4.52}$$

como pode ser observado da equação (4.50), assim também é válido:

$$\boldsymbol{\lambda}_{k+1} = \boldsymbol{P}_{k+1}\,\boldsymbol{x}_{k+1} \tag{4.53}$$

Substituindo (4.52) e (4.53) em (4.48), obtém-se:

$$\boldsymbol{P}_k\,\boldsymbol{x}_k = \boldsymbol{A}_d^T\,\boldsymbol{P}_{k+1}\,\boldsymbol{x}_{k+1} + \boldsymbol{Q}_k\,\boldsymbol{x}_k, \quad \text{daqui obtém-se:}$$

$$\boldsymbol{0} = \boldsymbol{A}_d^T\,\boldsymbol{P}_{k+1}\,\boldsymbol{x}_{k+1} + \left(\boldsymbol{Q}_k - \boldsymbol{P}_k\right)\boldsymbol{x}_k \tag{4.54}$$

Substituindo (4.49) em (4.47), teremos:

$$\boldsymbol{x}_{k+1} = \boldsymbol{A}_d\,\boldsymbol{x}_k - \boldsymbol{B}_d\,\boldsymbol{R}_k^{-1}\,\boldsymbol{B}_d^T\,\boldsymbol{\lambda}_{k+1} \tag{4.55}$$

Substituindo (4.53) em (4.55) e resolvendo para $\boldsymbol{x}_{k+1}$, obtemos:

$$\begin{aligned}\boldsymbol{x}_{k+1} &= \boldsymbol{A}_d\,\boldsymbol{x}_k - \boldsymbol{B}_d\,\boldsymbol{R}_k^{-1}\,\boldsymbol{B}_d^T\,\boldsymbol{P}_{k+1}\,\boldsymbol{x}_{k+1}\\ \boldsymbol{A}_d\,\boldsymbol{x}_k &= \left(\boldsymbol{I} + \boldsymbol{B}_d\,\boldsymbol{R}_k^{-1}\,\boldsymbol{B}_d^T\,\boldsymbol{P}_{k+1}\right)\boldsymbol{x}_{k+1}\\ \boldsymbol{x}_{k+1} &= \left(\boldsymbol{I} + \boldsymbol{B}_d\,\boldsymbol{R}_k^{-1}\,\boldsymbol{B}_d^T\,\boldsymbol{P}_{k+1}\right)^{-1}\boldsymbol{A}_d\,\boldsymbol{x}_k \qquad (4.56)\end{aligned}$$

Substituindo (4.56) em (4.54), teremos:

$$\begin{aligned}&\boldsymbol{A}_d^T\,\boldsymbol{P}_{k+1}\left(\boldsymbol{I} + \boldsymbol{B}_d\,\boldsymbol{R}_k^{-1}\,\boldsymbol{B}_d^T\,\boldsymbol{P}_{k+1}\right)^{-1}\boldsymbol{A}_d\,\boldsymbol{x}_k + \left(\boldsymbol{Q}_k - \boldsymbol{P}_k\right)\boldsymbol{x}_k\\ &\left(\boldsymbol{A}_d^T\,\boldsymbol{P}_{k+1}\left(\boldsymbol{I} + \boldsymbol{B}_d\,\boldsymbol{R}_k^{-1}\,\boldsymbol{B}_d^T\,\boldsymbol{P}_{k+1}\right)^{-1}\boldsymbol{A}_d + \boldsymbol{Q}_k - \boldsymbol{P}_k\right)\boldsymbol{x}_k = \boldsymbol{0} \qquad (4.57)\end{aligned}$$

como (4.57) deve ser satisfeita para todo $\boldsymbol{x}_k$, então:

$$\begin{aligned}\boldsymbol{A}_d^T\,\boldsymbol{P}_{k+1}\left(\boldsymbol{I} + \boldsymbol{B}_d\,\boldsymbol{R}_k^{-1}\,\boldsymbol{B}_d^T\,\boldsymbol{P}_{k+1}\right)^{-1}\boldsymbol{A}_d + \boldsymbol{Q}_k - \boldsymbol{P}_k &= \boldsymbol{0}\\ \boldsymbol{P}_k = \boldsymbol{A}_d^T\,\boldsymbol{P}_{k+1}\left(\boldsymbol{I} + \boldsymbol{B}_d\,\boldsymbol{R}_k^{-1}\,\boldsymbol{B}_d^T\,\boldsymbol{P}_{k+1}\right)^{-1}\boldsymbol{A}_d + \boldsymbol{Q}_k & \qquad (4.58)\end{aligned}$$

Se $\boldsymbol{P}_{k+1}$ tem inversa e partindo de (4.58), obtém-se:

$$\boldsymbol{P}_k = \boldsymbol{A}_d^T\left(\boldsymbol{P}_{k+1}^{-1} + \boldsymbol{B}_d\,\boldsymbol{R}_k^{-1}\,\boldsymbol{B}_d^T\right)^{-1}\boldsymbol{A}_d + \boldsymbol{Q}_k \qquad (4.59)$$

Uma expressão mais conveniente para determinar $\boldsymbol{P}_k$ pode ser obtida utilizando a seguinte propriedade de matrizes:

$$\boldsymbol{F} = \left(\boldsymbol{A} + \boldsymbol{B}\,\boldsymbol{C}\,\boldsymbol{D}\right)^{-1} = \boldsymbol{A}^{-1} - \boldsymbol{A}^{-1}\,\boldsymbol{B}\left(\boldsymbol{D}\,\boldsymbol{A}^{-1}\,\boldsymbol{B} + \boldsymbol{C}^{-1}\right)^{-1}\boldsymbol{D}\,\boldsymbol{A}^{-1}$$

se, em (4.59), $\boldsymbol{A} = \boldsymbol{P}_{k+1}^{-1}$, $\boldsymbol{B} = \boldsymbol{B}_d$, $\boldsymbol{C} = \boldsymbol{R}_k^{-1}$ e $\boldsymbol{D} = \boldsymbol{B}_d^T$:

$$\begin{aligned}\boldsymbol{P}_k &= \boldsymbol{A}_d^T\left(\boldsymbol{P}_{k+1} - \boldsymbol{P}_{k+1}\,\boldsymbol{B}_d(\boldsymbol{B}_d^T\,\boldsymbol{P}_{k+1}\,\boldsymbol{B}_d + \boldsymbol{R}_k)^{-1}\,\boldsymbol{B}_d^T\,\boldsymbol{P}_{k+1}\right)\boldsymbol{A}_d + \boldsymbol{Q}_k\\ \boldsymbol{P}_k &= \boldsymbol{A}_d^T\,\boldsymbol{P}_{k+1}\,\boldsymbol{A}_d - \boldsymbol{A}_d^T\,\boldsymbol{P}_{k+1}\,\boldsymbol{B}_d\left(\boldsymbol{B}_d^T\,\boldsymbol{P}_{k+1}\,\boldsymbol{B}_d + \boldsymbol{R}_k\right)^{-1}\boldsymbol{B}_d^T\,\boldsymbol{P}_{k+1}\,\boldsymbol{A}_d + \boldsymbol{Q}_k\end{aligned}$$

(4.60)

com a condição limite final:

$$\boldsymbol{P}_N = \boldsymbol{F}_N \tag{4.61}$$

Para determinar o ganho $\boldsymbol{K}_k$, substitui-se (4.53) em (4.49) e (4.47) em (4.49):

$$\begin{aligned}
\boldsymbol{u}_k &= -\boldsymbol{R}_k^{-1}\,\boldsymbol{B}_d^T\,\boldsymbol{\lambda}_{k+1} = -\boldsymbol{R}_k^{-1}\,\boldsymbol{B}_d^T\,\boldsymbol{P}_{k+1}\,\boldsymbol{x}_{k+1}\\
&= -\boldsymbol{R}_k^{-1}\,\boldsymbol{B}_d^T\,\boldsymbol{P}_{k+1}\left(\boldsymbol{A}_d\,\boldsymbol{x}_k + \boldsymbol{B}_d\,\boldsymbol{u}_k\right)\\
&= -\boldsymbol{R}_k^{-1}\,\boldsymbol{B}_d^T\,\boldsymbol{P}_{k+1}\,\boldsymbol{A}_d\,\boldsymbol{x}_k - \boldsymbol{R}_k^{-1}\,\boldsymbol{B}_d^T\,\boldsymbol{P}_{k+1}\,\boldsymbol{B}_d\,\boldsymbol{u}_k
\end{aligned}$$

resolvendo para $\boldsymbol{u}_k$ obtém-se:

$$\begin{aligned}
\left(\boldsymbol{I} + \boldsymbol{R}_k^{-1}\,\boldsymbol{B}_d^T\,\boldsymbol{P}_{k+1}\,\boldsymbol{B}_d\right)\boldsymbol{u}_k &= -\boldsymbol{R}_k^{-1}\,\boldsymbol{B}_d^T\,\boldsymbol{P}_{k+1}\,\boldsymbol{A}_d\,\boldsymbol{x}_k\\
\boldsymbol{u}_k &= -\left(\boldsymbol{I} + \boldsymbol{R}_k^{-1}\,\boldsymbol{B}_d^T\,\boldsymbol{P}_{k+1}\,\boldsymbol{B}_d\right)^{-1}\boldsymbol{R}_k^{-1}\,\boldsymbol{B}_d^T\,\boldsymbol{P}_{k+1}\,\boldsymbol{A}_d\,\boldsymbol{x}_k\\
\boldsymbol{u}_k &= -\underbrace{\left(\boldsymbol{R}_k + \boldsymbol{B}_d^T\,\boldsymbol{P}_{k+1}\,\boldsymbol{B}_d\right)^{-1}\boldsymbol{B}_d^T\,\boldsymbol{P}_{k+1}\,\boldsymbol{A}_d}_{\boldsymbol{K}_k}\,\boldsymbol{x}_k
\end{aligned}$$

assim:

$$\boldsymbol{u}_k = -\boldsymbol{K}_k\,\boldsymbol{x}_k \tag{4.62}$$

na qual:

$$\boldsymbol{K}_k = \left(\boldsymbol{R}_k + \boldsymbol{B}_d^T\,\boldsymbol{P}_{k+1}\,\boldsymbol{B}_d\right)^{-1}\boldsymbol{B}_d^T\,\boldsymbol{P}_{k+1}\,\boldsymbol{A}_d.$$

4.8.2 Controle ótimo para o problema de seguimento de sinal

Consideremos o seguente sistema:

$$\boldsymbol{x}_{k+1} = \boldsymbol{A}_d\,\boldsymbol{x}_k + \boldsymbol{B}_d\,\boldsymbol{u}_k \tag{4.63}$$

$$y_k = \boldsymbol{C}\,\boldsymbol{x}_k \tag{4.64}$$

O índice de desempenho a ser minimizado é:

$$
\begin{aligned}
J \;=\; & \frac{1}{2}\Big(\left(\boldsymbol{C}\boldsymbol{x}_N - \boldsymbol{r}_N\right)^T \boldsymbol{F}\left(\boldsymbol{C}\boldsymbol{x}_N - \boldsymbol{r}_N\right) \Big) + \cdots \\
& \cdots + \sum_{k=0}^{N-1} \left(\boldsymbol{C}\boldsymbol{x}_k - \boldsymbol{r}_k\right)^T \boldsymbol{Q}\left(\boldsymbol{C}\boldsymbol{x}_k - \boldsymbol{r}_k\right) + \boldsymbol{u}_k^T \boldsymbol{R}\boldsymbol{u}_k
\end{aligned}
\tag{4.65}
$$

no qual $\boldsymbol{F}$ e $\boldsymbol{Q}$ são matrices $\mathbb{R}^{n\times n}$ simétricas, semidefinidas positivas, $\boldsymbol{R}$ é uma matriz $\mathbb{R}^{r\times r}$ simétrica definida positiva, $\boldsymbol{x}_k$ é o vetor de estados do sistema $\mathbb{R}^n$, $\boldsymbol{u}_k$ é o vetor de controle $\mathbb{R}^r$ e $\boldsymbol{y}_k$ é o vetor de saída do sistema $\mathbb{R}^n$. A condição inicial $\boldsymbol{x}_0$ é conhecida, $\boldsymbol{x}_N$ é livre, N é fixa e $\boldsymbol{r}_k$ é o vetor de sinal de referência $\mathbb{R}^n$. O problema é minimizar o erro $\boldsymbol{e}_k = \boldsymbol{y}_k - \boldsymbol{r}_k$ o máximo possível com o mínimo de esforço de controle.

Para minimizar o problema de otimização, propõe-se o seguinte Hamiltoniano que tem a forma:

$$
\begin{aligned}
H\big(\boldsymbol{x}_k, \boldsymbol{u}_k, \boldsymbol{\lambda}_{k+1}\big) = & \frac{1}{2}\sum_{k=0}^{N-1} \Big(\left(\boldsymbol{C}\boldsymbol{x}_k - \boldsymbol{r}_k\right)^T \boldsymbol{Q}\left(\boldsymbol{C}\boldsymbol{x}_k - \boldsymbol{r}_k\right) + \boldsymbol{u}_k^T \boldsymbol{R}_k \boldsymbol{u}_k \Big) + \cdots \\
& \cdots + \boldsymbol{\lambda}_{k+1}^T \big(\boldsymbol{A}_d \boldsymbol{x}_k + \boldsymbol{B}_d \boldsymbol{u}_k\big)
\end{aligned}
\tag{4.66}
$$

as condições de otimalidade são:

$$
\boldsymbol{x}_{k+1} = \frac{\partial H}{\partial \boldsymbol{\lambda}_{k+1}} = \boldsymbol{A}_d \boldsymbol{x}_k + \boldsymbol{B}_d \boldsymbol{u}_k \tag{4.67}
$$

$$
\boldsymbol{\lambda}_k = \frac{\partial H}{\partial \boldsymbol{x}_k} = \boldsymbol{A}_d^T \boldsymbol{\lambda}_{k+1} + \boldsymbol{C}^T \boldsymbol{Q}\boldsymbol{C}\boldsymbol{x}_k - \boldsymbol{C}^T \boldsymbol{Q}\boldsymbol{r}_k \tag{4.68}
$$

$$
\frac{\partial H}{\partial \boldsymbol{u}_k} = 0, \quad \text{de onde} \quad \boldsymbol{u}_k = -\boldsymbol{R}^{-1}\boldsymbol{B}_d^T \boldsymbol{\lambda}_{k+1} \tag{4.69}
$$

$$
\boldsymbol{\lambda}_N = \boldsymbol{C}^T \boldsymbol{F}\boldsymbol{C}\boldsymbol{x}_N - \boldsymbol{C}^T \boldsymbol{F}\boldsymbol{r}_N \tag{4.70}
$$

O controle ótimo de malha aberta é definido na equação (4.69). Substituindo (4.69) em (4.67) e (4.68), obtêm-se as seguintes equações:

$$\boldsymbol{x}_{k+1} = \boldsymbol{A}_d\,\boldsymbol{x}_k - \boldsymbol{B}_d\,\boldsymbol{R}^{-1}\,\boldsymbol{B}_d^T\,\boldsymbol{\lambda}_{k+1} \tag{4.71}$$

$$\boldsymbol{\lambda}_k = \boldsymbol{A}_d^T\,\boldsymbol{\lambda}_{k+1} + \boldsymbol{C}^T\,\boldsymbol{Q}\,\boldsymbol{C}\,\boldsymbol{x}_k - \boldsymbol{C}^T\,\boldsymbol{Q}\,\boldsymbol{r}_k \tag{4.72}$$

Para obter o controle ótimo de malha fechada, supõe-se que:

$$\boldsymbol{\lambda}_k = \boldsymbol{P}_k\,\boldsymbol{x}_k - \boldsymbol{g}_k \tag{4.73}$$

em que a matriz $\boldsymbol{P}_k$ e o vetor $\boldsymbol{g}_k$ são variáveis a serem determinadas. Substituindo apropriadamente (4.73) em (4.71), teremos:

$$\boldsymbol{x}_{k+1} = \boldsymbol{A}_d\,\boldsymbol{x}_k - \boldsymbol{B}_d\,\boldsymbol{R}^{-1}\,\boldsymbol{B}_d^T\left(\boldsymbol{P}_{k+1}\,\boldsymbol{x}_{k+1} - \boldsymbol{g}_{k+1}\right)$$

e resolvendo para $\boldsymbol{x}_{k+1}$, obtém-se:

$$\boldsymbol{x}_{k+1} = \left(\boldsymbol{I} + \boldsymbol{B}_d\,\boldsymbol{R}^{-1}\,\boldsymbol{B}_d^T\,\boldsymbol{P}_{k+1}\right)^{-1}\left(\boldsymbol{A}_d\,\boldsymbol{x}_k + \boldsymbol{B}_d\,\boldsymbol{R}^{-1}\,\boldsymbol{B}_d^T\,\boldsymbol{g}_{k+1}\right) \tag{4.74}$$

Substituímos apropriadamente (4.73) em (4.72):

$$\boldsymbol{P}_k\,\boldsymbol{x}_k - \boldsymbol{g}_k = \boldsymbol{A}_d^T\left(\boldsymbol{P}_{k+1}\,\boldsymbol{x}_{k+1} - \boldsymbol{g}_{k+1}\right) + \boldsymbol{C}^T\,\boldsymbol{Q}\,\boldsymbol{C}\,\boldsymbol{x}_k - \boldsymbol{C}^T\,\boldsymbol{Q}\,\boldsymbol{r}_k \tag{4.75}$$

Substituindo apropriadamente (4.74) em (4.75), obtém-se:

$$\begin{aligned}
\boldsymbol{P}_k\,\boldsymbol{x}_k - \boldsymbol{g}_k = {} & \boldsymbol{A}_d^T\left(\boldsymbol{P}_{k+1}\left(\boldsymbol{I} + \boldsymbol{B}_d\,\boldsymbol{R}^{-1}\,\boldsymbol{B}_d^T\,\boldsymbol{P}_{k+1}\right)^{-1}\left(\boldsymbol{A}_d\,\boldsymbol{x}_k + \cdots\right.\right.\\
& \left.\left.\cdots + \boldsymbol{B}_d\,\boldsymbol{R}^{-1}\,\boldsymbol{B}_d^T\,\boldsymbol{g}_{k+1}\right) - \boldsymbol{g}_{k+1}\right) + \cdots\\
& \cdots + \boldsymbol{C}^T\,\boldsymbol{Q}\,\boldsymbol{C}\,\boldsymbol{x}_k - \boldsymbol{C}^T\,\boldsymbol{Q}\,\boldsymbol{r}_k\\
\boldsymbol{P}_k\,\boldsymbol{x}_k - \boldsymbol{g}_k = {} & \boldsymbol{A}_d^T\,\boldsymbol{P}_{k+1}\left(\boldsymbol{I} + \boldsymbol{B}_d\,\boldsymbol{R}^{-1}\,\boldsymbol{B}_d^T\,\boldsymbol{P}_{k+1}\right)^{-1}\boldsymbol{A}_d\,\boldsymbol{x}_k + \boldsymbol{C}^T\,\boldsymbol{Q}\,\boldsymbol{C}\,\boldsymbol{x}_k + \cdots\\
& \cdots + \boldsymbol{A}_d^T\,\boldsymbol{P}_{k+1}\left(\boldsymbol{I} + \boldsymbol{B}_d\,\boldsymbol{R}^{-1}\,\boldsymbol{B}_d^T\,\boldsymbol{P}_{k+1}\right)^{-1}\boldsymbol{B}_d\,\boldsymbol{R}^{-1}\,\boldsymbol{B}_d^T\,\boldsymbol{g}_{k+1} - \cdots\\
& \cdots - \boldsymbol{A}_d^T\,\boldsymbol{g}_{k+1} - \boldsymbol{C}^T\,\boldsymbol{Q}\,\boldsymbol{r}_k
\end{aligned}$$

agrupando todos os termos com $\boldsymbol{x}_k$ e o restantes de maneira que:

$$\left(\boldsymbol{A}_d^T \boldsymbol{P}_{k+1}\left(\boldsymbol{I}+\boldsymbol{B}_d \boldsymbol{R}^{-1} \boldsymbol{B}_d^T \boldsymbol{P}_{k+1}\right)^{-1} \boldsymbol{A}_d+\boldsymbol{C}^T \boldsymbol{Q} \boldsymbol{C}-\boldsymbol{P}_k\right) \boldsymbol{x}_k+\cdots$$

$$\cdots+\left[\boldsymbol{A}_d^T \boldsymbol{P}_{k+1}\left(\boldsymbol{I}+\boldsymbol{B}_d \boldsymbol{R}^{-1} \boldsymbol{B}_d^T \boldsymbol{P}_{k+1}\right)^{-1} \boldsymbol{B}_d \boldsymbol{R}^{-1} \boldsymbol{B}_d^T \boldsymbol{g}_{k+1}-\cdots\right.$$

$$\left.\cdots-\boldsymbol{A}_d^T \boldsymbol{g}_{k+1}-\boldsymbol{C}^T \boldsymbol{Q} \boldsymbol{r}_k+\boldsymbol{g}_k\right]=\mathbf{0} \quad (4.76)$$

A equação (4.76) deve ser satisfeita para todos os valores de $\boldsymbol{x}_k$, assim o coeficiente de $\boldsymbol{x}_k$ e os termos restantes devem ser nulos. Assim:

$$\boldsymbol{A}_d^T \boldsymbol{P}_{k+1}\left(\boldsymbol{I}+\boldsymbol{B}_d \boldsymbol{R}^{-1} \boldsymbol{B}_d^T \boldsymbol{P}_{k+1}\right)^{-1} \boldsymbol{A}_d+\boldsymbol{C}^T \boldsymbol{Q} \boldsymbol{C}-\boldsymbol{P}_k=\mathbf{0}$$

de onde

$$\boldsymbol{P}_k=\boldsymbol{A}_d^T \boldsymbol{P}_{k+1}\left(\boldsymbol{I}+\boldsymbol{B}_d \boldsymbol{R}^{-1} \boldsymbol{B}_d^T \boldsymbol{P}_{k+1}\right)^{-1} \boldsymbol{A}_d+\boldsymbol{C}^T \boldsymbol{Q} \boldsymbol{C} \quad (4.77)$$

ou

$$\boldsymbol{P}_k=\boldsymbol{A}_d^T\left(\boldsymbol{P}_{k+1}^{-1}+\boldsymbol{B}_d \boldsymbol{R}^{-1} \boldsymbol{B}_d^T\right)^{-1} \boldsymbol{A}_d+\boldsymbol{C}^T \boldsymbol{Q} \boldsymbol{C}$$

e os termos remanescentes:

$$\boldsymbol{A}_d^T \boldsymbol{P}_{k+1}\left(\boldsymbol{I}+\boldsymbol{B}_d \boldsymbol{R}^{-1} \boldsymbol{B}_d^T \boldsymbol{P}_{k+1}\right)^{-1} \boldsymbol{B}_d \boldsymbol{R}^{-1} \boldsymbol{B}_d^T \boldsymbol{g}_{k+1}-\cdots$$

$$\cdots-\boldsymbol{A}_d^T \boldsymbol{g}_{k+1}-\boldsymbol{C}^T \boldsymbol{Q} \boldsymbol{r}_k+\boldsymbol{g}_k=\mathbf{0}$$

de onde

$$\boldsymbol{g}_k=\boldsymbol{A}_d^T\left[\boldsymbol{I}-\left(\boldsymbol{P}_{k+1}^{-1}+\boldsymbol{B}_d \boldsymbol{R}^{-1} \boldsymbol{B}_d^T\right)^{-1} \boldsymbol{B}_d \boldsymbol{R}^{-1} \boldsymbol{B}_d^T\right] \boldsymbol{g}_{k+1}+\boldsymbol{C}^T \boldsymbol{Q} \boldsymbol{r}_k$$

ou

$$\boldsymbol{g}_k=\left[\boldsymbol{A}_d^T-\boldsymbol{A}_d^T \boldsymbol{P}_{k+1}\left(\boldsymbol{I}+\boldsymbol{B}_d \boldsymbol{R}^{-1} \boldsymbol{B}_d^T \boldsymbol{P}_{k+1}\right)^{-1} \boldsymbol{B}_d \boldsymbol{R}^{-1} \boldsymbol{B}_d^T\right] \boldsymbol{g}_{k+1}+\cdots$$

$$\cdots+\boldsymbol{C}^T \boldsymbol{Q} \boldsymbol{r}_k \quad (4.78)$$

As condições de contorno para as equações (4.77) e (4.78) são obtidas comparando a equação (4.70) com (4.73):

$$\boldsymbol{P}_N = \boldsymbol{C}^T \boldsymbol{F} \boldsymbol{C} \tag{4.79}$$

$$\boldsymbol{g}_N = \boldsymbol{C}^T \boldsymbol{F} \boldsymbol{r}_N \tag{4.80}$$

Observe que a equação (4.77) é a equação diferença matricial de Riccati (DRE), a qual deve ser resolvida de trás para frente com a condição final dada pela equação (4.79) e o vetor da equação diferença linear (4.78), que deve ser resolvido de trás para frente com a condição final dada pela equação (4.80).

O controle ótimo de malha fechada é obtido utilizando as equações (4.69), (4.73), (4.77), (4.63) e (4.78):

$$\boldsymbol{u}_k = -\boldsymbol{R}^{-1} \boldsymbol{B}_d^T \boldsymbol{\lambda}_{k+1}$$

$$\boldsymbol{u}_k = -\boldsymbol{R}^{-1} \boldsymbol{B}_d^T \left(\boldsymbol{P}_{k+1} \boldsymbol{x}_{k+1} - \boldsymbol{g}_{k+1}\right)$$

$$\boldsymbol{u}_k = -\boldsymbol{R}^{-1} \boldsymbol{B}_d^T \left(\boldsymbol{P}_{k+1} \boldsymbol{A}_d \boldsymbol{x}_k + \boldsymbol{B}_d \boldsymbol{u}_k\right) + \boldsymbol{R}^{-1} \boldsymbol{B}_d^T \boldsymbol{g}_{k+1}$$

e, resolvendo para $\boldsymbol{u}_k$, obtém-se:

$$\boldsymbol{u}_k = -\boldsymbol{K}_k \boldsymbol{x}_k + \boldsymbol{W}_k \boldsymbol{g}_{k+1} \tag{4.81}$$

em que:

$$\boldsymbol{K}_k = \left(\boldsymbol{R} + \boldsymbol{B}_d^T \boldsymbol{P}_{k+1} \boldsymbol{B}_d\right)^{-1} \boldsymbol{B}_d^T \boldsymbol{P}_{k+1} \boldsymbol{A}_d \tag{4.82}$$

$$\boldsymbol{W}_k = \left(\boldsymbol{R} + \boldsymbol{B}_d^T \boldsymbol{P}_{k+1} \boldsymbol{B}_d\right)^{-1} \boldsymbol{B}_d^T \tag{4.83}$$

na qual $\boldsymbol{K}_k$ é o ganho de realimentação e $\boldsymbol{W}_k$ é o ganho de *feed forward.*

O leitor pode consultar as seguintes referências para mais detalhes e nuances dos sistemas de controle ótimo em tempo discreto para regulação e seguimento de trajetória: Ogata (1995), Phillips e Nagle (1995), Naidu (2002), Crassidis e Junkins (2011), Chakrabortty, Nagle e Phillips (2015).

Algoritmo do controle ótimo

Algoritmo 1: Algoritmo do controle ótimo para seguimento de trajetória.

Entrada: Equações do sistema (4.63), (4.64), equação do índice de desempenho (4.65). Identificar matrizes $\boldsymbol{A}_d$, $\boldsymbol{B}_d$, $\boldsymbol{C}$, $\boldsymbol{D}$ do sistema, e $\boldsymbol{F}$, $\boldsymbol{Q}$ e $\boldsymbol{R}$ do índice de desempenho. T_s período de amostragem, N número total de iterações.

início

inicialização $\boldsymbol{P}_N = \boldsymbol{C}^T \boldsymbol{F} \boldsymbol{C}$ e $\boldsymbol{g}_N = \boldsymbol{C}^T \boldsymbol{F} \boldsymbol{r}_N$;

repita

- Resolver de trás para frente a matriz $\boldsymbol{P}_k$, isto é, a equação (4.77)
- Resolver de trás para frente a matriz $\boldsymbol{g}_k$, isto é, a equação (4.78)

até *Tempo final de iteração*;

repita

- Resolver de trás para frente a matriz $\boldsymbol{K}_k$, isto é, a equação (4.82)
- Resolver de trás para frente a matriz $\boldsymbol{W}_k$, isto é, a equação (4.83)

até *Tempo final de iteração*;

repita

- Resolver a equação do esforço de controle $\boldsymbol{u}_k$, isto é, a equação (4.81)
- Resolver a equação de estados $\boldsymbol{x}_k$, isto é, a equação (4.63)

até *Tempo final de iteração*;

Exemplo 4.8.1 *Projete um sistema de seguimento de sinal com controle ótimo para o Exemplo 4.4.1, considerando que:*

$$J = \frac{1}{2}\Big((\boldsymbol{C}\boldsymbol{x}_N - \boldsymbol{r}_N)^T \boldsymbol{F} (\boldsymbol{C}\boldsymbol{x}_N - \boldsymbol{r}_N) \Big) + \sum_{k=0}^{N-1} (\boldsymbol{C}\boldsymbol{x}_k - \boldsymbol{r}_k)^T \boldsymbol{Q} (\boldsymbol{C}\boldsymbol{x}_k - \boldsymbol{r}_k) +$$

$$\cdots + \sum_{k=0}^{N-1} \boldsymbol{u}_k^T \boldsymbol{R} \boldsymbol{u}_k$$

Deseja-se que a saída do sistema siga um sinal de onda quadrada de amplitude $0,3$ *e frequência de* $0,1$ *Hz com o menor esforço de controle possível e:*

$$\boldsymbol{r}_k = \begin{pmatrix} s_k \\ 0 \\ 0 \end{pmatrix}, \quad \boldsymbol{F} = \begin{pmatrix} 1 & 0 & 0 \\ 0 & 0 & 0 \\ 0 & 0 & 0 \end{pmatrix}, \quad \boldsymbol{Q} = \begin{pmatrix} 1000 & 0 & \\ 0 & 0 & 0 \\ 0 & 0 & 0 \end{pmatrix}, \quad \boldsymbol{R} = 0,01,$$

em que s_k *é uma onda quadrada.*

Solução 4.8.1 *Dadas as matrizes do sistema contínuo, calculemos as matrizes do sistema discreto das equações (3.77) e (3.78):*

$$\mathbf{A}_d = \begin{bmatrix} 1,00000 & 0,01000 & 0,00005 \\ 0 & 1,00000 & 0,01000 \\ 0 & 0 & 1,00000 \end{bmatrix}, \quad \mathbf{B}_d = \begin{bmatrix} 1,66666667 \times 10^{-7} \\ 5,0 \times 10^{-5} \\ 1,0 \times 10^{-2} \end{bmatrix}$$

as matrizes $\mathbf{C}_d$ *e* $\mathbf{D}_d$ *são iguais às matrizes do caso contínuo. Conforme o algoritmo 1,* $\boldsymbol{P}_N = \boldsymbol{C}^T \boldsymbol{F} \boldsymbol{C}$, $\boldsymbol{g}_N = \boldsymbol{C}^T \boldsymbol{F} \boldsymbol{r}_N$.

Com essas condições finais,

- *resolve-se a equação diferença matricial de Riccati de trás para frente usando a condição final* $\boldsymbol{P}_N$*, isto é, a equação (4.77);*
- *resolve-se a equação diferença vetorial de trás para frente usando a condição final* $\boldsymbol{g}_N$*, isto é, a equação (4.78).*

Com os valores da matriz $\boldsymbol{P}_k$ e do vetor $\boldsymbol{g}_k$ ao longo de N iterações:

- *resolve-se de trás para frente a matriz de ganho de realimentação $\boldsymbol{K}_k$, isto é, a equação (4.82);*

- *resolve-se de trás para frente a matriz de ganho feed forward $\boldsymbol{W}_k$, isto é, a equação (4.83).*

Com os valores dos ganhos $\boldsymbol{K}_k$ e $\boldsymbol{W}_k$:

- *resolve-se a equação do esforço de controle $\boldsymbol{u}_k$, isto é, a equação (4.81);*

- *resolve-se a equação de estados $\boldsymbol{x}_k$, isto é, a equação (4.63).*

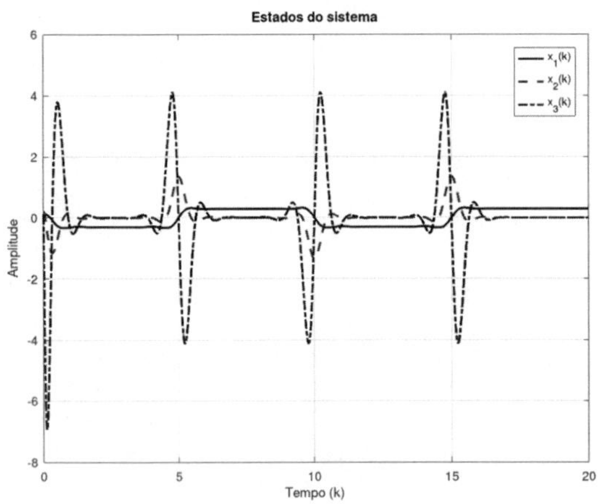

(a) Evolução no tempo dos estados do sistema com seguimento de sinal e controle ótimo.

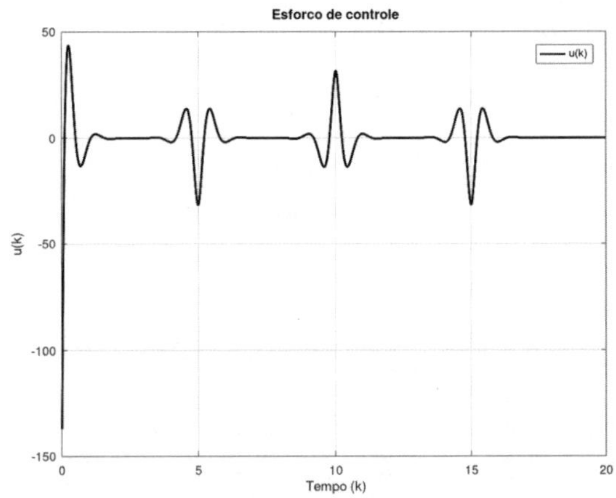

(b) Esforço de controle aplicado no sistema para um seguimento de sinal e controle ótimo.

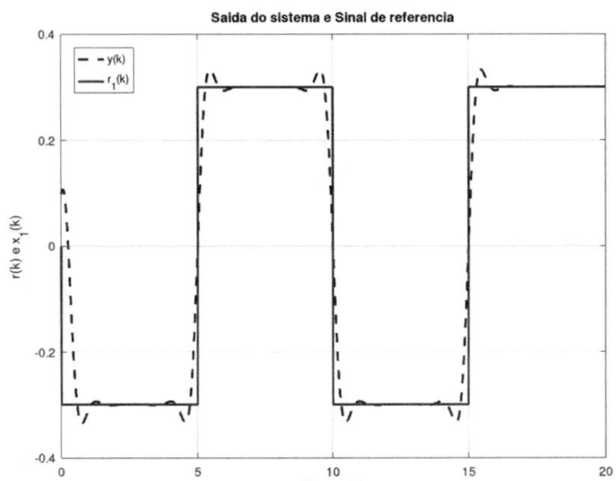

(c) Saída do sistema e sinal de referência para um seguimento de sinal com controle ótimo.

Figura 4.10: Resposta do sistema geral para o seguimento de um sinal e controle ótimo.

O programa para simulação do Exemplo 4.8.1 encontra-se em para o Octave. Para esse caso, o sinal de referência é uma onda quadrada de frequência de 0, 1 *Hz e amplitude de* 0, 3*. A Figura 4.10a mostra a evolução no tempo dos estados do sistema para um seguimento de sinal de referência com controle ótimo e a Figura 4.10b mostra o esforço de controle para o seguimento de sinal de referência com controle ótimo. Observe que o sistema* *segue o sinal de referência. Nesse caso, o sistema foi simulado, sem o uso de uma interface gráfica, de maneira iterativa, com a evolução do tempo em múltiplos inteiros do período de amostragem.*

4.9 Método de projeto de controle preditivo por modelo

O termo controle preditivo por modelo (ou **MPC** do inglês *Model Predictive Control*) não designa uma estratégia de controle específica, mas uma ampla classe de métodos de controle que utilizam explicitamente o modelo do processo para obter o sinal de controle, minimizando uma função de desempenho ou função de custo (CAMACHO; ALBA, 2013).

Desde o surgimento do MPC nas décadas de 1970, muitas pesquisas foram e continuam sendo realizadas com aplicações em diferentes áreas como em robótica, medicina e em diversos tipos de indústrias (CAMACHO; ALBA, 2013).

Nas últimas três décadas, aumentou consideravelmente as aplicações do MPC utilizando métodos de projeto no espaço de estados (WANG, 2009; KOUVARITAKIS; CANNON, 2016; ZHANG; XUE; GAO, 2019; RAKOVIĆ; LEVINE, 2018).

Nesta seção, introduziremos o conceito do MPC na representação do espaço de estados para sistemas discretos no tempo de uma entrada e uma saída. Consideremos o seguinte sistema multivariável:

$$\boldsymbol{x}(k+1) = \boldsymbol{A}_d\,\boldsymbol{x}(k) + \boldsymbol{B}_d\,\boldsymbol{u}(k) \tag{4.84}$$

$$\boldsymbol{y}(k) = \boldsymbol{C}\,\boldsymbol{x}(k) \tag{4.85}$$

nas quais $u(k)$ é o vetor de controle, $y(k)$ é a saída do sistema, $\boldsymbol{x}(k)$ é o vetor de estados do sistema, $\boldsymbol{A}_d \in \mathbb{R}^{n\times n}$ é a matriz de estados, $\boldsymbol{B}_d \in \mathbb{R}^{n\times m}$ é a matriz de entrada e $\boldsymbol{C} \in \mathbb{R}^{r\times n}$. O vetor de estados $\boldsymbol{x}(k) \in \mathbb{R}^{n}$, o vetor de controle $\boldsymbol{u}(k) \in \mathbb{R}^m$ e o vetor de saída $\boldsymbol{y}(k) \in \mathbb{R}^r$.

A estratégia MPC pode ser resumida como sendo o cálculo em um determinado instante de amostragem k de uma sequência de controles futuros $\boldsymbol{u}(k+i)$ desde $i = 0$ até $i = N_c - 1$, em que N_c é denominado de horizonte de controle e determina o número de parâmetros utilizados para capturar a trajetória do controle futuro. Com as informações fornecidas $\boldsymbol{x}(k)$, os estados futuros serão previstos para o número de amostras N_p, que é denominado de horizonte de previsão e que também é o comprimento da janela de otimização.

Consideremos o sistema (4.84) em dois instantes de amostragem consecutivos:

$$\begin{aligned} \boldsymbol{x}(k+1) &= \boldsymbol{A}_d\,\boldsymbol{x}(k) + \boldsymbol{B}_d\,\boldsymbol{u}(k) \\ \boldsymbol{x}(k) &= \boldsymbol{A}_d\,\boldsymbol{x}(k-1) + \boldsymbol{B}_d\,\boldsymbol{u}(k-1) \end{aligned}$$

realizemos a diferença dessas duas equações:

$$\begin{aligned} \boldsymbol{x}(k+1) - \boldsymbol{x}(k) &= \boldsymbol{A}_d\,\boldsymbol{x}(k) - \boldsymbol{A}_d\,\boldsymbol{x}(k-1) + \boldsymbol{B}_d\,\boldsymbol{u}(k) - \boldsymbol{B}_d\,\boldsymbol{u}(k-1) \\ &= \boldsymbol{A}_d\left(\boldsymbol{x}(k) - \boldsymbol{x}(k-1)\right) + \boldsymbol{B}_d\left(\boldsymbol{u}(k) - \boldsymbol{u}(k-1)\right) \end{aligned}$$

sejam $\Delta\boldsymbol{x}(k+1) = \boldsymbol{x}(k+1) - \boldsymbol{x}(k)$, $\Delta\boldsymbol{x}(k) = \boldsymbol{x}(k) - \boldsymbol{x}(k-1)$ e $\Delta\boldsymbol{u}(k) = \boldsymbol{u}(k) - \boldsymbol{u}(k-1)$ os incrementos das variáveis de estado e do controle. A representação no espaço de estados em incrementos é:

$$\Delta\boldsymbol{x}(k+1) = \boldsymbol{A}_d\,\Delta\boldsymbol{x}(k) + \boldsymbol{B}_d\,\Delta\boldsymbol{u}(k) \tag{4.86}$$

Observemos que:

$$\boldsymbol{y}(k+1) - \boldsymbol{y}(k) = \boldsymbol{C}\left(\boldsymbol{x}(k+1) - \boldsymbol{x}(k)\right) = \boldsymbol{C}\,\Delta\boldsymbol{x}(k+1)$$

e, utilizando (4.86), obtém-se:

$$\boldsymbol{y}(k+1) = \boldsymbol{y}(k) + \boldsymbol{C}\left(\boldsymbol{A}_d\,\Delta\boldsymbol{x}(k) + \boldsymbol{B}_d\,\Delta\boldsymbol{u}(k)\right) \tag{4.87}$$

Agrupando as equações (4.86) e (4.87), teremos:

$$\Delta\boldsymbol{x}(k+1) = \boldsymbol{A}_d\,\Delta\boldsymbol{x}(k) + \boldsymbol{B}_d\,\Delta\boldsymbol{u}(k) \tag{4.88}$$

$$\boldsymbol{y}(k+1) = \boldsymbol{y}(k) + \boldsymbol{C}\,\boldsymbol{A}_d\,\Delta\boldsymbol{x}(k) + \boldsymbol{C}\,\boldsymbol{B}_d\,\Delta\boldsymbol{u}(k) \tag{4.89}$$

como $\Delta\boldsymbol{u}(k)$ é a entrada do modelo (4.88) - (4.89), o sistema aumentado fica da seguinte maneira:

$$\begin{pmatrix}\Delta\boldsymbol{x}(k+1)\\ \boldsymbol{y}(k+1)\end{pmatrix} = \begin{pmatrix}\boldsymbol{A}_d & \boldsymbol{0}_{n\times r}\\ \boldsymbol{C}\,\boldsymbol{A}_d & \boldsymbol{I}_{r\times r}\end{pmatrix}\begin{pmatrix}\Delta\boldsymbol{x}(k)\\ \boldsymbol{y}(k)\end{pmatrix} + \begin{pmatrix}\boldsymbol{B}_d\\ \boldsymbol{C}\,\boldsymbol{B}_d\end{pmatrix}\Delta\boldsymbol{u}(k) \tag{4.90}$$

$$\boldsymbol{y}(k) = \begin{pmatrix}\boldsymbol{0}_{r\times n} & \boldsymbol{I}_{r\times r}\end{pmatrix}\begin{pmatrix}\Delta\boldsymbol{x}(k)\\ \boldsymbol{y}(k)\end{pmatrix} \tag{4.91}$$

O novo vetor de estados pode ser representado como:

$$\boldsymbol{x}_a(k) = \begin{pmatrix}\Delta\boldsymbol{x}(k)\\ \boldsymbol{y}(k)\end{pmatrix}$$

assim, o sistema aumentado fica:

$$\boldsymbol{x}_a(k+1) = \boldsymbol{A}_a\,\boldsymbol{x}_a(k) + \boldsymbol{B}_a\,\Delta\boldsymbol{u}(k) \tag{4.92}$$

$$\boldsymbol{y}(k) = \boldsymbol{C}_a\,\boldsymbol{x}_a(k) \tag{4.93}$$

em que:

$$\boldsymbol{A}_a = \begin{pmatrix}\boldsymbol{A}_d & \boldsymbol{0}_{n\times r}\\ \boldsymbol{C}\,\boldsymbol{A}_d & \boldsymbol{I}_{r\times r}\end{pmatrix},\quad \boldsymbol{B}_a = \begin{pmatrix}\boldsymbol{B}_d\\ \boldsymbol{C}\,\boldsymbol{B}_d\end{pmatrix},\quad \boldsymbol{C}_a = \begin{pmatrix}\boldsymbol{0}_{r\times n} & \boldsymbol{I}_{r\times r}\end{pmatrix}$$

As matrizes $\boldsymbol{A}_a$, $\boldsymbol{B}_a$ e $\boldsymbol{C}_a$ são utilizadas para o projeto do controle preditivo por modelo.

Controle preditivo com janela de otimização

Será projetado o sistema de controle preditivo para predizer a saída do sistema utilizando os sinais de controle futuros como variáveis de ajuste. A predição é determinada para uma janela de otimização. Supõe-se que o instante de amostragem atual seja $k > 0$ e o comprimento da janela de otimização seja N_p, que é o número de amostras e é denominado de horizonte de predição. N_c é denominado horizonte de controle e prescreve o número de parâmetros utilizados para capturar a trajetória de controle futuro. Escolha-se $N_c \leq N_p$.

Supõe-se que o vetor de estados $\boldsymbol{x}_a(k)$ está disponível e que fornece a informação atual do sistema. Seja a trajetória de controle futuro:

$$\Delta \boldsymbol{u}(k), \quad \Delta \boldsymbol{u}(k+1), \ldots, \Delta \boldsymbol{u}(k+N_c-1)$$

e sejam as variáveis de estados futuras:

$$\boldsymbol{x}_a(k+1|k), \quad \boldsymbol{x}_a(k+2|k), \quad \boldsymbol{x}_a(k+3|k), \ldots \boldsymbol{x}_a(k+n|k), \ldots \boldsymbol{x}_a(k+N_p|k).$$

em que $\boldsymbol{x}_a(k+n|k)$ é a variável de estado predita no instante $k+n$ dada a informação do sistema $\boldsymbol{x}_a(k)$. As variáveis de estado futuras são determinadas de maneira sequencial utilizando o conjunto de parâmetros de controles futuros da seguinte maneira:

$$
\begin{aligned}
\boldsymbol{x}_a(k+1|k) &= \boldsymbol{A}_a\,\boldsymbol{x}_a(k) + \boldsymbol{B}_a\,\Delta\boldsymbol{u}(k)\\
\boldsymbol{x}_a(k+2|k) &= \boldsymbol{A}_a\,\boldsymbol{x}_a(k+1) + \boldsymbol{B}_a\,\Delta\boldsymbol{u}(k+1)\\
&\text{substituindo } \boldsymbol{x}_a(k+1|k) \text{ em } \boldsymbol{x}_a(k+2|k),\\
&\text{obtém-se:}\\
\boldsymbol{x}_a(k+2|k) &= \boldsymbol{A}_a^2\,\boldsymbol{x}_a(k) + \boldsymbol{A}_a\,\boldsymbol{B}_a\,\Delta\boldsymbol{u}(k) + \cdots\\
&\cdots + \boldsymbol{B}_a\,\Delta\boldsymbol{u}(k+1)\\
\boldsymbol{x}_a(k+3|k) &= \boldsymbol{A}_a\,\boldsymbol{x}_a(k+2) + \boldsymbol{B}_a\,\Delta\boldsymbol{u}(k+2)\\
&\text{realizando o mesmo procedimento para } \boldsymbol{x}_a(k+3|k)\\
&\text{teremos:}\\
\boldsymbol{x}_a(k+3|k) &= \boldsymbol{A}_a^3\,\boldsymbol{x}_a(k) + \boldsymbol{A}_a^2\,\boldsymbol{B}_a\,\Delta\boldsymbol{u}(k) + \boldsymbol{A}_a\,\boldsymbol{B}_a\,\Delta\boldsymbol{u}(k+1) + \cdots\\
&\cdots + \boldsymbol{B}_a\,\Delta\boldsymbol{u}(k+2)\\
\boldsymbol{x}_a(k+4|k) &= \boldsymbol{A}_a\,\boldsymbol{x}_a(k+3) + \boldsymbol{B}_a\,\Delta\boldsymbol{u}(k+3)\\
&\text{realizando o mesmo procedimento para } \boldsymbol{x}_a(k+4|k)\\
&\text{obteremos:}\\
\boldsymbol{x}_a(k+4|k) &= \boldsymbol{A}_a^4\,\boldsymbol{x}_a(k) + \boldsymbol{A}_a^3\,\boldsymbol{B}_a\,\Delta\boldsymbol{u}(k) + \boldsymbol{A}_a^2\,\boldsymbol{B}_a\,\Delta\boldsymbol{u}(k+1) + \cdots\\
&\cdots + \boldsymbol{A}_a\,\boldsymbol{B}_a\,\Delta\boldsymbol{u}(k+2) + \boldsymbol{B}_a\,\Delta\boldsymbol{u}(k+3)\\
&\text{e assim sucessivamente:}\\
&\vdots\\
\boldsymbol{x}_a(k+N_p|k) &= \boldsymbol{A}_a^{N_p}\,\boldsymbol{x}_a(k) + \boldsymbol{A}_a^{N_p-1}\,\boldsymbol{B}_a\,\Delta\boldsymbol{u}(k) + \boldsymbol{A}_a^{N_p-2}\,\boldsymbol{B}_a\,\Delta\boldsymbol{u}(k+1) + \cdots\\
&\cdots + \boldsymbol{A}_a^{N_p-N_c+1}\,\boldsymbol{B}_a\,\Delta\boldsymbol{u}(k+N_c-2) + \cdots\\
&\cdots + \boldsymbol{A}_a^{N_p-N_c}\,\boldsymbol{B}_a\,\Delta\boldsymbol{u}(k+N_c-1)
\end{aligned}
$$

As variáveis de saídas preditas são determinadas utilizando as variáveis de estados preditas de maneira sequencial, como se segue:

$$\begin{aligned}
\boldsymbol{y}(k+1|k) &= \boldsymbol{C}_a \boldsymbol{A}_a \boldsymbol{x}_a(k) + \boldsymbol{C}_a \boldsymbol{B}_a \Delta\boldsymbol{u}(k) \\
\boldsymbol{y}(k+2|k) &= \boldsymbol{C}_a \boldsymbol{A}_a \boldsymbol{x}_a(k+1) + \boldsymbol{C}_a \boldsymbol{B}_a \Delta\boldsymbol{u}(k+1) \\
&\quad \text{substituindo } \boldsymbol{y}(k+1|k) \text{ em } \boldsymbol{y}(k+2|k), \\
&\quad \text{obtém-se:} \\
\boldsymbol{y}(k+2|k) &= \boldsymbol{C}_a \boldsymbol{A}_a^2 \boldsymbol{x}_a(k) + \boldsymbol{C}_a \boldsymbol{A}_a \boldsymbol{B}_a \Delta\boldsymbol{u}(k) + \boldsymbol{C}_a \boldsymbol{B}_a \Delta\boldsymbol{u}(k+1) \\
\boldsymbol{y}(k+3|k) &= \boldsymbol{C}_a \boldsymbol{A}_a \boldsymbol{x}_a(k+2) + \boldsymbol{C}_a \boldsymbol{B}_a \Delta\boldsymbol{u}(k+2) \\
&\quad \text{realizando o mesmo procedimento para } \boldsymbol{y}(k+3|k) \\
&\quad \text{obtemos:} \\
\boldsymbol{y}(k+3|k) &= \boldsymbol{C}_a \boldsymbol{A}_a^3 \boldsymbol{x}_a(k) + \boldsymbol{C}_a \boldsymbol{A}_a^2 \boldsymbol{B}_a \Delta\boldsymbol{u}(k) + \cdots \\
&\quad \cdots + \boldsymbol{C}_a \boldsymbol{A}_a \boldsymbol{B}_a \Delta\boldsymbol{u}(k+1) + \boldsymbol{C}_a \boldsymbol{B}_a \Delta\boldsymbol{u}(k+2) \\
\boldsymbol{y}(k+4|k) &= \boldsymbol{C}_a \boldsymbol{A}_a \boldsymbol{x}_a(k+3) + \boldsymbol{C}_a \boldsymbol{B}_a \Delta\boldsymbol{u}(k+3) \\
&\quad \text{realizando o mesmo procedimento para } \boldsymbol{y}(k+4|k) \text{ teremos:} \\
\boldsymbol{y}(k+4|k) &= \boldsymbol{C}_a \boldsymbol{A}_a^4 \boldsymbol{x}_a(k) + \boldsymbol{C}_a \boldsymbol{A}_a^3 \boldsymbol{B}_a \Delta\boldsymbol{u}(k) + \boldsymbol{C}_a \boldsymbol{A}_a^2 \boldsymbol{B}_a \Delta\boldsymbol{u}(k+1) + \cdots \\
&\quad \cdots + \boldsymbol{C}_a \boldsymbol{A}_a \boldsymbol{B}_a \Delta\boldsymbol{u}(k+2) + \boldsymbol{C}_a \boldsymbol{B}_a \Delta\boldsymbol{u}(k+3) \\
&\quad \text{e assim sucessivamente:} \\
&\quad \vdots \\
\boldsymbol{y}(k+N_p|k) &= \boldsymbol{C}_a \boldsymbol{A}_a^{N_p} \boldsymbol{x}_a(k) + \boldsymbol{C}_a \boldsymbol{A}_a^{N_p-1} \boldsymbol{B}_a \Delta\boldsymbol{u}(k) + \cdots \\
&\quad \cdots + \boldsymbol{C}_a \boldsymbol{A}_a^{N_p-2} \boldsymbol{B}_a \Delta\boldsymbol{u}(k+1) + \cdots \\
&\quad \cdots + \boldsymbol{C}_a \boldsymbol{A}_a^{N_p-N_c+1} \boldsymbol{B}_a \Delta\boldsymbol{u}(k+N_c-2) + \cdots \\
&\quad \cdots + \boldsymbol{C}_a \boldsymbol{A}_a^{N_p-N_c} \boldsymbol{B}_a \Delta\boldsymbol{u}(k+N_c-1)
\end{aligned}$$

Defina-se os vetores:

$$\boldsymbol{Y} = \Big(\boldsymbol{y}(k+1|k) \quad \boldsymbol{y}(k+2|k) \quad \boldsymbol{y}(k+3|k) \quad \cdots \quad \boldsymbol{y}(k+N_p|k)\Big)^T$$
$$\Delta\boldsymbol{U} = \Big(\Delta\boldsymbol{u}(k) \quad \Delta\boldsymbol{u}(k+1) \quad \Delta\boldsymbol{u}(k+2) \quad \cdots \quad \Delta\boldsymbol{u}(k+N_c-1)\Big)^T$$

nos quais $\boldsymbol{Y} \in \mathbb{R}^{r \cdot N_p}$ é o vetor dos vetores das variáveis de saídas preditas e $\Delta\boldsymbol{U} \in \mathbb{R}^{m \cdot N_c}$ é o vetor dos vetores dos parâmetros dos controles futuros. Se o sistema for uma entrada e uma saída, então $r = 1$. Assim:

$$\boldsymbol{Y} = \boldsymbol{F}_a \boldsymbol{x}_a(k) + \boldsymbol{\Phi}_a \Delta\boldsymbol{U} \tag{4.94}$$

na qual temos as seguintes matrizes:

$$\boldsymbol{F}_a = \begin{pmatrix} \boldsymbol{C}_a \boldsymbol{A}_a \\ \boldsymbol{C}_a \boldsymbol{A}_a^2 \\ \boldsymbol{C}_a \boldsymbol{A}_a^3 \\ \boldsymbol{C}_a \boldsymbol{A}_a^4 \\ \vdots \\ \boldsymbol{C}_a \boldsymbol{A}_a^{N_p} \end{pmatrix},$$

$$\boldsymbol{\Phi}_a = \begin{pmatrix} \boldsymbol{C}_a \boldsymbol{B}_a & \boldsymbol{0} & \boldsymbol{0} & \cdots & \boldsymbol{0} \\ \boldsymbol{C}_a \boldsymbol{A}_a \boldsymbol{B}_a & \boldsymbol{C}_a \boldsymbol{B}_a & \boldsymbol{0} & \cdots & \boldsymbol{0} \\ \boldsymbol{C}_a \boldsymbol{A}_a^2 \boldsymbol{B}_a & \boldsymbol{C}_a \boldsymbol{A}_a \boldsymbol{B}_a & \boldsymbol{C}_a \boldsymbol{B}_a & \cdots & \boldsymbol{0} \\ \vdots & \vdots & \vdots & \vdots & \vdots \\ \boldsymbol{C}_a \boldsymbol{A}_a^{N_p-1} \boldsymbol{B}_a & \boldsymbol{C}_a \boldsymbol{A}_a^{N_p-2} \boldsymbol{B}_a & \boldsymbol{C}_a \boldsymbol{A}_a^{N_p-3} \boldsymbol{B}_a & \cdots & \boldsymbol{C}_a \boldsymbol{A}_a^{N_p-N_c} \boldsymbol{B}_a \end{pmatrix}$$

Funcional de custo

Com o intuito de determinar o “melhor” controle para o respectivo sistema é necessário especificar um critério específico de custo. O funcional de custo deverá incluir o termo de rastreamento de um sinal de referência pelos sinais de saída, bem como o termo de custo dos sinais de controle.

Supõe-se que os dados dos sinais de referência são:

$$\boldsymbol{R}_f = \underbrace{\begin{pmatrix}1 & 1 & 1 & \cdots & 1\end{pmatrix}^T}_{r \cdot N_p} \boldsymbol{r}_1(k)$$

Se o sistema é de uma entrada e uma saída, então $\boldsymbol{R}_f$ é um vetor coluna:

$$\boldsymbol{R}_f = \begin{pmatrix}1 & 1 & 1 & \cdots & 1\end{pmatrix}^T \boldsymbol{r}_1(k) = \boldsymbol{R}_1 \boldsymbol{r}_1(k)$$

A funcional de custo é definida como:

$$J = \left(\boldsymbol{R}_f - \boldsymbol{Y}\right)^T \left(\boldsymbol{R}_f - \boldsymbol{Y}\right) + \Delta\boldsymbol{U}^T \boldsymbol{R}_a \Delta\boldsymbol{U} \tag{4.95}$$

onde $\boldsymbol{R}_a$ é definida como:

$$\boldsymbol{R}_a = r_a \boldsymbol{I}_{N_c \times N_c}, \quad \text{e} \quad r_a \geq 0.$$

na qual r_a é usado como um parâmetro de ajuste para o desempenho de malha fechada desejada.

Substituindo (4.94) em (4.95), obtém-se:

$$\begin{aligned} J &= \left(\boldsymbol{R}_f - \boldsymbol{F}_a \boldsymbol{x}_a(k) - \boldsymbol{\Phi}_a \Delta\boldsymbol{U}\right)^T \left(\boldsymbol{R}_f - \boldsymbol{F}_a \boldsymbol{x}_a(k) - \boldsymbol{\Phi}_a \Delta\boldsymbol{U}\right) + \Delta\boldsymbol{U}^T \boldsymbol{R}_a \Delta\boldsymbol{U} \\ &= \left(\boldsymbol{R}_f - \boldsymbol{F}_a \boldsymbol{x}_a(k)\right)^T \left(\boldsymbol{R}_f - \boldsymbol{F}_a \boldsymbol{x}_a(k)\right) + \Delta\boldsymbol{U}^T \left(\boldsymbol{\Phi}_a^T \boldsymbol{\Phi}_a + \boldsymbol{R}_a\right) \Delta\boldsymbol{U} \end{aligned} \tag{4.96}$$

Para determinar o mínimo de J, calcula-se:

$$\frac{\partial J}{\partial \Delta\boldsymbol{U}} = 0$$

assim:

$$\Delta \boldsymbol{U} = \left(\boldsymbol{\Phi}_a^T \boldsymbol{\Phi}_a + \boldsymbol{R}_a\right)^{-1} \boldsymbol{\Phi}_a^T \left(\boldsymbol{R}_f - \boldsymbol{F}_a \boldsymbol{x}_a(k)\right) \tag{4.97}$$

Controle de horizonte retrocedente

Ainda que o vetor de parâmetros ótimo $\Delta \boldsymbol{U}$ contenha os incrementos dos controles $\Delta \boldsymbol{u}(k)$, $\Delta \boldsymbol{u}(k+1)$. $\Delta \boldsymbol{u}(k+2)$, ..., $\Delta \boldsymbol{u}(k+N_c-1)$, com o princípio do controle de horizonte retrocedente utilizamos apenas as primeiras r componentes do vetor $\Delta \boldsymbol{U}$ e ignora-se as demais componentes. No caso em que o sistema seja de uma entrada e uma saída, $r = 1$ e utiliza-se somente a primeira componente, isto é, $\Delta \boldsymbol{u}(k)$. Para a iteração seguinte, utiliza-se a medida mais recente $\boldsymbol{x}_a(k+1)$ que está composto pelo vetor de estados do sistema original, isto é, $\Delta \boldsymbol{x}(k+1)$ e a saída do sistema $\boldsymbol{y}(k+1)$. Isto para determinar o vetor de parâmetros ótimos $\Delta \boldsymbol{U}$, para a respectiva iteração. Esse procedimento é realizado em tempo real para obter a lei de controle de horizonte retrocedente.

Sistema de controle de malha fechada

Devido ao princípio do controle de horizonte retrocedente, as primeiras componentes de $\Delta \boldsymbol{U}$ são utilizadas para determinar o incremento de $\Delta \boldsymbol{u}(k)$ no instante k, mas a expressão de $\Delta \boldsymbol{U}$ é:

$$\Delta \boldsymbol{U} = \left(\boldsymbol{\Phi}_a^T \boldsymbol{\Phi}_a + \boldsymbol{R}_a\right)^{-1} \boldsymbol{\Phi}_a^T \left(\boldsymbol{R}_f - \boldsymbol{F}_a \boldsymbol{x}_a(k)\right)$$

se o sistema for de uma entrada e uma saída, então o incremento $\Delta \boldsymbol{u}(k)$ tem a seguinte forma:

$$\Delta \boldsymbol{U}(1) = \Delta \boldsymbol{u}(k) = \overbrace{\begin{pmatrix} 1 & 0 & 0 & \cdots & \end{pmatrix}}^{\text{de dimensão } N_c} \left(\boldsymbol{\Phi}_a^T \boldsymbol{\Phi}_a + \boldsymbol{R}_a\right)^{-1} \boldsymbol{\Phi}_a^T \left(\boldsymbol{R}_f - \boldsymbol{F}_a \boldsymbol{x}_a(k)\right) \tag{4.98}$$

Assim:

$$\Delta \boldsymbol{u}(k) = \underbrace{\begin{pmatrix} 1 & 0 & 0 & \cdots \end{pmatrix} \left(\boldsymbol{\Phi}_a^T \boldsymbol{\Phi}_a + \boldsymbol{R}_a \right)^{-1} \boldsymbol{\Phi}_a^T \boldsymbol{R}_1}_{K_r} \boldsymbol{r}_1(k) - \cdots$$

$$\cdots - \underbrace{\begin{pmatrix} 1 & 0 & 0 & \cdots \end{pmatrix} \left(\boldsymbol{\Phi}_a^T \boldsymbol{\Phi}_a + \boldsymbol{R}_a \right)^{-1} \boldsymbol{\Phi}_a^T \boldsymbol{F}_a}_{\boldsymbol{K}_x} \boldsymbol{x}_a(k)$$

em que K_r é a primeira linha de:

$$\begin{pmatrix} 1 & 0 & 0 & \cdots \end{pmatrix} \left(\boldsymbol{\Phi}_a^T \boldsymbol{\Phi}_a + \boldsymbol{R}_a \right)^{-1} \boldsymbol{\Phi}_a^T \boldsymbol{R}_1$$

e se o sistema for de uma entrada e uma saída, então K_r seria o primeiro elemento do vetor e $\boldsymbol{K}_x$ é a primeira linha de:

$$\begin{pmatrix} 1 & 0 & 0 & \cdots \end{pmatrix} \left(\boldsymbol{\Phi}_a^T \boldsymbol{\Phi}_a + \boldsymbol{R}_a \right)^{-1} \boldsymbol{\Phi}_a^T \boldsymbol{F}_a$$

desse modo:

$$\Delta \boldsymbol{u}(k) = K_r \boldsymbol{r}_1(k) - \boldsymbol{K}_x \boldsymbol{x}_a(k) \tag{4.99}$$

Exemplo 4.9.1 *Projete um sistema de seguimento de sinal com MPC para o Exemplo 4.4.1. Deseja-se que a saída do sistema siga um sinal de onda quadrada de amplitude* $0,3$ *e frequência de* $0,1$ *Hz com o menor esforço de controle possível.*

Solução 4.9.1 *Dadas as matrizes do sistema contínuo, calculemos as matrizes do sistema discreto das equações (3.77) e (3.78):*

$$\mathbf{A}_d = \begin{pmatrix} 1,00000 & 0,01000 & 0,00005 \\ 0 & 1,00000 & 0,01000 \\ 0 & 0 & 1,00000 \end{pmatrix}, \quad \mathbf{B}_d = \begin{pmatrix} 1,66666667 \times 10^{-7} \\ 5,0 \times 10^{-5} \\ 1,0 \times 10^{-2} \end{pmatrix}$$

as matrizes $\mathbf{C}_d$ *e* $\mathbf{D}_d$ *são as mesmas que no caso contínuo.*

Calculemos as matrizes do sistema aumentado para projetar o controle MPC:

$$\mathbf{A}_a = \begin{pmatrix} 1,00000 & 0,01000 & 0,00005 & 0 \\ 0 & 1,00000 & 0,01000 & 0 \\ 0 & 0 & 1,00000 & 0 \\ 1,00000 & 0,0100 & 0,00005 & 1 \end{pmatrix},$$

$$\mathbf{B}_a = \begin{pmatrix} 1,666667 \times 10^{-7} \\ 5,0 \times 10^{-5} \\ 1,0 \times 10^{-2} \\ 1,666667 \times 10^{-7} \end{pmatrix},$$

$$\boldsymbol{C}_a = \begin{pmatrix} 0 & 0 & 0 & 1 \end{pmatrix}$$

Por busca exaustiva, o horizonte de predição é $N_p = 400$ *e o horizonte de controle é* $N_c = 82$. *As matrizes necessárias têm as seguintes formas:*

$$\boldsymbol{F}_a = \begin{pmatrix} \boldsymbol{C}_a \boldsymbol{A}_a \\ \boldsymbol{C}_a \boldsymbol{A}_a^2 \\ \boldsymbol{C}_a \boldsymbol{A}_a^3 \\ \boldsymbol{C}_a \boldsymbol{A}_a^4 \\ \vdots \\ \boldsymbol{C}_a \boldsymbol{A}_a^{N_p} \end{pmatrix},$$

$$\boldsymbol{\Phi}_a = \begin{pmatrix} \boldsymbol{C}_a \boldsymbol{B}_a & \mathbf{0} & \mathbf{0} & \cdots & \mathbf{0} \\ \boldsymbol{C}_a \boldsymbol{A}_a \boldsymbol{B}_a & \boldsymbol{C}_a \boldsymbol{B}_a & \mathbf{0} & \cdots & \mathbf{0} \\ \boldsymbol{C}_a \boldsymbol{A}_a^2 \boldsymbol{B}_a & \boldsymbol{C}_a \boldsymbol{A}_a \boldsymbol{B}_a & \boldsymbol{C}_a \boldsymbol{B}_a & \cdots & \mathbf{0} \\ \vdots & \vdots & \vdots & \vdots & \vdots \\ \boldsymbol{C}_a \boldsymbol{A}_a^{N_p-1} \boldsymbol{B}_a & \boldsymbol{C}_a \boldsymbol{A}_a^{N_p-2} \boldsymbol{B}_a & \boldsymbol{C}_a \boldsymbol{A}_a^{N_p-3} \boldsymbol{B}_a & \cdots & \boldsymbol{C}_a \boldsymbol{A}_a^{N_p-N_c} \boldsymbol{B}_a \end{pmatrix}$$

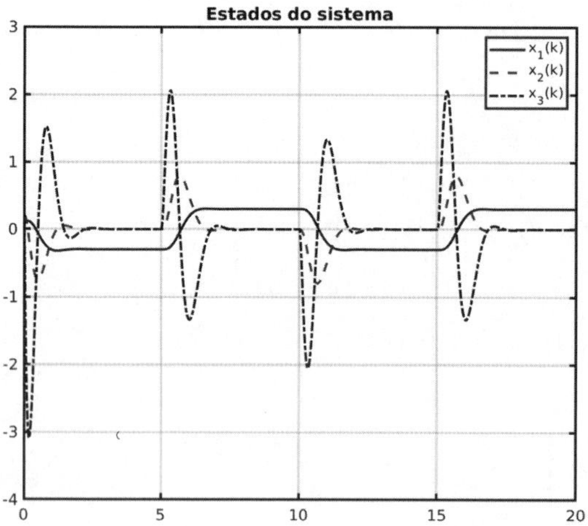

(a) Evolução no tempo dos estados do sistema com seguimento de sinal e controle MPC.

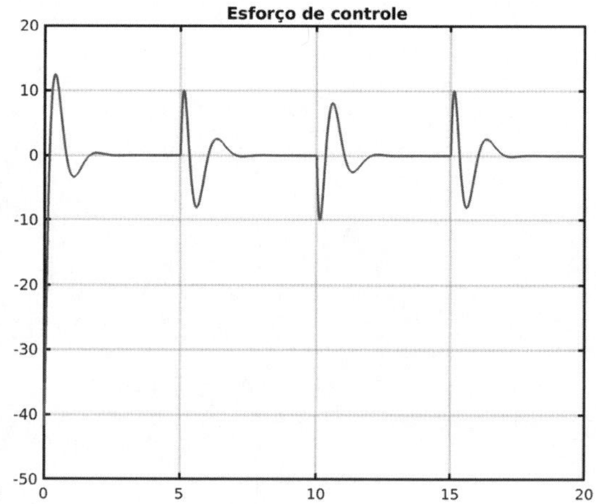

(b) Esforço de controle aplicado no sistema para um seguimento de sinal e controle MPC.

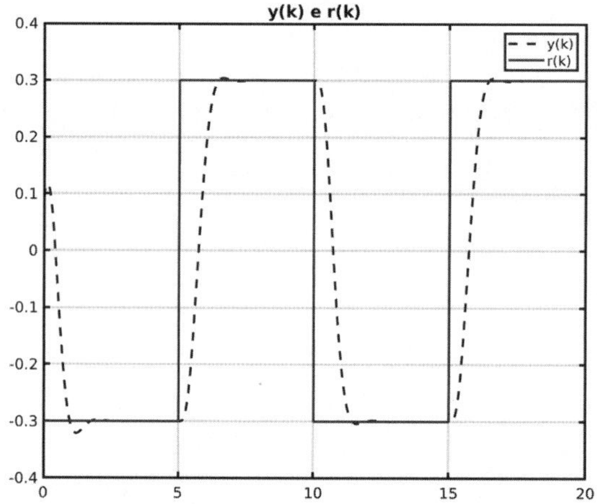

(c) Saída do sistema e sinal de referência para um seguimento de sinal com controle MPC.

Figura 4.11: Resposta do sistema geral para o seguimento de um sinal e controle MPC.

O programa para simulação do Exemplo 4.9.1 encontra-se em *para o Octave. Para esse caso, o sinal de referência é uma onda quadrada de frequência de* 0, 1 *Hz e amplitude de* 0, 3. *A Figura 4.11a mostra a evolução no tempo dos estados do sistema para um seguimento de sinal de referência com controle MPC e a Figura 4.11b mostra o esforço de controle para o seguimento de sinal de referência com MPC. Observe que a saída do sistema segue o sinal de referência na Figura 4.11c. Nesse caso, o sistema foi simulado, sem o uso de uma interface gráfica, de maneira iterativa, com a evolução do tempo em múltiplos inteiros do período de amostragem.*

Exemplo 4.9.2 *Projete um sistema de seguimento de sinal com MPC para o Exemplo 4.9.1. Deseja-se que a saída do sistema siga um sinal de onda quadrada de amplitude* $0,3$ *e frequência de* $0,1$ *Hz com o menor esforço de controle possível. O esforço de controle deve ficar dentro do intervalo:*

$$-10 \leq u(k) \leq 10.$$

Solução 4.9.2 *Dadas as matrizes do sistema contínuo, as matrizes do sistema discreto das equações (3.77) e (3.78) foram mostradas na solução do Exemplo 4.9.1.*

O programa para simulação do Exemplo 4.9.2 encontra-se em para o Octave. Para esse caso, o sinal de referência é uma onda quadrada de frequência de $0,1$ *Hz e amplitude de* $0,3$*. A Figura 4.12a mostra a evolução no tempo dos estados do sistema para um seguimento de sinal de referência com controle MPC e a Figura 4.12b mostra o esforço de controle para o seguimento de sinal de referência com MPC, na qual se observa que o esforço de controle está saturado. Observe que a saída do sistema segue o sinal de referência na Figura 4.12c. Nesse caso, o sistema foi simulado, sem o uso de uma interface gráfica, de maneira iterativa, com a evolução do tempo em múltiplos inteiros do período de amostragem.*

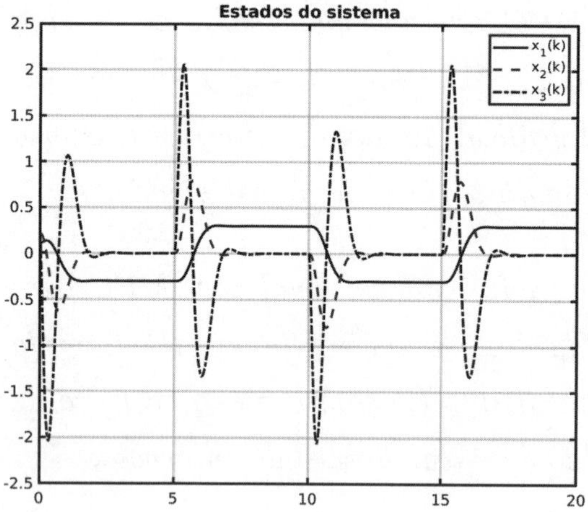

(a) Evolução no tempo dos estados do sistema com seguimento de sinal e controle MPC.

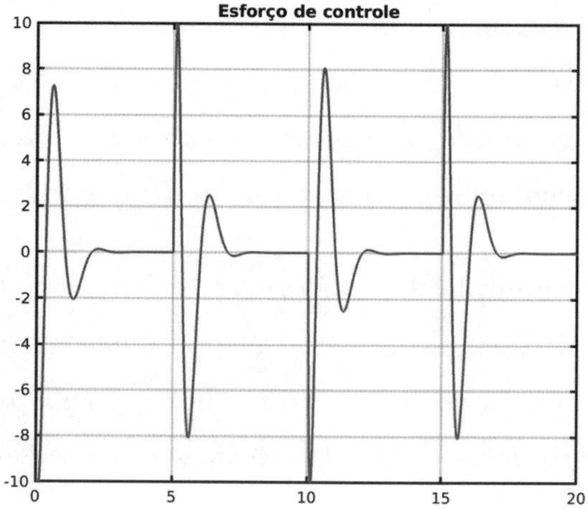

(b) Esforço de controle aplicado no sistema para um seguimento de sinal e controle MPC.

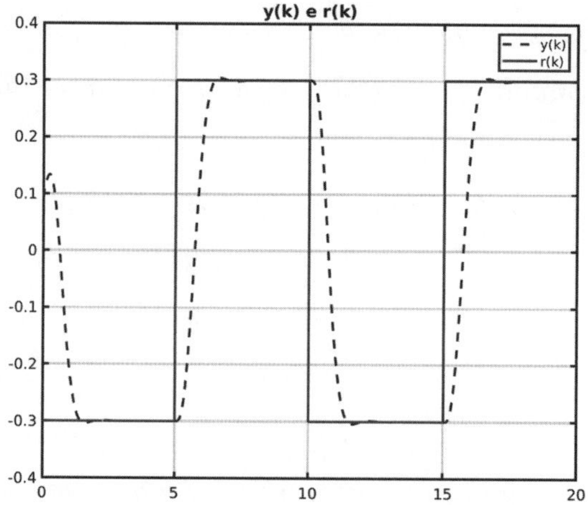

(c) Saída do sistema e sinal de referência para um seguimento de sinal com controle MPC.

Figura 4.12: Resposta do sistema geral para o seguimento de um sinal e controle MPC.

4.10 Estudo de caso: circuito RLC

Para este caso, supõe-se que os estados escolhidos para o sistema da equação (2.48) estão disponíveis para serem utilizados na realimentação. Lembrando que as variáveis escolhidas foram a tensão no capacitor, $v_C(t)$, e a sua derivada, $\dot{v}_C(t)$, bem como $\dot{v}_C(t) = i(t)/C$, na qual $i(t)$ é a corrente que passa pelo circuito. Considere um sistema contínuo que tem as seguintes matrizes de estado, de entrada e de saída:

$$\mathbf{A} = \begin{bmatrix} 0 & 1 \\ -\dfrac{1}{LC} & -\dfrac{R}{L} \end{bmatrix}, \quad \mathbf{B} = \begin{bmatrix} 0 \\ \dfrac{1}{LC} \end{bmatrix}, \quad \mathbf{C} = \begin{bmatrix} 1 & 0 \end{bmatrix}, \quad \mathbf{D} = \begin{bmatrix} 0 \end{bmatrix}$$

que são as matrizes do sistema discreto das equações (3.77) e (3.78), logo:

$$\mathbf{A}_d = \begin{bmatrix} 0,90484 & 1,99065 \times 10^{-6} \\ -0,90484 & -1,99065 \times 10^{-6} \end{bmatrix}, \quad \mathbf{B}_d = \begin{bmatrix} 0,095161 \\ 0,904841 \end{bmatrix}$$

e as matrizes $\mathbf{C}_d$ e $\mathbf{D}_d$ são iguais às matrizes do caso contínuo.

Realimentação de estados e controle *feedforward*

O período de amostragem é $T = 0,1$ s. Os polos desejados discretos são calculados de $z = e^{Ts}$, com $s = -4,2835 \pm 4,3895i$. resultando em $z_p = 0,58981 \pm 0,27692i$. A matriz de ganhos é calculada segundo as equações (4.35) e (4.36):

$$K_d = \begin{bmatrix} 1,57387 & -0,46921 \end{bmatrix}$$

Para este caso, o sinal de referência é uma onda quadrada de frequência de $\pi/40$ rad/s, offset$= 0,5$ e amplitude de $0,25$. A Figura 4.13a mostra a evolução no tempo da saída do sistema e a Figura 4.13c mostra o esforço de controle para o seguimento de sinal de referência, mas, nesse caso, sem o controle *feedforward*. Observe que o sistema não segue o sinal de referência.

Para um apropriado seguimento de sinal é determinado o valor do ganho K_{ff} da equação (4.42):

$$K_{ff} = \left(\mathbf{C}\left[\mathbf{I}_n - (\mathbf{A}_d - \mathbf{B}_d \boldsymbol{K}_d)\right]^{-1} \mathbf{B}_d\right)^{-1} = 2,57387.$$

O programa para simulação do estudo de caso com realimentação de estados e controle feedforward encontra-se em para o Matlab. A Figura 4.13b mostra a evolução no tempo dos estados do sistema para um seguimento de sinal de referência sob o controle feedforward *e a Figura 4.13d mostra o esforço de controle* feedforward. *Observe que o sistema segue o sinal de referência. O programa para simulação do estudo de caso com realimentação de estados e controle integral encontra-se em para o Octave. Os gráficos resultantes são semelhantes aos mostrados nas Figuras 4.13b e 4.13d. Nesse caso, o sistema foi simulado, sem o uso de uma interface gráfica, de maneira iterativa, com a evolução do tempo em múltiplos inteiros do período de amostragem.*

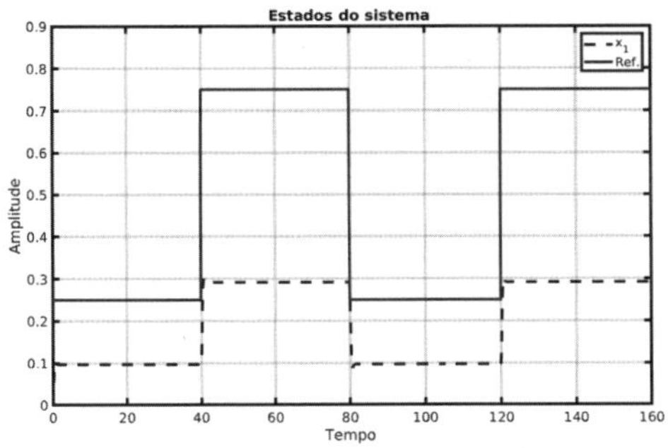

(a) Evolução no tempo dos estados do sistema para o seguimento de sinal SEM controle *feedforward*.

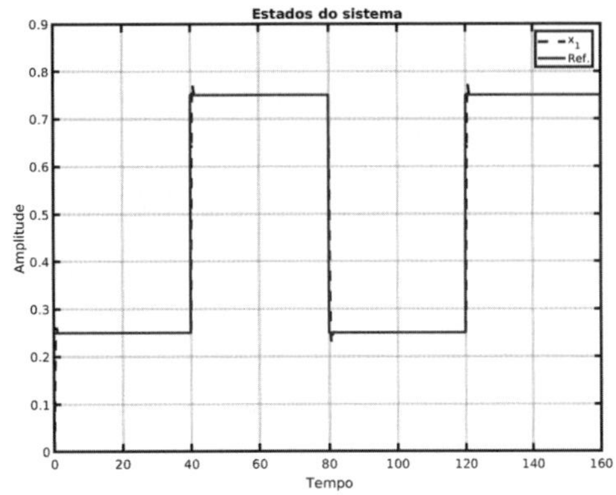

(b) Evolução no tempo dos estados do sistema para o seguimento de sinal COM o controle *feedforward*.

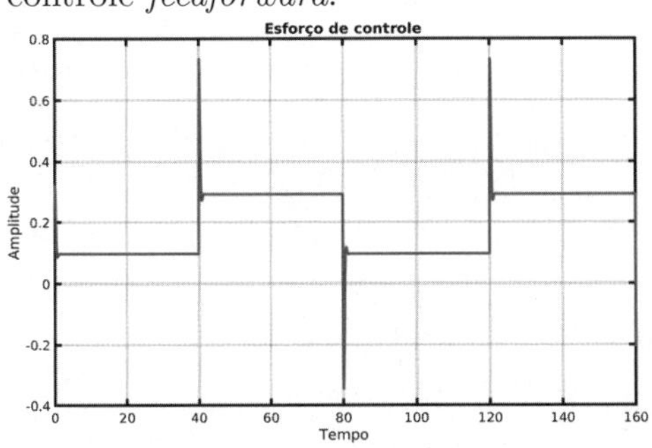

(c) Esforço de controle aplicado no sistema para um seguimento de sinal SEM controle *feedforward*.

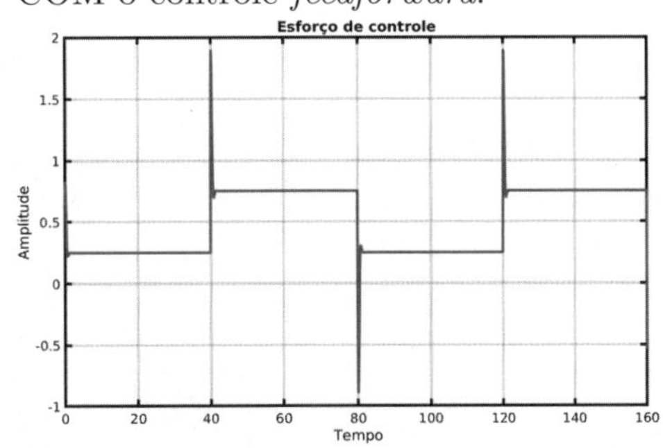

(d) Esforço do controle *feedforward* para o seguimento de sinal.

Figura 4.13: Resposta do sistema geral para o seguimento de um sinal de referência sem e com controle *feedforward*.

Controle integral

O período de amostragem é $T = 0,1$ s. Os polos desejados discretos são calculados de $z = e^{Ts}$, com $s = -4,2835 \pm 4,3895i$, o que resulta em $z_p = 0,58981 \pm 0,27692i$. As matrizes aumentadas são obtidas da seguinte maneira:

$$\tilde{\mathbf{A}}_d = \begin{bmatrix} \mathbf{A}_d & \mathbf{0} \\ -\mathbf{C} & \mathbf{I}_l \end{bmatrix}, \quad \tilde{\mathbf{B}}_d = \begin{bmatrix} \mathbf{B} \\ \mathbf{0} \end{bmatrix} \quad \tilde{\mathbf{K}} = [\boldsymbol{K}_d \quad K_1],$$

assim:

$$\tilde{\mathbf{A}}_d = \begin{bmatrix} 0.904839 & 1,99065 \times 10^{-6} & 0,0 \\ -0.904841 & -1,990655 \times 10^{-6} & 0,0 \\ -1,0 & 0,0 & 1,0 \end{bmatrix}, \quad \tilde{\mathbf{B}}_d = \begin{bmatrix} 0,095161 \\ 0,904841 \\ 0 \end{bmatrix}$$

e a matriz de saída fica:

$$\tilde{\mathbf{C}}_d = \begin{bmatrix} 1 & 0 & 0 \end{bmatrix}$$

já que estamos considerando o seguimento de sinal somente no primeiro estado de saída do sistema. A matriz de ganhos é calculada segundo as equações (4.35) e (4.36). Considerando o polo $z_{p3} = 0,7$ para o estado aumentado:

$$\tilde{\mathbf{K}} = \begin{bmatrix} 3,38795 & -0,32844 & -0,77216 \end{bmatrix}$$

Para esse caso, o sinal de referência é uma onda quadrada de frequência de $\pi/40$ rad/s, Offset$= 0,5$ e amplitude de $0,25$. A Figura 4.14a mostra a evolução no tempo dos estados do sistema para um seguimento de sinal de referência com controle integral e a Figura 4.14b mostra o esforço de controle para o seguimento de sinal de referência com controle integral. Observe que o sistema segue o sinal de referência.

O programa para simulação do estudo de caso com realimentação de estados e controle integral encontra-se em [QR code] para o Octave. Os gráficos resultantes são semelhantes aos mostrados nas Figuras 4.14a e 4.14b. Nesse caso o sistema foi simulado, sem o uso de uma interface gráfica, de maneira iterativa, com a evolução do tempo em múltiplos inteiros do período de amostragem.

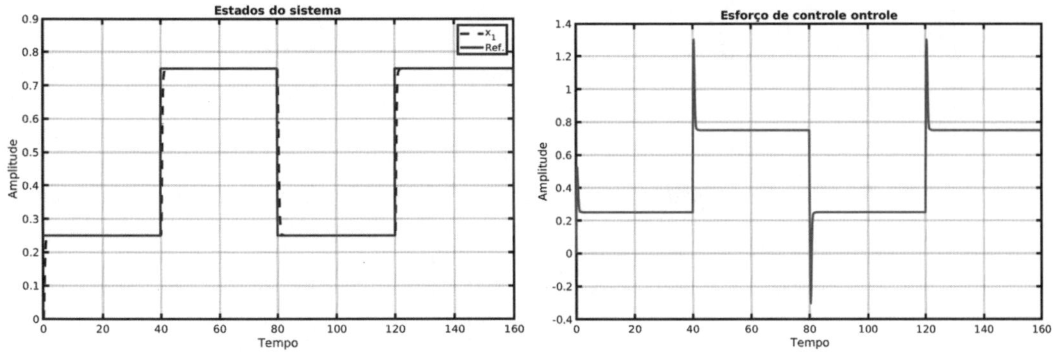

(a) Saída do sistema e sinal de referência para um seguimento de sinal com controle integral.

(b) Esforço de controle aplicado no sistema para um seguimento de sinal e controle integral.

Figura 4.14: Resposta do sistema geral para o seguimento de um sinal e controle integral.

4.11 Exercícios resolvidos

Exemplo 4.11.1 *As equações de estado de um motor DC controlado por armadura são:*

$$\begin{bmatrix} \dot{x}_1 \\ \dot{x}_2 \\ \dot{x}_3 \end{bmatrix} = \begin{bmatrix} 0 & 1 & 0 \\ 0 & 0 & 1 \\ 0 & -6 & -5 \end{bmatrix} \begin{bmatrix} x_1 \\ x_2 \\ x_3 \end{bmatrix} + \begin{bmatrix} 0 \\ 0 \\ 5 \end{bmatrix} u$$

$$y(k) = \begin{bmatrix} 1 & 0 & 0 \end{bmatrix} \begin{bmatrix} x_1 \\ x_2 \\ x_3 \end{bmatrix}$$

na qual x_1 é a posição angular, x_2 é a velocidade angular e x_3 é a corrente de armadura. Determine um período de amostragem apropriado para o sistema. Calcular o vetor de ganho $\boldsymbol{K}$ para os seguintes autovalores de malha fechada:

1. $\left\{0,1,\ 0,4 \pm 0,4i\right\}$

2. $\Big\{0,4,\ 0,6 \pm 0,2i\Big\}$

3. $\Big\{0,\ 0,\ 0\Big\}$

Simule o sistema para regulação considerando a condição inicial:

$$\begin{bmatrix} x_1(0) \\ x_2(0) \\ x_3(0) \end{bmatrix} = \begin{bmatrix} 1 \\ 1 \\ 1 \end{bmatrix}$$

Solução 4.11.1 *Identificamos a matriz de estados e a matriz de entrada como:*

$$\boldsymbol{A} = \begin{bmatrix} 0 & 1 & 0 \\ 0 & 0 & 1 \\ 0 & -6 & -5 \end{bmatrix}, \quad \boldsymbol{B} = \begin{bmatrix} 0 \\ 0 \\ 5 \end{bmatrix}$$

Observamos que a máxima frequência presente no sistema corresponde a $\omega_1 = 5$ *rad/s e o período de amostragem fica no seguinte intervalo:*

$$\frac{\pi}{40\omega_1} \leq T_s \leq \frac{\pi}{40\omega_1}$$
$$0,0157 \leq T_s \leq 0,1571.$$

Escolhe-se o período de amostragem como:

$$T_s = 0,02.$$

As matrizes de estado, de entrada e de saída em tempo discreto são obtidas utilizando software numérico e são:

$$\boldsymbol{A}_d = \begin{bmatrix} 1 & 1,999220 \times 10^{-2} & 1,934582 \times 10^{-4} \\ 0 & 9,988392 \times 10^{-1} & 1,902491 \times 10^{-2} \\ 0 & -1,141494 \times 10^{-1} & 9,037147 \times 10^{-1} \end{bmatrix},$$

$$\boldsymbol{B}_d = \begin{bmatrix} 6,502504 \times 10^{-6} \\ 9,672914 \times 10^{-4} \\ 9,512453 \times 10^{-2} \end{bmatrix}$$

$$\boldsymbol{C}_d = \begin{bmatrix} 1 & 0 & 0 \end{bmatrix}$$

Para determinar o vetor de ganhos utilizamos a equação de Ackermann:

$$\boldsymbol{K}_d = acker\Big(\boldsymbol{A}_d, \boldsymbol{B}_d, \begin{bmatrix} p_{d_1} & p_{d_2} & p_{d_3} \end{bmatrix}\Big)$$

na qual p_{d_1}, p_{d_2} e p_{d_3} são os polos desejados do sistema em malha fechada. Assim, para cada conjunto de polos, obtemos o respectivo valor do vetor de ganhos:

1. $\boldsymbol{K}_d = 1 \times 10^4 \begin{bmatrix} 1,229720721032 & 0,059164109794 & 0,001419509767 \end{bmatrix}$
2. $\boldsymbol{K}_d = 1 \times 10^3 \begin{bmatrix} 3,153130053928 & 0.292566641213 & 0.010502585913 \end{bmatrix}$
3. $\boldsymbol{K}_d = 1 \times 10^4 \begin{bmatrix} 2,627608378273 & 0,104546420837 & 0,001808602984 \end{bmatrix}$

Nas Figuras 4.15a, 4.15c e 4.15e são mostradas as evoluções no tempo dos estados do sistema com regulação para o primeiro, segundo e terceiro conjunto de polos em malha fechada, respectivamente. Nas Figuras 4.15b, 4.15d e 4.15f são mostrados os esforços de controle para regulação do sistema com o primeiro, segundo e terceiro conjunto de polos em malha fechada, respectivamente.

Das Figuras 4.15b, 4.15d e 4.15f, podemos observar que quanto mais próximos da origem os polos em malha fechada forem escolhidos o respectivo *esforço de controle será maior. No caso do terceiro conjunto de polos em malha fechada, foi projetado o controle deadbeat, pois todos os polos em malha fechada foram escolhidos na origem do plano z e é possível observar que tem o maior esforço de controle, o que se percebe na Figura 4.15f, e o maior deslocamento dos estados, visível na Figura 4.15e.*

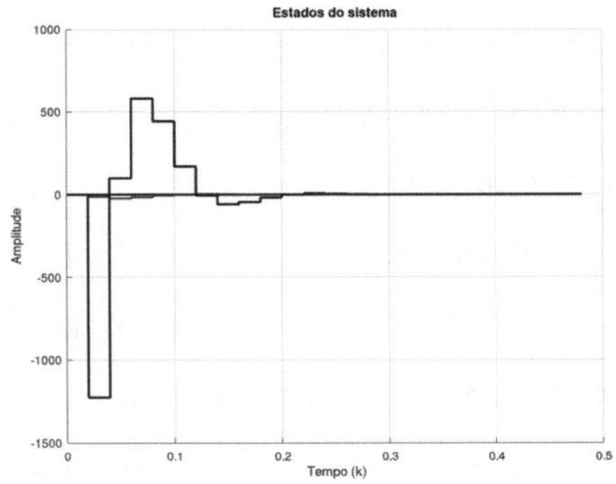

(a) Evolução no tempo dos estados do sistema para regulação com o primeiro conjunto de polos em malha fechada.

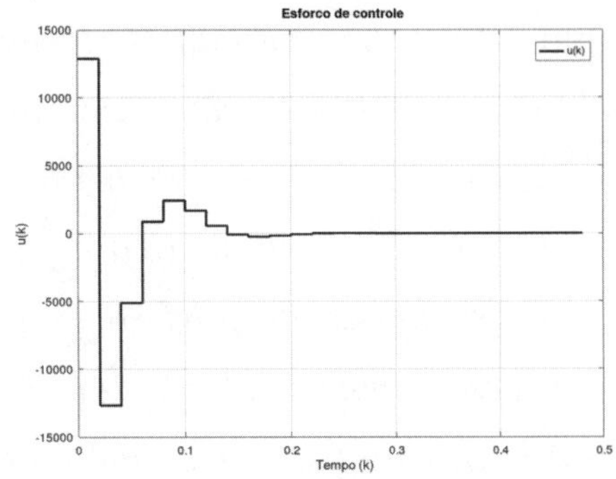

(b) Esforço de controle aplicado no sistema para regulação com o primeiro conjunto de polos em malha fechada.

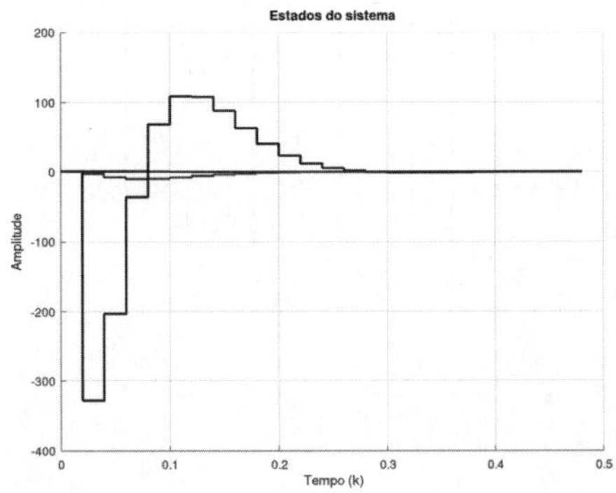

(c) Evolução no tempo dos estados do sistema para regulação com o segundo conjunto de polos em malha fechada.

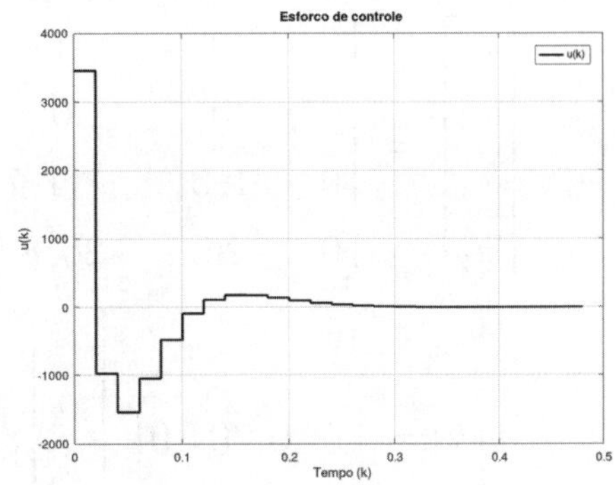

(d) Esforço de controle aplicado no sistema para regulação com o segundo conjunto de polos em malha fechada.

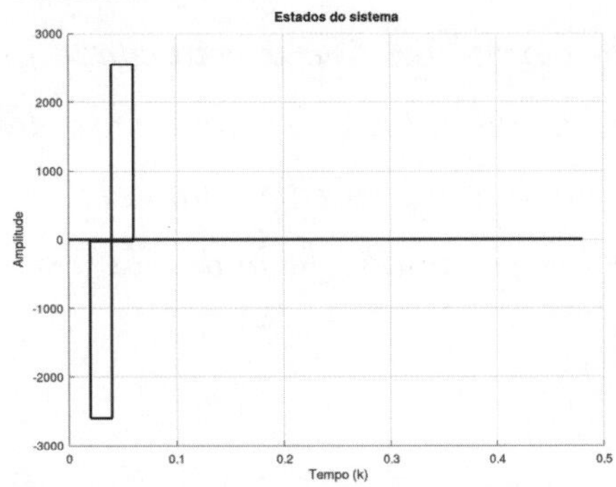

(e) Evolução no tempo dos estados do sistema para regulação com o terceiro conjunto de polos em malha fechada.

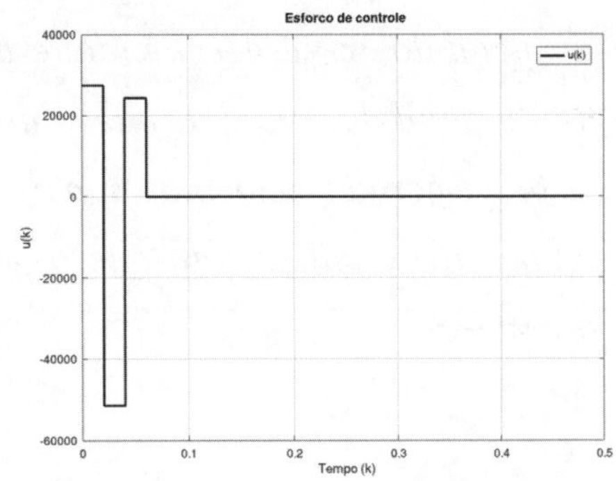

(f) Esforço de controle aplicado no sistema para regulação com o terceiro conjunto de polos em malha fechada.

Figura 4.15: Resposta do sistema exemplo 4.11.1 para regulação por realimentação de estados para três conjuntos diferentes de polos em malha fechada.

Exemplo 4.11.2 *Um guindaste de pórtico é um guindaste construído sobre um pórtico e é utilizada para empilhar e/ou movimentar objetos em um espaço de trabalho. Existe uma variedade enorme de guindastes de pórtico. Os termos guindaste de pórtico e ponte rolante são usados de forma semelhante. O guindaste de pórtico tem toda a estrutura rodada sobre trilhos. Em contraste, a ponte rolante tem a estrutura de suporte de uma ponte rolante e é fixada no local. Considere-se um protótipo de guindaste de pórtico representado por um pórtico de pêndulo único,cmom na Figura 4.16, cuja representação no espaço de estados é como segue:*

$$\begin{bmatrix} \dot{x}_1 \\ \dot{x}_2 \\ \dot{x}_3 \\ \dot{x}_4 \end{bmatrix} = \begin{bmatrix} 0 & 0 & 1 & 0 \\ 0 & 0 & 0 & 1 \\ 0 & 1,5 & -11,7 & 0,005 \\ 0 & -26,1 & 26,8 & -0,08 \end{bmatrix} \begin{bmatrix} x_1 \\ x_2 \\ x_3 \\ x_4 \end{bmatrix} + \begin{bmatrix} 0 \\ 0 \\ 1,5 \\ -3,5 \end{bmatrix} u$$

$$y(k) = \begin{bmatrix} 1 & 0 & 0 & 0 \end{bmatrix} \begin{bmatrix} x_1 \\ x_2 \\ x_3 \\ x_4 \end{bmatrix}$$

na qual x_1 é a posição do carrinho do pêndulo, x_2 é a posição angular da haste do pêndulo, x_3 é a velocidade do carrinho, x_4 é a velocidade angular da haste do pêndulo, m_c é a massa do carrinho, l é o comprimento da haste e F é a força gerada pelo motor para movimentar o carrinho. Determine o vetor de ganho considerando que os polos em malha fechada são escolhidos usando $s = -8$.

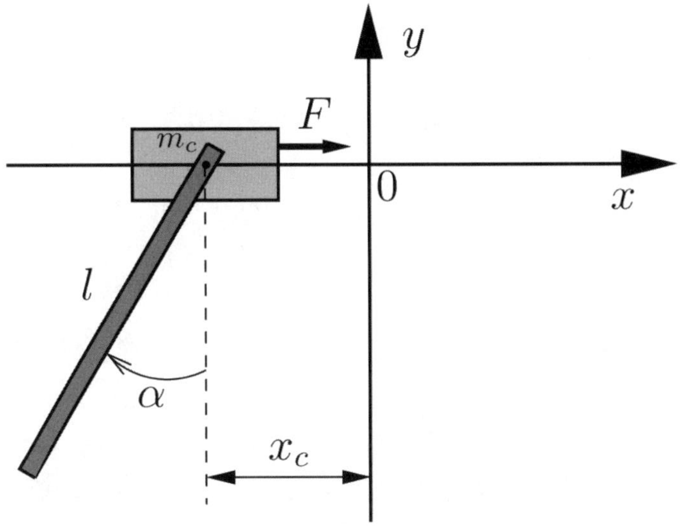

Figura 4.16: Sistema de controle de um pórtico de pêndulo duplo.

Solução 4.11.2 *Escolhe-se o período de amostragem:*

$$T_s = 0,01.$$

Com o período de amostragem definido, os polos desejados discretos são calculados de $z = e^{Ts}$ e com $s = -8$, o que resulta em $p_{d_i} = 0,923116$. As matrizes de estado, de entrada e de saída em tempo discreto são obtidas utilizando software numérico e são:

$$\boldsymbol{A}_d = \begin{bmatrix} 1 & 7,212167 \times 10^{-5} & 9,433720 \times 10^{-3} & 4,831860 \times 10^{-7} \\ 0 & 9,987021 \times 10^{-1} & 1,288604 \times 10^{-3} & 9,991691 \times 10^{-3} \\ 0 & 1,414319 \times 10^{-2} & 8,895977 \times 10^{-1} & 1,192690 \times 10^{-4} \\ 0 & -2,588502 \times 10^{-1} & 9,979092 \times 10^{-1} & 9,979092 \times 10^{-1} \end{bmatrix},$$

$$\boldsymbol{B}_d = \begin{bmatrix} 7,215375 \times 10^{-5} \\ -1,684092 \times 10^{-4} \\ 1,415411 \times 10^{-1} \\ -3,303801 \times 10^{-2} \end{bmatrix}$$

$$\boldsymbol{C}_d = \begin{bmatrix} 1 & 0 & 0 & 0 \end{bmatrix}$$

Para determinar o vetor de ganhos, utilizamos a equação de Ackermann:

$$\boldsymbol{K}_d = acker\Big(\boldsymbol{A}_d, \boldsymbol{B}_d, \begin{bmatrix} p_{d_1} & p_{d_2} & p_{d_3} & p_{d_4} \end{bmatrix}\Big)$$

na qual p_{d_1}, p_{d_2}, p_{d_3} *e* p_{d_4} *são os polos desejados do sistema em malha fechada. Assim, o respectivo valor do vetor de ganhos é:*

$$\boldsymbol{K}_d = \begin{bmatrix} 109,285509 & -48,812587 & 45,975111 & 14,319834 \end{bmatrix}$$

Exemplo 4.11.3 *Projete um sistema de controle feedforward para seguimento de sinal no caso do Exemplo 4.11.2, usando o vetor de ganho de realimentação.*

Solução 4.11.3 *Dadas as matrizes do sistema contínuo, calculemos as matrizes do sistema discreto das equações (3.77) e (3.78):*

$$\boldsymbol{A}_d = \begin{bmatrix} 1 & 7,212167\times10^{-5} & 9,433720\times10^{-3} & 4,831860\times10^{-7} \\ 0 & 9,987021\times10^{-1} & 1,288604\times10^{-3} & 9,991691\times10^{-3} \\ 0 & 1,414319\times10^{-2} & 8,895977\times10^{-1} & 1,192690\times10^{-4} \\ 0 & -2,588502\times10^{-1} & 9,979092\times10^{-1} & 9,979092\times10^{-1} \end{bmatrix},$$

$$\boldsymbol{B}_d = \begin{bmatrix} 7,215375\times10^{-5} \\ -1,684092\times10^{-4} \\ 1,415411\times10^{-1} \\ -3,303801\times10^{-2} \end{bmatrix}$$

$$\boldsymbol{C}_d = \begin{bmatrix} 1 & 0 & 0 & 0 \end{bmatrix}$$

as matrizes $\mathbf{C}_d$ *e* $\mathbf{D}_d$ *são iguais às matrizes do caso contínuo.*

O polo desejado discreto é calculado de $z = e^{Ts}$, *com* $s = -8$, *o que resulta em* $z_p = 0,923116$. *A matriz de ganhos é calculada segundo as equações (4.35) e (4.36):*

$$K_d = \boldsymbol{K}_d = \begin{bmatrix} 109,285509 & -48,812587 & 45,975111 & 14,319834 \end{bmatrix}$$

Para um seguimento de sinal apropriado, é determinado o valor do ganho K_{ff} *da equação (4.42), como se segue:*

$$K_{ff} = \left(\mathbf{C}\left[\mathbf{I}_n - (\mathbf{A}_d - \mathbf{B}_d \boldsymbol{K}_d)\right]^{-1} \mathbf{B}_d\right)^{-1} = 109,285509.$$

Na Figura 4.17 são mostradas as simulações do sistema guindaste com um controle feedforward para o seguimento de sinal de referência.

O programa para simulação do Exemplo 4.11.3 encontra-se em para o Octave. Para esse caso, o sinal de referência é uma onda quadrada de frequência de $0,1$ *Hz e amplitude de* $0,3$*. A Figura 4.17a mostra a evolução no tempo dos estados do sistema para um seguimento de sinal de referência e a Figura 4.17b mostra o esforço de controle para o seguimento de sinal de referência. Observe que a saída do sistema segue o sinal de referência, cmom na Figura 4.17c. Na Figura 4.17d, é mostrada a posição angular da haste em relação ao eixo vertical, na qual é possível observar que a hasta volta à posição de repouso após as mudanças na posição linear do carrinho do guindaste. Nesse caso, o sistema foi simulado, sem o uso de uma interface gráfica, de maneira iterativa, com a evolução do tempo em múltiplos inteiros do período de amostragem.*

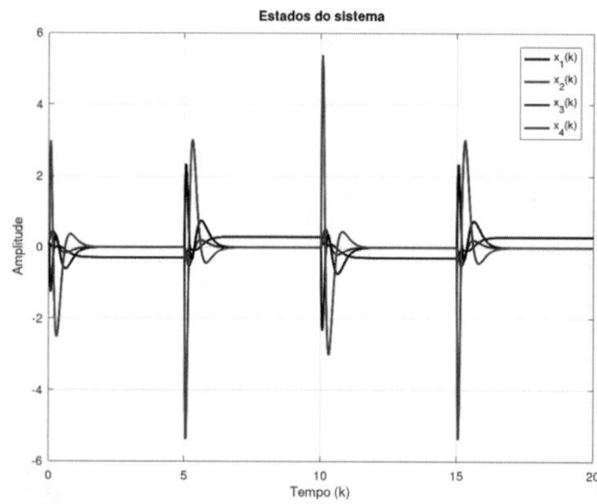

(a) Evolução no tempo dos estados do sistema para o seguimento de sinal com controle *feedforward*.

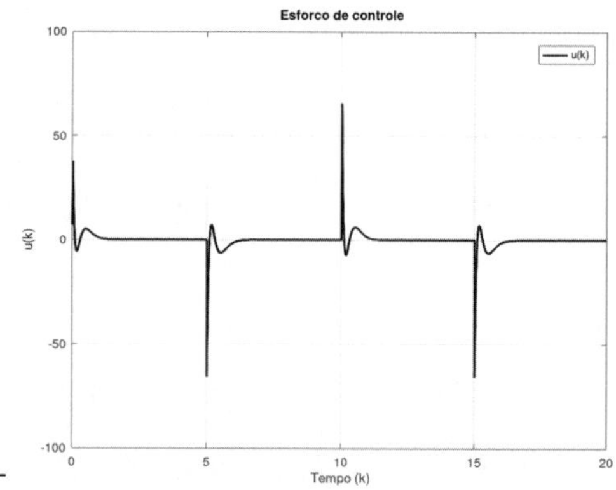

(b) Esforço do controle *feedforward* para o seguimento de sinal.

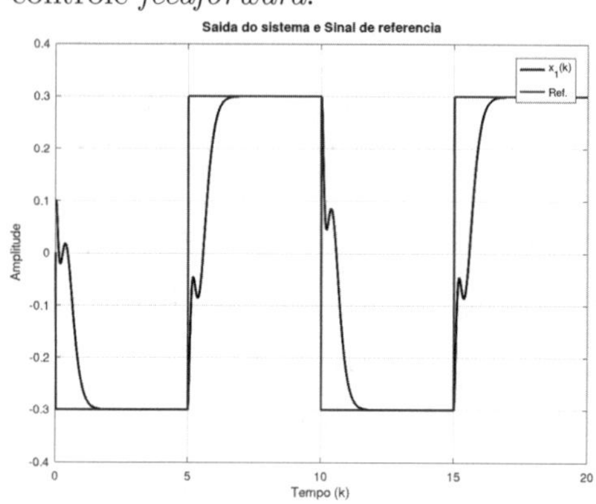

(c) Posição lineal do carrinho e sinal de referência para um seguimento de sinal com controle *feedforward*

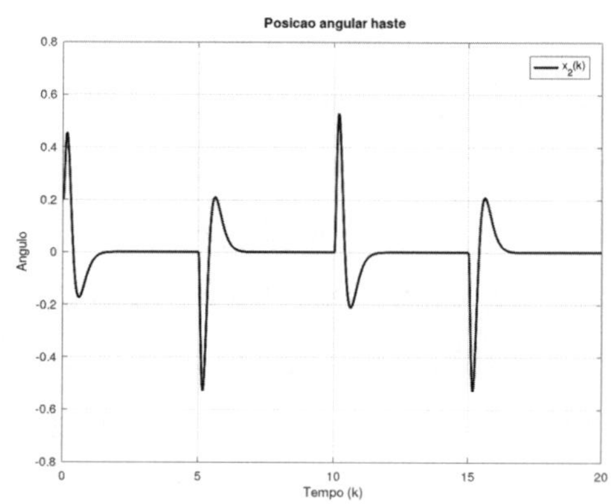

(d) Posição angular da haste com controle *feedforward*

Figura 4.17: Resposta do sistema do exemplo 4.11.3 para o seguimento de um sinal de referência com controle *feedforward*.

Exemplo 4.11.4 *Projete um sistema de controle integral e realimentação de estados para seguimento de sinal do Exemplo 4.11.2.*

Solução 4.11.4 *Dadas as matrizes do sistema contínuo, calculemos as matrizes do sistema discreto das equações (3.77) e (3.78):*

$$\boldsymbol{A}_d = \begin{bmatrix} 1 & 7,212167 \times 10^{-5} & 9,433720 \times 10^{-3} & 4,831860 \times 10^{-7} \\ 0 & 9,987021 \times 10^{-1} & 1,288604 \times 10^{-3} & 9,991691 \times 10^{-3} \\ 0 & 1,414319 \times 10^{-2} & 8,895977 \times 10^{-1} & 1,192690 \times 10^{-4} \\ 0 & -2,588502 \times 10^{-1} & 9,979092 \times 10^{-1} & 9,979092 \times 10^{-1} \end{bmatrix},$$

$$\boldsymbol{B}_d = \begin{bmatrix} 7,215375 \times 10^{-5} \\ -1,684092 \times 10^{-4} \\ 1,415411 \times 10^{-1} \\ -3,303801 \times 10^{-2} \end{bmatrix}$$

$$\boldsymbol{C}_d = \begin{bmatrix} 1 & 0 & 0 & 0 \end{bmatrix}$$

as matrizes $\mathbf{C}_d$ *e* $\mathbf{D}_d$ *são iguais às matrizes do caso contínuo. Os polos discretos desejados são calculados de* $z = e^{Ts}$*, com* $s = -8$*, o que resulta em* $z_{p_i} = 0,923116$ *com* $i = 1, 2, 3, 4$*. As matrizes aumentadas são obtidas como se segue:*

$$\tilde{\mathbf{A}}_d = \begin{bmatrix} \mathbf{A}_d & \mathbf{0} \\ -\mathbf{C} & \mathbf{I}_l \end{bmatrix}, \quad \tilde{\mathbf{B}}_d = \begin{bmatrix} \mathbf{B} \\ \mathbf{0} \end{bmatrix} \quad \tilde{\mathbf{K}} = [\boldsymbol{K}_d \quad K_1],$$

assim:

$$
\tilde{\mathbf{A}}_d = \begin{bmatrix} 1 & 7,212167 \times 10^{-5} & 9,433720 \times 10^{-3} & 4,831860 \times 10^{-7} & 0,00 \\ 0 & 9,987021 \times 10^{-1} & 1,288604 \times 10^{-3} & 9,991691 \times 10^{-3} & 0,00 \\ 0 & 1,414319 \times 10^{-2} & 8,895977 \times 10^{-1} & 1,192690 \times 10^{-4} & 0,00 \\ 0 & -2,588502 \times 10^{-1} & 9,979092 \times 10^{-1} & 9,979092 \times 10^{-1} & 0,00 \\ -1,0 & 0 & 0 & 0 & 1,0 \end{bmatrix}
$$

$$
\tilde{\mathbf{B}}_d = \begin{bmatrix} 7,215375 \times 10^{-5} \\ -1,684092 \times 10^{-4} \\ 1,415411 \times 10^{-1} \\ -3,303801 \times 10^{-2} \\ 0,00 \end{bmatrix}
$$

e a matriz de saída fica:

$$
\tilde{\mathbf{C}}_d = \begin{bmatrix} 1 & 0 & 0 & 0 & 0 \end{bmatrix}
$$

uma vez que estamos considerando um seguimento de sinal somente no primeiro estado de saída do sistema. A matriz de ganhos é calculada segundo as equações (4.35) e (4.36). Considerando o polo $z_{p_5} = 0,7$ *para o estado aumentado, a matriz de ganhos é calculada segundo as equações (4.35) e (4.36):*

$$
\boldsymbol{K}_d = \begin{bmatrix} 1755,600318 & 392,446533 & 213,327091 & 78,282330 \end{bmatrix}
$$

e o ganho para a variável aumentada é:

$$
K_1 = -32,785653.
$$

Na Figura 4.18, são mostradas as simulações do sistema guindaste com um controle integral para o seguimento de sinal de referência.

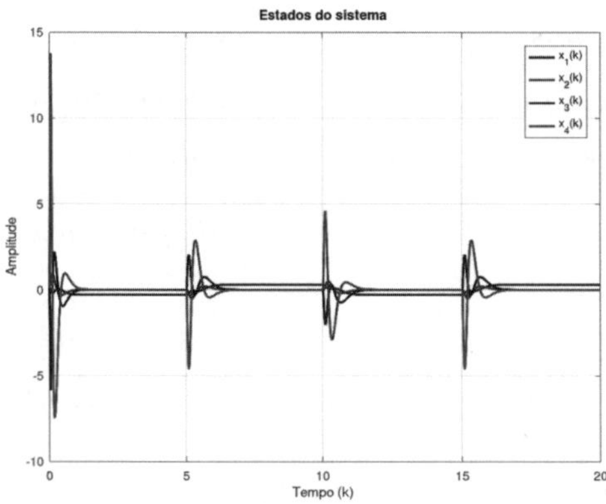

(a) Evolução no tempo dos estados do sistema para o seguimento de sinal com controle integral.

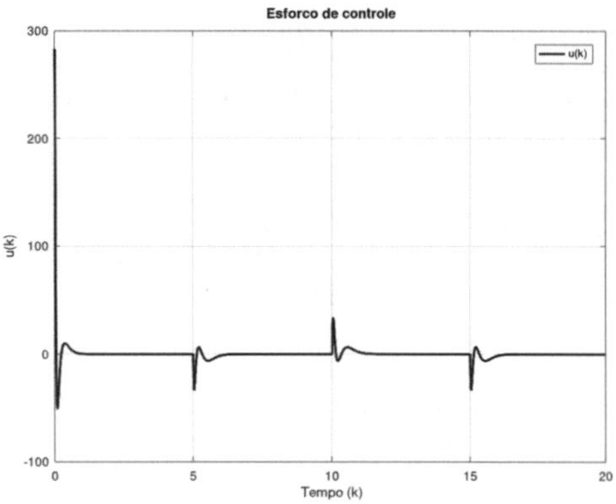

(b) Esforço do controle integral para o seguimento de sinal.

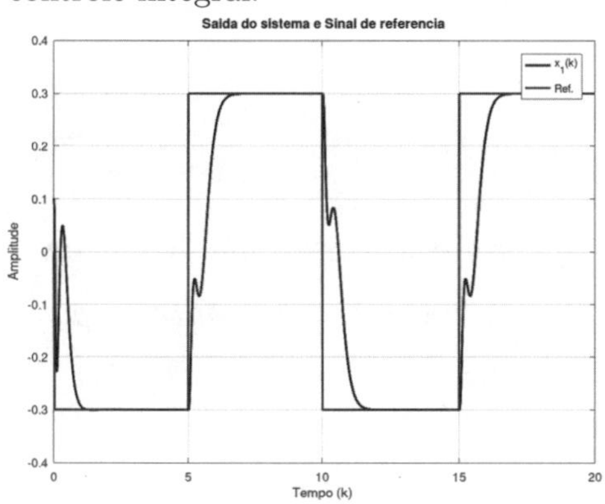

(c) Posição lineal do carrinho e sinal de referência para um seguimento de sinal com controle integral

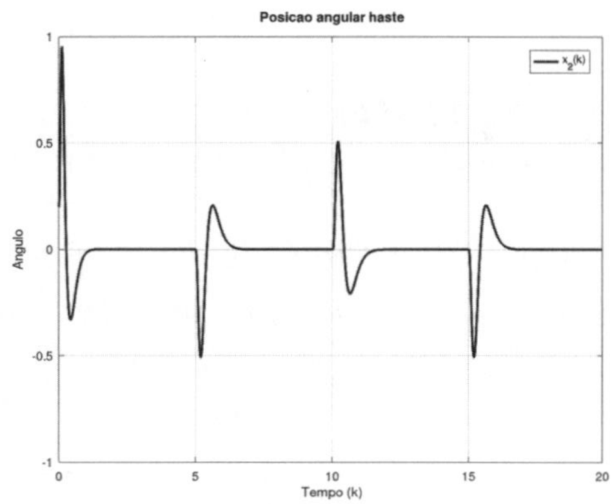

(d) Posição angular da haste com controle integral

Figura 4.18: Resposta do sistema do exemplo 4.11.4 para o seguimento de um sinal de referência com controle integral.

O programa para simulação do Exemplo 4.11.4 encontra-se em para o Octave. Para esse caso, o sinal de referência é uma onda quadrada de frequência de 0,1 *Hz e amplitude de* 0,3*. A Figura 4.18a mostra a evolução no tempo dos estados do sistema para um seguimento de sinal de referência e a Figura 4.18b mostra o esforço de controle para o seguimento de sinal de referência. Observe que a saída do sistema segue o sinal de referência na Figura 4.18c. Na Figura 4.18d, é mostrada a posição angular da haste* *em relação ao eixo vertical, na qual é possível observar que a haste volta à posição de repouso após as mudanças na posição linear do carrinho do guindaste. Nesse caso o sistema foi simulado, sem o uso de uma interface gráfica, de maneira iterativa, com a evolução do tempo em múltiplos inteiros do período de amostragem.*

Exemplo 4.11.5 *Projete um sistema de seguimento de sinal com controle ótimo para o Exemplo 4.11.2, considerando que:*

$$J = \frac{1}{2}\Big((\boldsymbol{C}\boldsymbol{x}_N - \boldsymbol{r}_N)^T \boldsymbol{F} (\boldsymbol{C}\boldsymbol{x}_N - \boldsymbol{r}_N) \Big) + \sum_{k=0}^{N-1} (\boldsymbol{C}\boldsymbol{x}_k - \boldsymbol{r}_k)^T \boldsymbol{Q} (\boldsymbol{C}\boldsymbol{x}_k - \boldsymbol{r}_k) +$$

$$\cdots + \sum_{k=0}^{N-1} \boldsymbol{u}_k^T \boldsymbol{R} \boldsymbol{u}_k$$

Deseja-se que a saída do sistema siga um sinal de onda quadrada de amplitude $0,3$*, frequência de* $0,1$ *Hz com o menor esforço de controle possível e:*

$$\boldsymbol{r}_k = \begin{pmatrix} s_k \\ 0 \\ 0 \end{pmatrix}, \quad \boldsymbol{F} = \begin{pmatrix} 1 & 0 & 0 & 0 \\ 0 & 0 & 0 & 0 \\ 0 & 0 & 0 & 0 \end{pmatrix}, \quad \boldsymbol{Q} = \begin{pmatrix} 5 & 0 & 0 & 0 \\ 0 & 4 & 0 & 0 \\ 0 & 0 & 0 & 0 \end{pmatrix}, \quad \boldsymbol{R} = 0,01,$$

em que s_k *é uma onda quadrada.*

Solução 4.11.5 *Dadas as matrizes do sistema contínuo, calculemos as matrizes do sistema discreto das equações (3.77) e (3.78):*

$$\boldsymbol{A}_d = \begin{bmatrix} 1 & 7,212167 \times 10^{-5} & 9,433720 \times 10^{-3} & 4,831860 \times 10^{-7} \\ 0 & 9,987021 \times 10^{-1} & 1,288604 \times 10^{-3} & 9,991691 \times 10^{-3} \\ 0 & 1,414319 \times 10^{-2} & 8,895977 \times 10^{-1} & 1,192690 \times 10^{-4} \\ 0 & -2,588502 \times 10^{-1} & 9,979092 \times 10^{-1} & 9,979092 \times 10^{-1} \end{bmatrix},$$

$$\boldsymbol{B}_d = \begin{bmatrix} 7,215375 \times 10^{-5} \\ -1,684092 \times 10^{-4} \\ 1,415411 \times 10^{-1} \\ -3,303801 \times 10^{-2} \end{bmatrix}$$

$$\boldsymbol{C}_d = \begin{bmatrix} 1 & 0 & 0 & 0 \end{bmatrix}$$

as matrizes $\mathbf{C}_d$ *e* $\mathbf{D}_d$ *são iguais às matrizes do caso contínuo. Conforme o algoritmo 1:* $\boldsymbol{P}_N = \boldsymbol{C}^T \boldsymbol{F} \boldsymbol{C}$, $\boldsymbol{g}_N = \boldsymbol{C}^T \boldsymbol{F} \boldsymbol{r}_N$.

Com essas condições finais:

- *resolve-se a equação diferença matricial de Riccati de trás para frente usando a condição final* $\boldsymbol{P}_N$*, isto é, a equação (4.77);*
- *resolve-se a equação diferença vetorial de trás para frente usando a condição final* $\boldsymbol{g}_N$*, isto é, a equação (4.78).*

Com os valores da matriz $\boldsymbol{P}_k$ *e do vetor* $\boldsymbol{g}_k$ *ao longo da* N *iterações:*

- *resolve-se de trás para frente a matriz de ganho de realimentação* $\boldsymbol{K}_k$*, isto é, a equação (4.82);*
- *resolve-se de trás para frente a matriz de ganho feedforward* $\boldsymbol{W}_k$*, isto é, a equação (4.83).*

Com os valores dos ganhos $\boldsymbol{K}_k$ *e* $\boldsymbol{W}_k$*:*

- *resolve-se a equação do esforço de controle* $\boldsymbol{u}_k$*, isto é, a equação (4.81);*

- *resolve-se a equação de estados $\boldsymbol{x}_k$, isto é, a equação (4.63).*

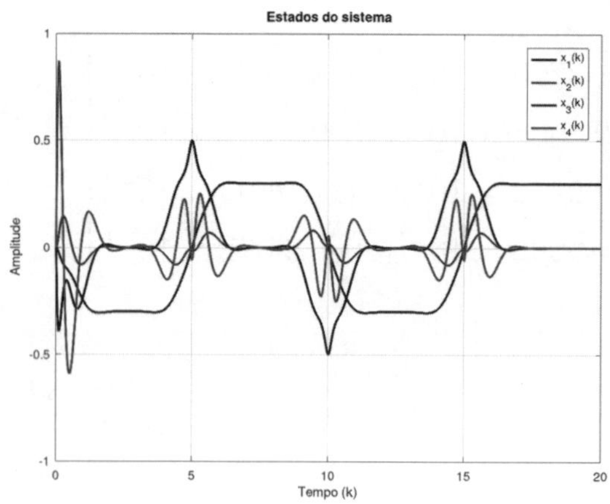

(a) Evolução no tempo dos estados do sistema com seguimento de sinal e controle ótimo.

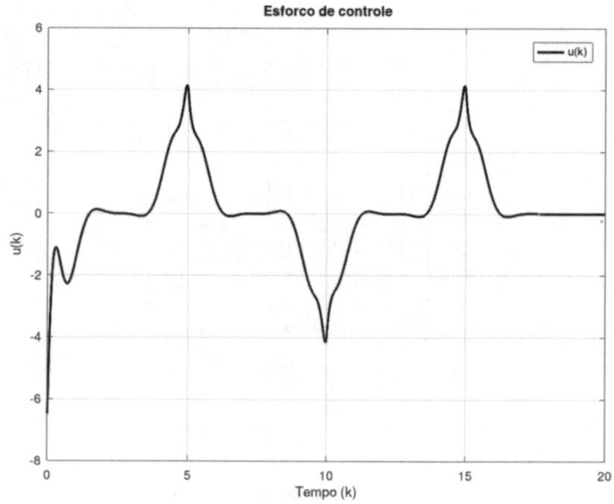

(b) Esforço de controle aplicado no sistema para um seguimento de sinal e controle ótimo.

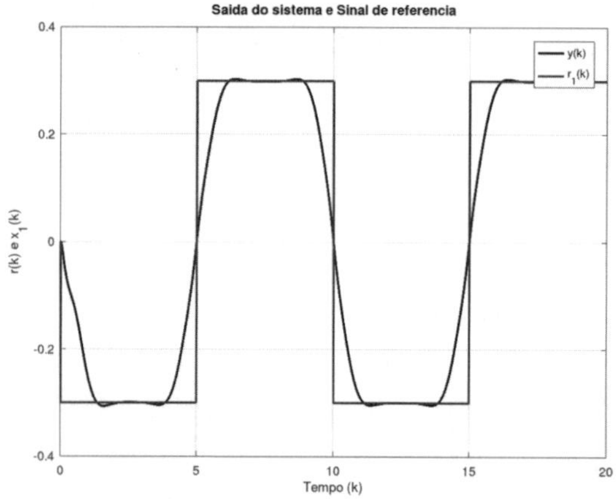

(c) Saída do sistema e sinal de referência para um seguimento de sinal com controle ótimo.

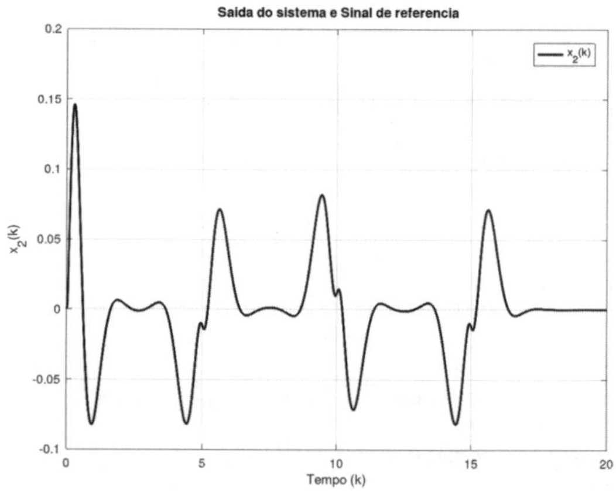

(d) Sinal do ângulo de inclinação da haste $x_2(k)$ para um seguimento de sinal com controle ótimo.

Figura 4.19: Resposta do sistema do exemplo 4.11.5 para o seguimento de um sinal de referência com controle ótimo.

O programa para simulação do Exemplo 4.11.5 encontra-se em para o Octave. Para esse caso, o sinal de referência é uma onda quadrada de frequência de $0,1$ *Hz e amplitude de* $0,3$. *A Figura 4.19a mostra a evolução no tempo dos estados do sistema para um seguimento de sinal de referência com controle ótimo e a Figura 4.19b mostra o esforço de controle para o seguimento de sinal de referência com controle ótimo. O esforço é o menor em comparação com as outras estratégias de controle. Observe que o sistema segue o sinal de referência e que a saída do sistema segue o sinal de referência, o que pode ser visto na Figura 4.19c. Na Figura 4.18d, é mostrada a posição angular da haste em relação ao eixo vertical, na qual é possível observar que a posição angular da haste fica oscilando aproximadamente* $\pm 9°$ *ao longo das mudanças na posição linear do carrinho do guindaste. Nesse caso, o sistema foi simulado, sem o uso de uma interface gráfica, de maneira iterativa, com a evolução do tempo em múltiplos inteiros do período de amostragem.*

Exemplo 4.11.6 *Projete um sistema de seguimento de sinal com MPC para o Exemplo 4.11.2. Deseja-se que a saída do sistema siga um sinal de onda quadrada de amplitude* $0,3$ *e frequência de* $0,1$ *Hz com o menor esforço de controle possível.*

Solução 4.11.6 *Dadas as matrizes do sistema contínuo, calculemos as matrizes do sistema discreto das equações (3.77) e (3.78):*

$$\boldsymbol{A}_d = \begin{bmatrix} 1 & 7,212167\times10^{-5} & 9,433720\times10^{-3} & 4,831860\times10^{-7} \\ 0 & 9,987021\times10^{-1} & 1,288604\times10^{-3} & 9,991691\times10^{-3} \\ 0 & 1,414319\times10^{-2} & 8,895977\times10^{-1} & 1,192690\times10^{-4} \\ 0 & -2,588502\times10^{-1} & 9,979092\times10^{-1} & 9,979092\times10^{-1} \end{bmatrix},$$

$$\boldsymbol{B}_d = \begin{bmatrix} 7,215375\times10^{-5} \\ -1,684092\times10^{-4} \\ 1,415411\times10^{-1} \\ -3,303801\times10^{-2} \end{bmatrix}$$

$$\boldsymbol{C}_d = \begin{bmatrix} 1 & 0 & 0 & 0 \end{bmatrix}$$

as matrizes $\mathbf{C}_d$ *e* $\mathbf{D}_d$ *são iguais às matrizes do caso contínuo.*

Calculemos as matrizes do sistema aumentado para projetar o controle MPC:

$$\mathbf{A}_a = \begin{pmatrix} 1 & 7,212167 \times 10^{-5} & 9,433720 \times 10^{-3} & 4,831860 \times 10^{-7} & 0 \\ 0 & 9,987021 \times 10^{-1} & 1,288604 \times 10^{-3} & 9,991691 \times 10^{-3} & 0 \\ 0 & 1,414319 \times 10^{-2} & 8,895977 \times 10^{-1} & 1,192690 \times 10^{-4} & 0 \\ 0 & -2,588502 \times 10^{-1} & 9,979092 \times 10^{-1} & 9,979092 \times 10^{-1} & 0 \\ 1 & 7,212167 \times 10^{-5} & 9,433720 \times 10^{-3} & 4,831860 \times 10^{-7} & 1 \end{pmatrix}$$

$$\mathbf{B}_a = \begin{bmatrix} 7,215375 \times 10^{-5} \\ -1,684092 \times 10^{-4} \\ 1,415411 \times 10^{-1} \\ -3,303801 \times 10^{-2} \\ 7,215375 \times 10^{-5} \end{bmatrix},$$

$$\boldsymbol{C}_a = \begin{pmatrix} 0 & 0 & 0 & 0 & 1 \end{pmatrix}$$

Por busca exaustiva, o horizonte de predição é $N_p = 400$ e o horizonte de controle, $N_c = 82$. As matrizes necessárias têm as seguintes formas:

$$\boldsymbol{F}_a = \begin{pmatrix} \boldsymbol{C}_a \boldsymbol{A}_a \\ \boldsymbol{C}_a \boldsymbol{A}_a^2 \\ \boldsymbol{C}_a \boldsymbol{A}_a^3 \\ \boldsymbol{C}_a \boldsymbol{A}_a^4 \\ \vdots \\ \boldsymbol{C}_a \boldsymbol{A}_a^{N_p} \end{pmatrix},$$

$$\boldsymbol{\Phi}_a = \begin{pmatrix} \boldsymbol{C}_a \boldsymbol{B}_a & \mathbf{0} & \mathbf{0} & \cdots & \mathbf{0} \\ \boldsymbol{C}_a \boldsymbol{A}_a \boldsymbol{B}_a & \boldsymbol{C}_a \boldsymbol{B}_a & \mathbf{0} & \cdots & \mathbf{0} \\ \boldsymbol{C}_a \boldsymbol{A}_a^2 \boldsymbol{B}_a & \boldsymbol{C}_a \boldsymbol{A}_a \boldsymbol{B}_a & \boldsymbol{C}_a \boldsymbol{B}_a & \cdots & \mathbf{0} \\ \vdots & \vdots & \vdots & \vdots & \vdots \\ \boldsymbol{C}_a \boldsymbol{A}_a^{N_p-1} \boldsymbol{B}_a & \boldsymbol{C}_a \boldsymbol{A}_a^{N_p-2} \boldsymbol{B}_a & \boldsymbol{C}_a \boldsymbol{A}_a^{N_p-3} \boldsymbol{B}_a & \cdots & \boldsymbol{C}_a \boldsymbol{A}_a^{N_p-N_c} \boldsymbol{B}_a \end{pmatrix}$$

Da equação (4.95) é realizada a escolha do parâmetro r_a da seguinte maneira:

$$\boldsymbol{R}_a = \begin{pmatrix} r_{a_1}\boldsymbol{I}_{N_{r_1}\times N_{r_1}} & \boldsymbol{0}_{N_{r_1}\times N_c - N_{r_1}} \\ \boldsymbol{0}_{N_c - N_{r_1}\times N_{r_1}} & r_{a_2}\boldsymbol{I}_{N_c - N_{r_1}\times N_c - N_{r_1}} \end{pmatrix}$$

na qual $N_{r_1} = 25$, $N_c = 82$, $r_{a_1} = 20$ *e* $r_{a_2} = 39$. *Recordemos que* r_a *é o parâmetro de ajuste para o desempenho da malha fechada desejada. No caso apresentado, a matriz* $\boldsymbol{R}_a$ *é escolhida com dois valores diferentes nos elementos da diagonal da matriz.*

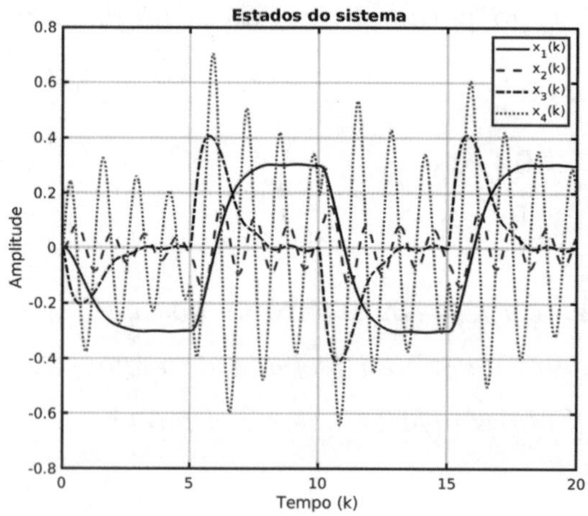

(a) Evolução no tempo dos estados do sistema com seguimento de sinal e controle MPC.

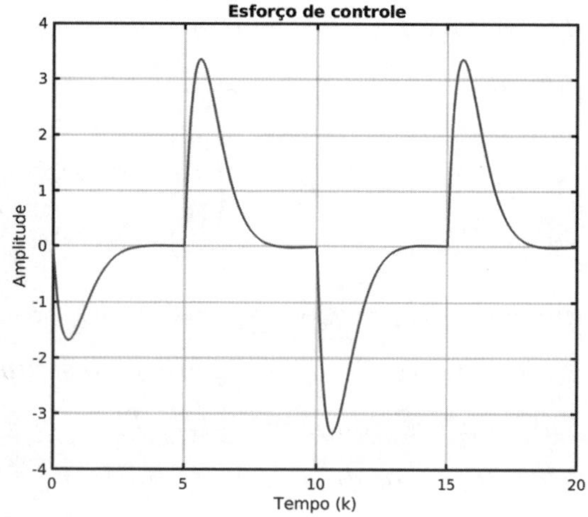

(b) Esforço de controle aplicado no sistema para um seguimento de sinal e controle MPC.

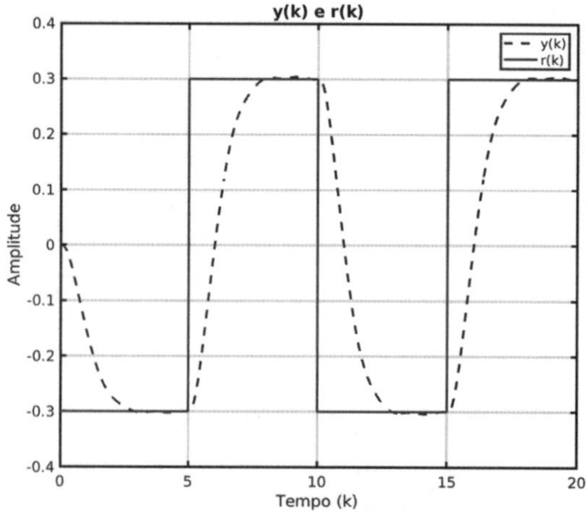

(c) Saída do sistema e sinal de referência para um seguimento de sinal com controle MPC.

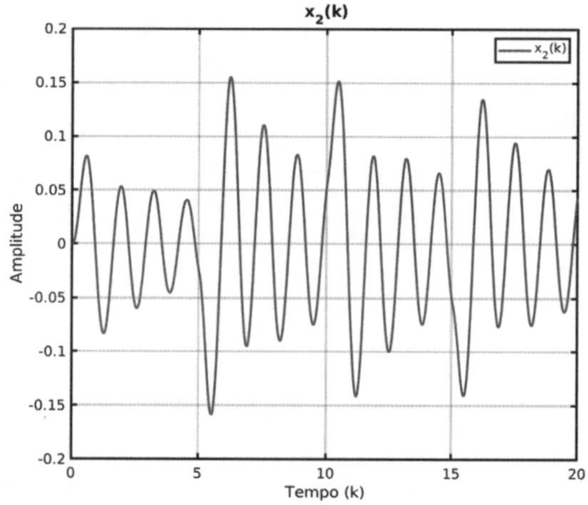

(d) Sinal do ângulo de inclinação da haste $x_2(k)$ para um seguimento de sinal com controle ótimo.

Figura 4.20: Resposta do sistema do exemplo 4.11.6 para o seguimento de um sinal de referência com controle MPC.

O programa para simulação do Exemplo 4.11.6 encontra-se em para o Matlab. Para esse caso, o sinal de referência é uma onda quadrada de frequência de $0,1$ *Hz e amplitude de* $0,3$. *A Figura 4.20a mostra a evolução no tempo dos estados do sistema para um seguimento de sinal de referência com controle MPC e a Figura 4.20b mostra o esforço de controle* *para o seguimento de sinal de referência com MPC e o esforço de controle fica no intervalo de $\pm 3,5$ V. Observe que a saída do sistema segue o sinal de referência na 4.20c. Na Figura 4.20d, é mostrada a posição angular da haste em relação ao eixo vertical, na qual é possível observar que a posição angular da haste fica oscilando aproximadamente $\pm 8,6°$ ao longo das mudanças na posição linear do carrinho do guindaste. Nesse caso, o sistema foi simulado, sem o uso de uma interface gráfica, de maneira iterativa, com a evolução do tempo em múltiplos inteiros do período de amostragem.*

Exercícios

1. O sistema dinâmico do pêndulo invertido é um exemplo amplamente utilizado na área de sistemas de controle, uma vez que é um sistema inerentemente instável e possível de ser implementado em equipamentos educacionais. O pêndulo invertido é um sistema no qual se pode implementar diferentes métodos de controle para serem testados e avaliados. Pode-se dizer que o pêndulo invertido é uma simplificação de sistemas reais, como o de controle de altitude de um foguete de propulsão na decolagem ou, também, os de exemplos de aplicações industriais, como o controle de estabilidade de robôs bípedes e o controle de vibração de plataformas de lançamento de ônibus espaciais.

   Considere um sistema de pêndulo invertido circular, Figura 4.21, que tem as seguintes matrizes de estado, de entrada e de saída:

$$\mathbf{A} = \begin{bmatrix} 0 & 1 & 0 & 0 \\ 130 & -0,05 & -32 & 0 \\ 0 & 0 & 0 & 1 \\ -63 & 0,02 & 77 & 0 \end{bmatrix}, \quad \mathbf{B} = \begin{bmatrix} 0 \\ 5 \\ 0 \\ -3 \end{bmatrix},$$

$$\mathbf{C} = \begin{bmatrix} 1 & 0 & 0 & 0 \\ 0 & 0 & 1 & 0 \end{bmatrix}, \quad \mathbf{D} = \begin{bmatrix} 0 \\ 0 \end{bmatrix}$$

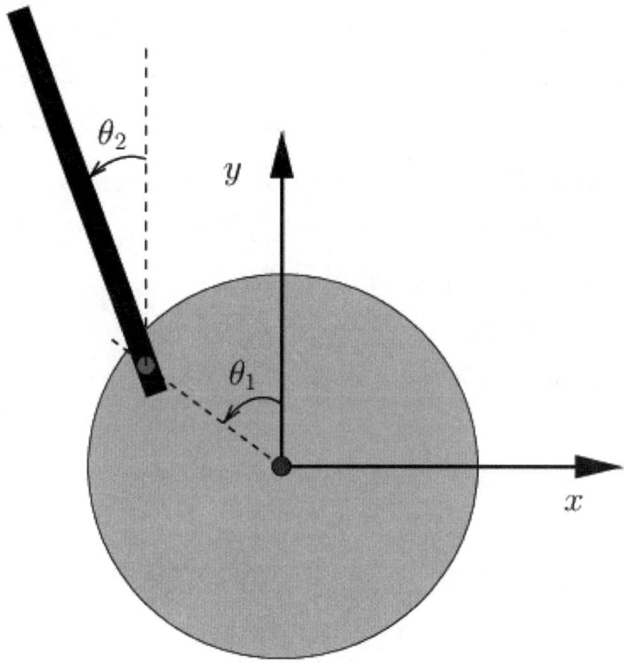

Figura 4.21: Sistema de controle do pêndulo invertido circular.

Solicita-se:

(a) Verifique que o período de amostragem $T = 0,01$ s é apropriado;

(b) Para o problema de seguimento e rastreamento:

i. Projetar o ganho de realimentação tal que os polos desejados do sistema em malha fechada $\{-p_1, -p_2, -p_3, -p_4\}$ estejam em:

A. $p_1 = p_2 = p_3 = p_4 = 1$;

B. $p_1 = p_2 = p_3 = p_4 = 2$;

C. $p_1 = p_2 = p_3 = p_4 = 5$;

D. $p_1 = p_2 = p_3 = p_4 = 10$;

E. $\{-p_1, -p_2, -p_3, -p_4\}$ para uma escolha arbitrária de valores diferentes para os polos desejados.

Finalizadas as simulações, discuta o desempenho do sistema, o esforço de controle e o tempo de acomodação para os diferentes conjuntos de polos desejados.

ii. Para um sinal de referência que é uma onda quadrada de frequência de $0,1$ Hz e amplitude de $0,1$, projetar um sistema de rastreamento para que a variável x_1 rastreie o sinal de referência. Projete os seguintes controles:

A. controle *feedforward*;

B. controle integral de maneira que o erro de estado estacionário seja nulo;

C. controle ótimo;

D. controle MPC.

Considerando os conjuntos de polos em malha fechada do item anterior, escolha o conjunto de polos desejados mais apropriado, compare todos os esforços dos controles projetados e discuta os resultados.

Para todos os itens, solicita-se incluir as figuras mais representativas das simulações e os arquivos de implementação das simulações no Octave ou Matlab.

2. O sistema *ball-and-beam* ou bola-e-viga consiste em uma viga longa que pode ser inclinada por um servomotor junto com uma bola rolando para frente e para trás ao longo da viga, como pode ser visto na Figura 4.22. Esse é um sistema simples e instável em malha aberta. O objetivo é manter a bola no centro da viga. A viga está restrita ao eixo horizontal. Sem retroação, ela balançará de um lado para outro e a bola rolará para fora da viga. Para estabilizar a bola, deve ser usado um sistema de controle que mede a sua posição e ajusta a trave de acordo.

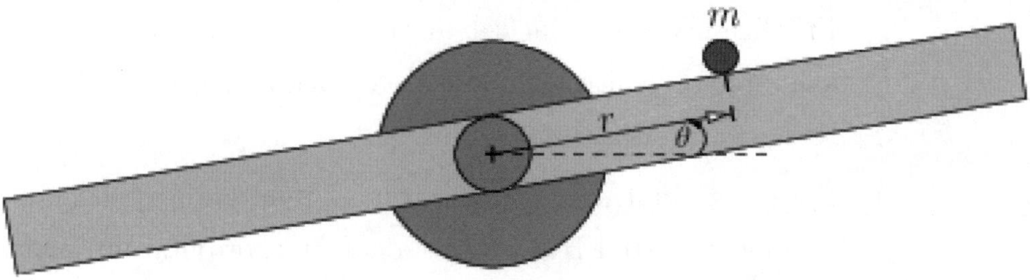

Figura 4.22: Sistema de controle de *ball-and-beam*.

Considere um sistema contínuo que tem as seguintes matrizes de estado, de entrada e de saída:

$$\mathbf{A} = \begin{bmatrix} 0 & 1 & 0 & 0 \\ 0 & 0 & -8 & 0 \\ 0 & 0 & 0 & 1 \\ -60 & 0 & & 0 \end{bmatrix}, \quad \mathbf{B} = \begin{bmatrix} 0 \\ 0 \\ 0 \\ 50 \end{bmatrix},$$
$$\mathbf{C} = \begin{bmatrix} 1 & 0 & 0 & 0 \end{bmatrix}, \quad \mathbf{D} = \begin{bmatrix} 0 \end{bmatrix}$$

nas quais $x_1(t)$ é a posição da bola na viga, $x_2(t)$ é a velocidade linear da bola sobre a viga, $x_3(t)$ é o ângulo de inclinação da viga e $x_4(t)$ é a velocidade angular da viga. Solicita-se:

(a) Verifique que o período de amostragem $T = 0,01$ s é apropriado, caso não seja escolha um período de amostragem apropriado.

(b) Para o problema de seguimento e rastreamento:

  i. Projetar o ganho de realimentação tal que os polos desejados do sistema em malha fechada $\{-p_1, -p_2, -p_3, -p_4\}$ estejam em:

    A. $p_1 = p_2 = p_3 = p_4 = 1$;

    B. $p_1 = p_2 = p_3 = p_4 = 2$;

    C. $p_1 = p_2 = p_3 = p_4 = 5$;

D. $p_1 = p_2 = p_3 = p_4 = 10$;

E. $\{-p_1, -p_2, -p_3, -p_4\}$ para uma escolha arbitrária de valores diferentes para os polos desejados.

Finalizadas as simulações, discuta o desempenho do sistema, o esforço de controle e o tempo de acomodação para os diferentes conjuntos de polos desejados.

ii. Para um sinal de referência que é uma onda quadrada de frequência de 0, 1 Hz e amplitude de 0, 1. Projetar um sistema de rastreamento para que a variável x_1 rastreie o sinal de referência. Projete os seguintes controles:

A. controle *feedforward*;

B. controle integral de maneira que o erro de estado estacionário seja nulo;

C. controle ótimo;

D. controle MPC.

Considerando os conjuntos de polos em malha fechada do item anterior, escolha o conjunto de polos desejados mais apropriado, compare todos os esforços dos controles projetados e discuta os resultados.

Para todos os itens, solicita-se incluir as figuras mais representativas das simulações e os arquivos de implementação das simulações no Octave ou Matlab.

Capítulo 5

Observadores de estado

5.1 Introdução

Na realimentação de estados, utilizamos todas as variáveis de estado para formar o vetor de controle desejado. Nem todas as variáveis de estado estão disponíveis para serem medidas diretamente. Comumente a variável de saída é a única variável que pode ser medida. Portanto, é necessário estimar as variáveis de estado que não podem ser medidas diretamente. Essa estimação é chamada de observação, bem como de estimação.

Na prática é necessário observar ou estimar as variáveis de estado que não podem ser medidas a partir das variáveis de saída e de controle. Com os estados mensuráveis e os estados estimados, podemos realizar a realimentação. Observadores de estado podem ser projetados se e somente se a condição de observabilidade for satisfeita. Algumas aplicações do uso dos observadores de estado podem ser encontrados em: Kim, Kim e Choi (2015), Canete, Kimura e Takahashi (2012), Rajak (2015).

Notação: $\mathbf{q}(k)$ é o vetor de estado observado ou estimativa do estado $\mathbf{x}(k)$. O observador de estados terá $\mathbf{y}(k)$ e $\mathbf{u}(k)$ como entradas e $\mathbf{q}(k)$ como saída, como na Figura 5.1. O observador de estado de ordem plena significa que todas as "n" variáveis de estado independentes serão observadas ou estimadas mesmo se alguma variável de estado for medida. A observação de somente as variáveis de estado não medidos é referida como observador de estados de ordem reduzida ou mínima. A dedução das equações mostradas no presente capítulo podem ser encontradas em: Ogata (1995), Phillips e Nagle (1995), Franklin, Powell e Workman (1998), Fadali e Visioli (2009).

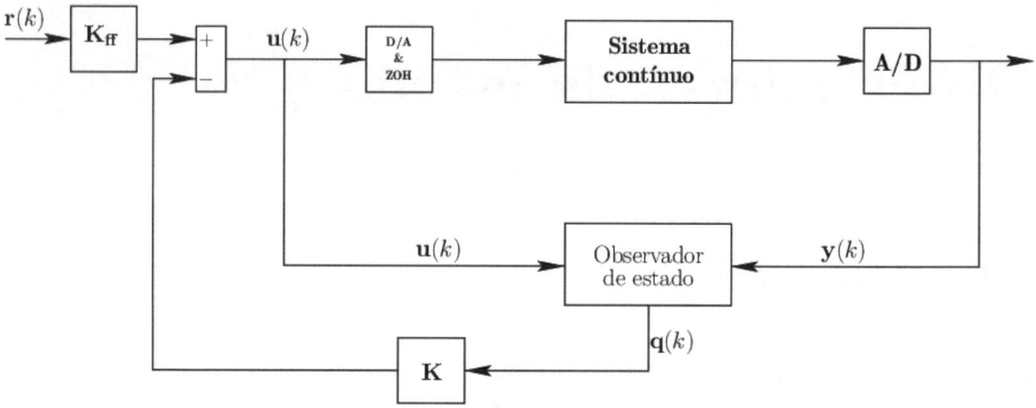

Figura 5.1: Sistema de seguimento de sinal com realimentação e observador de estados. Sistema de regulação com realimentação e observador de estados quando $\mathbf{K_{ff}} = 0$.

A representação no espaço de estados discretos é:

$$\mathbf{x}(k+1) = \mathbf{A}_d\,\mathbf{x}(k) + \mathbf{B}_d\,\mathbf{u}(k) \tag{5.1}$$

$$\mathbf{y}(k) = \mathbf{C}\,\mathbf{x}(k) \tag{5.2}$$

Para estimar as variáveis de estado, a matriz de observabilidade deve ser de posto completa, isto é:

$$rank \left[\begin{array}{c:c:c:c} \mathbf{C}^T & \mathbf{A}_d^T\,\mathbf{C}^T & \cdots & (\mathbf{A}_d^T)^{n-1}\,\mathbf{C}^T \end{array} \right] = n \tag{5.3}$$

Pressupondo que $\mathbf{x}(k)$ é apropriadamente observada ou estimada por $\mathbf{q}(k)$ e substituindo o vetor de estados pelo vetor de estimação, obtém-se o seguinte modelo dinâmico:

$$\mathbf{q}(k+1) = \mathbf{A}_d\,\mathbf{q}(k) + \mathbf{B}_d\,\mathbf{u}(k) \tag{5.4}$$

$$\tilde{\mathbf{y}}(k) = \mathbf{C}\,\mathbf{q}(k) \tag{5.5}$$

A maneira de verificar o desempenho da estimação $\mathbf{q}(k)$ é utilizar e incluir a diferença $\mathbf{y}(k) - \tilde{\mathbf{y}}(k)$, o que é o mesmo que $\mathbf{y}(k) - \mathbf{C}\,\mathbf{q}(k)$, obtendo-se:

$$\mathbf{q}(k+1) = \mathbf{A}_d\,\mathbf{q}(k) + \mathbf{B}_d\,\mathbf{u}(k) + \boldsymbol{K}_\text{o}[\mathbf{y}(k) - \mathbf{C}\,\mathbf{q}(k)] \tag{5.6}$$

na qual $\boldsymbol{K}_\text{o}$ será o ganho do observador de estados.

5.2 Projeto de observador de estados de ordem plena

A ordem do observador de estado de ordem plena será a mesma que a do sistema. Supõe-se que $\mathbf{x}(k)$ não pode ser medida diretamente, então é desejável que o estado observado (estimado) $\mathbf{q}(k)$ seja o mais próximo possível do estado real $\mathbf{x}(k)$. É aconselhável que a dinâmica do observador tenha as mesmas matrizes de estado e de saída, $\mathbf{A}_d$ e $\mathbf{B}_d$, do sistema a ser estimado.

A dinâmica do sistema discretizado mostrado na Figura 5.2 é:

$$\mathbf{x}(k+1) = \mathbf{A}_d\,\mathbf{x}(k) + \mathbf{B}_d\,\mathbf{u}(k) \tag{5.7}$$

$$\mathbf{y}(k) = \mathbf{C}\,\mathbf{x}(k) \tag{5.8}$$

$$\mathbf{u}(k) = -\boldsymbol{K}_d\,\mathbf{x}(k)$$

na qual $\mathbf{A}_d$ é uma matriz não singular $n \times n$, $\mathbf{B}_d$ é uma matriz $n \times r$, $\mathbf{C}$ é uma matriz $m \times n$ e $\boldsymbol{K}_d$ é uma matriz $r \times n$ de ganho de realimentação de estados. Para o problema de regulação, considere-se $\mathbf{K}_{\mathbf{ff}} = \mathbf{0}$.

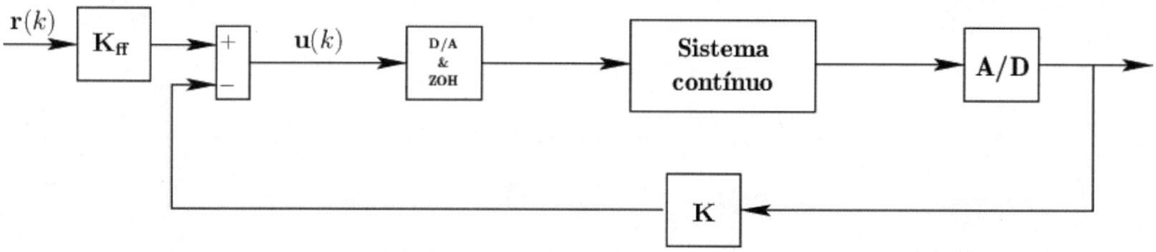

Figura 5.2: Sistema de controle com realimentação de estados e seguimento de sinal com $\mathbf{K}_{\mathbf{ff}} \neq 0$.

Considere-se que o sistema é de estado completamente controlável e completamente observável, bem como $\mathbf{x}(k)$ não pode ser medido diretamente. A introdução do observador de ordem plena no sistema na Figura 5.2 é mostrada na Figura 5.3.

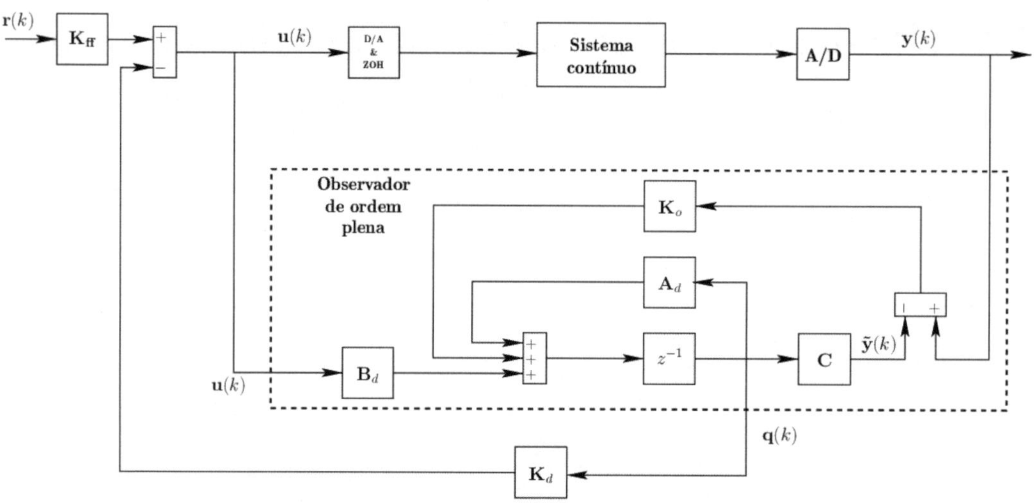

Figura 5.3: Sistema de controle com realimentação de estados observados por um observador de ordem plena.

O estado observado $\mathbf{q}(k)$ é usado para formar o vetor de controle $\mathbf{u}(k)$:

$$\mathbf{u}(k) = \mathbf{K}_{\mathbf{ff}} u(k) - \boldsymbol{K}_d \, \mathbf{q}(k) \tag{5.9}$$

no qual considera-se o caso de regulação, isto é, $\mathbf{K}_{\mathbf{ff}} = \mathbf{0}$. Da Figura 5.3, teremos:

$$\mathbf{q}(k+1) = \mathbf{A}_d\,\mathbf{q}(k) + \mathbf{B}_d\,\mathbf{u}(k) + \boldsymbol{K}_{\text{o}}\,[\mathbf{y}(k) - \tilde{\mathbf{y}}(k)] \tag{5.10}$$

na qual $\boldsymbol{K}_{\text{o}}$ $(n \times m)$ é a matriz de ganho de realimentação do observador. Arrumando a equação (5.10), obtém-se:

$$\mathbf{q}(k+1) = (\mathbf{A}_d - \boldsymbol{K}_{\text{o}}\,\mathbf{C})\;\mathbf{q}(k) + \mathbf{B}_d\,\mathbf{u}(k) + \boldsymbol{K}_{\text{o}}\,\mathbf{y}(k) \tag{5.11}$$

Os autovalores de $\mathbf{A}_d - \boldsymbol{K}_{\text{o}}\,\mathbf{C}$ são os polos do observador. O observador de estados dado pela equação (5.11) é um observador preditivo já que a estimativa $\mathbf{q}(k+1)$ está num período de amostragem à frente da observação $\mathbf{y}(k)$.

Dinâmica do erro do observador de estados de ordem plena

Considere-se o erro no processo de estimação dos estados. Defina-se:

$$\mathbf{e}(k) = \mathbf{x}(k) - \mathbf{q}(k), \tag{5.12}$$

Das equações (5.1) e (5.12), obtém-se a dinâmica do erro estimado:

$$\begin{aligned}
\mathbf{e}(k+1) &= \mathbf{x}(k+1) - \mathbf{q}(k+1) \\
&= \mathbf{A}_d\mathbf{x}(k) + \mathbf{B}_d\mathbf{u}(k) - (\mathbf{A}_d - \boldsymbol{K}_{\text{o}}\mathbf{C})\,\mathbf{q}(k) - \cdots \\
&\quad \cdots - \boldsymbol{K}_{\text{o}}\mathbf{C}\mathbf{x}(k) - \mathbf{B}_d\mathbf{u}(k) \qquad (5.13) \\
&= \mathbf{e}(k+1) = (\mathbf{A}_d - \boldsymbol{K}_{\text{o}}\mathbf{C})\,[\mathbf{x}(k) - \mathbf{q}(k)] \\
&= (\mathbf{A}_d - \boldsymbol{K}_{\text{o}}\mathbf{C})\,\mathbf{e}(k) \qquad (5.14)
\end{aligned}$$

a mesma tem a equação característica dada por:

$$|z\mathbf{I} - (\mathbf{A}_d - \boldsymbol{K}_o\mathbf{C})| = 0 \tag{5.15}$$

a qual é igual a do observador. A equação (5.14) mostra o comportamento dinâmico do sinal de erro que é determinado pelos autovalores de $\mathbf{A}_d - \boldsymbol{K}_o\,\mathbf{C}$. Se $\mathbf{A}_d - \boldsymbol{K}_o\,\mathbf{C}$ é uma matriz estável, então o vetor de erro convergirá a zero, o que significa que $\mathbf{q}(k)$ convergirá a $\mathbf{x}(k)$ para quaisquer condições iniciais.

Os polos do observador deverão ser escolhidos de maneira a serem razoavelmente mais rápidos que os polos do sistema e de forma que forneçam, ao mesmo tempo, estados filtrados no observador. Se os polos do observador forem escolhidos como nulos, então tem-se um observador *deadbeat* (OGATA, 1995; CRASSIDIS; JUNKINS, 2011).

Projeto de observadores

Será apresentada, de maneira geral, a determinação de $\boldsymbol{K}_o$. Considere-se o sistema definido por:

$$\mathbf{x}(k+1) = \mathbf{A}_d\,\mathbf{x}(k) + \mathbf{B}_d\,\mathbf{u}(k) \tag{5.16}$$

$$y(k) = \mathbf{C}\,\mathbf{x}(k) \tag{5.17}$$

no qual $\mathbf{x}(k)$ é um n-vetor, $\mathbf{u}(k)$ é um r-vetor, $y(k)$ é um escalar, $\mathbf{A}_d$ é uma matriz $n \times n$, $\mathbf{B}_d$ é uma matriz $n \times r$ e $\mathbf{C}$ é uma matriz $1 \times n$. Pressupõe-se que o sistema é de estado completamente controlável e completamente observável e que a lei de controle a ser utilizada é:

$$\mathbf{u}(k) = -\boldsymbol{K}_d\,\mathbf{q}(k)$$

na qual $\mathbf{q}(k)$ é o vetor de estados observados e a matriz $\boldsymbol{K}_d$ é $r \times n$. Considere o sistema na configuração da Figura 5.3.

A dinâmica do observador de estados é dada pelas equações (5.10) ou (5.11).

Procedimento de projeto utilizando os coeficientes das equações características

O ganho $\boldsymbol{K}_\text{o}$ é determinado como:

$$\boldsymbol{K}_\text{o} = \mathbf{Q} \begin{bmatrix} \alpha_0 - a_0 \\ \alpha_1 - a_1 \\ \vdots \\ \alpha_{n-1} - a_{n-1} \end{bmatrix} = \left(\mathbf{W}\,\mathbf{N}^T\right)^{-1} \begin{bmatrix} \alpha_0 - a_0 \\ \alpha_1 - a_1 \\ \vdots \\ \alpha_{n-1} - a_{n-1} \end{bmatrix} \tag{5.18}$$

na qual a_0, a_1, $\ldots$, a_{n-1} são os coeficientes da equação característica da equação de estados originais dada pela equação (5.16):

$$|z\,\mathbf{I} - \mathbf{A}_d| = z^n + a_{n-1}\,z^{n-1} + \cdots + a_1\,z + a_0 = 0$$

e:

$$\mathbf{Q} = (\mathbf{W}\,\mathbf{N}^T)^{-1} \tag{5.19}$$

no qual:

$$\mathbf{N} = \left[\begin{array}{c:c:c:c} \mathbf{C}^T & \mathbf{A}_d^T\,\mathbf{C}^T & \cdots & (\mathbf{A}_d^T)^{n-1}\,\mathbf{C}^T \end{array}\right] \tag{5.20}$$

e:

$$\mathbf{W} = \begin{bmatrix} a_1 & a_2 & \cdots & a_{n-1} & 1 \\ a_2 & a_3 & \cdots & 1 & 0 \\ \vdots & \vdots & & \vdots & \vdots \\ a_{n-1} & 1 & \cdots & 0 & 0 \\ 1 & 0 & \cdots & 0 & 0 \end{bmatrix} \tag{5.21}$$

Para determinar $\boldsymbol{K}_\text{o}$ é necessário selecionar os polos desejados do observador po_i (autovalores de $\mathbf{A}_d - \boldsymbol{K}_\text{o}\,\mathbf{C}$).

Supõe-se que a equação característica desejada da dinâmica do erro seja:

$$(z-po_1)\cdots(z-po_n) = z^n+\alpha_{n-1}\,z^{n-1}+\alpha_{n-2}\,z^{n-2}+\cdots+\alpha_1\,z+\alpha_0 = 0. \quad (5.22)$$

Se desejamos ter uma resposta *deadbeat*, a equação característica desejada torna-se:

$$z^n = 0 \quad (5.23)$$

Assim, o ganho do observador é determinado como:

$$\boldsymbol{K}_{\text{o}} = \left(\mathbf{W}\,\mathbf{N}^T\right)^{-1}\begin{bmatrix} -a_0 \\ -a_1 \\ \vdots \\ -a_{n-1} \end{bmatrix} \quad (5.24)$$

Procedimento de projeto utilizando a fórmula de Ackermann

A matriz de ganho é determinada por:

$$\boldsymbol{K}_{\text{o}} = \phi(\mathbf{A}_d)\begin{bmatrix} \mathbf{C} \\ \mathbf{C}\,\mathbf{A}_d \\ \vdots \\ \mathbf{C}\,\mathbf{A}_d^{n-1} \end{bmatrix}^{-1}\begin{bmatrix} 0 \\ 0 \\ \vdots \\ 1 \end{bmatrix} \quad (5.25)$$

$$\phi(\mathbf{A}_d) = \mathbf{A}_d^n + \alpha_{n-1}\,\mathbf{A}_d^{n-1} + \alpha_{n-2}\,\mathbf{A}_d^{n-2} + \cdots + \alpha_1\,\mathbf{A}_d + \alpha_0\,\mathbf{I} \quad (5.26)$$

O observador pode ser projetado segundo a equação (5.18), bem como pelas equações (5.25) e (5.26), sendo escolhidos previamente os polos do observador. A escolha apropriada dos polos do observador é fazer com que ele seja mais rápido que o sistema de controle em malha fechada. Dessa maneira, os polos do observador devem ser 4 a 10 vezes os valores dos polos de malha fechada. Isso determina quão rápido os estados observados convergem aos estados verdadeiros da planta.

A equação característica de malha fechada

A equação característica do sistema é dada por:

$$|z\mathbf{I} - \mathbf{A}_d + \mathbf{B}_d\boldsymbol{K}_d| = 0.$$

Calcula-se a equação característica do sistema de controle baseada no observador. Para isso, da equação: (5.12)

$$\mathbf{e}(k) = \mathbf{x}(k) - \mathbf{q}(k).$$

A equação de estados da planta na equação (5.1) pode ser expressa como:

$$\mathbf{x}(k+1) = \mathbf{A}_d\mathbf{x}(k) - \mathbf{B}_d\boldsymbol{K}_d\mathbf{q}(k) = (\mathbf{A}_d - \mathbf{B}_d\boldsymbol{K}_d)\,\mathbf{x}(k) + \mathbf{B}_d\boldsymbol{K}_d\mathbf{e}(k) \quad (5.27)$$

e a equação de estados do erro é:

$$\mathbf{e}(k+1) = (\mathbf{A} - \boldsymbol{K}_\text{o}\mathbf{C})\,\mathbf{e}(k)$$

Pode-se juntar a equação anterior e a equação (5.27) em um vetor de estados, resultando em:

$$\begin{bmatrix} \mathbf{x}(k+1) \\ \mathbf{e}(k+1) \end{bmatrix} = \begin{bmatrix} \mathbf{A}_d - \mathbf{B}_d\boldsymbol{K}_d & \mathbf{B}_d\boldsymbol{K}_d \\ \mathbf{0} & \mathbf{A}_d - \boldsymbol{K}_\text{o}\mathbf{C} \end{bmatrix} \begin{bmatrix} \mathbf{x}(k) \\ \mathbf{e}(k) \end{bmatrix} \quad (5.28)$$

e a equação característica da equação (5.28) é também a equação característica do sistema em malha fechada e é determinada como:

$$|z\mathbf{I} - \mathbf{A}_d + \mathbf{B}_d\boldsymbol{K}_d|\,|z\mathbf{I} - \mathbf{A}_d + \boldsymbol{K}_\text{o}\mathbf{C}|$$

Daqui, o projeto pela alocação dos polos independe do projeto do observador.

Exemplo 5.2.1 (Observador de estado de ordem plena) *Considere o sistema contínuo dado por:*

$$\begin{cases} \dot{x}_1 &= x_2 \\ \dot{x}_2 &= x_3 \\ \dot{x}_3 &= u \\ y &= x_1 \end{cases}$$

Projetar:

1. *uma realimentação de estados para o problema de regulação de maneira que os polos desejados do sistema em malha fechada estejam em $s = -5$, bem como um observador de estado de ordem plena com os polos apropriadamente escolhidos;*

2. *um sistema de seguimento de sinal de referência para a realimentação de estados anterior. Verificar se é possível com o controle feedforward e realizar o rastreamento de sinal de referência, bem como projetar um sistema de rastreamento com controle integral.*

Considere um período de amostragem $T = 0,01$ s.

Solução 5.2.1 *Dadas as matrizes do sistema contínuo, calculemos as matrizes do sistema discreto:*

$$\mathbf{A}_d = \begin{bmatrix} 1,00000 & 0,01000 & 0,00005 \\ 0 & 1,00000 & 0,01000 \\ 0 & 0 & 1,00000 \end{bmatrix}, \quad \mathbf{B}_d = \begin{bmatrix} 0,0000001\hat{6} \\ 0,00005000 \\ 0,01000000 \end{bmatrix}$$

as matrizes $\mathbf{C}_d$ e $\mathbf{D}_d$ são iguais às matrizes do caso contínuo.

O polo desejado discreto é calculado de $z = e^{Ts}$, com $s = -5$, o que resulta em $z_p = 0,9512$. A matriz de ganhos é calculada segundo as equações (4.35) e (4.36):

$$K_d = \begin{bmatrix} 116,004181 & 70,197029 & 14,278254 \end{bmatrix}$$

Para o projeto do observador de ordem plena, escolheu-se os polos contínuos em $p_o = -20$ *e os respectivos polos discretos ficam em* $p_{od} = 0,8187$. *A matriz de ganho do observador é calculada segundo as equações (5.25) e (5.26):*

$$K_{od} = \begin{bmatrix} 0,54381 \\ 9,55975 \\ 59,56243 \end{bmatrix}$$

Com a devida simulação verifica-se que sem um controle feedforward não é possível realizar o rastreamento de sinal de referência. Portanto, projeta-se o ganho K_{ff} *do controle feedforward utilizando a equação (4.42):*

$$K_{ff} = \left(C_d \left[\mathbf{I}_n - (\mathbf{A}_d - \mathbf{B}_d \boldsymbol{K}_d)\right]^{-1} \mathbf{B}_d\right)^{-1} = 116,00418$$

O programa para simulação do Exemplo 5.2.1 encontra-se em para o Matlab. Para esse caso, o sinal de referência é uma onda quadrada de frequência de $0,1$ *Hz e amplitude de* $0,3$. *A Figura 5.4a mostra a evolução no tempo dos estados do sistema para um seguimento de sinal de referência com controle feedforward e realimentação de estados e a Figura 5.4b mostra o esforço de controle para o seguimento de sinal de referência com realimentação de estados. Observe que a saída do sistema segue o sinal de referência na 5.4c.*

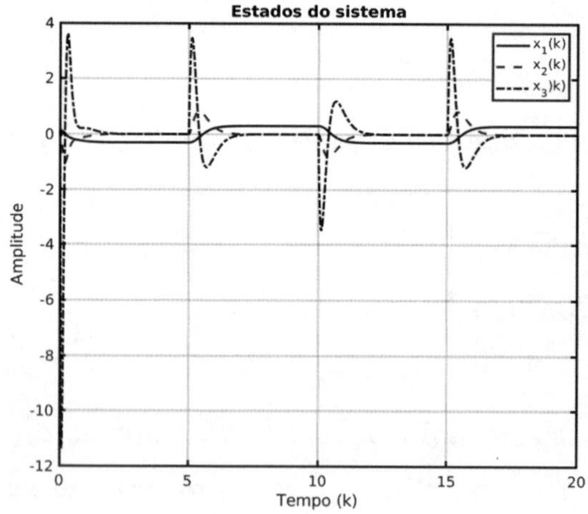

(a) Evolução no tempo dos estados do sistema sob o controle de realimentação de estados com observador de estados de ordem plena e controle *feedforward*.

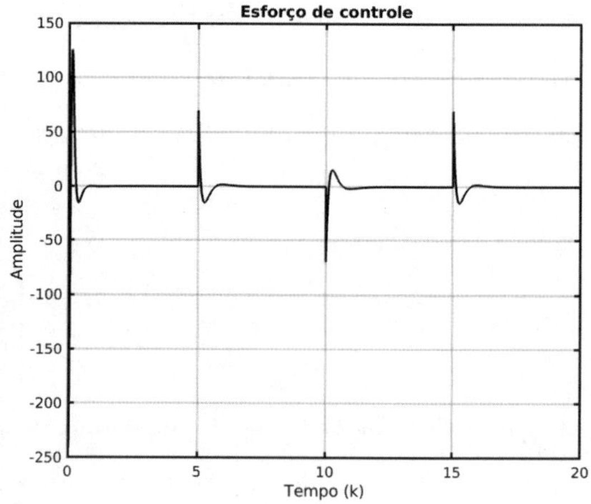

(b) Esforço de controle de realimentação de estados com observador de ordem plena e controle *feedforward*.

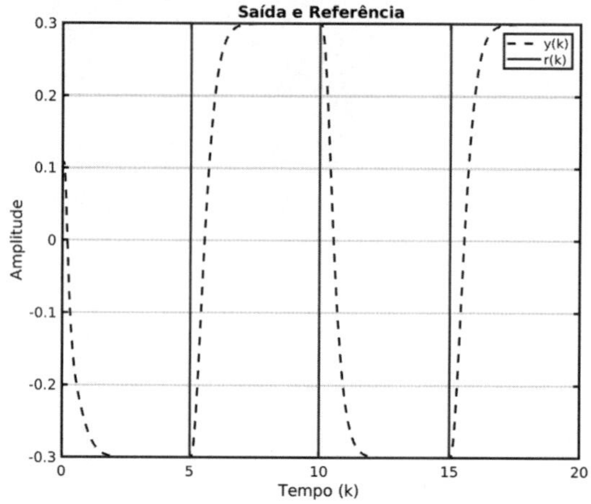

(c) Evolução no tempo da saída e o sinal de referência.

Figura 5.4: Resposta do sistema geral para o seguimento de um sinal de referência com controle de realimentação de estados, observador de ordem plena e controle *feedforward*.

O programa para simulação do Exemplo 5.2.1 encontra-se em [QR code] para o Octave. Os gráficos resultantes são semelhantes aos mostrados nas Figuras 5.4a e 5.4b. Nesse caso, o sistema foi simulado, sem o uso de uma interface gráfica, de maneira iterativa, com a evolução do tempo em múltiplos inteiros do período de amostragem.

Para o projeto do controle integral, as matrizes aumentadas são obtidas como se segue:

$$\tilde{\mathbf{A}}_d = \begin{bmatrix} \mathbf{A}_d & \mathbf{0} \\ -\mathbf{C} & \mathbf{I}_l \end{bmatrix}, \quad \tilde{\mathbf{B}}_d = \begin{bmatrix} \mathbf{B} \\ \mathbf{0} \end{bmatrix} \quad \tilde{\mathbf{K}} = [\boldsymbol{K}_d \quad K_1],$$

assim:

$$\tilde{\mathbf{A}}_d = \begin{bmatrix} 1,00000 & 0,01000 & 0,00005 & 0 \\ 0 & 1,00000 & 0,01000 & 0 \\ 0 & 0 & 1,00000 & 0 \\ -1 & 0 & 0 & 1 \end{bmatrix}, \quad \tilde{\mathbf{B}}_d = \begin{bmatrix} 1,6666667 \times 10^{-7} \\ 0,00005000 \\ 0,01000000 \\ 0 \end{bmatrix}$$

e a matriz de saída fica:

$$\tilde{\mathbf{C}}_d = \begin{bmatrix} 1 & 0 & 0 & 0 \end{bmatrix}$$

A matriz de ganhos é calculada segundo as equações (4.35) e (4.36). Considerando o polo $z_{p_4} = 0,9$ *para o estado aumentado, obtém-se:*

$$\tilde{\mathbf{K}} = \begin{bmatrix} 817,9745 & 209,4697 & 23,5702 & -11,6004 \end{bmatrix}$$

O programa para simulação do Exemplo 5.2.1 com observador de estados de ordem plena e controle integral encontra-se em *para o Matlab. Para esse caso, o sinal de referência é uma onda quadrada de frequência de* 0,1 *Hz e amplitude de* 0,3. *A Figura 5.5a mostra a evolução no tempo dos estados do sistema para um seguimento de sinal de referência com controle integral e realimentação de estados e a Figura 5.5b mostra o esforço de controle para o seguimento de sinal de referência com controle integral e realimentação de estados. Observe que a saída do sistema segue o sinal de referência na Figura 5.5c.*

O programa para simulação do Exemplo 5.2.1 encontra-se em *para o Octave. Os gráficos resultantes são semelhantes aos mostrados nas Figuras 5.5a, 5.5b e 5.5c. Nesse caso, o sistema foi simulado, sem o uso de uma interface gráfica, de maneira iterativa, com a evolução do tempo em múltiplos inteiros do período de amostragem.*

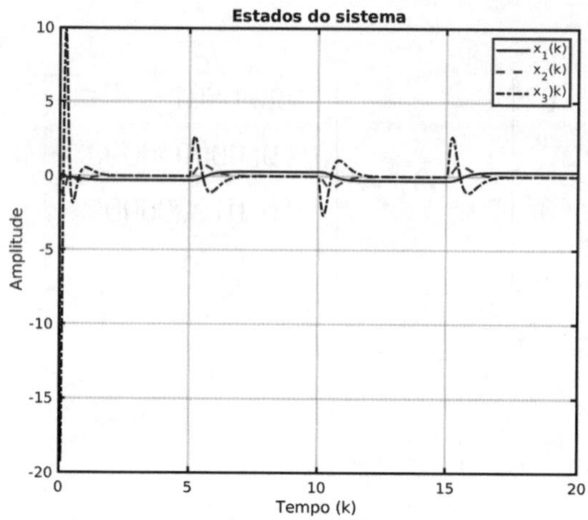

(a) Evolução no tempo dos estados do sistema sob o controle de realimentação de estados com observador de estados de ordem plena e controle integral.

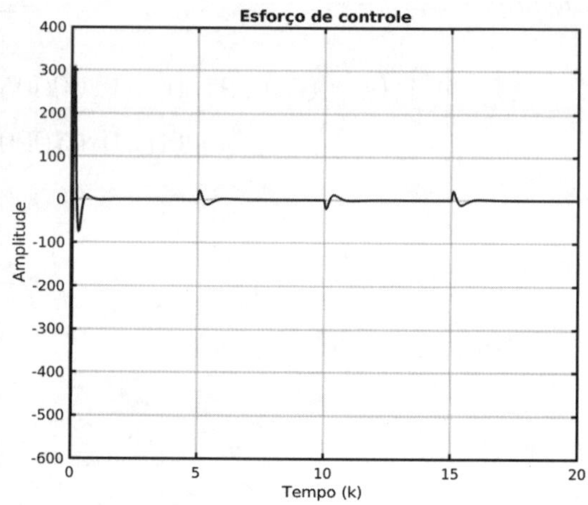

(b) Esforço de controle de realimentação de estados com observador de ordem plena e controle integral.

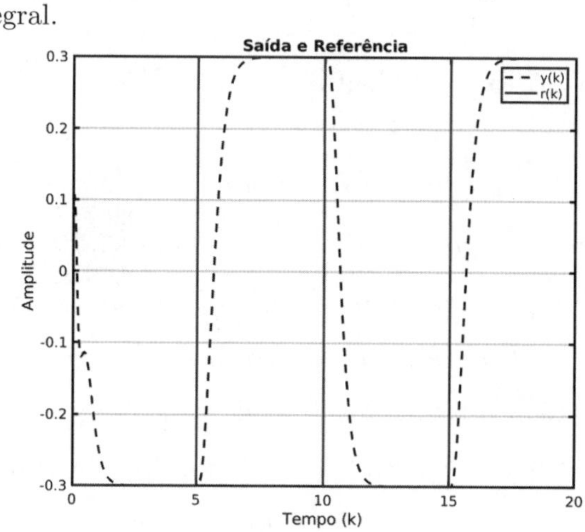

(c) Evolução no tempo da saída do sistema e o sinal de referência.

Figura 5.5: Resposta do sistema geral para o seguimento de um sinal de referência com controle de realimentação de estados, observador de ordem plena e controle integral.

5.3 Projeto de observador de estados de ordem reduzida

Na prática, algumas das variáveis de estado podem ser medidas com precisão, as quais não precisam ser estimadas. Um observador que estima menos que as "n" variáveis de estado é chamado observador de ordem reduzida e, se a ordem é mínima, é chamado de observador de ordem mínima. Seja $\mathbf{x}(k)$ a variável de estado de dimensão n e $\mathbf{y}(k)$ a variável de saída de ordem m, a qual pode ser medida e não precisa ser estimada. O observador de ordem reduzida é da ordem de $(n - m)$.

Se a medida da variável de saída envolve ruídos significativos e é relativamente imprecisa, então o uso de um observador de ordem completa pode fornecer um melhor desempenho ao sistema.

Definamos a partição do vetor de estados como:

$$\mathbf{x}(k) = \begin{bmatrix} \mathbf{x}_a(k) \\ \hline \mathbf{x}_b(k) \end{bmatrix}$$

na qual $\mathbf{x}_a(k)$ é a parcela do vetor de estados que pode ser medida (m-vetor) e $\mathbf{x}_b(k)$ é a parcela do vetor de estados que será estimada ($n - m$-vetor). A equação de estados da planta (5.1) pode ser particionada como:

$$\begin{bmatrix} \mathbf{x}_a(k+1) \\ \hline \mathbf{x}_b(k+1) \end{bmatrix} = \left[\begin{array}{c|c} \mathbf{A}_{daa} & \mathbf{A}_{dab} \\ \hline \mathbf{A}_{dba} & \mathbf{A}_{dbb} \end{array}\right] \begin{bmatrix} \mathbf{x}_a(k) \\ \hline \mathbf{x}_b(k) \end{bmatrix} + \begin{bmatrix} \mathbf{B}_{da} \\ \hline \mathbf{B}_{db} \end{bmatrix} \mathbf{u}(k) \quad (5.29)$$

$$\mathbf{y}(k) = \left[\begin{array}{c|c} \mathbf{I}_m & \mathbf{0} \end{array}\right] \begin{bmatrix} \mathbf{x}_a(k) \\ \hline \mathbf{x}_b(k) \end{bmatrix} \quad (5.30)$$

em que $\mathbf{A}_{daa}$ é uma matriz $m \times m$, $\mathbf{A}_{dab}$ é uma matriz $m \times (n - m)$, $\mathbf{A}_{dba}$ é uma matriz $(n - m) \times n$, $\mathbf{A}_{dbb}$ é uma matriz $(n - m) \times (n - m)$, $\mathbf{B}_{da}$ é uma matriz $m \times r$ e $\mathbf{B}_{db}$ é uma matriz $(n - m) \times r$. Se a saída $y(k)$ é um escalar, então $x_a(k)$ é um escalar, $\mathbf{A}_{dab}$ é uma matriz $1 \times (n - 1)$ e $\mathbf{A}_{dbb}$ é uma matriz $(n-1) \times (n-1)$.

A equação de estados medidos pode ser escrita como:

$$\mathbf{x}_a(k+1) = \mathbf{A}_{daa}\mathbf{x}_a(k) + \mathbf{A}_{dab}\mathbf{x}_b(k) + \mathbf{B}_{da}\mathbf{u}(k)$$

coloca-se todos os termos conhecidos para o lado esquerdo da igualdade, obtendo:

$$\underbrace{\mathbf{x}_a(k+1) - \mathbf{A}_{daa}\mathbf{x}_a(k) - \mathbf{B}_{da}\mathbf{u}(k)}_{\textbf{medidas conhecidas}} = \mathbf{A}_{dab}\mathbf{x}_b(k) \tag{5.31}$$

Da equação (5.29), a equação de estados estimados é:

$$\mathbf{x}_b(k+1) = \mathbf{A}_{dbb}\mathbf{x}_b(k) + \underbrace{\mathbf{A}_{dba}\mathbf{x}_a(k) + \mathbf{B}_{db}\mathbf{u}(k)}_{\textbf{entradas conhecidas}}. \tag{5.32}$$

Para obter as equações do observador de ordem reduzida compara-se a equação (5.1) com a equação (5.32), bem como a equação (5.2) com a equação (5.31). Assim:

$$\mathbf{x}(k+1) = \mathbf{A}_d\,\mathbf{x}(k) + \mathbf{B}_d\,\mathbf{u}(k)$$

$$\mathbf{x}_b(k+1) = \mathbf{A}_{dbb}\mathbf{x}_b(k) + [\mathbf{A}_{dba}\mathbf{x}_a(k) + \mathbf{B}_{db}\mathbf{u}(k)]$$

bem como:

$$\mathbf{y}(k) = \mathbf{C}\,\mathbf{x}(k)$$

$$\mathbf{x}_a(k+1) - \mathbf{A}_{daa}\mathbf{x}_a(k) - \mathbf{B}_{da}\mathbf{u}(k) = \mathbf{A}_{dab}\mathbf{x}_b(k)$$

Dessa maneira, obtém-se a equação de estado do observador de ordem reduzida fazendo as seguintes substituições na equação (5.6) do observador de ordem plena: $\mathbf{x}(k)$ por $\mathbf{x}_b(k)$; $\mathbf{A}_d$ por $\mathbf{A}_{dbb}$; $\mathbf{B}_d\mathbf{u}(k)$ por $\mathbf{A}_{dba}\mathbf{x}_a(k)+\mathbf{B}_{db}\mathbf{u}(k)$; $\mathbf{y}(k)$ por $\mathbf{x}_a(k+1) - \mathbf{A}_{daa}\mathbf{x}_a(k) - \mathbf{B}_{da}\mathbf{u}(k)$; e $\mathbf{C}$ por $\mathbf{A}_{dab}$.

Substituindo as expressões anteriores na equação (5.6), obtém-se a dinâmica do observador de ordem reduzida:

$$\begin{aligned} \mathbf{q}_b(k+1) &= (\mathbf{A}_{dbb} - \boldsymbol{K}_{\mathrm{o}}\mathbf{A}_{dab})\,\mathbf{q}_b(k) + \cdots \\ &\cdots + \boldsymbol{K}_{\mathrm{o}}\left[\mathbf{x}_a(k+1) - \mathbf{A}_{daa}\mathbf{x}_a(k) - \mathbf{B}_{da}\mathbf{u}(k)\right] + \cdots \\ &\cdots + \mathbf{A}_{dba}\mathbf{x}_a(k) + \mathbf{B}_{db}\mathbf{u}(k) \end{aligned} \tag{5.33}$$

a partir da equação (5.30), teremos:

$$\mathbf{y}(k) = \mathbf{x}_a(k) \tag{5.34}$$

então a equação (5.33) pode ser escrita como:

$$\begin{aligned} \mathbf{q}_b(k+1) &= (\mathbf{A}_{dbb} - \boldsymbol{K}_{\mathrm{o}}\mathbf{A}_{dab})\,\mathbf{q}_b(k) + \cdots \\ &\cdots + \boldsymbol{K}_{\mathrm{o}}\mathbf{y}(k+1) + (\mathbf{A}_{dba} - \boldsymbol{K}_{\mathrm{o}}\mathbf{A}_{daa})\,\mathbf{y}(k) + \cdots \\ &\cdots + (\mathbf{B}_{db} - \boldsymbol{K}_{\mathrm{o}}\mathbf{B}_{da})\,\mathbf{u}(k) \end{aligned}$$

define-se:

$$\tilde{w}(k+1) = \mathbf{q}_b(k+1) - \boldsymbol{K}_{\mathrm{o}}\mathbf{y}(k+1) = \mathbf{q}_b(k+1) - \boldsymbol{K}_{\mathrm{o}}\mathbf{x}_a(k+1)$$

$$\begin{aligned} \tilde{w}(k+1) &= (\mathbf{A}_{dbb} - \boldsymbol{K}_{\mathrm{o}}\mathbf{A}_{dab})\,\tilde{w}(k) + \cdots \\ &\cdots + \left\{(\mathbf{A}_{dbb} - \boldsymbol{K}_{\mathrm{o}}\,\mathbf{A}_{dab})\boldsymbol{K}_{\mathrm{o}} + \mathbf{A}_{dba} - \boldsymbol{K}_{\mathrm{o}}\,\mathbf{A}_{daa}\right\} x_a(k) + \cdots \\ &\cdots + (\mathbf{B}_{db} - \boldsymbol{K}_{\mathrm{o}}\mathbf{B}_{da})\,\mathbf{u}(k) \end{aligned} \tag{5.35}$$

A matriz de ganho $\boldsymbol{K}_{\text{o}}$ é dada por:

$$\boldsymbol{K}_{\text{o}} = \phi(\mathbf{A}_{dbb}) \begin{bmatrix} \mathbf{A}_{dab} \\ \mathbf{A}_{dab}\,\mathbf{A}_{dbb} \\ \vdots \\ \mathbf{A}_{dab}\,\mathbf{A}_{dbb}^{n-3} \\ \mathbf{A}_{dab}\,\mathbf{A}_{dbb}^{n-2} \end{bmatrix}^{-1} \begin{bmatrix} 0 \\ 0 \\ \vdots \\ 0 \\ 1 \end{bmatrix} \tag{5.36}$$

na qual:

$$\phi(\mathbf{A}_d) = \mathbf{A}_{dbb}^{n-1} + \alpha_{n-1}\,\mathbf{A}_{dbb}^{n-2} + \cdots + \alpha_2\,\mathbf{A}_{dbb} + \alpha_1\,\mathbf{I} \tag{5.37}$$

Uma vez determinada a matriz de ganho de realimentação do observador $\boldsymbol{K}_{\text{o}}$, o observador de ordem reduzida pode ser definido pelas equações. A estrutura em diagramas de blocos do observador de ordem mínimo é mostrada na Figura 5.6:

$$\mathbf{q}_b(k) = \tilde{w}(k) + \boldsymbol{K}_{\text{o}}\,\mathbf{x}_a(k) \tag{5.38}$$

$$\begin{aligned} \tilde{w}(k+1) &= (\mathbf{A}_{dbb} - \boldsymbol{K}_{\text{o}}\,\mathbf{A}_{dab})\tilde{w}(k) + \cdots \\ &\cdots + \Big\{(\mathbf{A}_{dbb} - \boldsymbol{K}_{\text{o}}\,\mathbf{A}_{dab})\boldsymbol{K}_{\text{o}} + \mathbf{A}_{dba} - \boldsymbol{K}_{\text{o}}\,\mathbf{A}_{daa}\Big\}\, y(k) + \cdots \\ &\cdots + (\mathbf{B}_{db} - \boldsymbol{K}_{\text{o}}\,\mathbf{B}_{da})\mathbf{u}(k) \end{aligned} \tag{5.39}$$

Define-se:

$$e(k+1) = x_b(k+1) - q_b(k+1)$$

utilizando as equações (5.32), (5.33), (5.34), obtém-se:

$$\mathbf{e}(k+1) = (\mathbf{A}_{dbb} - \boldsymbol{K}_{\text{o}}\,\mathbf{A}_{dab})\,\mathbf{e}(k) \tag{5.40}$$

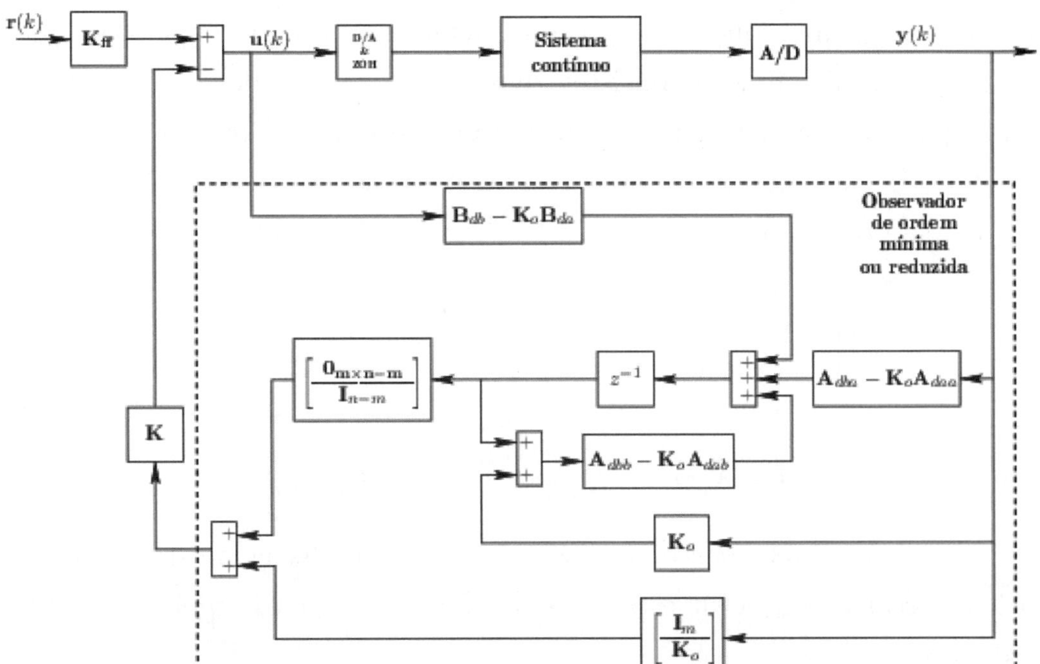

Figura 5.6: Sistema de regulador com realimentação de estados com observador de ordem reduzida, $\mathbf{K}_{\mathbf{ff}} = \mathbf{0}$. Para o seguimento de sinal $\mathbf{K}_{\mathbf{ff}} \neq \mathbf{0}$.

Sistema de controle com realimentação de estados observados com um observador de ordem reduzida

Considere o sistema de estado completamente controlável e completamente observável dado por:

$$\mathbf{x}(k+1) = \mathbf{A}_d\,\mathbf{x}(k) + \mathbf{B}_d\,\mathbf{u}(k) \tag{5.41}$$

$$\mathbf{y}(k) = \mathbf{C}\,\mathbf{x}(k) \tag{5.42}$$

em que $\mathbf{x}(k)$ é um n-vetor, $\mathbf{u}(k)$ é um r-vetor, $\mathbf{y}(k)$ é um m-vetor e:

$$\mathbf{A}_d = \left[\begin{array}{c|c} \mathbf{A}_{daa} & \mathbf{A}_{dab} \\ \hline \mathbf{A}_{dba} & \mathbf{A}_{dbb} \end{array}\right], \quad \mathbf{B}_d = \left[\begin{array}{c} \mathbf{B}_{da} \\ \hline \mathbf{B}_{db} \end{array}\right], \quad \mathbf{C} = \left[\begin{array}{c|c} \mathbf{I}_m & \mathbf{0} \end{array}\right]$$

Consideremos um esquema de controle de realimentação de estados no qual os estados realimentados consistem numa parte de estados mensuráveis e numa parte de estados estimados pelo observador de ordem reduzida, realizando as devidas manipulações algébricas obtemos que a equação característica para o sistema é:

$$\left|\left[\begin{array}{c|c} z\mathbf{I}-\mathbf{A}_d+\mathbf{B}_d\boldsymbol{K}_d & -\mathbf{B}_d\boldsymbol{K}_d\boldsymbol{\Gamma} \\ \hline \mathbf{0} & z\mathbf{I}-\mathbf{A}_{dbb}+\boldsymbol{K}_o\mathbf{A}_{dab} \end{array}\right]\right| =$$

$$= |z\mathbf{I}-\mathbf{A}_d+\mathbf{B}_d\boldsymbol{K}_d|\,|z\mathbf{I}-\mathbf{A}_{dbb}+\boldsymbol{K}_o\mathbf{A}_{dab}| = 0 \qquad (5.43)$$

A equação (5.43) mostra que os polos de malha fechada está composta pelos de realimentação de estados, bem como pelos polos do observador de ordem reduzida.

Exemplo 5.3.1 (Observador de estado de ordem reduzida) *Considere o sistema contínuo dado por:*

$$\begin{cases} \dot{x}_1 &= x_2 \\ \dot{x}_2 &= x_3 \\ \dot{x}_3 &= u \\ y &= x_1 \end{cases}$$

Projetar:

1. *uma realimentação de estados para o problema de regulação de maneira que os polos desejados do sistema em malha fechada estejam em $s=-5$, bem como um observador de estado de ordem reduzida com os polos apropriadamente escolhidos;*

2. *um sistema de seguimento de sinal de referência para a realimentação de estados anterior. Verificar se é possível, com o controle feedforward, realizar o rastreamento de sinal de referência, bem como projetar um sistema de rastreamento com controle integral.*

Considere um período de amostragem $T = 0,01$ s.

Solução 5.3.1 *Dadas as matrizes do sistema contínuo, calculemos as matrizes do sistema discreto:*

$$\mathbf{A}_d = \begin{bmatrix} 1,00000 & 0,01000 & 0,00005 \\ 0 & 1,00000 & 0,01000 \\ 0 & 0 & 1,00000 \end{bmatrix}, \quad \mathbf{B}_d = \begin{bmatrix} 1,66666667 \times 10^{-7} \\ 0,00005000 \\ 0,01000000 \end{bmatrix}$$

as matrizes $\mathbf{C}_d$ e $\mathbf{D}_d$ são iguais às matrizes do caso contínuo.

O polo desejado discreto é calculado de $z = e^{Ts}$, com $s = -5$, o que em $z_p = 0,9512$. A matriz de ganhos é calculada segundo as equações (4.35) e (4.36):

$$K_d = \begin{bmatrix} 116,004181 & 70,197029 & 14,278254 \end{bmatrix}$$

Para o projeto do observador de ordem reduzida, escolheu-se os polos contínuos em $p_o = -20$ e os respectivos polos discretos em $p_{od} = 0,8187$. Para determinar o observador, é necessário identificarmos as matrizes particionadas como mostrado a seguir:

$$\begin{aligned} \begin{bmatrix} \mathbf{x}_a(k+1) \\ \hline \mathbf{x}_b(k+1) \end{bmatrix} &= \left[\begin{array}{c|c} \mathbf{A}_{daa} & \mathbf{A}_{dab} \\ \hline \mathbf{A}_{dba} & \mathbf{A}_{dbb} \end{array}\right] \begin{bmatrix} \mathbf{x}_a(k) \\ \hline \mathbf{x}_b(k) \end{bmatrix} + \begin{bmatrix} \mathbf{B}_{da} \\ \hline \mathbf{B}_{db} \end{bmatrix} \mathbf{u}(k) \\ \mathbf{y}(k) &= \left[\begin{array}{c|c} \mathbf{I}_m & \mathbf{0} \end{array}\right] \begin{bmatrix} \mathbf{x}_a(k) \\ \hline \mathbf{x}_b(k) \end{bmatrix} \end{aligned}$$

nas quais:

$$\begin{aligned} \mathbf{A}_{daa} &= 1, \quad \mathbf{A}_{dab} = \begin{bmatrix} 0,01000 & 0,00005 \end{bmatrix} \\ \mathbf{A}_{dba} &= \begin{bmatrix} 0 \\ 0 \end{bmatrix}, \quad \mathbf{A}_{dbb} = \begin{bmatrix} 1,00 & 0,01 \\ 0 & 1,00 \end{bmatrix} \\ \mathbf{B}_{da} &= 1,66667 \times 10^{-7}, \quad \mathbf{B}_{db} = \begin{bmatrix} 0,00005 \\ 0,01000 \end{bmatrix} \end{aligned}$$

Escolhidos os polos do observador, o ganho é determinado utilizando as equações (5.25) e (5.26). Substituindo $\mathbf{A}_d^T$ *por* $\mathbf{A}_{dbb}^T$ *e* $\mathbf{C}_d^T$ *por* $\mathbf{A}_{dab}^T$*, obtém-se:*

$$K_{o_{min}} = \begin{bmatrix} 34,6109224 \\ 328,5853988 \end{bmatrix}$$

Com a devida simulação verifica-se que sem um controle feedforward não é possível realizar o rastreamento de sinal de referência. Portanto, projeta-se o ganho K_{ff} *do controle feedforward, resultando em:*

$$K_{ff} = 44,441202$$

O programa para simulação do Exemplo 5.3.1 encontra-se em para o Matlab. Para esse caso, o sinal de referência é uma onda quadrada de frequência de $0,1$ *Hz e amplitude de* $0,3$*. A Figura 5.7a mostra a evolução no tempo dos estados do sistema para um seguimento de sinal de referência com realimentação de estados e observador de ordem reduzida e a Figura 5.7b mostra o esforço de controle para o seguimento de sinal de referência com realimentação de estados e observador de ordem reduzida. Observe que a saída do sistema segue o sinal de referência na Figura 5.7c.*

O programa para simulação do Exemplo 5.3.1 encontra-se em para o Octave. Os gráficos resultantes são semelhantes aos mostrados nas Figuras 5.7a, 5.7b e 5.7c. Nesse caso, o sistema foi simulado, sem o uso de uma interface gráfica, de maneira iterativa, com a evolução do tempo em múltiplos inteiros do período de amostragem.

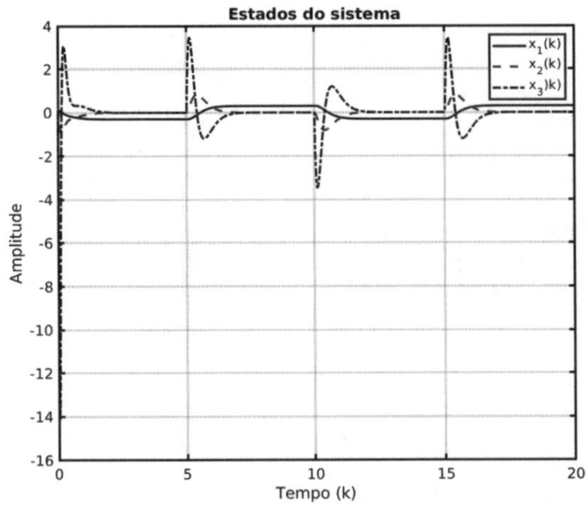

(a) Evolução no tempo dos estados do sistema sob o controle de realimentação de estados com observador de estados de ordem reduzida e controle *feedforward.*

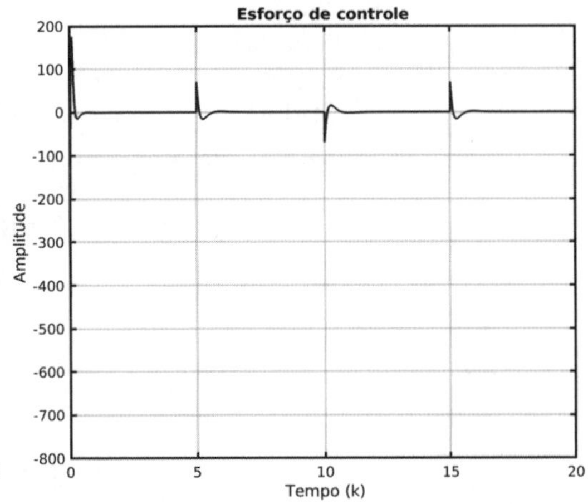

(b) Esforço de controle de realimentação de estados com observador de ordem reduzida e controle *feedforward.*

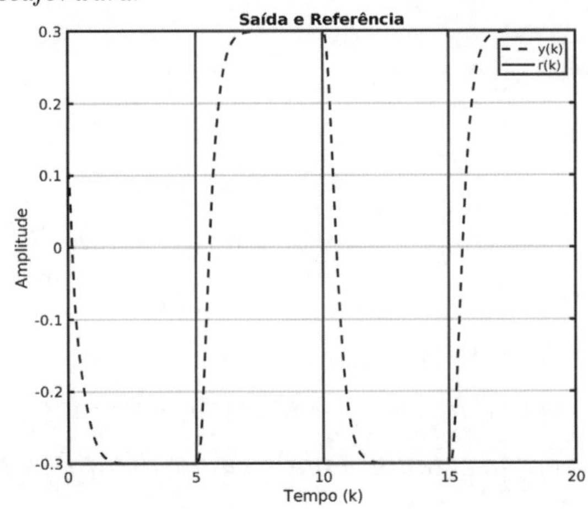

(c) Evolução no tempo da saída e o sinal de referência.

Figura 5.7: Resposta do sistema geral para o seguimento de um sinal de referência com controle de realimentação de estados, observador de ordem reduzida e controle *feedforward.*

Para o projeto do controle integral, as matrizes aumentadas são obtidas como se segue:

$$\tilde{\mathbf{A}}_d = \begin{bmatrix} \mathbf{A}_d & \mathbf{0} \\ -\mathbf{C} & \mathbf{I}_l \end{bmatrix}, \quad \tilde{\mathbf{B}}_d = \begin{bmatrix} \mathbf{B} \\ \mathbf{0} \end{bmatrix} \quad \tilde{\mathbf{K}} = [\boldsymbol{K}_d \quad K_1],$$

assim:

$$\tilde{\mathbf{A}}_d = \begin{bmatrix} 1,00000 & 0,01000 & 0,00005 & 0 \\ 0 & 1,00000 & 0,01000 & 0 \\ 0 & 0 & 1,00000 & 0 \\ -1 & 0 & 0 & 1 \end{bmatrix}, \quad \tilde{\mathbf{B}}_d = \begin{bmatrix} 0,0000001\hat{6} \\ 0,00005000 \\ 0,01000000 \\ 0 \end{bmatrix}$$

e a matriz de saída fica:

$$\tilde{\mathbf{C}}_d = \begin{bmatrix} 1 & 0 & 0 & 0 \end{bmatrix}$$

A matriz de ganhos é calculada segundo as equações (4.35) e (4.36). Considerando o polo $z_{p_4} = 0,9$ *para o estado aumentado, obtém-se:*

$$\tilde{\mathbf{K}} = \begin{bmatrix} 817,9745 & 209,4697 & 23,5702 & -11,6004 \end{bmatrix}$$

O programa para simulação do Exemplo 5.3.1 com observador de estados de ordem reduzida e controle integral encontra-se em para o Matlab. Para esse caso, o sinal de referência é uma onda quadrada de frequência de $0,1$ *Hz e amplitude de* $0,3$*. A Figura 5.8a mostra a evolução no tempo dos estados do sistema para um seguimento de sinal de referência com controle integral, realimentação de estados e observador de ordem reduzida e a Figura 5.8b mostra o esforço de controle para o seguimento de sinal de referência com controle integral e realimentação de estados. Observe que a saída do sistema segue o sinal de referência na Figura 5.8c.*

O programa para simulação do Exemplo 5.3.1 encontra-se em para o Octave. Os gráficos resultantes são semelhantes aos mostrados nas Figuras 5.8a, 5.8b e 5.8c. Nesse caso, o sistema foi simulado, sem o uso de uma interface gráfica, de maneira iterativa, com a evolução do tempo em múltiplos inteiros do período de amostragem.

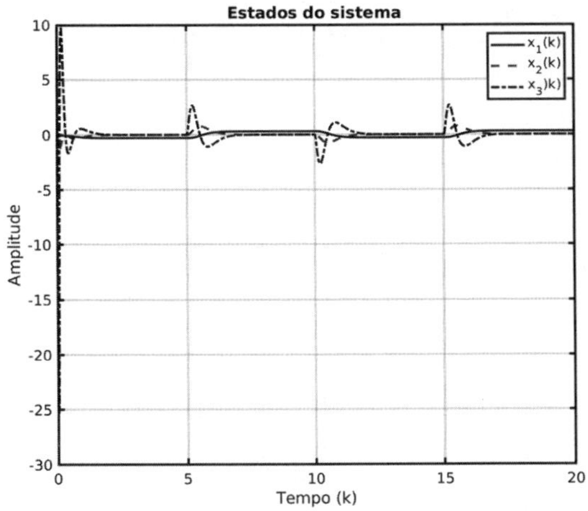

(a) Evolução no tempo dos estados do sistema sob o controle de realimentação de estados com observador de estados de ordem plena e controle integral.

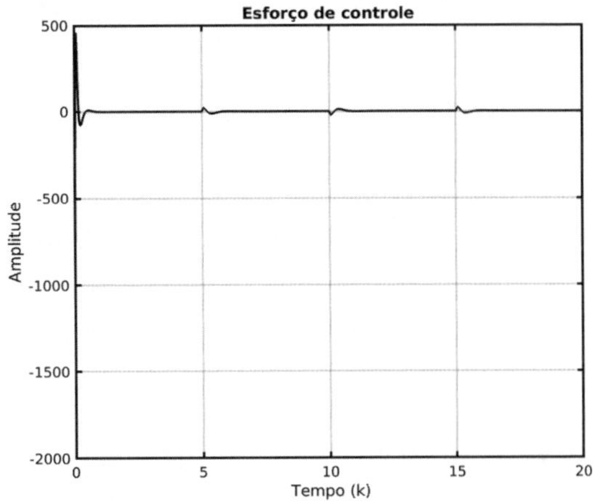

(b) Esforço de controle de realimentação de estados com observador de ordem plena e controle integral.

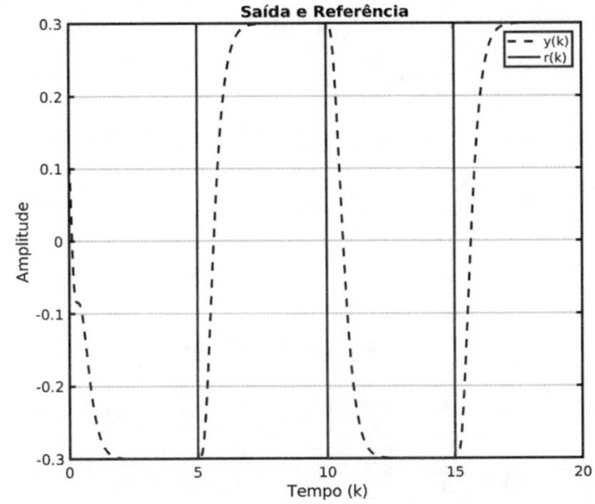

(c) Evolução no tempo da saída do sistema e o sinal de referência.

Figura 5.8: Resposta do sistema geral para o seguimento de um sinal de referência com controle de realimentação de estados, observador de ordem reduzida e controle integral.

5.4 Projeto do filtro de Kalman como observador de estados

Introdução filtros preditivos

Para esta seção, consideram-se as seguintes notações para uma variável qualquer $\boldsymbol{x}$: $\mathbf{x}(k+1) = \mathbf{x}_{k+1}$ e $\mathbf{x}(k) = \mathbf{x}_k$; $\mathbf{x}_{k+1}^{+}$ significará que a grandeza refere-se ao instante t_i, após ter sido incluída a informação chegada em t_i; e $\mathbf{x}_{k+1}^{-}$ significará que a grandeza refere-se ao instante t_i, antes de ter sido incluída a informação chegada em t_i.

Assim como foi realizado no observador de ordem plena, podemos adicionar um termo de realimentação envolvendo a diferença entre a saída medida $\tilde{\boldsymbol{y}}_k$ e a saída estimada $\boldsymbol{C}\,\boldsymbol{q}_k$. Isso fornece uma estimativa no momento atual com base na medição anterior. Para fornecer uma estimativa atual usando a medição atual, o estimador de tempo discreto é dado por duas equações acopladas:

$$\mathbf{q}_{k+1}^{-} = \mathbf{A}_d\,\mathbf{q}_k^{+} + \mathbf{B}_d\,\mathbf{u}_k \tag{5.44}$$

$$\mathbf{q}_k^{+} = \mathbf{q}_k^{-} + \boldsymbol{K}_o\left(\boldsymbol{y}_k - \mathbf{C}\,\mathbf{q}_k^{-}\right) \tag{5.45}$$

$$\tilde{\mathbf{y}}_k = \mathbf{C}\,\mathbf{q}_k^{-}$$

a equação (5.44) é denominada a equação de predição ou equação de propagação e a equação (5.45) é denominada equação de atualização. A dinâmica verdadeira do sistema mostrado nas equações (5.7) e (5.8) pode ser representada como se segue:

$$\mathbf{x}_{k+1} = \mathbf{A}_d\,\mathbf{x}_k + \mathbf{B}_d\,\mathbf{u}_k \tag{5.46}$$

$$\mathbf{y}_k = \mathbf{C}\,\mathbf{x}_k \tag{5.47}$$

A dinâmica do observador pode ser obtido substituindo a equação (5.45) na equação (5.44), assim:

$$\begin{aligned}\mathbf{q}_{k+1}^{-} &= \mathbf{A}_d \left(\mathbf{q}_k^{-} + \boldsymbol{K}_o \left(\boldsymbol{y}_k - \mathbf{C}\,\mathbf{q}_k^{-}\right)\right) + \mathbf{B}_d\,\mathbf{u}_k \\ &= \left(\mathbf{A}_d - \mathbf{A}_d \boldsymbol{K}_o \mathbf{C}\right) \mathbf{q}_k^{-} + \mathbf{B}_d\,\mathbf{u}_k + \boldsymbol{K}_o \boldsymbol{y}_k \end{aligned} \tag{5.48}$$

na qual $\mathbf{K}_o$ é o ganho do observador de estados.

Considere-se o erro no processo de estimação dos estados. Defina-se os erros dos estados para a predição e para a atualização como:

$$\boldsymbol{e}_k^{-} = \boldsymbol{q}_k^{-} - \boldsymbol{x}_k \tag{5.49}$$

$$\boldsymbol{e}_k^{+} = \boldsymbol{q}_k^{+} - \boldsymbol{x}_k \tag{5.50}$$

A dinâmica do erro dos estado para predição é obtidas das equações (5.44), (5.45), (5.46), (5.47) e (5.49):

$$\begin{aligned}\boldsymbol{e}_{k+1}^{-} &= \boldsymbol{q}_{k+1}^{-} - \boldsymbol{x}_{k+1} \\ &= \mathbf{A}_d\,\mathbf{q}_k^{+} + \mathbf{B}_d\,\mathbf{u}_k - \mathbf{A}_d\,\mathbf{x}_k - \mathbf{B}_d\,\mathbf{u}_k \\ &= \mathbf{A}_d \left(\mathbf{q}_k^{-} + \boldsymbol{K}_o \left(\boldsymbol{y}_k - \mathbf{C}\,\mathbf{q}_k^{-}\right) - \mathbf{x}_k\right) \\ &= \mathbf{A}_d \left(\mathbf{q}_k^{-} - \mathbf{x}_k + \boldsymbol{K}_o \left(\boldsymbol{C}\mathbf{x}_k - \mathbf{C}\,\mathbf{q}_k^{-}\right)\right) \\ &= \mathbf{A}_d \left(\mathbf{q}_k^{-} - \mathbf{x}_k - \boldsymbol{K}_o \boldsymbol{C} \left(\mathbf{q}_k^{-} - \mathbf{x}_k\right)\right) \\ &= \mathbf{A}_d \left(\boldsymbol{I} - \boldsymbol{K}_o \boldsymbol{C}\right) \left(\mathbf{q}_k^{-} - \mathbf{x}_k\right) \\ &= \mathbf{A}_d \left(\boldsymbol{I} - \boldsymbol{K}_o \boldsymbol{C}\right) \boldsymbol{e}_k^{-} \end{aligned}$$

A dinâmica do erro dos estado para atualização é obtidas das equações

(5.44), (5.45), (5.46), (5.47) e (5.50):

$$
\begin{aligned}
\boldsymbol{e}_{k+1}^{+} &= \boldsymbol{q}_{k+1}^{+} - \boldsymbol{x}_{k+1} \\
&= \boldsymbol{q}_{k+1}^{-} + \boldsymbol{K}_o \left(\boldsymbol{y}_{k+1} - \mathbf{C}\,\mathbf{q}_{k+1}^{-}\right) - \mathbf{A}_d\,\mathbf{x}_k - \mathbf{B}_d\,\mathbf{u}_k \\
&= \mathbf{A}_d\,\mathbf{q}_k^{+} + \mathbf{B}_d\,\mathbf{u}_k + \boldsymbol{K}_o \left(\boldsymbol{C}\,\boldsymbol{x}_{k+1} - \mathbf{C}\,\mathbf{q}_{k+1}^{-}\right) - \mathbf{A}_d\,\mathbf{x}_k - \mathbf{B}_d\,\mathbf{u}_k \\
&= \mathbf{A}_d \left(\mathbf{q}_k^{+} - \mathbf{x}_k\right) + \boldsymbol{K}_o \boldsymbol{C} \left(\boldsymbol{x}_{k+1} - \boldsymbol{q}_{k+1}^{-}\right) \\
&= \mathbf{A}_d \left(\mathbf{q}_k^{+} - \mathbf{x}_k\right) + \boldsymbol{K}_o \boldsymbol{C} \left(\mathbf{A}_d\,\mathbf{x}_k + \mathbf{B}_d\,\mathbf{u}_k - \left(\mathbf{A}_d\,\mathbf{q}_k^{+} + \mathbf{B}_d\,\mathbf{u}_k\right)\right) \\
&= \mathbf{A}_d \left(\mathbf{q}_k^{+} - \mathbf{x}_k\right) + \boldsymbol{K}_o \boldsymbol{C}\,\mathbf{A}_d \left(\mathbf{x}_k - \mathbf{q}_k^{+}\right) \\
&= \mathbf{A}_d \left(\mathbf{q}_k^{+} - \mathbf{x}_k\right) - \boldsymbol{K}_o \boldsymbol{C}\,\mathbf{A}_d \left(\mathbf{q}_k^{+} - \mathbf{x}_k\right) \\
&= \left(\boldsymbol{I} - \boldsymbol{K}_o \boldsymbol{C}\right) \mathbf{A}_d\,\boldsymbol{e}_k^{+}
\end{aligned}
$$

Assim, as dinâmicas dos erros dos estados para predição e atualização ficam como:

$$
\boldsymbol{e}_{k+1}^{-} = \mathbf{A}_d \left(\boldsymbol{I} - \boldsymbol{K}_o \boldsymbol{C}\right) \boldsymbol{e}_k^{-} \tag{5.51}
$$

$$
\boldsymbol{e}_{k+1}^{+} = \left(\boldsymbol{I} - \boldsymbol{K}_o \boldsymbol{C}\right) \mathbf{A}_d\,\boldsymbol{e}_k^{+} \tag{5.52}
$$

ambas as dinâmicas têm os mesmos autovalores e o ganho do observador $\boldsymbol{K}_o$ é obtido com a escolha dos autovalores para o observador de estados, sendo calculado utilizando as equações (5.25) e (5.26).

Conceitos básicos

Seja X uma variável aleatória discreta que pode assumir um número finito de valores $\{x_1, x_2, \ldots, x_n\}$ e supondo-se que esses valores possíveis são equiprováveis.

Valor esperado

Definição 5.4.1 *O valor esperado ou esperança matemática ou expectância da variável aleatória X e denotado por $E(X)$ ou μ_X é definido pela média aritmética:*

$$E(X) = \frac{1}{n}\sum_{i=1}^{n} x_i.$$

Variância

Definição 5.4.2 *Seja X uma variável aleatória. Defina-se a variância de X, denotada por $var(X)$ ou σ_X^2 como:*

$$var(X) = E\left[(X - E(X))^2\right] = E\left[(X - \mu_X)^2\right]$$

Observação 5.4.1 *A variância é o valor esperado do quadrado do desvio de X da sua própria média e a raiz quadrada positiva da variância $var(X)$ é denominada de desvio-padrão de X e denotada como σ_X.*

A variância de uma variável aleatória é uma medida da sua dispersão estatística.

Covariância

A covariância ou variância conjunta é uma medida da interdependência numérica entre duas variáveis aleatórias.

Definição 5.4.3 *A covariância entre duas variáveis aleatórias X e Y com esperanças matemáticas $E(X) = \mu_X$ e $E(Y) = \mu_Y$ é definida como a medida de como duas variáveis variam conjuntamente:*

$$cov(X,Y) = E\left[(X - E(X))(Y - E(Y))\right] = E\left[(X - \mu_X)(Y - \mu_Y)\right]$$

ou

$$cov(X,Y) = E(X,Y) - E(X)E(Y)$$

Propriedades da covariância. Sejam X e Y variáveis aleatórias de valor real, então:

1. $cov(X, X) = var(X)$;
2. $cov(X, Y) = cov(Y, X)$;
3. Se X e Y são independentes, então a sua covariância é zero, isto é, $cov(X, Y) = 0$.

Entendendo o filtro de Kalman

Supõe-se que o modelo do sistema e a medida da saída estão disponíveis e que ambos sejam alterados pelo ruído. Assim, o modelo para esse caso será:

$$\mathbf{x}_{k+1} = \mathbf{A}_d\,\mathbf{x}_k + \mathbf{B}_d\,\mathbf{u}_k + \boldsymbol{\Upsilon}\,\boldsymbol{w}_k \tag{5.53}$$

$$\mathbf{y}_k = \mathbf{C}\,\mathbf{x}_k + \boldsymbol{v}_k \tag{5.54}$$

em que $\boldsymbol{v}_k$ e $\boldsymbol{w}_k$ são assumidos como processos de ruído branco gaussiano com média nula e independentes:

$$E\left(\boldsymbol{v}_k\,\boldsymbol{v}_j^T\right) = \begin{cases} 0, & k \neq j \\ R_k & K = j \end{cases} \tag{5.55}$$

$$E\left(\boldsymbol{w}_k\,\boldsymbol{w}_j^T\right) = \begin{cases} 0, & k \neq j \\ Q_k & K = j \end{cases} \tag{5.56}$$

$$E\left(\boldsymbol{v}_k\,\boldsymbol{w}_k^T\right) = 0 \quad \forall\, k \tag{5.57}$$

em que $\boldsymbol{w}$ é o ruído de processo ou ruído dinâmico ou ruído multiplicativo e $\boldsymbol{v}$ é o ruído de medição ou ruído aditivo.

O problema a ser resolvido é determinar uma ótima estimativa $\boldsymbol{q}_k$ para o sistema (5.53) e (5.54) dados $\boldsymbol{q}_0$ e a matriz de covariância $\boldsymbol{P}_0$, $\boldsymbol{u}_k$, $\boldsymbol{y}_k$, de maneira que os estados sejam estimados com o menor erro possível (ISERMANN; MÜNCHHOF, 2010; CRASSIDIS; JUNKINS, 2011; AGUIRRE, 2007).

Supõe-se que a estimação dada pelas equações (5.44) e (5.45) são válidas e o ganho K_o será variável com o tempo, assim:

$$\mathbf{q}_{k+1}^{-} = \mathbf{A}_d\,\mathbf{q}_k^{+} + \mathbf{B}_d\,\mathbf{u}_k \tag{5.58}$$

$$\mathbf{q}_k^{+} = \mathbf{q}_k^{-} + \boldsymbol{K}_k\left(\boldsymbol{y}_k - \mathbf{C}\,\mathbf{q}_k^{-}\right) \tag{5.59}$$

Definamos os erros das covariâncias como:

$$P_k^{-} = E\left(\boldsymbol{e}_k^{-}\,\boldsymbol{e}_k^{-T}\right), \quad P_{k+1}^{-} = E\left(\boldsymbol{e}_{k+1}^{-}\,\boldsymbol{e}_{k+1}^{-T}\right) \tag{5.60}$$

$$P_k^{+} = E\left(\boldsymbol{e}_k^{+}\,\boldsymbol{e}_k^{+T}\right), \quad P_{k+1}^{+} = E\left(\boldsymbol{e}_{k+1}^{+}\,\boldsymbol{e}_{k+1}^{+T}\right) \tag{5.61}$$

nos quais:

$$\boldsymbol{e}_k^{-} = \boldsymbol{q}_k^{-} - \boldsymbol{x}_k, \quad \boldsymbol{e}_{k+1}^{-} = \boldsymbol{q}_{k+1}^{-} - \boldsymbol{x}_{k+1} \tag{5.62}$$

$$\boldsymbol{e}_k^{+} = \boldsymbol{q}_k^{+} - \boldsymbol{x}_k, \quad \boldsymbol{e}_{k+1}^{+} = \boldsymbol{q}_{k+1}^{+} - \boldsymbol{x}_{k+1} \tag{5.63}$$

a equação (5.62) é o erro dos estados de predição e a equação (5.63) é o erro dos estados de atualização. O intuito é determinar as expressões para P_{k+1}^{-}, P_{k+1}^{+} e para o ganho $\boldsymbol{K}_k$ na equação (5.59). Substituindo as equações (5.53) e (5.58) nas equações (5.62) e (5.63), obtém-se:

$$\boldsymbol{e}_{k+1}^{-} = \boldsymbol{A}_d\,\boldsymbol{e}_k^{+} - \boldsymbol{\Upsilon}_k\,\boldsymbol{w}_k \tag{5.64}$$

essa equação não depende de $\boldsymbol{u}_k$. Assim:

$$\begin{aligned} P_{k+1}^{-} &= E\left(\boldsymbol{e}_{k+1}^{-}\,\boldsymbol{e}_{k+1}^{-T}\right) \\ &= E\left(\boldsymbol{A}_d\,\boldsymbol{e}_k^{+}\,\boldsymbol{e}_k^{+T}\,\boldsymbol{A}_d^{T}\right) - E\left(\boldsymbol{A}_d\,\boldsymbol{e}_k^{+}\,\boldsymbol{w}_k^{T}\,\boldsymbol{\Upsilon}_k^{T}\right) - \cdots \\ &\cdots - E\left(\boldsymbol{\Upsilon}_k\,\boldsymbol{w}_k\,\boldsymbol{e}_k^{+T}\,\boldsymbol{A}_d^{T}\right) + E\left(\boldsymbol{\Upsilon}_k\,\boldsymbol{w}_k\,\boldsymbol{w}_k^{T}\,\boldsymbol{\Upsilon}_k^{T}\right) \end{aligned} \tag{5.65}$$

Dessa forma, $\boldsymbol{w}_k$ e $\boldsymbol{e}_k^+$ não estão correlacionados, isto é:

$$E\left(\boldsymbol{e}_k^+\,\boldsymbol{w}_k^T\right) = E\left(\boldsymbol{w}_k\,\boldsymbol{e}_k^{+\,T}\right) = 0.$$

Das equações (5.56), (5.61) e (5.65), obtém-se:

$$P_{k+1}^- = \boldsymbol{A}_d\,P_k^+\,\boldsymbol{A}_d^T + \boldsymbol{\Upsilon}_k\,\boldsymbol{Q}_k\,\boldsymbol{\Upsilon}_k^T \tag{5.66}$$

com a condição inicial $P_0^- = E\left(\boldsymbol{e}_0^-\,\boldsymbol{e}_0^{-\,T}\right)$.

O passo seguinte é obter uma expressão do ótimo de P_k^+ por meio da escolha ótima de $\boldsymbol{K}_k$. Substituindo a equação (5.54) na equação (5.59) e esta na equação (5.61), teremos:

$$\boldsymbol{e}_k^+ = \Big(\boldsymbol{I} - \boldsymbol{K}_k\,\boldsymbol{C}\Big)\,\boldsymbol{q}_k^- + \boldsymbol{K}_k\,\boldsymbol{C}\,\boldsymbol{x}_k + \boldsymbol{K}_k\,\boldsymbol{v}_k - \boldsymbol{x}_k \tag{5.67}$$

da equação (5.60), obtém-se que:

$$\boldsymbol{e}_k^+ = \Big(\boldsymbol{I} - \boldsymbol{K}_k\,\boldsymbol{C}\Big)\,\boldsymbol{e}_k^- + \boldsymbol{K}_k\,\boldsymbol{v}_k \tag{5.68}$$

Então, P_k^+ é:

$$\begin{aligned}
P_k^+ &= E\Big(\boldsymbol{e}_k^+\,\boldsymbol{e}_k^{+\,T}\Big)\\
&= E\bigg(\Big(\boldsymbol{I} - \boldsymbol{K}_k\,\boldsymbol{C}\Big)\,\boldsymbol{e}_k^-\,\boldsymbol{e}_k^{-\,T}\,\Big(\boldsymbol{I} - \boldsymbol{K}_k\,\boldsymbol{C}\Big)^T\bigg) + \cdots\\
&\cdots + E\bigg(\Big(\boldsymbol{I} - \boldsymbol{K}_k\,\boldsymbol{C}\Big)\,\boldsymbol{e}_k^-\,\boldsymbol{v}_k^T\,\boldsymbol{K}_k^T\bigg) + \cdots\\
&+ E\bigg(\boldsymbol{K}_k\,\boldsymbol{v}_k\,\boldsymbol{e}_k^{-\,T}\,\Big(\boldsymbol{I} - \boldsymbol{K}_k\,\boldsymbol{C}\Big)^T\bigg) + E\Big(\boldsymbol{K}_k\,\boldsymbol{v}_k\,\boldsymbol{v}_k^T\,\boldsymbol{K}_k\Big)
\end{aligned} \tag{5.69}$$

Assim, $\boldsymbol{v}_k$ e $\boldsymbol{e}_k^-$ não estão correlacionados, isto é, $E\left(\boldsymbol{e}_k^-\,\boldsymbol{v}_k^T\right) = E\left(\boldsymbol{v}_k\,\boldsymbol{e}_k^{-\,T}\right) = 0$. Das equações (5.55), (5.60) e (5.64), chegamos em:

$$P_k^+ = \left(\boldsymbol{I} - \boldsymbol{K}_k\,\boldsymbol{C}\right) P_k^- \left(\boldsymbol{I} - \boldsymbol{K}_k\,\boldsymbol{C}\right)^T + \boldsymbol{K}_k\,\boldsymbol{R}_k\,\boldsymbol{K}_k^T \tag{5.70}$$

O ganho $\boldsymbol{K}_k$ é obtido minimizando o traço de P_k^+:

$$\frac{\partial Tr(P_k^+)}{\partial \boldsymbol{K}_k} = 0 = -2\left(\boldsymbol{I} - \boldsymbol{K}_k\,\boldsymbol{C}\right) P_k^-\,\boldsymbol{C}^T + 2\,\boldsymbol{K}_k\,\boldsymbol{R}_k$$

assim, $\boldsymbol{K}_k$ tem a seguinte forma:

$$\boldsymbol{K}_k = P_k^-\,\boldsymbol{C}^T\left(\boldsymbol{C}\,P_k^-\,\boldsymbol{C}^T + \boldsymbol{R}_k\right)^{-1} \tag{5.71}$$

Substituindo a equação (5.71) na equação (5.70), obtemos:

$$P_k^+ = \left(\boldsymbol{I} - \boldsymbol{K}_k\,\boldsymbol{C}\right) P_k^- \tag{5.72}$$

e, substituindo a equação (5.71) na equação (5.72):

$$P_k^+ = P_k^- - P_k^-\,\boldsymbol{C}^T\left(\boldsymbol{C}\,P_k^-\,\boldsymbol{C}^T + \boldsymbol{R}_k\right)^{-1}\boldsymbol{C}\,P_k^- \tag{5.73}$$

ou, de outra forma:

$$P_k^+ = \left(\left(P_k^-\right)^{-1} + \boldsymbol{C}^T\,\boldsymbol{R}_k^{-1}\,\boldsymbol{C}\right)^{-1} \tag{5.74}$$

O ganho $\boldsymbol{K}_k$ na equação (5.71) pode ser escrito como:

$$\boldsymbol{K}_k = P_k^+\,\boldsymbol{C}^T\,\boldsymbol{R}_k^{-1} \tag{5.75}$$

Algoritmo do filtro de Kalman

Algoritmo 2: Algoritmo do Filtro de Kalman

Entrada: Modelo equações (5.53), (5.54), (5.55), (5.56) e (5.57)

início

inicialização $\boldsymbol{q}(t_0) = \boldsymbol{q}_0$ e $P_0 = E\Big((\boldsymbol{q}(t_0) - \boldsymbol{x}(t_0))(\boldsymbol{q}(t_0) - \boldsymbol{x}(t_0))^T\Big)$;

repita

Ganho: $\boldsymbol{K}_k = P_k^- \boldsymbol{C}^T \left(\boldsymbol{C}\, P_k^- \boldsymbol{C}^T + \boldsymbol{R}_k\right)^{-1}$, isto é, equação (5.71);

Atualização:

- $\mathbf{q}_k^+ = \mathbf{q}_k^- + \boldsymbol{K}_k \left(\boldsymbol{y}_k - \mathbf{C}\, \mathbf{q}_k^-\right)$, isto é, equação (5.59)
- $P_k^+ = \left(\boldsymbol{I} - \boldsymbol{K}_k \boldsymbol{C}\right) P_k^-$, isto é, equação (5.72)

Propagação:

- $\mathbf{q}_{k+1}^- = \mathbf{A}_d\, \mathbf{q}_k^+ + \mathbf{B}_d\, \mathbf{u}_k$, isto é, equação (5.58)
- $P_{k+1}^- = \boldsymbol{A}_d\, P_k^+ \boldsymbol{A}_d^T + \boldsymbol{\Upsilon}_k \boldsymbol{Q}_k \boldsymbol{\Upsilon}_k^T$, isto é, equação (5.66)

até *Tempo final de simulação*;

Exemplo 5.4.1 (Filtro de Kalman) *Considere o sistema contínuo dado por:*

$$\begin{cases} \dot{x}_1 &= x_2 \\ \dot{x}_2 &= x_3 \\ \dot{x}_3 &= u \\ y &= x_1 \end{cases}$$

Projetar:

1. *uma realimentação de estados para o problema de regulação de maneira que os polos desejados do sistema em malha fechada estejam em $s = -5$, bem como um filtro de Kalman;*

2. um sistema de seguimento de sinal de referência para a realimentação de estados anterior. Verificar se é possível com o controle feedforward realizar o rastreamento de sinal de referência, bem como projetar um sistema de rastreamento com controle integral.

Considere um período de amostragem $T = 0,01$ s.

Solução 5.4.1 *Dadas as matrizes do sistema contínuo, calculemos as matrizes do sistema discreto:*

$$\mathbf{A}_d = \begin{bmatrix} 1,00000 & 0,01000 & 0,00005 \\ 0 & 1,00000 & 0,01000 \\ 0 & 0 & 1,00000 \end{bmatrix}, \quad \mathbf{B}_d = \begin{bmatrix} 0,0000001\hat{6} \\ 0,00005000 \\ 0,01000000 \end{bmatrix}$$

as matrizes $\mathbf{C}_d$ e $\mathbf{D}_d$ são iguais às matrizes do caso contínuo.

O polo desejado discreto é calculado de $z = e^{Ts}$, com $s = -5$, o que resulta em $z_p = 0,9512$. A matriz de ganhos é calculada segundo as equações (4.35) e (4.36):

$$K_d = \begin{bmatrix} 116,004181 & 70,197029 & 14,278254 \end{bmatrix}$$

Com a devida simulação, verifica-se que sem um controle feedforward não é possível realizar o rastreamento de sinal de referência. Portanto, projeta-se o ganho K_{ff} do controle feedforward utilizando a equação (4.42):

$$K_{ff} = \left(C_d \left[\mathbf{I}_n - (\mathbf{A}_d - \mathbf{B}_d \mathbf{K})\right]^{-1} \mathbf{B}_d\right)^{-1} = 116,00418$$

A matriz de covariância dos estados é:

$$\boldsymbol{P} = 100000 \times \boldsymbol{I}_{3\times 3}$$

a covariância do ruído nos estados é:

$$\boldsymbol{R} = 0,7 \times \boldsymbol{I}_{3\times 3}$$

e a covariância do ruído na saída é:

$$\boldsymbol{Q} = 0,5$$

O sinal de referência é uma onda quadrada de frequência de $0,1$ *Hz e amplitude de* $0,5$. *As equações (5.53), (5.54), (5.55), (5.56) e (5.57), (5.58), (5.59), (5.71), (5.72), (5.66) foram utilizadas para implementar o algoritmo do filtro de Kalman.*

O programa para simulação do Exemplo 5.4.1 encontra-se em para o Octave. A Figura 5.9a mostra a evolução no tempo dos estados do sistema para um seguimento de sinal de referência com controle feedforward e realimentação de estados e a Figura 5.9b mostra o esforço de controle para o seguimento de sinal de referência com realimentação de estados. Observe que a saída do sistema segue o sinal de referência, como é mostrado na Figura 5.9c. Nesse caso, o sistema foi simulado, sem o uso de uma interface gráfica, de maneira iterativa, com a evolução do tempo em múltiplos inteiros do período de amostragem.

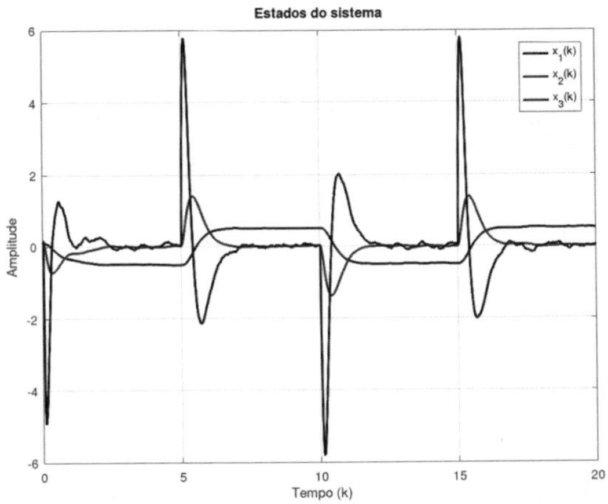

(a) Evolução no tempo dos estados do sistema sob o controle de realimentação de estados com filtro de Kalman e controle *feedforward*.

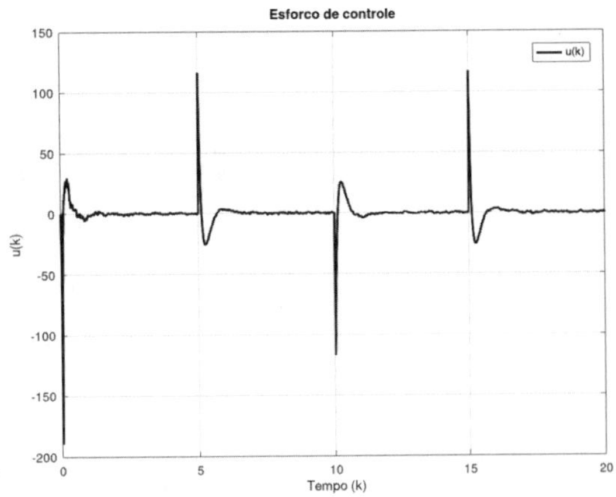

(b) Esforço de controle de realimentação de estados com filtro de Kalman e controle *feedforward*.

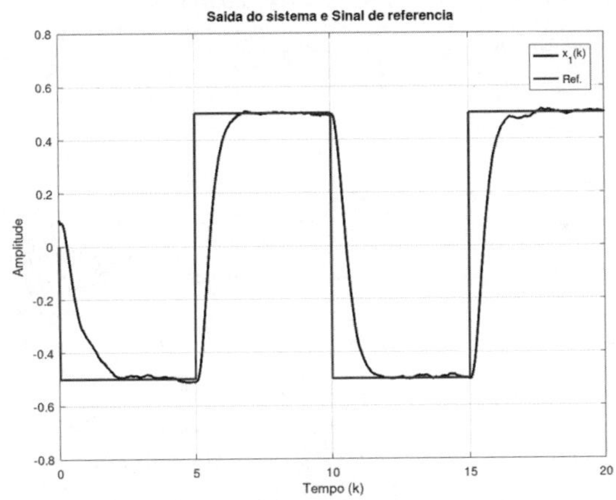

(c) Evolução no tempo da saída e o sinal de referência.

Figura 5.9: Resposta do sistema geral para o seguimento de um sinal de referência com controle de realimentação de estados, filtro de Kalman e controle *feedforward*.

Para o projeto do controle integral, as matrizes aumentadas são obtidas como se segue:

$$\tilde{\mathbf{A}}_d = \begin{bmatrix} \mathbf{A}_d & \mathbf{0} \\ -\mathbf{C} & \mathbf{I}_l \end{bmatrix}, \quad \tilde{\mathbf{B}}_d = \begin{bmatrix} \mathbf{B} \\ \mathbf{0} \end{bmatrix} \quad \tilde{\mathbf{K}} = [\mathbf{K} \quad K_1],$$

assim:

$$\tilde{\mathbf{A}}_d = \begin{bmatrix} 1,00000 & 0,01000 & 0,00005 & 0 \\ 0 & 1,00000 & 0,01000 & 0 \\ 0 & 0 & 1,00000 & 0 \\ -1 & 0 & 0 & 1 \end{bmatrix}, \quad \tilde{\mathbf{B}}_d = \begin{bmatrix} 1,6666667 \times 10^{-7} \\ 0,00005000 \\ 0,01000000 \\ 0 \end{bmatrix}$$

e a matriz de saída fica:

$$\tilde{\mathbf{C}}_d = \begin{bmatrix} 1 & 0 & 0 & 0 \end{bmatrix}$$

A matriz de ganhos é calculada segundo as equações (4.35) e (4.36). Considerando o polo $z_{p_4} = 0,9$ para o estado aumentado, obtém-se:

$$\tilde{\mathbf{K}} = \begin{bmatrix} 817,9745 & 209,4697 & 23,5702 & -11,6004 \end{bmatrix}$$

O programa para simulação do Exemplo 5.4.1 com observador de estados de ordem plena e controle integral encontra-se em para o Octave. A Figura 5.10a mostra a evolução no tempo dos estados do sistema para um seguimento de sinal de referência com controle integral e realimentação de estados e a Figura 5.10b mostra o esforço de controle para o seguimento de sinal de referência com controle integral e realimentação de estados. Observe que a saída do sistema segue o sinal de referência, como mostra a Figura 5.10c. Nesse caso, o sistema foi simulado, sem o uso de uma interface gráfica, de maneira iterativa, com a evolução do tempo em múltiplos inteiros do período de amostragem.

5.5 Projeto de observador MPC de ordem plena

Um observador é necessário quando o vetor de estados não pode ser medido e é isso que ocorre frequentemente nos sistemas reais. Supõe-se que

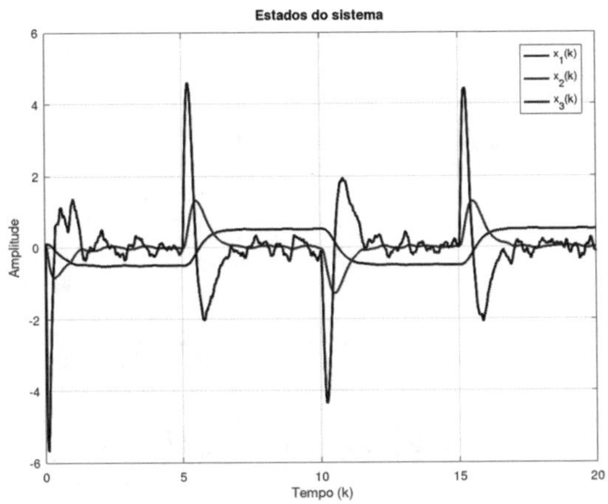

(a) Evolução no tempo dos estados do sistema sob o controle de realimentação de estados com observador de estados de ordem plena e controle integral.

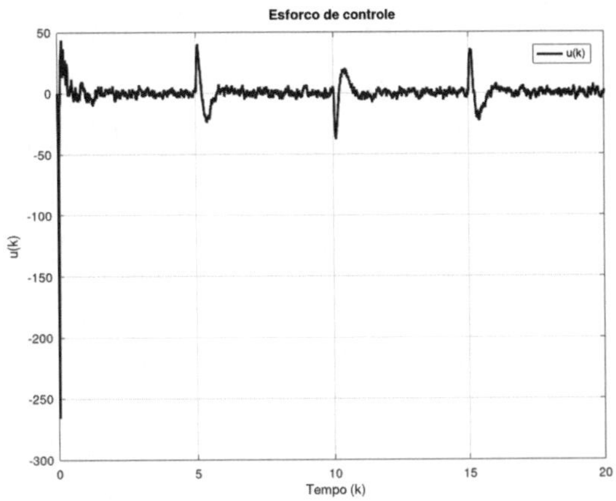

(b) Esforço de controle de realimentação de estados com observador de ordem plena e controle integral.

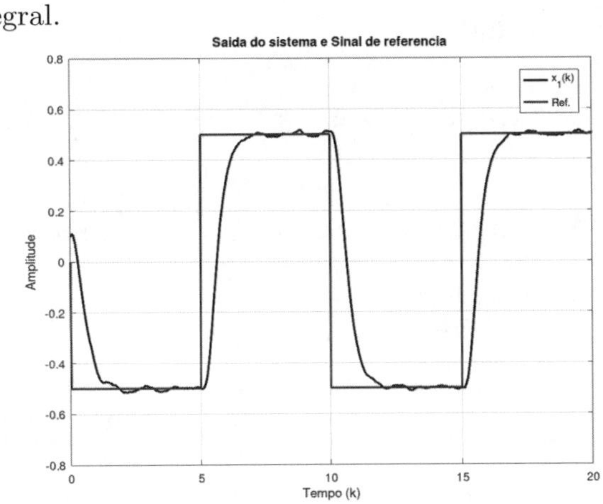

(c) Evolução no tempo da saída do sistema e o sinal de referência.

Figura 5.10: Resposta do sistema geral para o seguimento de um sinal de referência com controle de realimentação de estados, observador de ordem plena e controle integral.

$\boldsymbol{x}_a(k)$ não pode ser medida diretamente, então é desejável que o estado observado (estimado) $\boldsymbol{q}(k)$ seja o mais próximo possível do estado real $\boldsymbol{x}_a(k)$. A dinâmica dos estados observados tem a mesma estrutura do sistema aumentado das equações (4.92) e (4.93) e é adicionado um termo de erro, que é a diferença entre a saída real e a saída estimada, da seguinte maneira:

$$\boldsymbol{q}(k+1) = \boldsymbol{A}_a\,\boldsymbol{q}(k) + \boldsymbol{B}_a\,\Delta\boldsymbol{u}(k) + \boldsymbol{K}_\text{o}\Big(y(k) - \boldsymbol{C}_a\,\boldsymbol{q}(k)\Big) \tag{5.76}$$

o funcional a ser minimizado é:

$$\begin{aligned} J &= \Big(\boldsymbol{R}_f - \boldsymbol{F}_a\,\boldsymbol{q}(k) - \boldsymbol{\Phi}_a\,\Delta\boldsymbol{U}\Big)^T \Big(\boldsymbol{R}_f - \boldsymbol{F}_a\,\boldsymbol{q}(k) - \boldsymbol{\Phi}_a\,\Delta\boldsymbol{U}\Big) + \Delta\boldsymbol{U}^T\,\boldsymbol{R}_a\,\Delta\boldsymbol{U} \\ &= \Big(\boldsymbol{R}_f - \boldsymbol{F}_a\,\boldsymbol{q}(k)\Big)^T \Big(\boldsymbol{R}_f - \boldsymbol{F}_a\,\boldsymbol{q}(k)\Big) + \Delta\boldsymbol{U}^T\Big(\boldsymbol{\Phi}_a^T\,\boldsymbol{\Phi}_a + \boldsymbol{R}_a\Big)\Delta\boldsymbol{U} \end{aligned} \tag{5.77}$$

no qual as matrizes $\boldsymbol{F}_a$, $\boldsymbol{\Phi}_a$ são definidas na página 289 e as matrizes $\boldsymbol{R}_a$ e $\boldsymbol{R}_f$ são definidas na página 290. Os incrementos ótimos dos controles são determinados como se segue:

$$\Delta\boldsymbol{U} = \Big(\boldsymbol{\Phi}_a^T\,\boldsymbol{\Phi}_a + \boldsymbol{R}_a\Big)^{-1}\boldsymbol{\Phi}_a^T\Big(\boldsymbol{R}_f - \boldsymbol{F}_a\,\boldsymbol{q}(k)\Big). \tag{5.78}$$

se o sistema for de uma entrada e uma saída, então o incremento $\Delta\boldsymbol{u}(k)$ tem a seguinte forma:

$$\Delta\boldsymbol{U}(1) = \Delta\boldsymbol{u}(k) = \overbrace{\begin{pmatrix}1 & 0 & 0 & \cdots\end{pmatrix}}^{\text{de dimensão } N_c}\Big(\boldsymbol{\Phi}_a^T\,\boldsymbol{\Phi}_a + \boldsymbol{R}_a\Big)^{-1}\boldsymbol{\Phi}_a^T\Big(\boldsymbol{R}_f - \boldsymbol{F}_a\,\boldsymbol{q}(k)\Big)$$

Aplicando o princípio do controle de horizonte retrocedente, obtém-se o incremente ótimo do controle $\Delta\boldsymbol{u}(k)$::

$$\begin{aligned} \Delta\boldsymbol{u}(k) &= \underbrace{\begin{pmatrix}1 & 0 & 0 & \cdots\end{pmatrix}\Big(\boldsymbol{\Phi}_a^T\,\boldsymbol{\Phi}_a + \boldsymbol{R}_a\Big)^{-1}\boldsymbol{\Phi}_a^T\,\boldsymbol{R}_1}_{K_r}\,\boldsymbol{r}_1(k) - \cdots \\ &\cdots - \underbrace{\begin{pmatrix}1 & 0 & 0 & \cdots\end{pmatrix}\Big(\boldsymbol{\Phi}_a^T\,\boldsymbol{\Phi}_a + \boldsymbol{R}_a\Big)^{-1}\boldsymbol{\Phi}_a^T\,\boldsymbol{F}_a}_{\boldsymbol{K}_x}\,\boldsymbol{q}(k) \end{aligned}$$

em que K_r é a primeira linha de:

$$\begin{pmatrix}1 & 0 & 0 & \cdots\end{pmatrix}\left(\boldsymbol{\Phi}_a^T\boldsymbol{\Phi}_a + \boldsymbol{R}_a\right)^{-1}\boldsymbol{\Phi}_a^T\boldsymbol{R}_1$$

e se o sistema for de uma entrada e uma saída, então K_r seria o primeiro elemento do vetor e $\boldsymbol{K}_x$ é a primeira linha de:

$$\begin{pmatrix}1 & 0 & 0 & \cdots\end{pmatrix}\left(\boldsymbol{\Phi}_a^T\boldsymbol{\Phi}_a + \boldsymbol{R}_a\right)^{-1}\boldsymbol{\Phi}_a^T\boldsymbol{F}_a$$

desse modo:

$$\Delta\boldsymbol{u}(k) = K_r\boldsymbol{r}_1(k) - \boldsymbol{K}_x\boldsymbol{q}(k) \tag{5.79}$$

Exemplo 5.5.1 *Considere o sistema contínuo dado no Exemplo 5.4.1 e projete um controle MPC e um observador deadbeat MPC. O sinal de referência é uma onda quadrada de frequência de* $0,1$ *Hz e amplitude de* $0,3$*. Considere um período de amostragem* $T = 0,01$ *s.*

Solução 5.5.1 *Dadas as matrizes do sistema contínuo, calculemos as matrizes do sistema discreto:*

$$\mathbf{A}_d = \begin{bmatrix}1,00000 & 0,01000 & 0,00005\\ 0 & 1,00000 & 0,01000\\ 0 & 0 & 1,00000\end{bmatrix}, \quad \mathbf{B}_d = \begin{bmatrix}0,0000001\hat{6}\\ 0,00005000\\ 0,01000000\end{bmatrix}$$

as matrizes $\mathbf{C}_d$ *e* $\mathbf{D}_d$ *são iguais às matrizes do caso contínuo. Calculemos as matrizes do sistema aumentado para projetar o controle MPC:*

$$\mathbf{A}_a = \begin{pmatrix}1,00000 & 0,01000 & 0,00005 & 0\\ 0 & 1,00000 & 0,01000 & 0\\ 0 & 0 & 1,00000 & 0\\ 1,00000 & 0,0100 & 0,00005 & 1\end{pmatrix}, \quad \mathbf{B}_a = \begin{pmatrix}1,666667\times 10^{-7}\\ 5,0\times 10^{-5}\\ 1,0\times 10^{-2}\\ 1,666667\times 10^{-7}\end{pmatrix},$$

$$\boldsymbol{C}_a = \begin{pmatrix}0 & 0 & 0 & 1\end{pmatrix}$$

Por busca exaustiva, o horizonte de predição é $N_p = 400$ e o horizonte de controle, $N_c = 82$. As matrizes necessárias têm as seguintes formas:

$$\boldsymbol{F}_a = \begin{pmatrix} \boldsymbol{C}_a \boldsymbol{A}_a \\ \boldsymbol{C}_a \boldsymbol{A}_a^2 \\ \boldsymbol{C}_a \boldsymbol{A}_a^3 \\ \boldsymbol{C}_a \boldsymbol{A}_a^4 \\ \vdots \\ \boldsymbol{C}_a \boldsymbol{A}_a^{N_p} \end{pmatrix},$$

$$\boldsymbol{\Phi}_a = \begin{pmatrix} \boldsymbol{C}_a \boldsymbol{B}_a & \mathbf{0} & \mathbf{0} & \cdots & \mathbf{0} \\ \boldsymbol{C}_a \boldsymbol{A}_a \boldsymbol{B}_a & \boldsymbol{C}_a \boldsymbol{B}_a & \mathbf{0} & \cdots & \mathbf{0} \\ \boldsymbol{C}_a \boldsymbol{A}_a^2 \boldsymbol{B}_a & \boldsymbol{C}_a \boldsymbol{A}_a \boldsymbol{B}_a & \boldsymbol{C}_a \boldsymbol{B}_a & \cdots & \mathbf{0} \\ \vdots & \vdots & \vdots & \vdots & \vdots \\ \boldsymbol{C}_a \boldsymbol{A}_a^{N_p-1} \boldsymbol{B}_a & \boldsymbol{C}_a \boldsymbol{A}_a^{N_p-2} \boldsymbol{B}_a & \boldsymbol{C}_a \boldsymbol{A}_a^{N_p-3} \boldsymbol{B}_a & \cdots & \boldsymbol{C}_a \boldsymbol{A}_a^{N_p-N_c} \boldsymbol{B}_a \end{pmatrix}$$

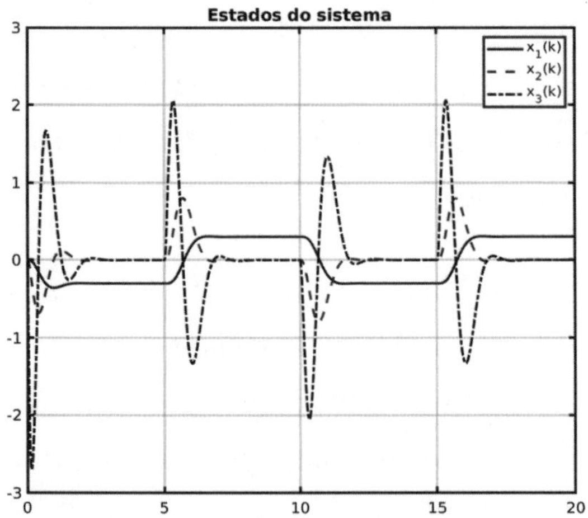

(a) Evolução no tempo dos estados do sistema sob o controle de realimentação de estados com controle MPC e observador de ordem plena *deadbeat* MPC.

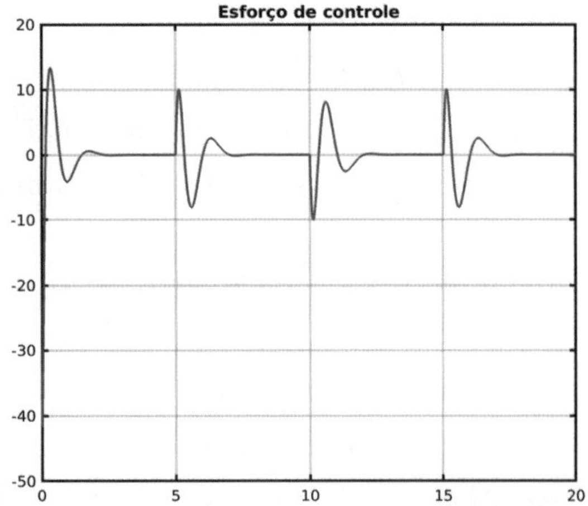

(b) Esforço de controle de realimentação de estados com controle MPC e observador de ordem plena *deadbeat* MPC.

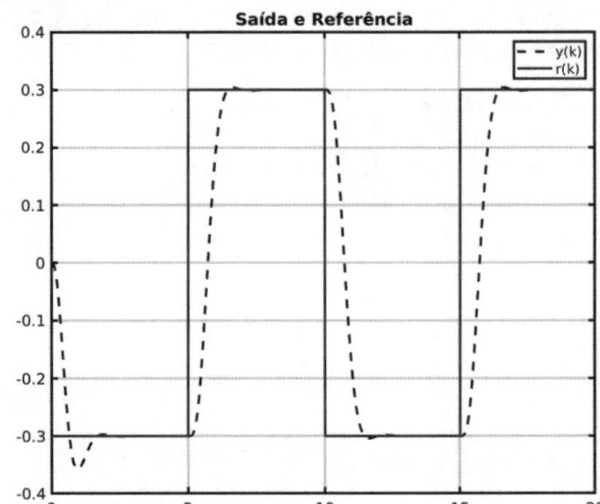

(c) Evolução no tempo da saída e o sinal de referência.

Figura 5.11: Resposta do sistema geral para o seguimento de um sinal de referência com realimentação de estados, controle MPC e observador de ordem plena *deadbeat* MPC.

O programa para simulação do Exemplo 5.5.1 encontra-se em para o Matlab. A Figura 5.11a mostra a evolução no tempo dos estados do sistema para um seguimento de sinal de referência com controle MPC e observador de ordem plena deadbeat MPC e a Figura 5.11b mostra o esforço de controle para o seguimento de sinal de referência com realimentação de estados. Observe que a saída do sistema segue o sinal de referência, como mostra a Figura 5.11c. Nesse caso, o sistema foi simulado, sem o uso de uma interface gráfica, de maneira iterativa, com a evolução do tempo em múltiplos inteiros do período de amostragem.

Exemplo 5.5.2 *Considere o sistema contínuo dado no Exemplo 5.5.1. Projete um controle MPC e um observador deadbeat MPC. O sinal de referência é uma onda quadrada de frequência de* $0,1$ *Hz e amplitude de* $0,3$*. Considere um período de amostragem* $T = 0,01$ *s. O controle deve ficar no seguinte intervalo:*

$$-10 \leq u(k) \leq +10.$$

Solução 5.5.2 *As matrizes do sistema discreto, bem como as matrizes para o desenvolvimento do controle MPC com observador MPC textitdeadbeat, foram mostradas na solução do Exemplo 5.5.1.*

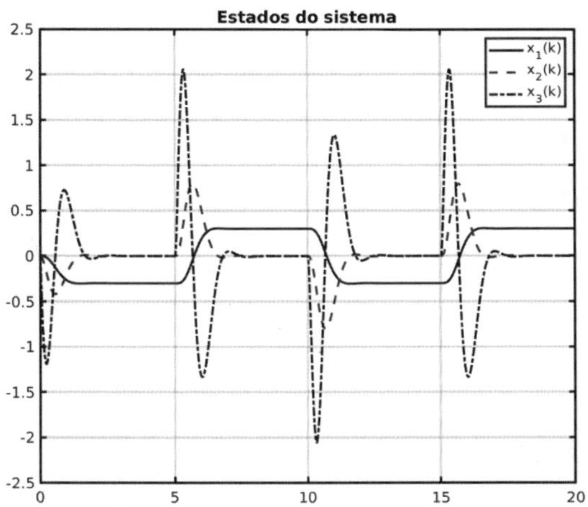

(a) Evolução no tempo dos estados do sistema sob o controle de realimentação de estados com controle MPC saturado e observador de ordem plena *deadbeat* MPC.

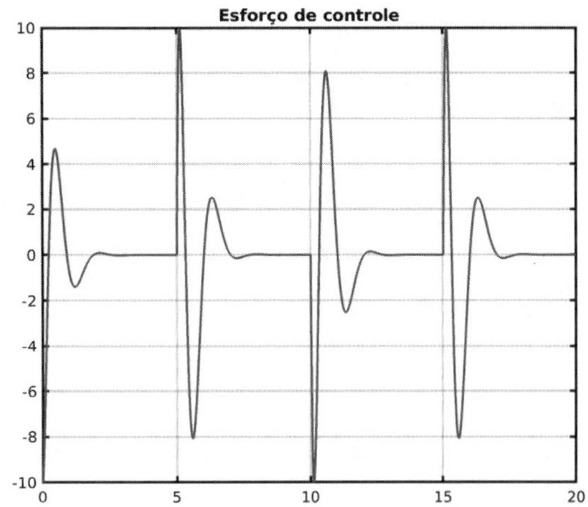

(b) Esforço de controle de realimentação de estados com controle MPC saturado e observador de ordem plena *deadbeat* MPC.

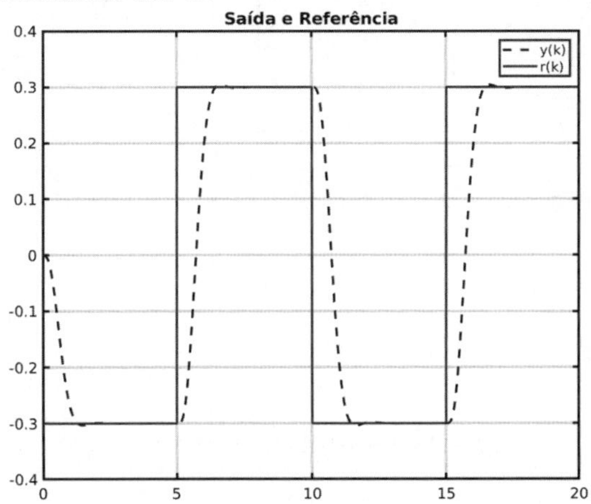

(c) Evolução no tempo da saída e o sinal de referência.

Figura 5.12: Resposta do sistema geral para o seguimento de um sinal de referência com realimentação de estados, controle MPC saturado e observador de ordem plena *deadbeat* MPC.

O programa para simulação do Exemplo 5.5.2 encontra-se em para o Matlab. A Figura 5.12a mostra a evolução no tempo dos estados do sistema para um seguimento de sinal de referência com controle MPC e observador de ordem plena deadbeat MPC e a Figura 5.12b mostra o esforço de controle para o seguimento de sinal de referência com realimentação de estados. Nota-se que o esforço de controle está saturado. Observe que a saída do sistema segue o sinal de referência, como mostra a Figura 5.11c. Nesse caso, o sistema foi simulado, sem o uso de uma interface gráfica, de maneira iterativa, com a evolução do tempo em múltiplos inteiros do período de amostragem.

5.6 Estudo de caso: circuito RLC

Considere um sistema contínuo que tem as seguintes matrizes de estado, de entrada e de saída:

$$\mathbf{A} = \begin{bmatrix} 0 & 1 \\ -\dfrac{1}{LC} & -\dfrac{R}{L} \end{bmatrix}, \quad \mathbf{B} = \begin{bmatrix} 0 \\ \dfrac{1}{LC} \end{bmatrix}, \quad \mathbf{C} = \begin{bmatrix} 1 & 0 \end{bmatrix}, \quad \mathbf{D} = \begin{bmatrix} 0 \end{bmatrix}$$

As matrizes do sistema discreto, segundo as equações (3.77) e (3.78), são:

$$\mathbf{A}_d = \begin{bmatrix} 0,90484 & 1,99065 \times 10^{-6} \\ -0,90484 & -1,99065 \times 10^{-6} \end{bmatrix}, \quad \mathbf{B}_d = \begin{bmatrix} 0,095161 \\ 0,904841 \end{bmatrix}$$

as matrizes $\mathbf{C}_d$ e $\mathbf{D}_d$ são iguais às matrizes do caso contínuo.

5.6.1 Realimentação de estados com observador de estados de ordem plena e controle *feedforward*

Projeto e Simulação

O polo desejado discreto é calculado de $z = e^{Ts}$, com $s = -4,2835 \pm 4,3895i$, o que resulta em $z_p = 0,58981 \pm 0,27692i$. A matriz de ganhos é calculada segundo as equações (4.35) e (4.36):

$$K_d = \begin{bmatrix} 1,57387 & -0,46921 \end{bmatrix}$$

Para o projeto do observador de ordem plena, escolheu-se os polos contínuos em $p_o = -120$ e os respectivos polos discretos em $p_{od} = 6,1442 \times 10^{-6}$. A matriz de ganho do observador é calculada segundo as equações (5.25) e (5.26):

$$K_{od} = \begin{bmatrix} 0,9048 \\ -0,9048 \end{bmatrix}$$

Com a devida simulação, verifica-se que sem um controle *feedforward* não é possível realizar o rastreamento de sinal de referência. Portanto, projeta-se o ganho K_{ff} do controle *feedforward* utilizando a equação (4.42):

$$K_{ff} = \left(C_d \left[\mathbf{I}_n - (\mathbf{A}_d - \mathbf{B}_d \mathbf{K})\right]^{-1} \mathbf{B}_d\right)^{-1} = 2,5739$$

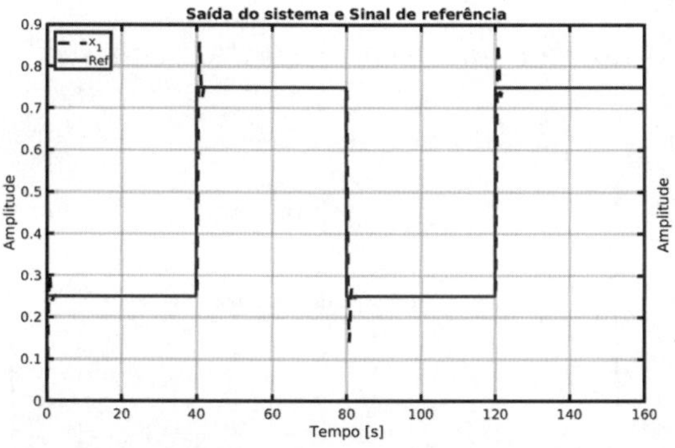

(a) Evolução no tempo da saída e o sinal de referência.

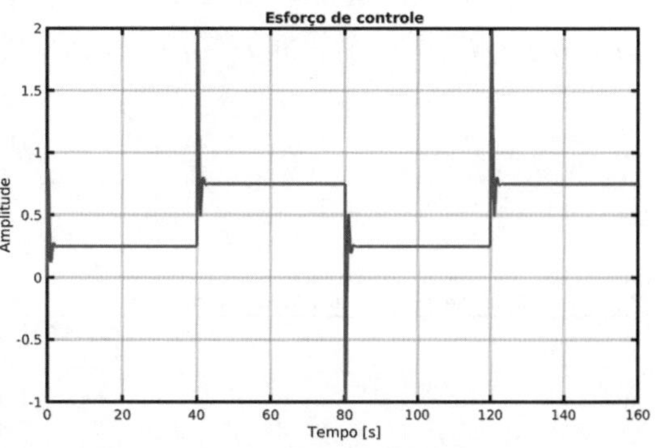

(b) Esforço de controle de realimentação de estados com observador de ordem plena e controle *feedforward*.

Figura 5.13: Resposta do sistema geral para o seguimento de um sinal de referência com controle de realimentação de estados, observador de ordem plena e controle *feedforward*.

A Figura 5.13a mostra a evolução no tempo da saída do sistema para um seguimento de sinal de referência com controle *feedforward* e realimentação de estados e a Figura 5.13b mostra o esforço de controle para o seguimento de sinal de referência com realimentação de estados. Observe que o sistema segue o sinal de referência.

Implementação Arduino

Para a implementação do Arduino, as equações utilizadas foram as (5.9) e (5.10), as quais estão representadas na Figura 5.3. O script embarcado no Arduino para a realimentação de estados observados com um estimador de ordem plena e controle *feedforward* é mostrado no Apêndice C.2. A Figura 5.14a mostra a evolução no tempo do sinal de saída do sistema e o sinal de referência é uma senoidal, já a Figura 5.14b mostra o esforço de controle discreto aplicado no sistema RLC série.

Observação 5.6.1 *Na implementação do controle discreto no Arduino foi observado que, no sistema, apresentava-se um considerável erro de estado estacionário, motivo pelo qual o ganho do controle feedforward é reduzido.*

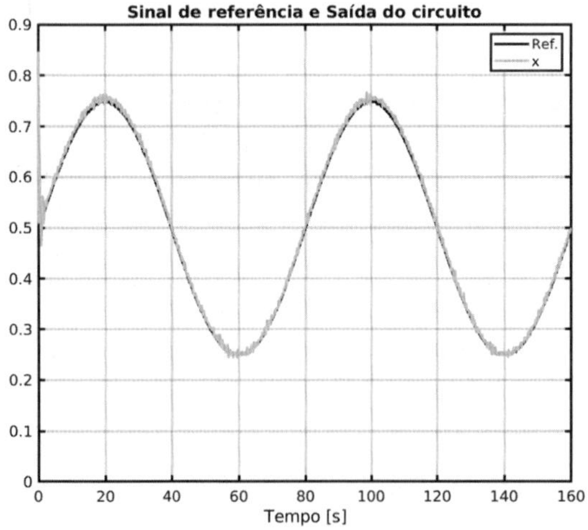

(a) Dados reais. Sinal de referência e saída do circuito RLC série, tensão no capacitor.

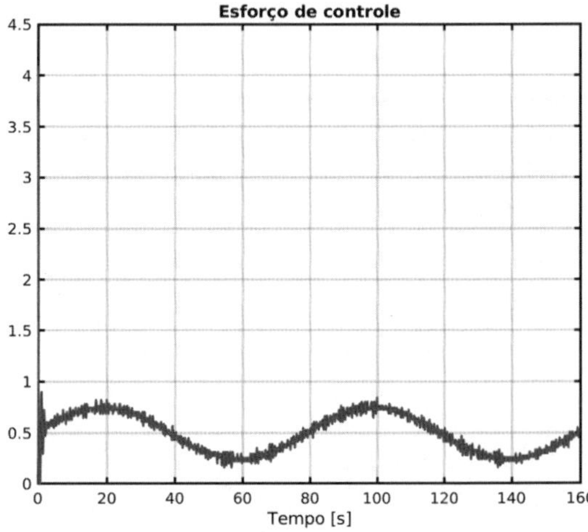

(b) Esforço de controle em malha fechada com compensador por atraso de fase.

Figura 5.14: Implementação do sistema de controle com realimentação de estados, observador de ordem plena e controle *feedforward*.

5.6.2 Realimentação de estados com observador de estados de ordem plena e controle integral

Projeto e Simulação

Para o projeto do controle integral, as matrizes aumentadas são obtidas como se segue:

$$\tilde{\mathbf{A}}_d = \begin{bmatrix} \mathbf{A}_d & \mathbf{0} \\ -\mathbf{C} & \mathbf{I}_l \end{bmatrix}, \quad \tilde{\mathbf{B}}_d = \begin{bmatrix} \mathbf{B} \\ \mathbf{0} \end{bmatrix} \quad \tilde{\mathbf{K}} = [\mathbf{K} \quad K_1],$$

assim:

$$\tilde{\mathbf{A}}_d = \begin{bmatrix} 0,90484 & 1,99065 \times 10^{-6} & 0,0 \\ -0,90484 & -1,99065 \times 10^{-6} & 0,0 \\ -1 & 0 & 01 \end{bmatrix}, \quad \tilde{\mathbf{B}}_d = \begin{bmatrix} 0,095161 \\ 0,904841 \\ 0,0 \end{bmatrix}$$

e a matriz de saída fica:

$$\tilde{\mathbf{C}}_d = \begin{bmatrix} 1 & 0 & 0 \end{bmatrix}$$

A matriz de ganhos é calculada segundo as equações (4.35) e (4.36). Considerando o polo $z_{p_3} = 0,9$ para o estado aumentado, obtém-se:

$$\tilde{\mathbf{K}} = \begin{bmatrix} 2,17856 & -0,42229 & -0,25739 \end{bmatrix}$$

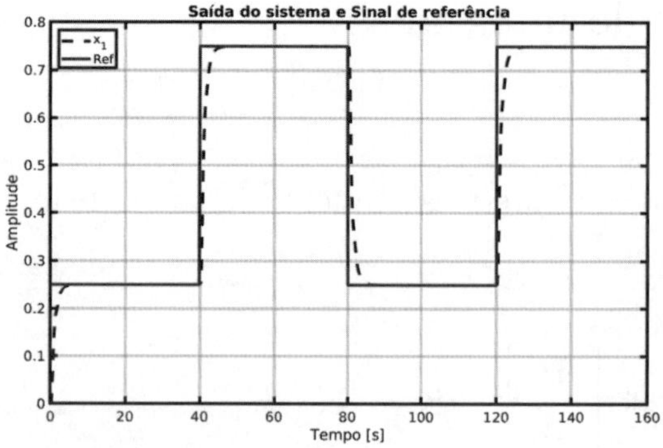

(a) Evolução no tempo da saída do sistema e o sinal de referência.

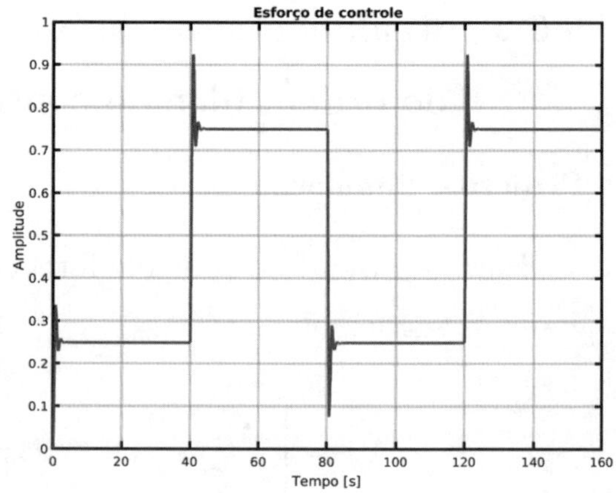

(b) Esforço de controle de realimentação de estados com observador de ordem plena e controle integral.

Figura 5.15: Resposta do sistema geral para o seguimento de um sinal de referência com controle de realimentação de estados, observador de ordem plena e controle integral.

A Figura 5.15a mostra a evolução no tempo da saída e o sinal de referência com observador de ordem plena e controle integral. A Figura 5.15b mostra o esforço de controle para o seguimento de sinal de referência com controle integral e realimentação de estados. Observe que o sistema segue o sinal de referência.

Implementação Arduino

Para a implementação do Arduino as equações utilizadas foram a (5.11) e as equações (4.43), que estão representadas na Figura 4.8. O *script* embarcado no Arduino para a realimentação de estados observados com um estimador de ordem plena e controle integral é mostrado no Apêndice C.3. A Figura 5.16a mostra a evolução no tempo do sinal de saída do sistema e o sinal de referência é uma senoidal, já a Figura 5.16b mostra o esforço de controle discreto aplicado no sistema RLC série.

Observação 5.6.2 *Na implementação do controle discreto no Arduino, foi observado que o sistema se apresentava muito oscilatório, motivo pelo qual* *o período de amostragem é reduzido pela metade. É correto afirmar que, se modificado o período de amostragem, todas as contas deverão ser refeitas.*

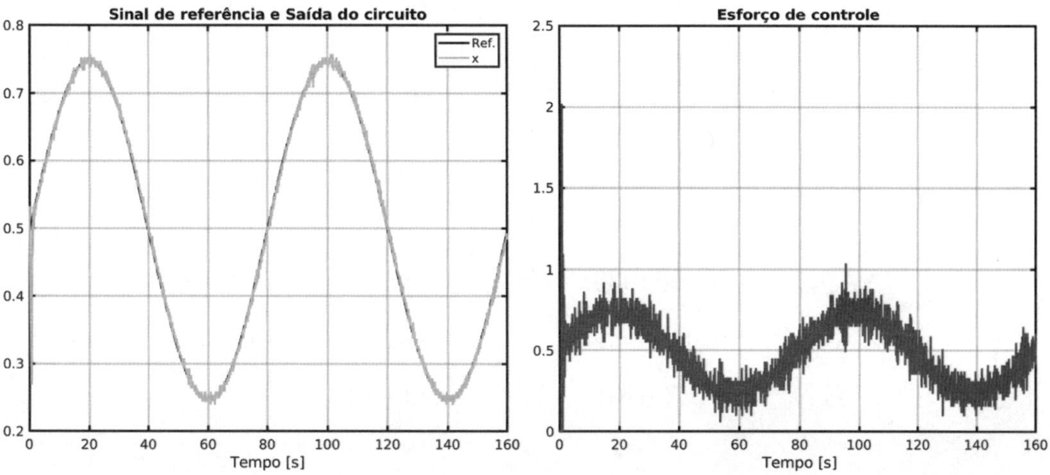

(a) Dados reais. Sinal de referência e saída do circuito RLC série, tensão no capacitor.

(b) Esforço de controle em malha fechada com compensador por atraso de fase.

Figura 5.16: Implementação do sistema de controle com realimentação de estados, observador de ordem plena e controle integral.

5.6.3 Realimentação de estados com observador de estado de ordem reduzida e controle *feedforward*

Projeto e Simulação

O polo desejado discreto é calculado de $z = e^{Ts}$, com $s = -4,2835 \pm 4,3895i$, o que resulta em $z_p = 0,58981 \pm 0,27692i$. A matriz de ganhos é calculada segundo as equações (4.35) e (4.36):

$$K_d = \begin{bmatrix} 1,57387 & -0,46921 \end{bmatrix}$$

Para o projeto do observador de ordem reduzida, escolheu-se o polo contínuo em $p_o = -120$ e o respectivos polos discretos em $p_{od} = 6,1442 \times 10^{-6}$. Para determinar o observador, é necessário identificarmos as matrizes particionadas como mostrado a seguir:

$$\begin{aligned}
\left[\begin{array}{c} \mathbf{x}_a(k+1) \\ \hdashline \mathbf{x}_b(k+1) \end{array}\right] &= \left[\begin{array}{c:c} \mathbf{A}_{daa} & \mathbf{A}_{dab} \\ \hdashline \mathbf{A}_{dba} & \mathbf{A}_{dbb} \end{array}\right] \left[\begin{array}{c} \mathbf{x}_a(k) \\ \hdashline \mathbf{x}_b(k) \end{array}\right] + \left[\begin{array}{c} \mathbf{B}_{da} \\ \hdashline \mathbf{B}_{db} \end{array}\right] \mathbf{u}(k) \\
\mathbf{y}(k) &= \left[\begin{array}{c:c} \mathbf{I}_m & \mathbf{0} \end{array}\right] \left[\begin{array}{c} \mathbf{x}_a(k) \\ \hdashline \mathbf{x}_b(k) \end{array}\right]
\end{aligned}$$

nas quais:

$$\begin{aligned}
\mathbf{A}_{daa} &= 0,904839; \quad \mathbf{A}_{dab} = 1,99066 \times 10^{-6} \\
\mathbf{A}_{dba} &= -0,90484; \quad \mathbf{A}_{dbb} = -1,99066 \times 10^{-6} \\
\mathbf{B}_{da} &= 0,095161; \quad \mathbf{B}_{db} = 0,904841
\end{aligned}$$

Escolhido o polo do observador, o ganho é determinado utilizando as equações (5.25) e (5.26) substituindo $\mathbf{A}_d^T$ por $\mathbf{A}_{dbb}^T$ e $\mathbf{C}_d^T$ por $\mathbf{A}_{dab}^T$:

$$K_{o_{min}} = -4,086537$$

Com a devida simulação, verifica-se que sem um controle *feedforward* não é possível realizar o rastreamento de sinal de referência. Portanto, projeta-se o ganho K_{ff} do controle *feedforward*, resultando em:

$$K_{ff} = 6,434671$$

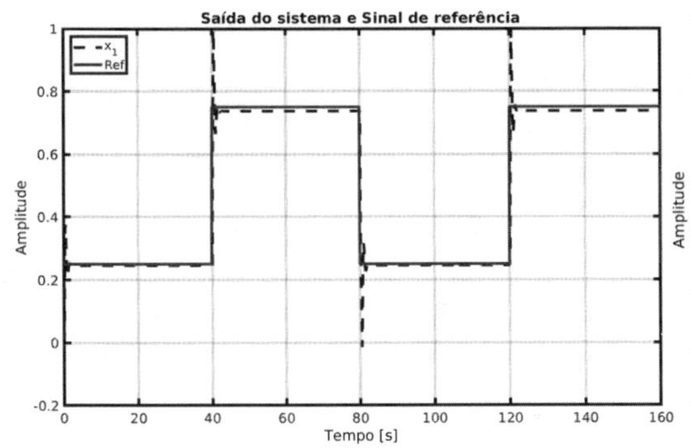

(a) Evolução no tempo da saída e o sinal de referência.

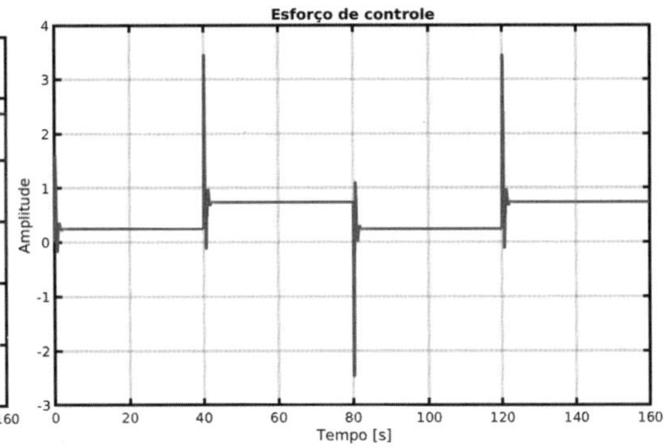

(b) Esforço de controle de realimentação de estados com observador de ordem plena e controle *feedforward*.

Figura 5.17: Resposta do sistema geral para o seguimento de um sinal de referência com controle de realimentação de estados, observador de ordem plena e controle *feedforward*.

A Figura 5.17a mostra a evolução no tempo da saída do sistema para um seguimento de sinal de referência com controle *feedforward* e realimentação de estados e a Figura 5.17b mostra o esforço de controle para o seguimento de sinal de referência com realimentação de estados. Observe que o sistema segue o sinal de referência.

Implementação Arduino

Para a implementação do Arduino as equações utilizadas foram as (5.38) e (5.39), que estão representadas na Figura 5.6. O *script* embarcado no Arduino para a realimentação de estados observados com um estimador de ordem reduzida e controle *feedforward* é mostrado no Apêndice C.4. A Figura 5.18a mostra a evolução no tempo do sinal de saída do sistema e o sinal de referência é uma senoidal, já a Figura 5.18b mostra o esforço de controle discreto aplicado no sistema RLC série.

Observação 5.6.3 *Na implementação do controle discreto no Arduino foi observado que no sistema apresentava-se um considerável erro de estado estacionário, motivo pelo qual o ganho do controle feedforward foi reduzido.*

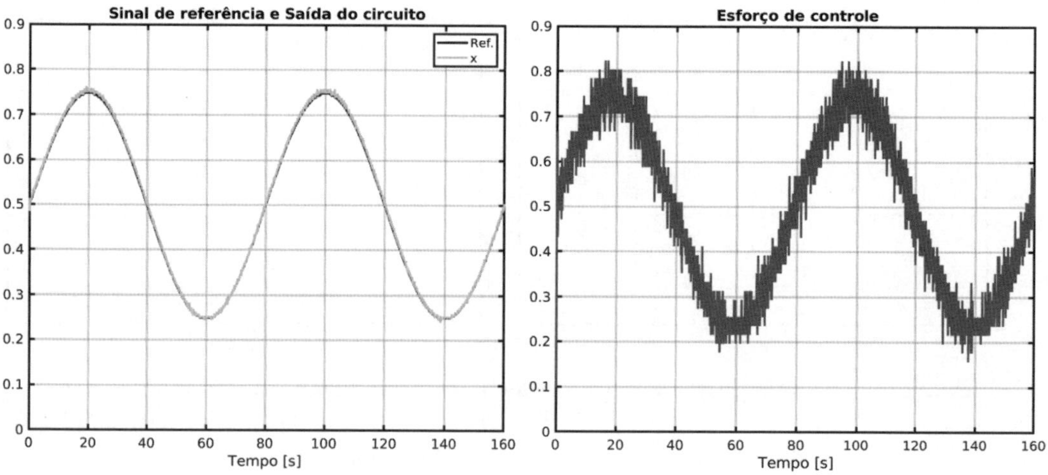

(a) Dados reais. Sinal de referência e saída do circuito RLC série, tensão no capacitor.

(b) Esforço de controle em malha fechada com compensador por atraso de fase.

Figura 5.18: Implementação do sistema de controle com realimentação de estados, observador de ordem reduzida e controle *feedforward*.

5.6.4 Realimentação de estados com observador de estado de ordem reduzida e controle integral

Projeto e Simulação

Para o projeto do controle integral, as matrizes aumentadas são obtidas como se segue:

$$\tilde{\mathbf{A}}_d = \begin{bmatrix} \mathbf{A}_d & \mathbf{0} \\ -\mathbf{C} & \mathbf{I}_l \end{bmatrix}, \quad \tilde{\mathbf{B}}_d = \begin{bmatrix} \mathbf{B} \\ \mathbf{0} \end{bmatrix} \quad \tilde{\mathbf{K}} = [\mathbf{K} \quad K_1],$$

assim:

$$\tilde{\mathbf{A}}_d = \begin{bmatrix} 0,90484 & 1,99065 \times 10^{-6} & 0,0 \\ -0,90484 & -1,99065 \times 10^{-6} & 0,0 \\ -1,0 & 0,0 & 1,0 \end{bmatrix}, \quad \tilde{\mathbf{B}}_d = \begin{bmatrix} 0,095161 \\ 0,904841 \\ 0,0 \end{bmatrix}$$

e a matriz de saída fica:

$$\tilde{\mathbf{C}}_d = \begin{bmatrix} 1 & 0 & 0 \end{bmatrix}$$

A matriz de ganhos é calculada segundo as equações (4.35) e (4.36). Considerando o polo $z_{p3} = 0,9$ para o estado aumentado, obtém-se:

$$\tilde{\mathbf{K}} = \begin{bmatrix} 2,17856 & -0,42229 & -0,25739 \end{bmatrix}$$

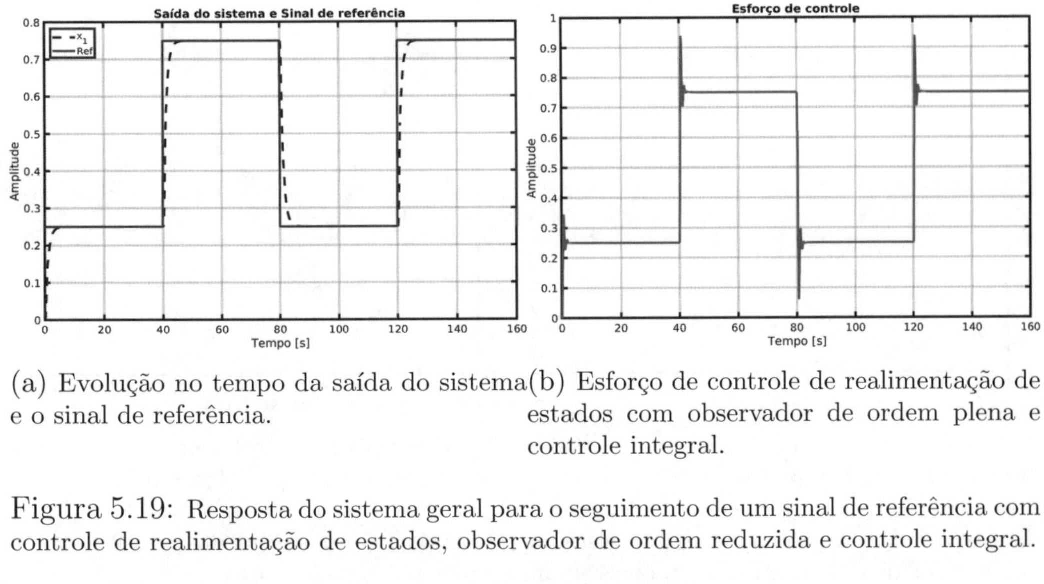

(a) Evolução no tempo da saída do sistema e o sinal de referência.

(b) Esforço de controle de realimentação de estados com observador de ordem plena e controle integral.

Figura 5.19: Resposta do sistema geral para o seguimento de um sinal de referência com controle de realimentação de estados, observador de ordem reduzida e controle integral.

A Figura 5.19a mostra a evolução no tempo da saída e o sinal de referência com observador de ordem reduzida e controle integral. A Figura 5.19b mostra o esforço de controle para o seguimento de sinal de referência com controle integral e realimentação de estados. Observe que o sistema segue o sinal de referência.

Implementação Arduino

Para a implementação do Arduino, as equações utilizadas foram as (4.43), (5.38) e (5.39). O *script* embarcado no Arduino para a realimentação de estados observados com um estimador de ordem reduzida e controle integral é mostrado no Apêndice C.5. A Figura 5.20a mostra a evolução no tempo do sinal de saída do sistema e o sinal de referência é um sinal senoidal, já a Figura 5.20b mostra o esforço de controle discreto aplicado no sistema RLC série.

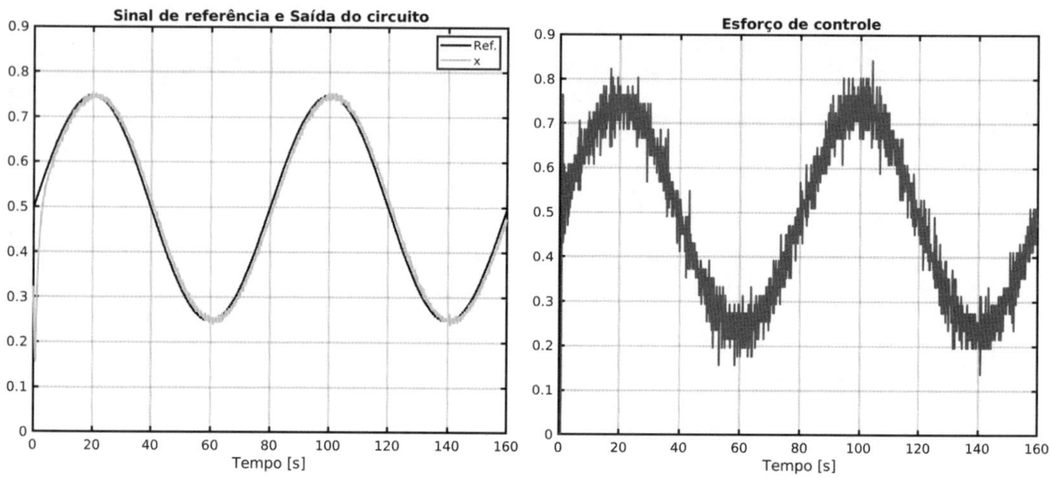

(a) Dados reais. Sinal de referência e saída do circuito RLC série, tensão no capacitor. (b) Esforço de controle em malha fechada com compensador por atraso de fase.

Figura 5.20: Implementação do sistema de controle com realimentação de estados, observador de ordem reduzida e controle integral.

5.7 Exercícios resolvidos

Exemplo 5.7.1 *Considere um protótipo de guindaste de pórtico representado por um pórtico de pêndulo único, cuja representação no espaço de estados* *é:*

$$\begin{bmatrix} \dot{x}_1 \\ \dot{x}_2 \\ \dot{x}_3 \\ \dot{x}_4 \end{bmatrix} = \begin{bmatrix} 0 & 0 & 1 & 0 \\ 0 & 0 & 0 & 1 \\ 0 & 1,5 & -11,7 & 0,005 \\ 0 & -26,1 & 26,8 & -0,08 \end{bmatrix} \begin{bmatrix} x_1 \\ x_2 \\ x_3 \\ x_4 \end{bmatrix} + \begin{bmatrix} 0 \\ 0 \\ 1,5 \\ -3,5 \end{bmatrix} u$$

$$y(k) = \begin{bmatrix} 1 & 0 & 0 & 0 \end{bmatrix} \begin{bmatrix} x_1 \\ x_2 \\ x_3 \\ x_4 \end{bmatrix}$$

na qual x_1 *é a posição do carrinho do pêndulo,* x_2 *é a posição angular da haste do pêndulo,* x_3 *é a velocidade do carrinho e* x_4 *é a velocidade angular da haste do pêndulo. Projetar uma realimentação de estados para o problema de seguimento de sinal de maneira que os polos desejados do sistema em malha fechada estejam em* $s = -5$ *e um observador de estado de ordem plena com os polos apropriadamente escolhidos, bem como um sistema de seguimento de sinal de referência para a realimentação de estados anterior com um controle feedforward. Considere um período de amostragem* $T = 0,01$ *s.*

Solução 5.7.1 *Dadas as matrizes do sistema contínuo, calculemos as matrizes do sistema discreto das equações (3.77) e (3.78):*

$$\boldsymbol{A}_d = \begin{bmatrix} 1 & 7,212167 \times 10^{-5} & 9,433720 \times 10^{-3} & 4,831860 \times 10^{-7} \\ 0 & 9,987021 \times 10^{-1} & 1,288604 \times 10^{-3} & 9,991691 \times 10^{-3} \\ 0 & 1,414319 \times 10^{-2} & 8,895977 \times 10^{-1} & 1,192690 \times 10^{-4} \\ 0 & -2,588502 \times 10^{-1} & 9,979092 \times 10^{-1} & 9,979092 \times 10^{-1} \end{bmatrix},$$

$$\boldsymbol{B}_d = \begin{bmatrix} 7,215375 \times 10^{-5} \\ -1,684092 \times 10^{-4} \\ 1,415411 \times 10^{-1} \\ -3,303801 \times 10^{-2} \end{bmatrix}$$

$$\boldsymbol{C}_d = \begin{bmatrix} 1 & 0 & 0 & 0 \end{bmatrix}$$

as matrizes $\mathbf{C}_d$ *e* $\mathbf{D}_d$ *são iguais às matrizes do caso contínuo.*

O polo discreto desejado é calculado de $z = e^{Ts}$*, com* $s = -5$*, o que resulta em* $z_p = 0,9512$*. A matriz de ganhos é calculada segundo as equações (4.35) e (4.36):*

$$K_d = \begin{bmatrix} 109,285509 & -48,812587 & 975112 & 14,319834 \end{bmatrix}$$

Para o projeto do observador de ordem plena, escolheu-se os polos contínuos em $p_o = -16$ *e os respectivos polos discretos em* $p_{od} = 0,8187$*. A matriz de ganho do observador é calculada segundo as equações (5.25) e (5.26):*

$$K_{od} = \begin{bmatrix} 0,477634 \\ 76,423591 \\ 7,240487 \\ 127,940505 \end{bmatrix}$$

Com a devida simulação, verifica-se que sem um controle feedforward não é possível realizar o rastreamento de sinal de referência. Portanto, projeta-se *o ganho K_{ff} do controle feedforward utilizando a equação (4.42):*

$$K_{ff} = \left(C_d \left[\mathbf{I}_n - (\mathbf{A}_d - \mathbf{B}_d \boldsymbol{K}_d)\right]^{-1} \mathbf{B}_d\right)^{-1} = 109,285509.$$

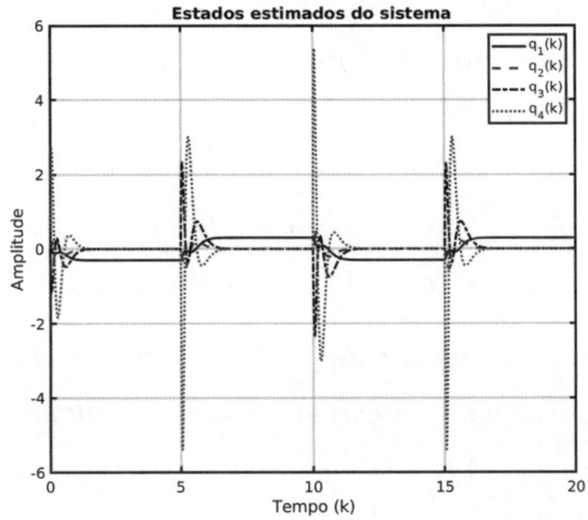

(a) Evolução no tempo dos estados estimados do sistema sob o controle de realimentação de estados com observador de estados de ordem plena e controle *feedforward.*

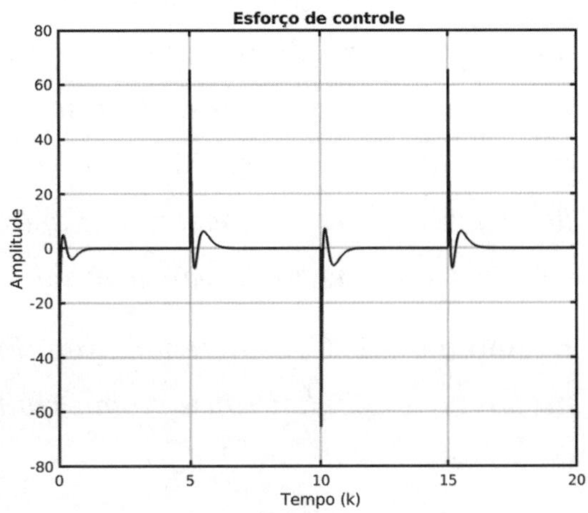

(b) Esforço de controle de realimentação de estados com observador de ordem plena e controle *feedforward.*

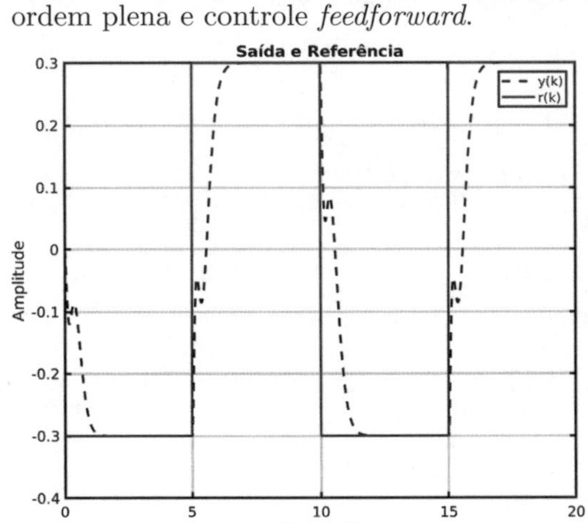

(c) Evolução no tempo da saída e o sinal de referência.

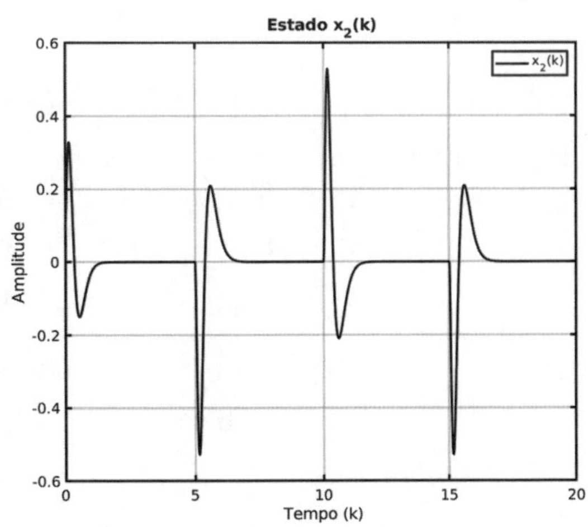

(d) Estado estimado do ângulo de inclinação da haste $q_2(k)$ para um seguimento de sinal com controle ótimo.

Figura 5.21: Resposta do sistema do exemplo 5.7.1 para o seguimento de um sinal de referência com controle *feedforward* e observador de ordem plena.

O programa para simulação do exemplo 5.7.1 encontra-se em *para o Matlab. Para esse caso, o sinal de referência é uma onda quadrada de frequência de* $0,1$ *Hz e amplitude de* $0,3$. *A Figura 5.21a mostra a evolução no tempo dos estados do sistema para um seguimento de sinal de referência com controle feedforward e realimentação de estados e a Figura 5.21b mostra o esforço de controle para o seguimento de sinal de referência com realimentação de estados. O esforço de controle varia dentro da faixa de valores* $-70 \leq u(k) \leq 70$. *Observe que a saída do sistema segue o sinal de referência, como mostra a Figura 5.21c. Na Figura 5.21d, é possível observar a evolução da variação do ângulo da haste do guindaste em rad/s.*

Exemplo 5.7.2 *Considere um protótipo de guindaste de pórtico representado no Exemplo 5.7.3. Projetar uma realimentação de estados para o problema de seguimento de sinal de maneira que os polos desejados do sistema em malha fechada estejam em* $s = -5$ *e um observador de estado de ordem plena com os polos apropriadamente escolhidos, bem como projetar um sistema de rastreamento com controle integral. Considere um período de amostragem* $T = 0,01$ *s.*

Solução 5.7.2 *Dadas as matrizes do sistema contínuo, calculemos as matrizes do sistema discreto das equações (3.77) e (3.78):*

$$\boldsymbol{A}_d = \begin{bmatrix} 1 & 7,212167 \times 10^{-5} & 9,433720 \times 10^{-3} & 4,831860 \times 10^{-7} \\ 0 & 9,987021 \times 10^{-1} & 1,288604 \times 10^{-3} & 9,991691 \times 10^{-3} \\ 0 & 1,414319 \times 10^{-2} & 8,895977 \times 10^{-1} & 1,192690 \times 10^{-4} \\ 0 & -2,588502 \times 10^{-1} & 9,979092 \times 10^{-1} & 9,979092 \times 10^{-1} \end{bmatrix},$$

$$\boldsymbol{B}_d = \begin{bmatrix} 7,215375 \times 10^{-5} \\ -1,684092 \times 10^{-4} \\ 1,415411 \times 10^{-1} \\ -3,303801 \times 10^{-2} \end{bmatrix}$$

$$\boldsymbol{C}_d = \begin{bmatrix} 1 & 0 & 0 & 0 \end{bmatrix}$$

as matrizes $\mathbf{C}_d$ *e* $\mathbf{D}_d$ *são iguais às matrizes do caso contínuo.*

O polo discreto desejado é calculado de $z = e^{Ts}$, *com* $s = -5$, *o que em* $z_p = 0,9512$. *A matriz de ganhos é calculada segundo as equações (4.35) e (4.36):*

$$K_d = \begin{bmatrix} 109,285509 & -48,812587 & 975112 & 14,319834 \end{bmatrix}$$

Para o projeto do observador de ordem plena, escolheu-se os polos contínuos em $p_o = -16$ *e os respectivos polos discretos em* $p_{od} = 0,8187$. *A matriz de ganho do observador é calculada segundo as equações (5.25) e (5.26):*

$$K_{od} = \begin{bmatrix} 0,477634 \\ 76,423591 \\ 7,240487 \\ 127,940505 \end{bmatrix}$$

Para o projeto do controle integral, as matrizes aumentadas são obtidas como se segue:

$$\tilde{\mathbf{A}}_d = \begin{bmatrix} \mathbf{A}_d & \mathbf{0} \\ -\mathbf{C} & \mathbf{I}_l \end{bmatrix}, \quad \tilde{\mathbf{B}}_d = \begin{bmatrix} \mathbf{B} \\ \mathbf{0} \end{bmatrix} \quad \tilde{\mathbf{K}} = [\boldsymbol{K}_d \quad K_1],$$

assim:

$$\tilde{\mathbf{A}}_d = \begin{bmatrix} 1 & 7,212167 \times 10^{-5} & 9,433720 \times 10^{-3} & 4,831860 \times 10^{-7} & 0 \\ 0 & 9,987021 \times 10^{-1} & 1,288604 \times 10^{-3} & 9,991691 \times 10^{-3} & 0 \\ 0 & 1,414319 \times 10^{-2} & 8,895977 \times 10^{-1} & 1,192690 \times 10^{-4} & 0 \\ 0 & -2,588502 \times 10^{-1} & 9,979092 \times 10^{-1} & 9,979092 \times 10^{-1} & 0 \\ -1 & 0 & 0 & 0 & 1 \end{bmatrix},$$

$$\tilde{\mathbf{B}}_d = \begin{bmatrix} 7,215375 \times 10^{-5} \\ -1,684092 \times 10^{-4} \\ 1,415411 \times 10^{-1} \\ -3,303801 \times 10^{-2} \\ 0,0 \end{bmatrix}$$

e a matriz de saída fica:

$$\tilde{\mathbf{C}}_d = \begin{bmatrix} 1 & 0 & 0 & 0 & 0 \end{bmatrix}$$

A matriz de ganhos é calculada segundo as equações (4.35) e (4.36). Considerando o polo $z_{p4} = 0,9$ para o estado aumentado, obtém-se:

$$\tilde{\mathbf{K}} = \begin{bmatrix} 658,057112 & 98,273786 & 101,759105 & 35,640666 & 10,928551 \end{bmatrix}$$

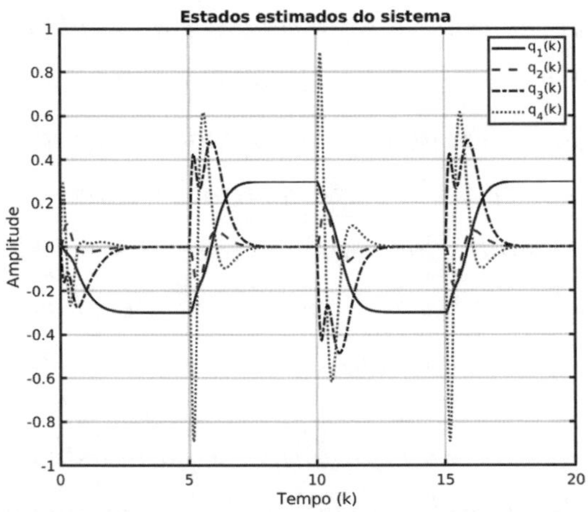

(a) Evolução no tempo dos estados do sistema sob o controle de realimentação de estados com observador de estados de ordem plena e controle integral.

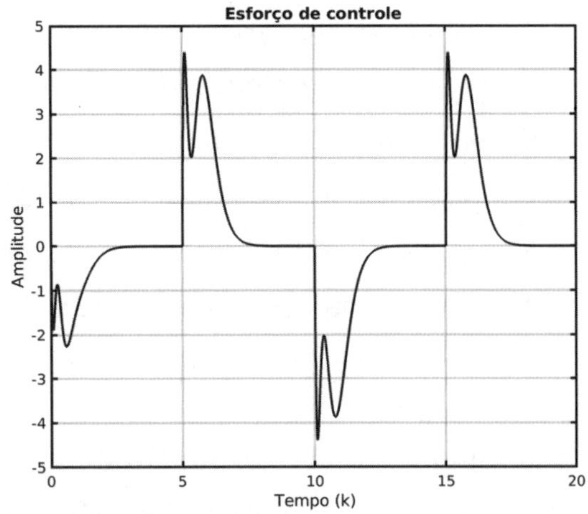

(b) Esforço de controle de realimentação de estados com observador de ordem plena e controle integral.

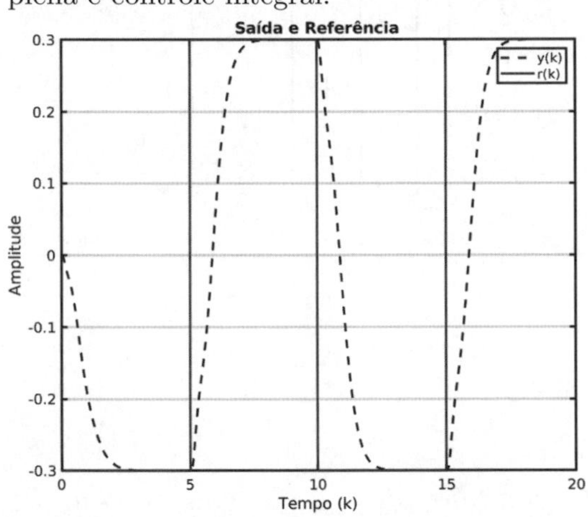

(c) Evolução no tempo da saída do sistema e o sinal de referência.

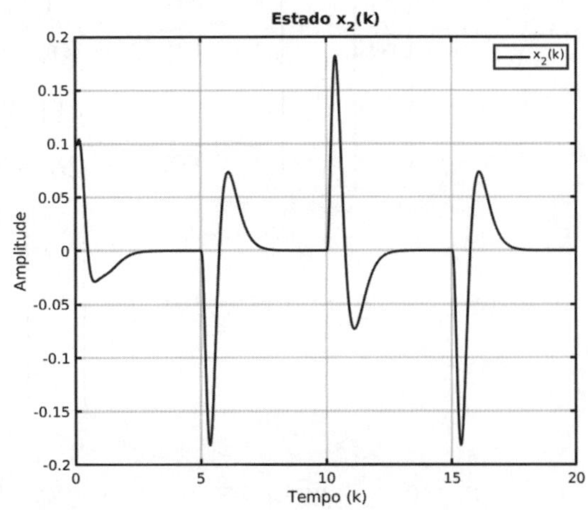

(d) Estado estimado do ângulo de inclinação da haste $q_2(k)$ para um seguimento de sinal com controle ótimo.

Figura 5.22: Resposta do sistema geral para o seguimento de um sinal de referência com controle de realimentação de estados, observador de ordem plena e controle integral.

O programa para simulação do Exemplo 5.7.2 com observador de estados de ordem plena e controle integral encontra-se em *para o Matlab. Para esse caso, o sinal de referência é uma onda quadrada de frequência de* 0,1 *Hz e amplitude de* 0,3. *A Figura 5.22a mostra a evolução no tempo dos estados do sistema para um seguimento de sinal de referência com controle integral e realimentação de estados e a Figura 5.22b mostra o esforço de controle para o seguimento de sinal de referência com controle integral e realimentação de estados. O esforço de controle varia dentro do intervalo* $-4,5 \leq u(k) \leq 4,5$. *Observe que a saída do sistema segue o sinal de referência, como mostra a Figura 5.22c. A Figura 5.22d mostra a evolução da variação do ângulo da haste do guindaste em rad/s.*

Exemplo 5.7.3 (Filtro de Kalman) *Considere um protótipo de guindaste de pórtico representado por um pórtico de pêndulo único, cuja representação no espaço de estados é:*

$$\begin{bmatrix} \dot{x}_1 \\ \dot{x}_2 \\ \dot{x}_3 \\ \dot{x}_4 \end{bmatrix} = \begin{bmatrix} 0 & 0 & 1 & 0 \\ 0 & 0 & 0 & 1 \\ 0 & 1,5 & -11,7 & 0,005 \\ 0 & -26,1 & 26,8 & -0,08 \end{bmatrix} \begin{bmatrix} x_1 \\ x_2 \\ x_3 \\ x_4 \end{bmatrix} + \begin{bmatrix} 0 \\ 0 \\ 1,5 \\ -3,5 \end{bmatrix} u$$

$$y(k) = \begin{bmatrix} 1 & 0 & 0 & 0 \end{bmatrix} \begin{bmatrix} x_1 \\ x_2 \\ x_3 \\ x_4 \end{bmatrix}$$

na qual x_1 *é a posição do carrinho do pêndulo,* x_2 *é a posição angular da haste do pêndulo,* x_3 *é a velocidade do carrinho e* x_4 *é a velocidade angular da haste do pêndulo. Projete uma realimentação de estados para o problema de rastreamento de maneira que os polos desejados do sistema em malha fechada estejam em* $s = -5$ *e um filtro de Kalman. Considere um período de amostragem* $T = 0,01$ *s.*

Solução 5.7.3 *Dadas as matrizes do sistema contínuo, calculemos as matrizes do sistema discreto:*

$$\boldsymbol{A}_d = \begin{bmatrix} 1 & 7,212167 \times 10^{-5} & 9,433720 \times 10^{-3} & 4,831860 \times 10^{-7} \\ 0 & 9,987021 \times 10^{-1} & 1,288604 \times 10^{-3} & 9,991691 \times 10^{-3} \\ 0 & 1,414319 \times 10^{-2} & 8,895977 \times 10^{-1} & 1,192690 \times 10^{-4} \\ 0 & -2,588502 \times 10^{-1} & 9,979092 \times 10^{-1} & 9,979092 \times 10^{-1} \end{bmatrix},$$

$$\boldsymbol{B}_d = \begin{bmatrix} 7,215375 \times 10^{-5} \\ -1,684092 \times 10^{-4} \\ 1,415411 \times 10^{-1} \\ -3,303801 \times 10^{-2} \end{bmatrix}$$

$$\boldsymbol{C}_d = \begin{bmatrix} 1 & 0 & 0 & 0 \end{bmatrix}$$

as matrizes $\mathbf{C}_d$ *e* $\mathbf{D}_d$ *são iguais às matrizes do caso contínuo.*

Os polos desejados discretos são calculados da relação $z = e^{Ts}$, *com* $s = -5$, *o que resulta em* $z_p = 0,9512$. *A matriz de ganhos é calculada segundo as equações (4.35) e (4.36):*

$$K_d = \begin{bmatrix} 17,695305 & -26,058411 & 5,793792 & 0,193106 \end{bmatrix}$$

Com a devida simulação verifica-se que sem um controle feedforward não é possível realizar o rastreamento de sinal de referência. Portanto projeta-se o ganho K_{ff} *do controle feedforward utilizando a equação (4.42):*

$$K_{ff} = \left(C_d \left[\mathbf{I}_n - (\mathbf{A}_d - \mathbf{B}_d \mathbf{K})\right]^{-1} \mathbf{B}_d\right)^{-1} = 17,695305.$$

A matriz de covariância dos estados é:

$$\boldsymbol{P} = 100000 \times \boldsymbol{I}_{4\times4}$$

a covariância do ruído nos estados é:

$$\boldsymbol{R} = 0,3$$

e a covariância do ruído na saída é:

$$\boldsymbol{Q} = 0,7 \times \boldsymbol{I}_{4\times 4}$$

O sinal de referência é uma onda quadrada de frequência de 0, 1 *Hz e amplitude de* 0, 3*. As equações (5.53), (5.54), (5.55), (5.56) e (5.57), (5.58), (5.59), (5.71), (5.72), (5.66) foram utilizadas para implementar o algoritmo do filtro de Kalman.*

O programa para simulação do Exemplo 5.7.3 encontra-se em para o Octave. A Figura 5.23a mostra a evolução no tempo dos estados do sistema para um seguimento de sinal de referência com controle feedforward e realimentação de estados e a Figura 5.23b mostra o esforço de controle para o seguimento de sinal de referência com realimentação de estados. Observe que a saída do sistema segue o sinal de referência, como mostra a Figura 5.23c. A Figura 5.23d mostra a evolução ao longo do tempo da variação do estado $x_2(k)$ *e do estado estimado* $q_2(k)$*.*

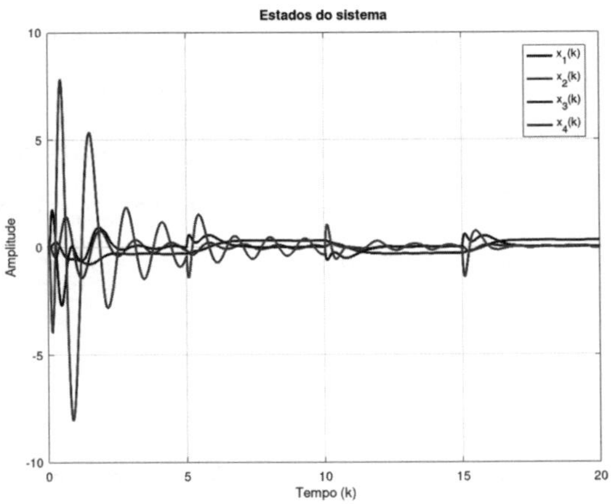

(a) Evolução no tempo dos estados do sistema sob o controle de realimentação de estados com filtro de Kalman e controle *feedforward.*

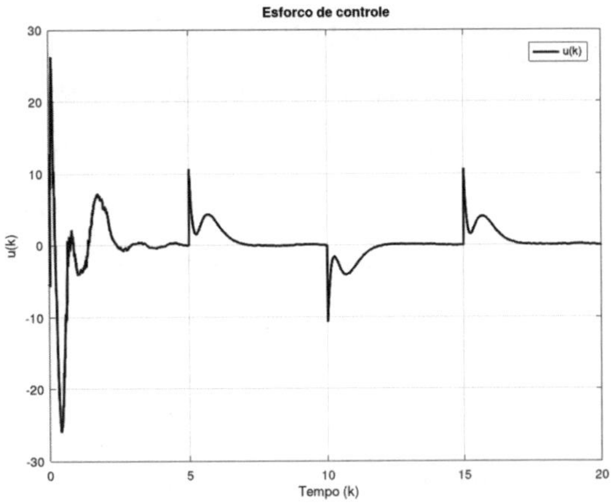

(b) Esforço de controle de realimentação de estados com filtro de Kalman e controle *feedforward.*

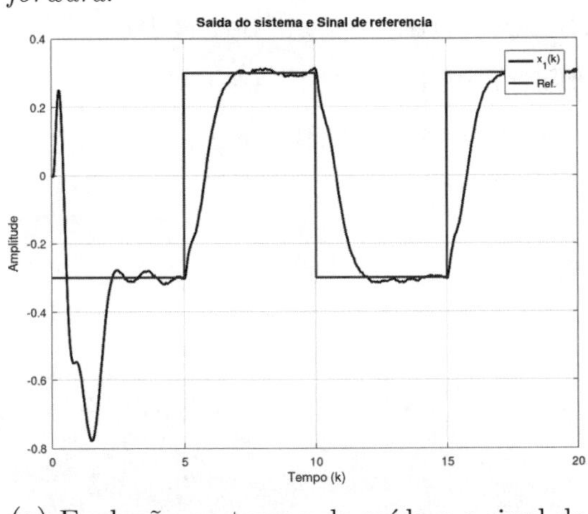

(c) Evolução no tempo da saída e o sinal de referência.

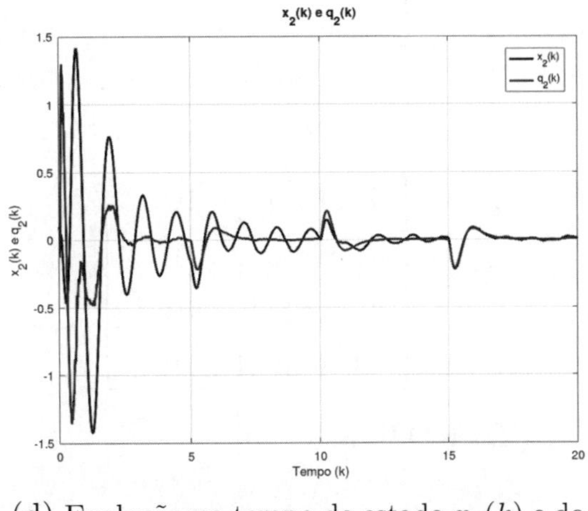

(d) Evolução no tempo do estado $x_2(k)$ e do estado estimado $q_2(k)$ com filtro de Kalman e controle *feedforward.*

Figura 5.23: Resposta do sistema geral para o seguimento de um sinal de referência com controle de realimentação de estados, filtro de Kalman e controle *feedforward.*

Exemplo 5.7.4 (Filtro de Kalman) *Considere um protótipo de guindaste de pórtico representado no Exemplo 5.7.3. Projete uma realimentação de estados para o problema de rastreamento de maneira que os polos desejados do sistema em malha fechada estejam em $s = -5$ e um filtro de Kalman, bem como um sistema de rastreamento com controle integral.*
Considere um período de amostragem $T = 0,01$ s.

Solução 5.7.4 *Dadas as matrizes do sistema contínuo, calculemos as matrizes do sistema discreto:*

$$\boldsymbol{A}_d = \begin{bmatrix} 1 & 7,212167\times10^{-5} & 9,433720\times10^{-3} & 4,831860\times10^{-7} \\ 0 & 9,987021\times10^{-1} & 1,288604\times10^{-3} & 9,991691\times10^{-3} \\ 0 & 1,414319\times10^{-2} & 8,895977\times10^{-1} & 1,192690\times10^{-4} \\ 0 & -2,588502\times10^{-1} & 9,979092\times10^{-1} & 9,979092\times10^{-1} \end{bmatrix},$$

$$\boldsymbol{B}_d = \begin{bmatrix} 7,215375\times10^{-5} \\ -1,684092\times10^{-4} \\ 1,415411\times10^{-1} \\ -3,303801\times10^{-2} \end{bmatrix}$$

$$\boldsymbol{C}_d = \begin{bmatrix} 1 & 0 & 0 & 0 \end{bmatrix}$$

as matrizes $\mathbf{C}_d$ *e* $\mathbf{D}_d$ *são iguais às matrizes do caso contínuo.*

Os polos desejados discretos são calculados da relação $z = e^{Ts}$, com $s = -5$, o que resulta em $z_p = 0,9512$. A matriz de ganhos é calculada segundo as equações (4.35) e (4.36):

$$K_d = \begin{bmatrix} 17,695305 & -26,058411 & 5,793792 & 0,193106 \end{bmatrix}$$

A matriz de covariância dos estados é:

$$\boldsymbol{P} = 100000 \times \boldsymbol{I}_{4\times4}$$

a covariância do ruído nos estados é:

$$\boldsymbol{R} = 0,3$$

e a covariância do ruído na saída é:

$$\boldsymbol{Q} = 0,7 \times \boldsymbol{I}_{4\times4}$$

O sinal de referência é uma onda quadrada de frequência de 0,1 *Hz e amplitude de* 0,3*. As equações (5.53), (5.54), (5.55), (5.56) e (5.57), (5.58), (5.59), (5.71), (5.72), (5.66) foram utilizadas para implementar o algoritmo do filtro de Kalman.*

Para o projeto do controle integral, as matrizes aumentadas são:

$$\tilde{\mathbf{A}}_d = \begin{bmatrix} 1 & 7,212167\times10^{-5} & 9,433720\times10^{-3} & 4,831860\times10^{-7} & 0 \\ 0 & 9,987021\times10^{-1} & 1,288604\times10^{-3} & 9,991691\times10^{-3} & 0 \\ 0 & 1,414319\times10^{-2} & 8,895977\times10^{-1} & 1,192690\times10^{-4} & 0 \\ 0 & -2,588502\times10^{-1} & 9,979092\times10^{-1} & 9,979092\times10^{-1} & 0 \\ -1 & 0 & 0 & 0 & 1 \end{bmatrix},$$

$$\tilde{\mathbf{B}}_d = \begin{bmatrix} \mathbf{B} \\ \mathbf{0} \end{bmatrix} = \begin{bmatrix} 7,215375\times10^{-5} \\ -1,684092\times10^{-4} \\ 1,415411\times10^{-1} \\ -3,303801\times10^{-2} \\ 0 \end{bmatrix}$$

$$\tilde{\mathbf{K}} = [\mathbf{K} \quad K_1],$$

$$\tilde{\mathbf{C}}_d = \begin{bmatrix} 1 & 0 & 0 & 0 & 0 \end{bmatrix}$$

A matriz de ganhos é calculada segundo as equações (4.35) e (4.36). Considerando o polo $z_{p5} = 0,9$ *para o estado aumentado, obtém-se:*

$$\tilde{\mathbf{K}} = \begin{bmatrix} 159,619597 & -22,039324 & 40,101964 & 12,154028 & -1,769530 \end{bmatrix}$$

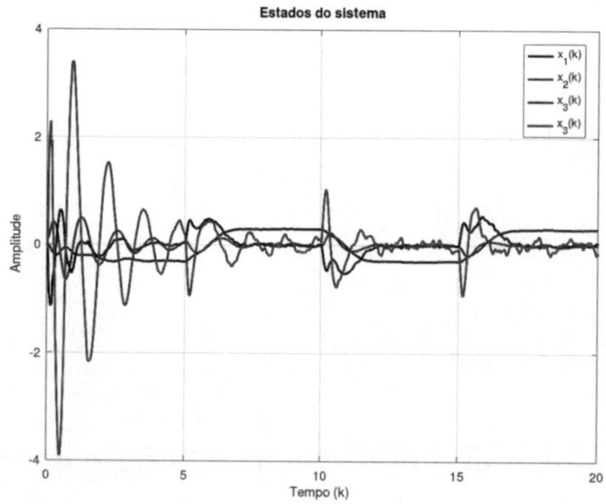

(a) Evolução no tempo dos estados do sistema sob o controle de realimentação de estados com observador de estados de ordem plena e controle integral.

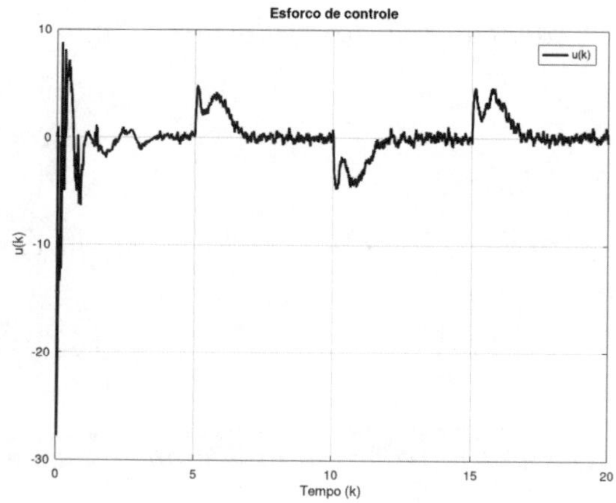

(b) Esforço de controle de realimentação de estados com observador de ordem plena e controle integral.

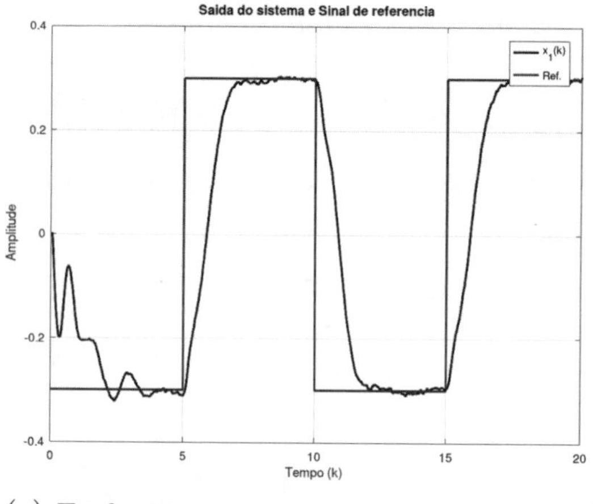

(c) Evolução no tempo da saída do sistema e o sinal de referência.

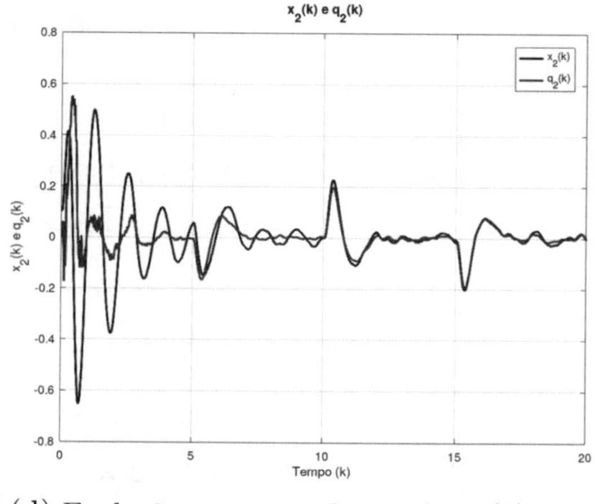

(d) Evolução no tempo do estado $x_2(k)$ e do estado estimado $q_2(k)$.

Figura 5.24: Resposta do sistema geral para o seguimento de um sinal de referência com controle de realimentação de estados, observador de ordem plena e controle integral.

O programa para simulação do Exemplo 5.7.4 com observador de estados de ordem plena e controle integral encontra-se em *para o Octave. A Figura 5.24a mostra a evolução no tempo dos estados do sistema para um seguimento de sinal de referência com controle integral e realimentação de estados e a Figura 5.24b mostra o esforço de controle para o seguimento de sinal de referência com controle integral e realimentação de estados. Ob-*

serve que a saída do sistema segue o sinal de referência, como mostra a Figura 5.24c. A Figura 5.24d mostra a evolução ao longo do tempo da variação do estado $x_2(k)$ e do estado estimado $q_2(k)$.

Exemplo 5.7.5 (Observador de estado de ordem reduzida) *Considere um protótipo de guindaste de pórtico representado por um pórtico de pêndulo único, cuja representação no espaço de estados é:*

$$\begin{bmatrix} \dot{x}_1 \\ \dot{x}_2 \\ \dot{x}_3 \\ \dot{x}_4 \end{bmatrix} = \begin{bmatrix} 0 & 0 & 1 & 0 \\ 0 & 0 & 0 & 1 \\ 0 & 1,5 & -11,7 & 0,005 \\ 0 & -26,1 & 26,8 & -0,08 \end{bmatrix} \begin{bmatrix} x_1 \\ x_2 \\ x_3 \\ x_4 \end{bmatrix} + \begin{bmatrix} 0 \\ 0 \\ 1,5 \\ -3,5 \end{bmatrix} u$$

$$y(k) = \begin{bmatrix} 1 & 0 & 0 & 0 \end{bmatrix} \begin{bmatrix} x_1 \\ x_2 \\ x_3 \\ x_4 \end{bmatrix}$$

na qual x_1 é a posição do carrinho do pêndulo, x_2 é a posição angular da haste do pêndulo, x_3 é a velocidade do carrinho e x_4 é a velocidade angular da haste do pêndulo. Projetar uma realimentação de estados para o problema de seguimento de sinal de maneira que os polos desejados do sistema em malha fechada estejam em $s = -5$ e um observador de estado de ordem reduzida com os polos apropriadamente escolhidos, bem como um sistema de seguimento de sinal de referência para a realimentação de estados anterior com um controle feedforward. Considere um período de amostragem $T = 0,01$ s.

Solução 5.7.5 *Dadas as matrizes do sistema contínuo, calculemos as matrizes do sistema discreto:*

$$\boldsymbol{A}_d = \begin{bmatrix} 1 & 7,212167 \times 10^{-5} & 9,433720 \times 10^{-3} & 4,831860 \times 10^{-7} \\ 0 & 9,987021 \times 10^{-1} & 1,288604 \times 10^{-3} & 9,991691 \times 10^{-3} \\ 0 & 1,414319 \times 10^{-2} & 8,895977 \times 10^{-1} & 1,192690 \times 10^{-4} \\ 0 & -2,588502 \times 10^{-1} & 9,979092 \times 10^{-1} & 9,979092 \times 10^{-1} \end{bmatrix},$$

$$\boldsymbol{B}_d = \begin{bmatrix} 7,215375 \times 10^{-5} \\ -1,684092 \times 10^{-4} \\ 1,415411 \times 10^{-1} \\ -3,303801 \times 10^{-2} \end{bmatrix}$$

$$\boldsymbol{C}_d = \begin{bmatrix} 1 & 0 & 0 & 0 \end{bmatrix}$$

as matrizes $\mathbf{C}_d$ *e* $\mathbf{D}_d$ *são iguais às matrizes do caso contínuo.*

Os polos discretos desejados são calculados da relação $z = e^{Ts}$, *com* $s = -5$, *o que resulta em* $z_p = 0,9512$. *A matriz de ganhos é calculada segundo as equações (4.35) e (4.36):*

$$K_d = \begin{bmatrix} 17,695305 & -26,058411 & 5,793792 & 0,193106 \end{bmatrix}$$

Para o projeto do observador de ordem plena, escolheu-se os polos contínuos em $p_o = -20$ *e os respectivos polos discretos em* $p_{od} = 0,8187$. *Para determinar o observador, é necessário identificarmos as matrizes particionadas como mostrado a seguir:*

$$\begin{aligned} \begin{bmatrix} \mathbf{x}_a(k+1) \\ \hdashline \mathbf{x}_b(k+1) \end{bmatrix} &= \begin{bmatrix} \mathbf{A}_{daa} & \mathbf{A}_{dab} \\ \hdashline \mathbf{A}_{dba} & \mathbf{A}_{dbb} \end{bmatrix} \begin{bmatrix} \mathbf{x}_a(k) \\ \hdashline \mathbf{x}_b(k) \end{bmatrix} + \begin{bmatrix} \mathbf{B}_{da} \\ \hdashline \mathbf{B}_{db} \end{bmatrix} \mathbf{u}(k) \\ \mathbf{y}(k) &= \begin{bmatrix} \mathbf{I}_m & \mathbf{0} \end{bmatrix} \begin{bmatrix} \mathbf{x}_a(k) \\ \hdashline \mathbf{x}_b(k) \end{bmatrix} \end{aligned}$$

nas quais:

$$
\begin{aligned}
\mathbf{A}_{daa} &= 1, \\
\mathbf{A}_{dab} &= \begin{bmatrix} 7,212167 \times 10^{-5} & 9,433720 \times 10^{-3} & 4,831860 \times 10^{-7} \end{bmatrix} \\
\mathbf{A}_{dba} &= \begin{bmatrix} 0 \\ 0 \\ 0 \end{bmatrix}, \\
\mathbf{A}_{dbb} &= \begin{bmatrix} 9,987021 \times 10^{-1} & 1,288604 \times 10^{-3} & 9,991691 \times 10^{-3} \\ 1,414319 \times 10^{-2} & 8,895977 \times 10^{-1} & 1,192690 \times 10^{-4} \\ -2,588502 \times 10^{-1} & 9,979092 \times 10^{-1} & 9,979092 \times 10^{-1} \end{bmatrix} \\
\mathbf{B}_{da} &= 7,215375 \times 10^{-5}, \quad \mathbf{B}_{db} = \begin{bmatrix} -1,684092 \times 10^{-4} \\ 1,415411 \times 10^{-1} \\ -3,303801 \times 10^{-2} \end{bmatrix}
\end{aligned}
$$

Escolhidos os polos do observador, o ganho é determinado utilizando as equações (5.25) e (5.26). Substituindo $\mathbf{A}_d^T$ *por* $\mathbf{A}_{dbb}^T$ *e* $\mathbf{C}_d^T$ *por* $\mathbf{A}_{dab}^T$*, obtém-se:*

$$
K_{o_{min}} = \begin{bmatrix} 622,250015 \\ 40,640209 \\ 3330,680993 \end{bmatrix}
$$

Com a devida simulação, verifica-se que sem um controle feedforward não é possível realizar o rastreamento de sinal de referência. Portanto, projeta-se o ganho K_{ff} *do controle feedforward, o que resulta em:*

$$
K_{ff} = 17,695304
$$

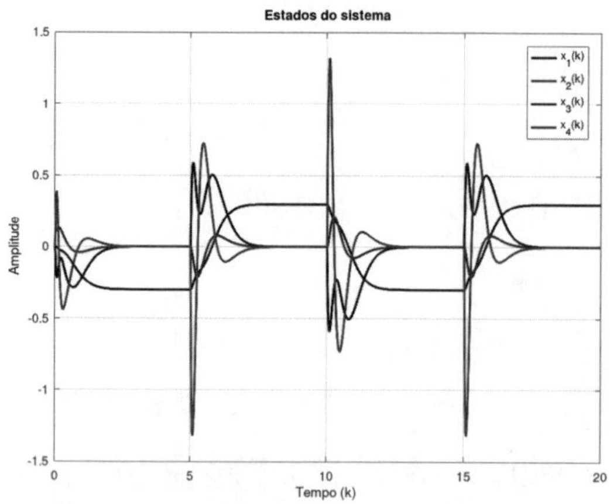

(a) Evolução no tempo dos estados do sistema sob o controle de realimentação de estados com observador de estados de ordem reduzida e controle *feedforward*.

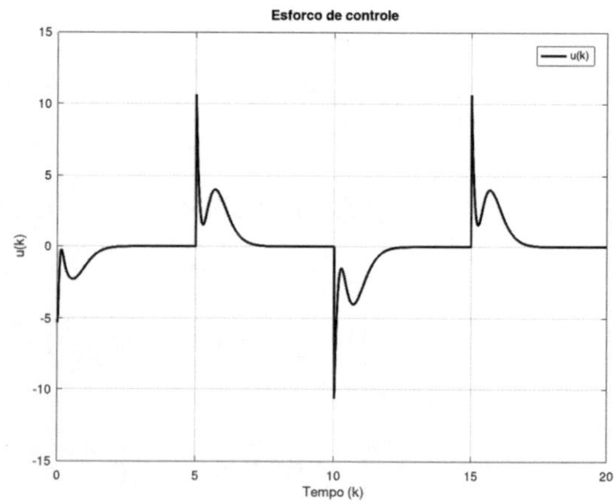

(b) Esforço de controle de realimentação de estados com observador de ordem reduzida e controle *feedforward*.

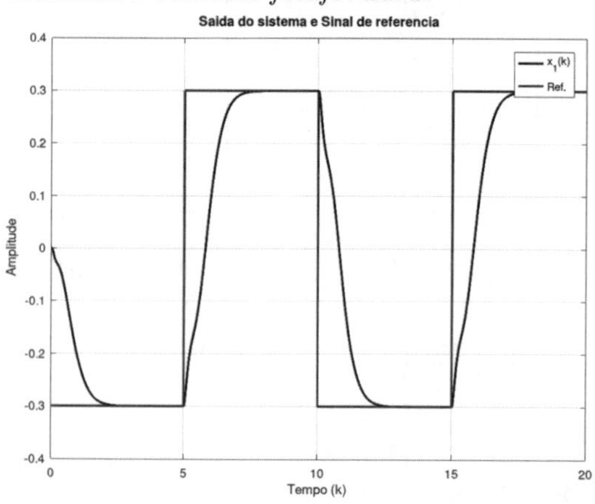

(c) Evolução no tempo da saída e o sinal de referência.

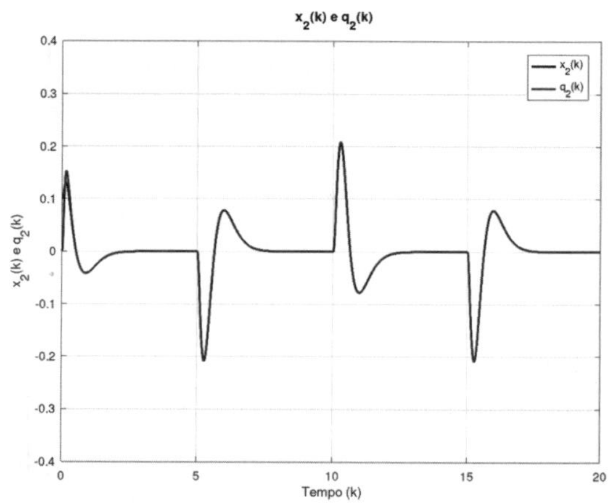

(d) Evolução no tempo do estado $x_2(k)$ e do estado estimado $q_2(k)$ com observador de ordem reduzida e controle *feedforward*.

Figura 5.25: Resposta do sistema geral para o seguimento de um sinal de referência com controle de realimentação de estados, observador de ordem reduzida e controle *feedforward*.

O programa para simulação do Exemplo 5.7.5 encontra-se em *para o Octave. A Figura 5.25a mostra a evolução no tempo dos estados do sistema para um seguimento de sinal de referência com controle feedforward e realimentação de estados e a Figura 5.25b mostra o esforço de controle para* *o seguimento de sinal de referência com realimentação de estados. Observe que a saída do sistema segue o sinal de referência, como mostra a Figura 5.25c. A Figura 5.25d mostra a evolução ao longo do tempo da variação do estado $x_2(k)$ e do estado estimado $q_2(k)$.*

Exemplo 5.7.6 (Observador de estado de ordem reduzida) *Considere um protótipo de guindaste de pórtico representado no Exemplo 5.7.5. Projetar uma realimentação de estados para o problema de seguimento de sinal de maneira que os polos desejados do sistema em malha fechada estejam em $s = -5$ e um observador de estado de ordem reduzida com os polos apropriadamente escolhidos, bem como um sistema de seguimento de sinal de referência para a realimentação de estados anterior com um controle integral. Considere um período de amostragem $T = 0,01$ s.*

Solução 5.7.6 *Dadas as matrizes do sistema contínuo, calculemos as matrizes do sistema discreto:*

$$\boldsymbol{A}_d = \begin{bmatrix} 1 & 7,212167 \times 10^{-5} & 9,433720 \times 10^{-3} & 4,831860 \times 10^{-7} \\ 0 & 9,987021 \times 10^{-1} & 1,288604 \times 10^{-3} & 9,991691 \times 10^{-3} \\ 0 & 1,414319 \times 10^{-2} & 8,895977 \times 10^{-1} & 1,192690 \times 10^{-4} \\ 0 & -2,588502 \times 10^{-1} & 9,979092 \times 10^{-1} & 9,979092 \times 10^{-1} \end{bmatrix},$$

$$\boldsymbol{B}_d = \begin{bmatrix} 7,215375 \times 10^{-5} \\ -1,684092 \times 10^{-4} \\ 1,415411 \times 10^{-1} \\ -3,303801 \times 10^{-2} \end{bmatrix}$$

$$\boldsymbol{C}_d = \begin{bmatrix} 1 & 0 & 0 & 0 \end{bmatrix}$$

as matrizes $\mathbf{C}_d$ e $\mathbf{D}_d$ *são iguais às matrizes do caso contínuo.*

Os polos desejados discretos são calculados da relação $z = e^{Ts}$, com $s = -5$, o que resulta em $z_p = 0,9512$. A matriz de ganhos é calculada *segundo as equações (4.35) e (4.36):*

$$K_d = \begin{bmatrix} 17,695305 & -26,058411 & 5,793792 & 0,193106 \end{bmatrix}$$

Para o projeto do observador de ordem plena, escolheu-se os polos contínuos em $p_o = -20$ *e os respectivos polos discretos em* $p_{od} = 0,8187$. *Para determinar o observador, é necessário identificarmos as matrizes particionadas como mostrado a seguir:*

$$\begin{aligned} \begin{bmatrix} \mathbf{x}_a(k+1) \\ \hline \mathbf{x}_b(k+1) \end{bmatrix} &= \left[\begin{array}{c|c} \mathbf{A}_{daa} & \mathbf{A}_{dab} \\ \hline \mathbf{A}_{dba} & \mathbf{A}_{dbb} \end{array}\right] \begin{bmatrix} \mathbf{x}_a(k) \\ \hline \mathbf{x}_b(k) \end{bmatrix} + \begin{bmatrix} \mathbf{B}_{da} \\ \hline \mathbf{B}_{db} \end{bmatrix} \mathbf{u}(k) \\ \mathbf{y}(k) &= \left[\begin{array}{c|c} \mathbf{I}_m & \mathbf{0} \end{array}\right] \begin{bmatrix} \mathbf{x}_a(k) \\ \hline \mathbf{x}_b(k) \end{bmatrix} \end{aligned}$$

nas quais:

$$\begin{aligned} \mathbf{A}_{daa} &= 1, \\ \mathbf{A}_{dab} &= \begin{bmatrix} 7,212167 \times 10^{-5} & 9,433720 \times 10^{-3} & 4,831860 \times 10^{-7} \end{bmatrix} \\ \mathbf{A}_{dba} &= \begin{bmatrix} 0 \\ 0 \\ 0 \end{bmatrix}, \\ \mathbf{A}_{dbb} &= \begin{bmatrix} 9,987021 \times 10^{-1} & 1,288604 \times 10^{-3} & 9,991691 \times 10^{-3} \\ 1,414319 \times 10^{-2} & 8,895977 \times 10^{-1} & 1,192690 \times 10^{-4} \\ -2,588502 \times 10^{-1} & 9,979092 \times 10^{-1} & 9,979092 \times 10^{-1} \end{bmatrix} \\ \mathbf{B}_{da} &= 7,215375 \times 10^{-5}, \quad \mathbf{B}_{db} = \begin{bmatrix} -1,684092 \times 10^{-4} \\ 1,415411 \times 10^{-1} \\ -3,303801 \times 10^{-2} \end{bmatrix} \end{aligned}$$

Escolhidos os polos do observador, o ganho é determinado utilizando as equações (5.25) e (5.26). Substituindo $\mathbf{A}_d^T$ *por* $\mathbf{A}_{dbb}^T$ *e* $\mathbf{C}_d^T$ *por* $\mathbf{A}_{dab}^T$, *obtém-*

se:

$$K_{o_{min}} = \begin{bmatrix} 622,250015 \\ 40,640209 \\ 3330,680993 \end{bmatrix}$$

Para o projeto do controle integral, as matrizes aumentadas são:

$$\tilde{\mathbf{A}}_d = \begin{bmatrix} 1 & 7,212167 \times 10^{-5} & 9,433720 \times 10^{-3} & 4,831860 \times 10^{-7} & 0 \\ 0 & 9,987021 \times 10^{-1} & 1,288604 \times 10^{-3} & 9,991691 \times 10^{-3} & 0 \\ 0 & 1,414319 \times 10^{-2} & 8,895977 \times 10^{-1} & 1,192690 \times 10^{-4} & 0 \\ 0 & -2,588502 \times 10^{-1} & 9,979092 \times 10^{-1} & 9,979092 \times 10^{-1} & 0 \\ -1 & 0 & 0 & 0 & 1 \end{bmatrix},$$

$$\tilde{\mathbf{B}}_d = \begin{bmatrix} \mathbf{B} \\ \mathbf{0} \end{bmatrix} = \begin{bmatrix} 7,215375 \times 10^{-5} \\ -1,684092 \times 10^{-4} \\ 1,415411 \times 10^{-1} \\ -3,303801 \times 10^{-2} \\ 0 \end{bmatrix}$$

$$\tilde{\mathbf{K}} = [\mathbf{K} \quad K_1],$$

$$\tilde{\mathbf{C}}_d = \begin{bmatrix} 1 & 0 & 0 & 0 & 0 \end{bmatrix}$$

A matriz de ganhos é calculada segundo as equações (4.35) e (4.36). Considerando o polo $z_{p_5} = 0,9$ para o estado aumentado, obtém-se:

$$\tilde{\mathbf{K}} = \begin{bmatrix} 159,619597 & -22,039324 & 40,101964 & 12,154028 & -1,769530 \end{bmatrix}$$

O programa para simulação do Exemplo 5.7.6 com observador de estados de ordem plena e controle integral encontra-se em para o Octave. A Figura 5.26a mostra a evolução no tempo dos estados do sistema para um seguimento de sinal de referência com controle integral, realimentação de estados e observador de estados de ordem reduzida e a Figura 5.26b mostra o esforço de controle para o seguimento de sinal de referência com controle

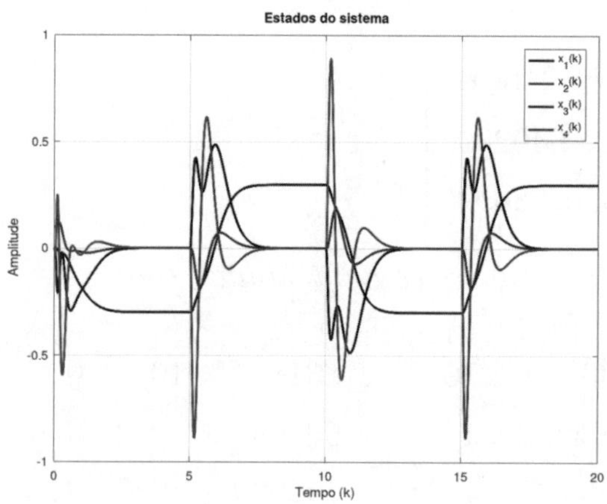

(a) Evolução no tempo dos estados do sistema sob o controle de realimentação de estados com observador de estados de ordem plena e controle integral.

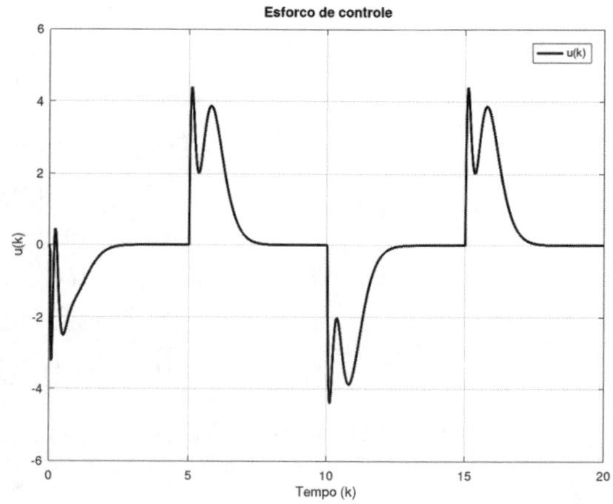

(b) Esforço de controle de realimentação de estados com observador de ordem plena e controle integral.

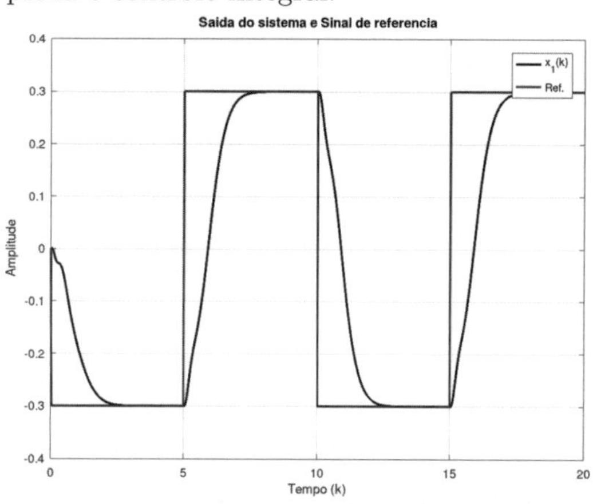

(c) Evolução no tempo da saída do sistema e o sinal de referência.

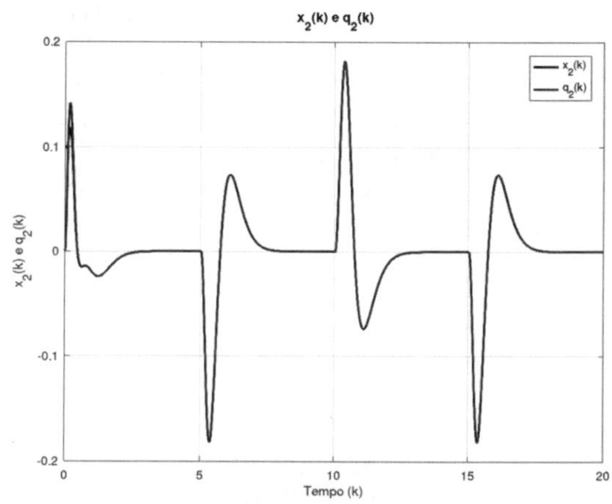

(d) Evolução no tempo do estado $x_2(k)$ e do estado estimado $q_2(k)$.

Figura 5.26: Resposta do sistema geral para o seguimento de um sinal de referência com controle de realimentação de estados, observador de ordem reduzida e controle integral.

integral e realimentação de estados. Observe que a saída do sistema segue o sinal de referência, como mostra a Figura 5.26c. A Figura 5.26d mostra a evolução ao longo do tempo da variação do estado $x_2(k)$ e do estado estimado $q_2(k)$.

Exemplo 5.7.7 (Observador de estado de ordem plena) *Considere um protótipo de guindaste de pórtico representado no Exemplo 5.7.5. Projetar uma realimentação de estados para o problema de seguimento de sinal e um observador de estado MPC de ordem plena com os polos apropriadamente escolhidos, bem como um sistema de seguimento de sinal de referência para a realimentação de estados anterior com um controle MPC. Considere um período de amostragem* $T = 0,01$ *s.*

Solução 5.7.7 *Dadas as matrizes do sistema contínuo, calculemos as matrizes do sistema discreto das equações (3.77) e (3.78):*

$$\boldsymbol{A}_d = \begin{bmatrix} 1 & 7,212167 \times 10^{-5} & 9,433720 \times 10^{-3} & 4,831860 \times 10^{-7} \\ 0 & 9,987021 \times 10^{-1} & 1,288604 \times 10^{-3} & 9,991691 \times 10^{-3} \\ 0 & 1,414319 \times 10^{-2} & 8,895977 \times 10^{-1} & 1,192690 \times 10^{-4} \\ 0 & -2,588502 \times 10^{-1} & 9,979092 \times 10^{-1} & 9,979092 \times 10^{-1} \end{bmatrix},$$

$$\boldsymbol{B}_d = \begin{bmatrix} 7,215375 \times 10^{-5} \\ -1,684092 \times 10^{-4} \\ 1,415411 \times 10^{-1} \\ -3,303801 \times 10^{-2} \end{bmatrix}$$

$$\boldsymbol{C}_d = \begin{bmatrix} 1 & 0 & 0 & 0 \end{bmatrix}$$

as matrizes $\mathbf{C}_d$ *e* $\mathbf{D}_d$ *são iguais às matrizes do caso contínuo.*

Calculemos as matrizes do sistema aumentado para projetar o controle MPC:

$$\mathbf{A}_a = \begin{pmatrix} 1 & 7,212167 \times 10^{-5} & 9,433720 \times 10^{-3} & 4,831860 \times 10^{-7} & 0 \\ 0 & 9,987021 \times 10^{-1} & 1,288604 \times 10^{-3} & 9,991691 \times 10^{-3} & 0 \\ 0 & 1,414319 \times 10^{-2} & 8,895977 \times 10^{-1} & 1,192690 \times 10^{-4} & 0 \\ 0 & -2,588502 \times 10^{-1} & 9,979092 \times 10^{-1} & 9,979092 \times 10^{-1} & 0 \\ 1 & 7,212167 \times 10^{-5} & 9,433720 \times 10^{-3} & 4,831860 \times 10^{-7} & 1 \end{pmatrix}$$

$$\mathbf{B}_a = \begin{bmatrix} 7,215375 \times 10^{-5} \\ -1,684092 \times 10^{-4} \\ 1,415411 \times 10^{-1} \\ -3,303801 \times 10^{-2} \\ 7,215375 \times 10^{-5} \end{bmatrix},$$

$$\boldsymbol{C}_a = \begin{pmatrix} 0 & 0 & 0 & 0 & 1 \end{pmatrix}$$

Por busca exaustiva, o horizonte de predição é $N_p = 400$ e o horizonte de controle, $N_c = 82$. As matrizes necessárias têm as seguintes formas:

$$\boldsymbol{F}_a = \begin{pmatrix} \boldsymbol{C}_a \boldsymbol{A}_a \\ \boldsymbol{C}_a \boldsymbol{A}_a^2 \\ \boldsymbol{C}_a \boldsymbol{A}_a^3 \\ \boldsymbol{C}_a \boldsymbol{A}_a^4 \\ \vdots \\ \boldsymbol{C}_a \boldsymbol{A}_a^{N_p} \end{pmatrix},$$

$$\boldsymbol{\Phi}_a = \begin{pmatrix} \boldsymbol{C}_a \boldsymbol{B}_a & \mathbf{0} & \mathbf{0} & \cdots & \mathbf{0} \\ \boldsymbol{C}_a \boldsymbol{A}_a \boldsymbol{B}_a & \boldsymbol{C}_a \boldsymbol{B}_a & \mathbf{0} & \cdots & \mathbf{0} \\ \boldsymbol{C}_a \boldsymbol{A}_a^2 \boldsymbol{B}_a & \boldsymbol{C}_a \boldsymbol{A}_a \boldsymbol{B}_a & \boldsymbol{C}_a \boldsymbol{B}_a & \cdots & \mathbf{0} \\ \vdots & \vdots & \vdots & \vdots & \vdots \\ \boldsymbol{C}_a \boldsymbol{A}_a^{N_p-1} \boldsymbol{B}_a & \boldsymbol{C}_a \boldsymbol{A}_a^{N_p-2} \boldsymbol{B}_a & \boldsymbol{C}_a \boldsymbol{A}_a^{N_p-3} \boldsymbol{B}_a & \cdots & \boldsymbol{C}_a \boldsymbol{A}_a^{N_p-N_c} \boldsymbol{B}_a \end{pmatrix}$$

Da equação (4.95), é realizada a escolha do parâmetro r_a da seguinte maneira:

$$\boldsymbol{R}_a = \begin{pmatrix} r_{a_1}\boldsymbol{I}_{N_{r_1}\times N_{r_1}} & \boldsymbol{0}_{N_{r_1}\times N_c - N_{r_1}} \\ \boldsymbol{0}_{N_c - N_{r_1}\times N_{r_1}} & r_{a_2}\boldsymbol{I}_{N_c - N_{r_1}\times N_c - N_{r_1}} \end{pmatrix}$$

no qual $N_{r_1} = 25$, $N_c = 82$, $r_{a_1} = 20$, $r_{a_2} = 39$. Recordemos que r_a é o parâmetro de ajuste para o desempenho de malha fechada desejada. No caso apresentado, a matriz $\boldsymbol{R}_a$ é escolhida com dois valores diferentes nos elementos da diagonal da matriz e essa escolha mostrou melhores resultados no que diz respeito a uma redução considerável do máximo sobressinal.

O observador de estados MPC foi projetado de maneira que os seus cinco polos foram escolhidos na origem. Com isso, o ganho do observador do sistema aumentado é:

$$\boldsymbol{K}_{ob} = \begin{bmatrix} 3,886209 \\ 18709,759105 \\ 409,831217 \\ 699.175,438343 \\ 4,886209 \end{bmatrix}$$

O programa para simulação do Exemplo 5.7.7 encontra-se em para o Matlab. Para esse caso, o sinal de referência é uma onda quadrada de frequência de $0,1$ Hz e amplitude de $0,3$. A Figura 5.27a mostra a evolução no tempo dos estados do sistema para um seguimento de sinal de referência com controle e observador MPC e a Figura 5.27b mostra o esforço de controle para o seguimento de sinal de referência com controle e observador MPC e o esforço de controle fica no intervalo de $\pm 3,5$ Volts. Observe que a saída do sistema segue o sinal de referência, como mostra a Figura 5.27c. Na Figura 5.27d, é mostrada a posição angular da haste em relação ao eixo vertical, na qual é possível observar que a posição angular da haste fica os-

cilando aproximadamente $\pm 9,0^\circ$ *ao longo das mudanças na posição linear do carrinho do guindaste. Nesse caso, o sistema foi simulado, sem o uso de uma interface gráfica, de maneira iterativa, com a evolução do tempo em múltiplos inteiros do período de amostragem.*

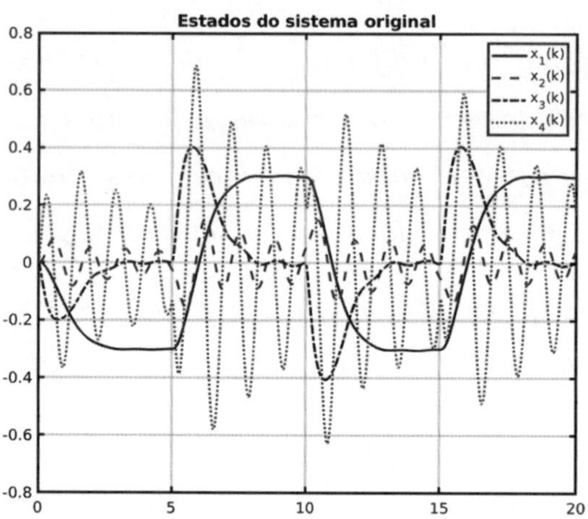

(a) Evolução no tempo dos estados do sistema com seguimento de sinal, controle e observador MPC.

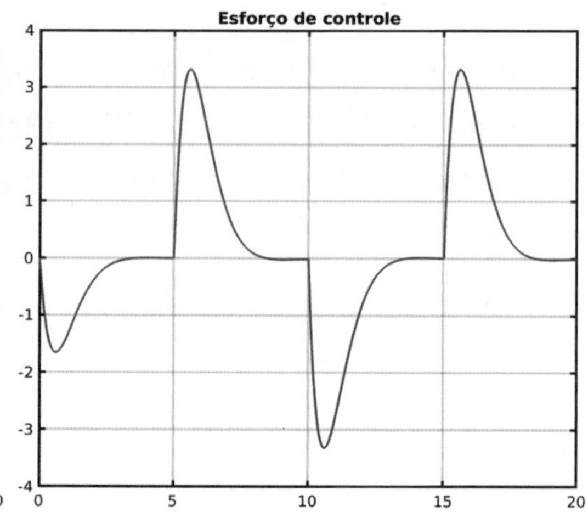

(b) Esforço de controle aplicado no sistema para um seguimento de sinal, controle e observador MPC.

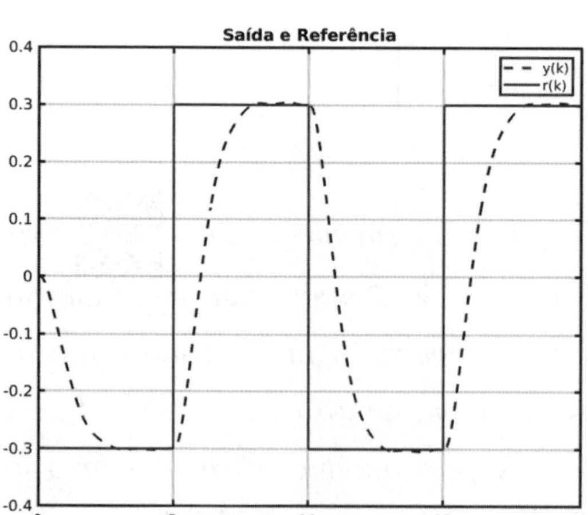

(c) Saída do sistema e sinal de referência para um seguimento de sinal com controle e observador MPC.

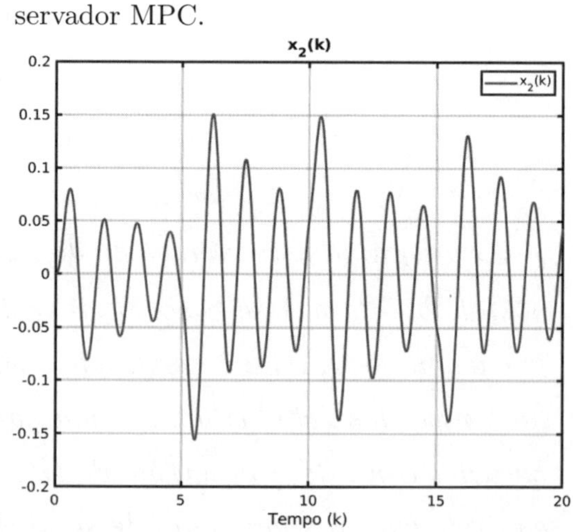

(d) Sinal do ângulo de inclinação da haste $x_2(k)$ para um seguimento de sinal com controle e observador MPC.

Figura 5.27: Resposta do sistema do exemplo 5.7.7 para o seguimento de um sinal de referência com controle e observador MPC.

Exercícios

1. O sistema dinâmico do pêndulo invertido é um exemplo amplamente utilizado na área de sistemas de controle uma vez que ele é um sistema inerentemente instável e possível de ser implementado em equipamentos educacionais. O pêndulo invertido é um sistema no qual se pode implementar diferentes métodos de controle de maneira a serem testados e avaliados. Pode-se dizer que o pêndulo invertido é uma simplificação de sistemas reais como o de controle de altitude de um foguete de propulsão na decolagem, bem como exemplos de aplicações industriais, como o controle de estabilidade de robôs bípedes ou o controle de vibração de plataformas de lançamento de ônibus espaciais.

   Considere um sistema de pêndulo invertido circular, como representado na Figura 4.21, que tem as seguintes matrizes de estado, de entrada e de saída:

$$\mathbf{A} = \begin{bmatrix} 0 & 1 & 0 & 0 \\ 128,4333 & -0,04181 & -31,4530 & 0 \\ 0 & 0 & 0 & 1 \\ -62,9061 & 0,0205 & 76,6301 & 0 \end{bmatrix}, \quad \mathbf{B} = \begin{bmatrix} 0 \\ 5,01692 \\ 0 \\ -2,4573 \end{bmatrix},$$

$$\mathbf{C} = \begin{bmatrix} 1 & 0 & 0 & 0 \\ 0 & 0 & 1 & 0 \end{bmatrix}, \quad \mathbf{D} = \begin{bmatrix} 0 \\ 0 \end{bmatrix}$$

   Solicita-se:

   (a) Verifique que o período de amostragem $T = 0,01$ s é apropriado;

   (b) Para o problema de seguimento e rastreamento:

      i. Projetar o ganho de realimentação tal que os polos desejados do sistema em malha fechada $\{-p_1, -p_2, -p_3, -p_4\}$ estejam em:

         A. $p_1 = p_2 = p_3 = p_4 = 1$;

B. $p_1 = p_2 = p_3 = p_4 = 2$;

C. $p_1 = p_2 = p_3 = p_4 = 5$;

D. $p_1 = p_2 = p_3 = p_4 = 10$;

E. $\{-p_1, -p_2, -p_3, -p_4\}$ para uma escolha arbitrária de valores diferentes para os polos desejados.

Finalizadas as simulações, discuta o desempenho do sistema, o esforço de controle e o tempo de acomodação para os diferentes conjuntos de polos desejados.

ii. Para um sinal de referência que é uma onda quadrada de frequência de 0, 1 Hz e amplitude de 0, 1, projetar um sistema de rastreamento para que a variável x_1 rastreie o sinal de referência.

iii. Projetar um observador de estado de ordem plena para a realimentação de estados, tal que os polos desejados do sistema em malha fechada estejam em:

A. $p_1 = p_2 = p_3 = p_4 = 1$;

B. $p_1 = p_2 = p_3 = p_4 = 2$;

C. $p_1 = p_2 = p_3 = p_4 = 5$;

D. $p_1 = p_2 = p_3 = p_4 = 10$;

E. $\{-p_1, -p_2, -p_3, -p_4\}$ para uma escolha arbitrária de valores diferentes para os polos desejados.

além disso, os polos do observador devem ser escolhidos de maneira apropriada. Para esse observador, projete os seguintes controles:

A. controle *feedforward*;

B. controle integral de maneira que o erro de estado estacionário seja nulo;

C. controle ótimo;

D. controle MPC.

Considerando todos os polos em malha fechada do item anterior compare todos os controles projetados e discuta os resultados.

Para todos os itens, solicita-se incluir as respectivas figuras de simulação e implementação do sistema no Octave ou Matlab.

2. O sistema *ball-and-beam* ou bola-e-viga consiste em uma viga longa que pode ser inclinada por um servomotor junto com uma bola rolando para frente e para trás ao longo da viga, como mostra a Figura 4.22. Este é um sistema simples e instável em malha aberta. O objetivo é manter a bola no centro da viga. A viga está restrita ao eixo horizontal. Sem retroação, ela balançará de um lado para o outro e a bola rolará para fora da viga. Para estabilizar a bola, um sistema de controle que mede sua posição e ajusta a trave de acordo deve ser usado.

   Considere um sistema contínuo que tem as seguintes matrizes de estado, de entrada e de saída:

$$\mathbf{A} = \begin{bmatrix} 0 & 1 & 0 & 0 \\ 0 & 0 & -8 & 0 \\ 0 & 0 & 0 & 1 \\ -60 & 0 & & 0 \end{bmatrix}, \quad \mathbf{B} = \begin{bmatrix} 0 \\ o \\ 0 \\ 50 \end{bmatrix},$$
$$\mathbf{C} = \begin{bmatrix} 1 & 0 & 0 & 0 \end{bmatrix}, \quad \mathbf{D} = \begin{bmatrix} 0 \end{bmatrix}$$

   nas quais $x_1(t)$ é a posição da bola na viga, $x_2(t)$ é a velocidade linear da bola sobre a viga, $x_3(t)$ é o ângulo de inclinação da viga e $x_4(t)$ é a velocidade angular da viga. Solicita-se:

   (a) Verifique que o período de amostragem $T = 0,01$ s é apropriado e, caso não seja, escolha um período de amostragem apropriado.

   (b) Para o problema de seguimento e rastreamento:

i. Projetar o ganho de realimentação tal que os polos desejados do sistema em malha fechada $\{-p_1, -p_2, -p_3, -p_4\}$ estejam em:

   A. $p_1 = p_2 = p_3 = p_4 = 1$;

   B. $p_1 = p_2 = p_3 = p_4 = 2$;

   C. $p_1 = p_2 = p_3 = p_4 = 5$;

   D. $p_1 = p_2 = p_3 = p_4 = 10$;

   E. $\{-p_1, -p_2, -p_3, -p_4\}$ para uma escolha arbitrária de valores diferentes para os polos desejados.

   Finalizadas as simulações, discuta o desempenho do sistema, o esforço de controle e o tempo de acomodação para os diferentes conjuntos de polos desejados.

ii. Para um sinal de referência que é uma onda quadrada de frequência de $0,1$ Hz e amplitude de $0,5$. Projetar um sistema de rastreamento para que a variável x_1 rastreie o sinal de referência.

iii. Projetar um observador de estado de ordem plena para a realimentação de estados, tal que os polos desejados do sistema em malha fechada estejam em:

   A. $p_1 = p_2 = p_3 = p_4 = 1$;

   B. $p_1 = p_2 = p_3 = p_4 = 2$;

   C. $p_1 = p_2 = p_3 = p_4 = 5$;

   D. $p_1 = p_2 = p_3 = p_4 = 10$;

   E. $\{-p_1, -p_2, -p_3, -p_4\}$ para uma escolha arbitrária de valores diferentes para os polos desejados.

   e os polos do observador devem ser escolhidos de maneira apropriada. Para esse observador, projete os seguintes controles:

   A. controle *feedforward*;

B. controle integral de maneira que o erro de estado estacionário seja nulo;

C. controle ótimo;

D. controle MPC.

Considerando todos os polos em malha fechada do item anterior compare todos os controles projetados e discuta os resultados.

Para todos os itens solicita-se incluir as respectivas figuras de simulação e implementação do sistema no Octave ou Matlab.

Capítulo 6

Identificação de sistemas lineares

Identificação de sistemas é o termo utilizado para descrever a matemática envolvida e os algoritmos utilizados para obter modelos matemáticos dinâmicos a partir de dados de grandezas medidas. A identificação de sistemas é de interesse de diferentes áreas de pesquisa como predição, supervisão, diagnóstico e controle (COELHO; COELHO, 2004). Modelos matemáticos dinâmicos são uma representação do comportamento de um sistema real.

Na área de identificação, existem vários procedimentos para obter os modelos matemáticos apropriados aos dados medidos, dentre eles, podemos mencionar: (i) Identificação pelo teste da resposta ao degrau; (ii) Identificação pela resposta em frequência; (iii) Identificação *off-line*; (iv) Identificação *on-line* (COELHO; COELHO, 2004; AGUIRRE, 2007).

6.1 Identificação de sistemas em tempo discreto

A identificação de sistemas inclui as seguintes etapas:

1. Planejamento experimental: Deseja-se que o sinal de entrada não seja especial e que excite suficientemente todos os modos do sistema. Um período de amostragem T_s apropriado para o respectivo sistema deve ser selecionado. Coleta-se um conjunto de medidas (dos sinais de

entrada e dos sinais de saída). O conjunto de dados serão denotados como:

$$\mathcal{Z}^N = \{Y, U\}$$
$$Y = \{y(k)/k = 1, \ldots, N\}; \quad U = \{u(k)/k = 1, \ldots, N\}$$

em que Y é o conjunto de valores medidos do sinal de saída, $y(k)$, U é o conjunto de medidas de entrada do sistema, $u(k)$, N é o universo de experimentação e k especifica os instantes de amostragem múltiplos de T_s (T_s, $2T_s$, ...);

2. Seleção da estrutura do modelo: Normalmente são utilizados representações gerais de sistemas lineares discretos no tempo. Um modelo típico em equação diferença é:

$$A(q)y(k) = B(q)u(k) + C(q)e(k)$$

na qual u é a entrada, y é a saída, e é um distúrbio ruído branco. Os parâmetros deverão ser identificados, ou seja, eles são desconhecidos;

3. Critério: Medida de quão bem um modelo se ajusta aos dados experimentais. Os critérios para sistemas de tempo discreto são frequentemente expressos como:

$$J(\theta) = \sum_{i=1}^{N} \varepsilon(i)^2$$

na qual θ é o vetor de parâmetros a serem estimados e ε é o erro de predição;

4. Estimação de parâmetros: O problema de estimação de parâmetros é

formulado como um problema de otimização, no qual o melhor modelo é aquele que se ajusta melhor aos dados coletados conforme o critério fornecido;

5. Validação do modelo: Obtendo-se o modelo com os dados coletados, é necessário verificar sua adequação ou inadequação. A validação é a comparação do modelo obtido com um conjunto de dados que não foram utilizados para a estimação dos parâmetros.

6.2 Identificação de parâmetros por mínimos quadrados em batelada

Consideremos que uma função de transferência pulsada é definida como:

$$\begin{aligned} G(z) &= \frac{Y(z)}{U(z)} = \frac{B(z)}{A(z)} = \frac{b_m\, z^m + b_{m-1}\, z^{m-1} + b_{m-2}\, z^{m-2} + \cdots + b_0}{z^n + a_{n-1}\, z^{n-1} + a_{n-2}\, z^{n-2} + \cdots + a_0} \\ &= \frac{Y(z)}{U(z)} = \frac{b_m\, z^{m-n} + b_{m-1}\, z^{m-1-n} + b_{m-2}\, z^{m-2-n} + \cdots + b_0}{1 + a_{n-1}\, z^{-1} + a_{n-2}\, z^{-2} + \cdots + a_0} \end{aligned}$$

na qual $n > m$ e os parâmetros a_i e b_j são constantes. A representação por uma equação diferença da última expressão é:

$$\begin{aligned} y(k) = &-a_{n-1}y(k-1) - a_{n-2}y(k-2) - \cdots - a_0 y(k-n) + \cdots \\ &+ b_m u(k+m-n) + b_{m-1}u(k+m-1-n) + \cdots + b_0 u(k-n) \end{aligned} \tag{6.1}$$

Definamos o *vetor de medidas* $\boldsymbol{\varphi}(k)$ de dimensão $(n+m+1) \times 1$:

$$\begin{aligned} \boldsymbol{\varphi}(k) = \Big[& -y(k-1) \quad -y(k-2) \quad \cdots \\ & \cdots \quad -y(k-n) \quad u(k+m-n) \quad u(k-1+m-n) \quad \cdots \quad u(k-n) \Big] \end{aligned} \tag{6.2}$$

o *vetor de parâmetros* $\boldsymbol{\theta}$ de dimensão $(n+m+1)\times 1$:

$$\boldsymbol{\theta}^T = \begin{bmatrix} a_{n-1} & a_{n-2} & \cdots & a_0 & b_m & b_{m-1} & \cdots & b_0 \end{bmatrix} \tag{6.3}$$

e a saída do sistema, veja a equação (6.1), pode ser expressa como:

$$y(k) = \boldsymbol{\varphi}(k)\boldsymbol{\theta} \tag{6.4}$$

Para cada instante de amostragem, isto é, para $k = 0, 1, \ldots, N-1$, teremos um conjunto de equações lineares que podemos expressar de maneira matricial, da seguinte maneira:

$$\begin{bmatrix} y(0) \\ y(1) \\ \vdots \\ y(N-1) \end{bmatrix} = \begin{bmatrix} \boldsymbol{\varphi}(0) \\ \boldsymbol{\varphi}(1) \\ \vdots \\ \boldsymbol{\varphi}(N-1) \end{bmatrix} \boldsymbol{\theta} \tag{6.5}$$

na qual N é o número de observações (medidas de saídas e entradas). A representação matricial da equação (6.5) é:

$$\boldsymbol{y} = \boldsymbol{\Phi}\,\boldsymbol{\theta} \tag{6.6}$$

em que $\boldsymbol{y}$ é o vetor de saídas de dimensão $N\times 1$ e $\boldsymbol{\Phi}$ é a matriz de medidas de dimensão $N\times(n+m+1)$, cuja estrutura é:

$$\Phi = \begin{bmatrix} -y(-1) & -y(-2) & \cdots & -y(-n) & \cdots \\ -y(0) & -y(-1) & \cdots & -y(1-n) & \cdots \\ -y(1) & -y(0) & \cdots & -y(2-n) & \cdots \\ \vdots & \vdots & \vdots & \vdots & \vdots \\ -y(N-2) & -y(N-3) & \cdots & -y(N-1-n) & \cdots \end{bmatrix.$$

$$\begin{matrix} \cdots & u(m-n) & u(-1+m-n) & \cdots & u(-n) \\ \cdots & u(1+m-n) & u(m-n) & \cdots & u(1-n) \\ \cdots & u(2+m-n) & u(1+m-n) & \cdots & u(2-n) \\ \vdots & \vdots & \vdots & \vdots & \vdots \\ \cdots & u(N-1+m-n) & u(N-2+m-n) & \cdots & u(N-1-n) \end{matrix}\right]$$

Para estimar os parâmetros, faremos uso do conceito do problema de mínimos quadrados, no qual a variável a ser determinada y é dada como:

$$\widehat{y} = \boldsymbol{\varphi}(k)\, \boldsymbol{\theta}$$

na qual $\boldsymbol{\varphi}(k)$ são dados conhecidos e $\boldsymbol{\theta}$ são os parâmetros desconhecidos. As observações $y(i)$, $u(i)$, $i = 0, 1, 2, \ldots, N-1$ são obtidos experimentalmente. O problema é calcular os parâmetros de modo que $\widehat{y}$ e os dados experimentais fiquem o mais próximo possível das variáveis medidas $y(i)$. O princípio de mínimos quadrados afirma que os parâmetros devem ser escolhidos de maneira que o funcional:

$$J(\boldsymbol{\theta}) = \frac{1}{2} \sum_{i=0}^{N-1} \varepsilon_i^2$$

seja minimizado, em que:

$$\varepsilon_i = y(i) - \widehat{y}(i) = y(i) - \boldsymbol{\varphi}(i)\, \boldsymbol{\theta}, \quad i = 0, 1, 2, \ldots, N-1.$$

O funcional pode ser reescrito como:

$$J(\boldsymbol{\theta}) = \frac{1}{2}\boldsymbol{\varepsilon}^T \boldsymbol{\varepsilon}$$

no qual:

$$\boldsymbol{\varepsilon} = \boldsymbol{y} - \widehat{\boldsymbol{y}} \quad \text{e} \quad \widehat{\boldsymbol{y}} = \boldsymbol{\Phi}\,\boldsymbol{\theta}$$

Os parâmetros $\boldsymbol{\theta}$ estimados são aqueles que minimizam o funcional. Para determinar esses parâmetros, é utilizado o conceito de maximização de funcional, como se segue:

$$\begin{aligned} J(\boldsymbol{\theta}) &= \frac{1}{2}\left(\boldsymbol{y} - \boldsymbol{\Phi}\,\boldsymbol{\theta}\right)^T\left(\boldsymbol{y} - \boldsymbol{\Phi}\,\boldsymbol{\theta}\right) \\ &= \frac{1}{2}\left(\boldsymbol{y}^T - \boldsymbol{\theta}^T\boldsymbol{\Phi}^T\right)\left(\boldsymbol{y} - \boldsymbol{\Phi}\,\boldsymbol{\theta}\right) \\ &= \frac{1}{2}\left(\boldsymbol{y}^T\boldsymbol{y} - \boldsymbol{y}^T\boldsymbol{\Phi}\,\boldsymbol{\theta} - \boldsymbol{\theta}^T\boldsymbol{\Phi}^T\boldsymbol{y} + \boldsymbol{\theta}^T\boldsymbol{\Phi}^T\boldsymbol{\Phi}\,\boldsymbol{\theta}\right) \end{aligned}$$

para minimizar o funcional, ele deve ser derivado em relação a $\boldsymbol{\theta}$ e igualado a zero:

$$\begin{aligned} \frac{\partial J}{\partial \boldsymbol{\theta}} &= \frac{1}{2}\left(-2\,\left(\boldsymbol{y}^T\boldsymbol{\Phi}\right)^T + 2\,\boldsymbol{\Phi}^T\boldsymbol{\Phi}\,\boldsymbol{\theta}\right) \\ &= -\boldsymbol{\Phi}^T\boldsymbol{y} + \boldsymbol{\Phi}^T\boldsymbol{\Phi}\,\boldsymbol{\theta} = 0 \end{aligned}$$

assim, os parâmetros estimados são determinados como:

$$\boldsymbol{\theta} = \left(\boldsymbol{\Phi}^T\boldsymbol{\Phi}\right)^{-1}\boldsymbol{\Phi}^T\boldsymbol{y} \tag{6.7}$$

Exemplo 6.2.1 *Considere o sistema descrito pelo seguinte modelo:*

$$\begin{aligned} y(k) \;&=\; y(k-1) - 0,5\,y(k-2) + u(k-1) + 0,5\,u(k-2) + \cdots \\ &\quad\; e(k) - 0,8\,e(k-1) + 0,1\,e(k-2) \end{aligned} \tag{6.8}$$

em que e tem média zero e desvio padrão $0,5$.

Utilizando a equação (6.7), realize a estimação por batelada do sistema.

Solução 6.2.1 *Podemos observar que:*

$$y(k) = \begin{pmatrix} -y(k-1) & -y(k-2) & u(k-1) & u(k-2) & e(k-1) & e(k-2) \end{pmatrix} \boldsymbol{\theta}$$

na qual:

$$\boldsymbol{\theta} = \begin{pmatrix} a_1 & a_2 & b_1 & b_2 & c_1 & c_2 \end{pmatrix}^T$$

Assim, podemos construir a matriz de observações ou medidas:

$$\underbrace{\begin{pmatrix} y(0) \\ y(1) \\ y(2) \\ y(3) \\ \vdots \\ y(N-1) \end{pmatrix}}_{\boldsymbol{y}} = \underbrace{\begin{pmatrix} 0 & 0 & 0 & 0 & 0 & 0 \\ -y(0) & 0 & u(0) & 0 & e(0) & 0 \\ -y(1) & -y(0) & u(1) & u(0) & e(1) & e(0) \\ -y(2) & -y(1) & u(2) & u(1) & e(2) & e(1) \\ \vdots & \vdots & \vdots & \vdots & \vdots & \vdots \\ -y(N-2) & -y(N-3) & u(N-2) & u(N-3) & e(N-2) & e(N-3) \end{pmatrix}}_{\boldsymbol{\Phi}}$$

Com a matriz de observações e utilizando a equação (6.7), obtém-se:

$$\boldsymbol{\theta} = \begin{pmatrix} a_1 \\ a_2 \\ b_1 \\ b_2 \\ c_1 \\ c_2 \end{pmatrix} = \begin{pmatrix} -0,99797 \\ 0,49636 \\ 0,98841 \\ 0,50142 \\ -0,80911 \\ 0,10930 \end{pmatrix} \tag{6.9}$$

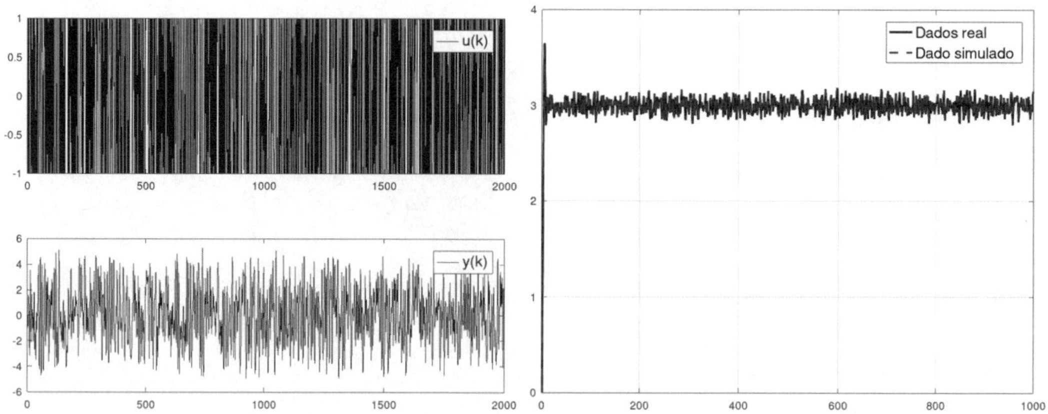

(a) Dados de entrada e de saída do sistema a ser identificado.

(b) Dados de saída do sistema e dados de saída do modelo.

Figura 6.1: Dados de entrada e saída do sistema. Dados de simulação do sistema e do modelo, exemplo 6.2.1.

O programa para simulação do Exemplo 6.2.1 do sistema para identificação encontra-se em para o Octave. Para esse caso, o sinal de entrada é randômico com média nula e desvio padrão de $0,5$. *Na Figura 6.1a, são mostrados os dados utilizados para realizar a identificação por batelada do sistema exemplo e, na Figura 6.1b, são mostradas e comparadas a saída do sistema exemplo e a saída do modelo identificado. Se comparamos os valores dos coeficientes da equação diferença (6.8) e da equação de parâmetros estimados (6.9) é possível observar que os valores dos coeficientes do sistema e do modelo ficam próximos com uma diferença de até* $10\ \%$*, nesse caso.*

6.3 Identificação de parâmetros por mínimos quadrados recursivo

A identificação recursiva pode ser realizada uma vez que as observações foram obtidas sequencialmente. Assim sendo, a solução (6.7) pode ser expressada de maneira recursiva.

A matriz de medidas e o vetor de saída são:

$$\boldsymbol{\Phi}(N-1) = \begin{pmatrix} \boldsymbol{\varphi}(0) \\ \boldsymbol{\varphi}(1) \\ \boldsymbol{\varphi}(2) \\ \vdots \\ \boldsymbol{\varphi}(N-1) \end{pmatrix} \quad \text{e} \quad \boldsymbol{y}(N-1) = \begin{pmatrix} y(0) \\ y(1) \\ y(2) \\ \vdots \\ y(N-1) \end{pmatrix}$$

Supõe-se que a matriz $\boldsymbol{\Phi}^T \boldsymbol{\Phi}$ é não-singular para todo N. Os parâmetros estimados são determinados conforme:

$$\boldsymbol{\theta}(N-1) = \left(\boldsymbol{\Phi}^T(N-1)\,\boldsymbol{\Phi}(N-1)\right)^{-1} \boldsymbol{\Phi}^T(N-1)\, y(N-1)$$

Se uma medida adicional é realizada, uma linha é incluída na matriz $\boldsymbol{\Phi}$ e um elemento é adicionado ao vetor $\boldsymbol{y}$. Assim:

$$\boldsymbol{\Phi}(N) = \begin{pmatrix} \boldsymbol{\Phi}(N-1) \\ \boldsymbol{\varphi}(N) \end{pmatrix}, \quad \boldsymbol{y}(N) = \begin{pmatrix} \boldsymbol{y}(N-1) \\ y(N) \end{pmatrix}$$

O vetor de parâmetros estimados dados pela equação (6.7) pode ser escrito como:

$$\boldsymbol{\theta}(N) = \left(\boldsymbol{\Phi}^T(N)\,\boldsymbol{\Phi}(N)\right)^{-1} \boldsymbol{\Phi}^T(N)\, y(N)$$

Assim, a equação recursiva para estimar os parâmetros $\boldsymbol{\theta}$ é:

$$\boldsymbol{K}(N) = \boldsymbol{P}(N)\,\boldsymbol{\varphi}^T(N) = \boldsymbol{P}(N-1)\,\boldsymbol{\varphi}^T(N)\Big(1 + \boldsymbol{\varphi}(N)\boldsymbol{P}(N-1)\,\boldsymbol{\varphi}^T(N)\Big)^{-1} \tag{6.10}$$

$$\boldsymbol{\theta}(N) = \boldsymbol{\theta}(N-1) + \boldsymbol{K}(N)\Big(\boldsymbol{y}(N) - \boldsymbol{\varphi}(N)\,\boldsymbol{\theta}(N-1)\Big) \tag{6.11}$$

$$\boldsymbol{P}(N) = \Big(\boldsymbol{I} - \boldsymbol{K}(N)\,\boldsymbol{\varphi}(N)\Big)\,\boldsymbol{P}(N-1) \tag{6.12}$$

O leitor pode consultar as seguintes referências para mais detalhes e nuances sobre identificação de sistemas discretos no tempo: Aguirre (2007), Åström e Wittenmark (1990), Coelho e Coelho (2004), Ljung (1999), Crassidis e Junkins (2011), Chakrabortty, Nagle e Phillips (2015).

Exemplo 6.3.1 *Considere o sistema descrito no Exemplo 6.2.1, no qual e tem média zero e desvio padrão* $0,5$. *Utilizando a estimação por mínimos quadrados, estime os parâmetros do sistema.*

Solução 6.3.1 *Para a estimação recursiva, utilizaremos as equações (6.10), (6.11) e (6.12). As condições para executar o algoritmo recursivo são: o vetor de observações é um vetor linha:*

$$\boldsymbol{\varphi}(k) = \begin{bmatrix} -y(k-1) & -y(k-2) & u(k-1) & u(k-2) & e(k-1) & e(k-2) \end{bmatrix}$$

e o vetor de parâmetros $\boldsymbol{\theta}(k)$ *é um vetor coluna:*

$$\boldsymbol{\theta}^T(k) = \begin{bmatrix} \hat{a}_1 & \hat{a}_2 & \hat{b}_1 & \hat{b}_2 & \hat{c}_1 & \hat{c}_2 \end{bmatrix}$$

A variável $\boldsymbol{\theta}(k)$ *armazenará a evolução ao longo das iterações dos valores dos respectivos parâmetros. Para as duas primeiras iterações, isto é, para* $k = 0$ *e* $k = 1$, *a variável* $\boldsymbol{\theta}$ *será:*

$$\boldsymbol{\theta} = \begin{pmatrix} 0 & 0 \\ 0 & 0 \\ 0 & 0 \\ 0 & 0 \\ 0 & 0 \\ 0 & 0 \end{pmatrix}$$

A matriz de covariância $\boldsymbol{P}(k)$ *será iniciada como:*

$$\boldsymbol{P}(k) = 100 \times \boldsymbol{I}_{6\times6}$$

na qual $\boldsymbol{I}_{6\times6}$ *é a matriz identidade* 6×6.

Algoritmo 3: Estimação de mínimos quadrados recursivo para Exemplo 6.3.1.

Dados: *Entrada randômica u ou pseudo-randômica de dimensão* $1 \times N$

início

Inicia valor de $\boldsymbol{\theta}_1 = \mathbf{0}_{6\times1}$ *(vetor coluna nulo)* $\boldsymbol{\theta} = [\boldsymbol{\theta}_1 \ \ \boldsymbol{\theta}_1]$;

Inicia matriz de covariância $\boldsymbol{P}_1 = 100 \times \boldsymbol{I}_{6\times6}$;

para *i=3:1:N* **faça**

Simular sistema;

Construir vetor de observações $\boldsymbol{\varphi} = \Big(-y(i-1) \quad -y(i-2) \quad u(i-1) \quad u(i-2) \quad e(i-1) \quad e(i-2)\Big)$;

Determinar $\boldsymbol{K} = \boldsymbol{P}_1\boldsymbol{\varphi}^T = \boldsymbol{P}_1\boldsymbol{\varphi}^T\Big(1 + \boldsymbol{\varphi}\boldsymbol{P}_1\boldsymbol{\varphi}^T\Big)^{-1}$;

Determinar $\boldsymbol{\theta}_1 = \boldsymbol{\theta}_1 + \boldsymbol{K}\Big(\boldsymbol{y}(i) - \boldsymbol{\varphi}\boldsymbol{\theta}_1\Big)$;

Armazenar $\boldsymbol{\theta}_1$ *em* $\boldsymbol{\theta}$, *isto é* $\boldsymbol{\theta} = [\boldsymbol{\theta} \ \ \boldsymbol{\theta}_1]$;

Determinar $\boldsymbol{P} = \boldsymbol{P}_1 - \boldsymbol{K}(N)\boldsymbol{\varphi}\boldsymbol{P}_1$;

Atualizar $\boldsymbol{P}_1 = \boldsymbol{P}$;

Resultado: *Parâmetros estimados* $\boldsymbol{\theta}(k)$ *de dimensão* $6 \times N$

O algoritmo para implementar o estimador de mínimos quadrados recursivo para o Exemplo 6.3.1 é mostrado no Algoritmo 3. O programa para simulação do Exemplo 6.3.1 do sistema para identificação por mínimos quadrados recursivo encontra-se em *para o Octave. Para esse caso, o sinal de entrada é randômico com média nula e desvio padrão de* 0,5. *Na Figura 6.2, são mostrados os dados utilizados para realizar a iden-*

tificação por batelada do sistema exemplo e, na Figura 6.3, são mostradas e comparadas a saída do sistema exemplo e a saída do modelo identificado.

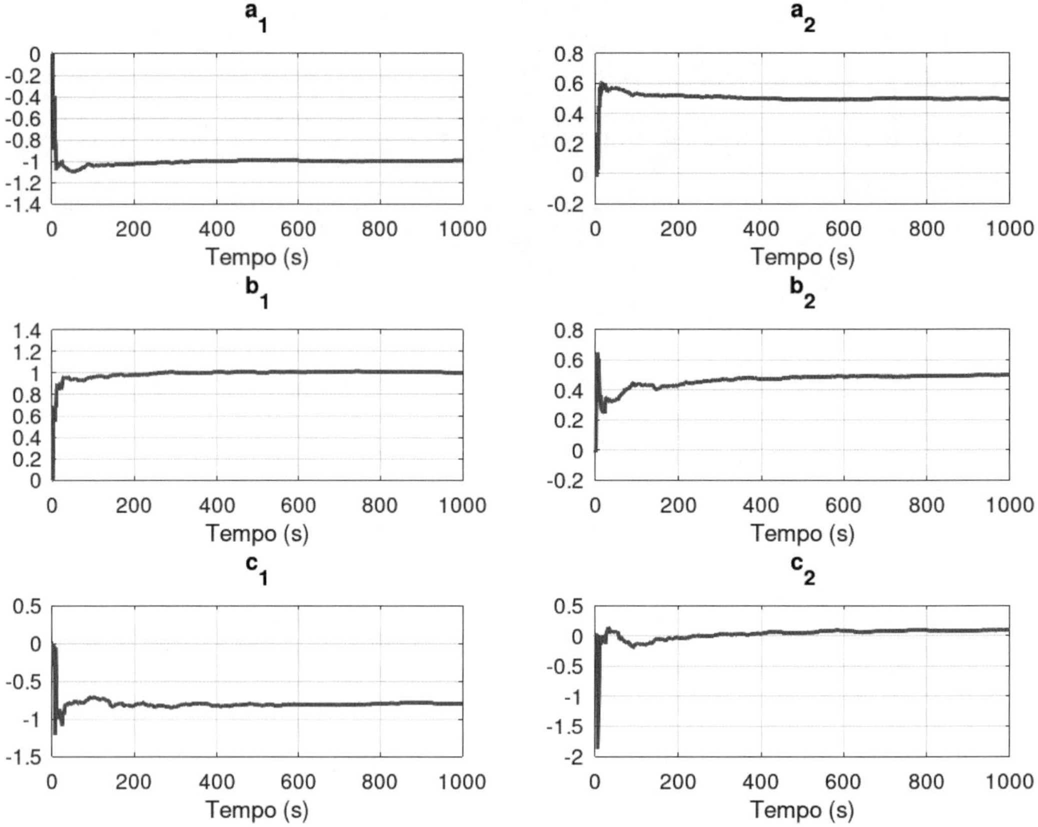

Figura 6.2: Dados de entrada e de saída do sistema a ser identificado, exemplo 6.3.1.

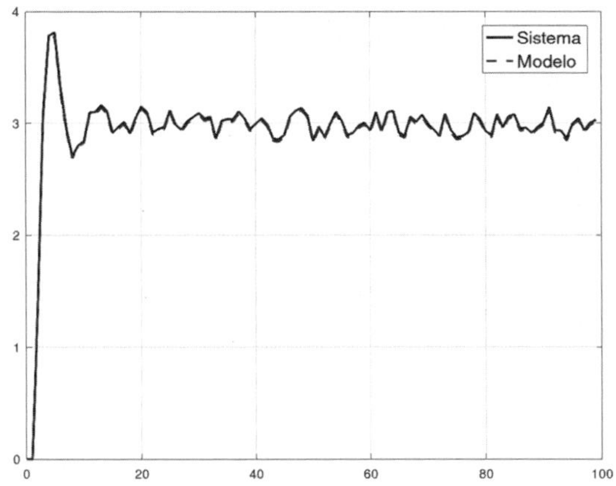

Figura 6.3: Dados de saída do sistema e dados de saída do modelo, exemplo 6.3.1.

6.4 Exercícios resolvidos

Exemplo 6.4.1 *Considere o sistema cuja função de transferência em malha aberta é:*

$$G(s) = \frac{0,2(s+1)}{s(0,2s+1)} \tag{6.13}$$

Utilizando a equação (6.7), realize a estimação por baleada do sistema. Considere um período de amostragem de $T = 0,02$ s.

Solução 6.4.1 *Discretizando o sistema com o período de amostragem correspondente, obtemos:*

$$G(z) = \frac{0,01923z - 0,01885}{z^2 - 1,905z + 0,9048} \tag{6.14}$$

Podemos observar que a seguinte relação é obtida da equação (6.14):

$$y(k) = \Big(-y(k-1) \quad -y(k-2) \quad u(k-1) \quad u(k-2)\Big)\boldsymbol{\theta}$$

na qual:

$$\boldsymbol{\theta} = \Big(a_1 \quad a_2 \quad b_1 \quad b_2\Big)^T$$

Assim, podemos construir a matriz de observações ou medidas:

$$\underbrace{\begin{pmatrix} y(0) \\ y(1) \\ y(2) \\ y(3) \\ \vdots \\ y(N-1) \end{pmatrix}}_{\boldsymbol{y}} = \underbrace{\begin{pmatrix} 0 & 0 & 0 & 0 \\ -y(0) & 0 & u(0) & 0 \\ -y(1) & -y(0) & u(1) & u(0) \\ -y(2) & -y(1) & u(2) & u(1) \\ \vdots & \vdots & \vdots & \vdots \\ -y(N-2) & -y(N-3) & u(N-2) & u(N-3) \end{pmatrix}}_{\boldsymbol{\Phi}}$$

Com a matriz de observações e utilizando a equação (6.7), obtém-se:

$$\boldsymbol{\theta} = \begin{pmatrix} a_1 \\ a_2 \\ b_1 \\ b_2 \end{pmatrix} = \begin{pmatrix} -1,68035 \\ 0,68250 \\ 0,00821 \\ -0,000845 \end{pmatrix} \tag{6.15}$$

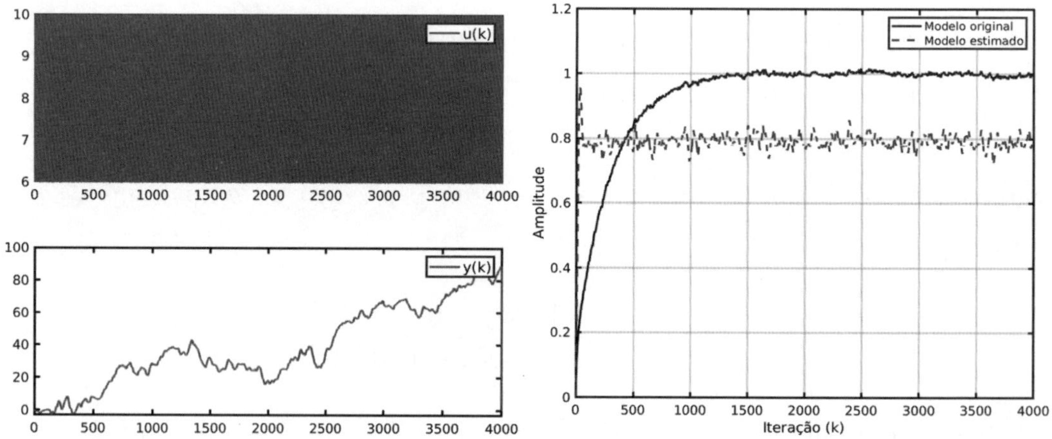

(a) Dados de entrada e de saída do sistema a ser identificado.

(b) Dados de saída do sistema e dados de saída do modelo.

Figura 6.4: Dados de entrada e saída do sistema. Dados de simulação do sistema e do modelo, exemplo 6.4.1.

O programa para simulação do Exemplo 6.4.1 do sistema para identificação encontra-se em para o Matlab. Para esse caso, o sinal de entrada é randômico com média 8 e desvio padrão de 2. Na Figura 6.4a, são mostrados os dados utilizados para realizar a identificação por batelada do sistema e, na Figura 6.4b, são mostradas e comparadas a saída do modelo original e a saída do modelo identificado. Para estimação dos parâmetros por batelada foram utilizados $N = 4.000$ *dados de entrada e de saída. Uma das características da estimação por batelada é que, quanto maior o número de dados de entrada e de saída, a estimação dos parâmetros melhora. Nas simulações realizadas, foram obtidos parâmetros do modelo estimado que em malha fechada tinha comportamento instável, o que caracteriza um desempenho inapropriado da estimação por batelada.*

Exemplo 6.4.2 *Considere o sistema descrito no Exemplo 6.4.1. Utilizando a estimação por mínimos quadrados recursiva, estime os parâmetros do sistema.*

Solução 6.4.2 *Para a estimação recursiva, utilizaremos as equações (6.10), (6.11) e (6.12). As condições para executar o algoritmo recursivo são: o vetor de observações é um vetor linha:*

$$\boldsymbol{\varphi}(k) = \begin{bmatrix} -y(k-1) & -y(k-2) & u(k-1) & u(k-2) \end{bmatrix}$$

e o vetor de parâmetros $\boldsymbol{\theta}(k)$ *é um vetor coluna:*

$$\boldsymbol{\theta}^T(k) = \begin{bmatrix} \hat{a}_1 & \hat{a}_2 & \hat{b}_1 & \hat{b}_2 \end{bmatrix}$$

A variável $\boldsymbol{\theta}(k)$ *armazenará a evolução ao longo das iterações dos valores dos respectivos parâmetros. Para as duas primeiras iterações, isto é, para*

$k = 0$ e $k = 1$, a variável $\boldsymbol{\theta}$ será:

$$\boldsymbol{\theta} = \begin{pmatrix} 0 & 0 \\ 0 & 0 \\ 0 & 0 \\ 0 & 0 \\ 0 & 0 \\ 0 & 0 \end{pmatrix}$$

A matriz de covariância $\boldsymbol{P}(k)$ será iniciada como:

$$\boldsymbol{P}(k) = 100.000\,\boldsymbol{I}_{4\times 4}$$

na qual $\boldsymbol{I}_{4\times 4}$ é a matriz identidade 4×4.

Algoritmo 4: Estimação de mínimos quadrados recursivo para o Exemplo 6.4.2.

Dados: *Entrada randômica u ou pseudo-randômica de dimensão* $1 \times N$

início

Inicia valor de $\boldsymbol{\theta}_1 = \mathbf{0}_{4\times1}$ *(vetor coluna nulo)* $\boldsymbol{\theta} = [\boldsymbol{\theta}_1 \;\; \boldsymbol{\theta}_1]$;

Inicia matriz de covariância $\boldsymbol{P}_1 = 100.000 \times \boldsymbol{I}_{4\times4}$;

para *i=3:1:N* **faça**

Simular sistema;

Construir vetor de observações $\boldsymbol{\varphi} = \Big(-y(i-1) \quad -y(i-2) \quad u(i-1) \quad u(i-2)\Big)$;

Determinar $\boldsymbol{K} = \boldsymbol{P}_1\boldsymbol{\varphi}^T = \boldsymbol{P}_1\boldsymbol{\varphi}^T\Big(1 + \boldsymbol{\varphi}\boldsymbol{P}_1\boldsymbol{\varphi}^T\Big)^{-1}$;

Determinar $\boldsymbol{\theta}_1 = \boldsymbol{\theta}_1 + \boldsymbol{K}\Big(\boldsymbol{y}(i) - \boldsymbol{\varphi}\boldsymbol{\theta}_1\Big)$;

Armazenar $\boldsymbol{\theta}_1$ *em* $\boldsymbol{\theta}$, *isto é* $\boldsymbol{\theta} = [\boldsymbol{\theta} \;\; \boldsymbol{\theta}_1]$;

Determinar $\boldsymbol{P} = \boldsymbol{P}_1 - \boldsymbol{K}(N)\boldsymbol{\varphi}\boldsymbol{P}_1$;

Atualizar $\boldsymbol{P}_1 = \boldsymbol{P}$;

Resultado: *Parâmetros estimados* $\boldsymbol{\theta}(k)$ *de dimensão* $4 \times N$

O algoritmo para implementar o estimador de mínimos quadrados recursivo para o Exemplo 6.4.2 é mostrado em Algoritmo 4. O programa para simulação do Exemplo 6.4.2 do sistema para identificação por mínimos quadrados recursivo encontra-se em *para o Matlab. Para esse caso, o sinal de entrada é randômico com média 8 e desvio padrão de 2. Na Figura 6.5, são mostrados a evolução ao longo do tempo dos parâmetros estimados de maneira recursiva e, na Figura 6.6, são mostradas e comparadas a saída do modelo original e a saída do modelo identificado. Para estimação dos parâmetros de maneira recursiva, foram utilizados* $N = 4.000$ *instantes de iteração. Nas simulações realizadas, foram obtidos parâmetros do modelo estimado que em malha fechada tinha comportamento semelhante ao modelo original, o que caracteriza um desempenho mais apropriado que a estimação por batelada. Nas simulações realizadas, não foram observados comportamentos instáveis para os parâmetros do modelo estimado em malha fechada com realimentação unitária, mas foi observado que os valores do estado estacionário do modelo estimado eram diferentes em 50% do valor de estado estacionário do modelo original.*

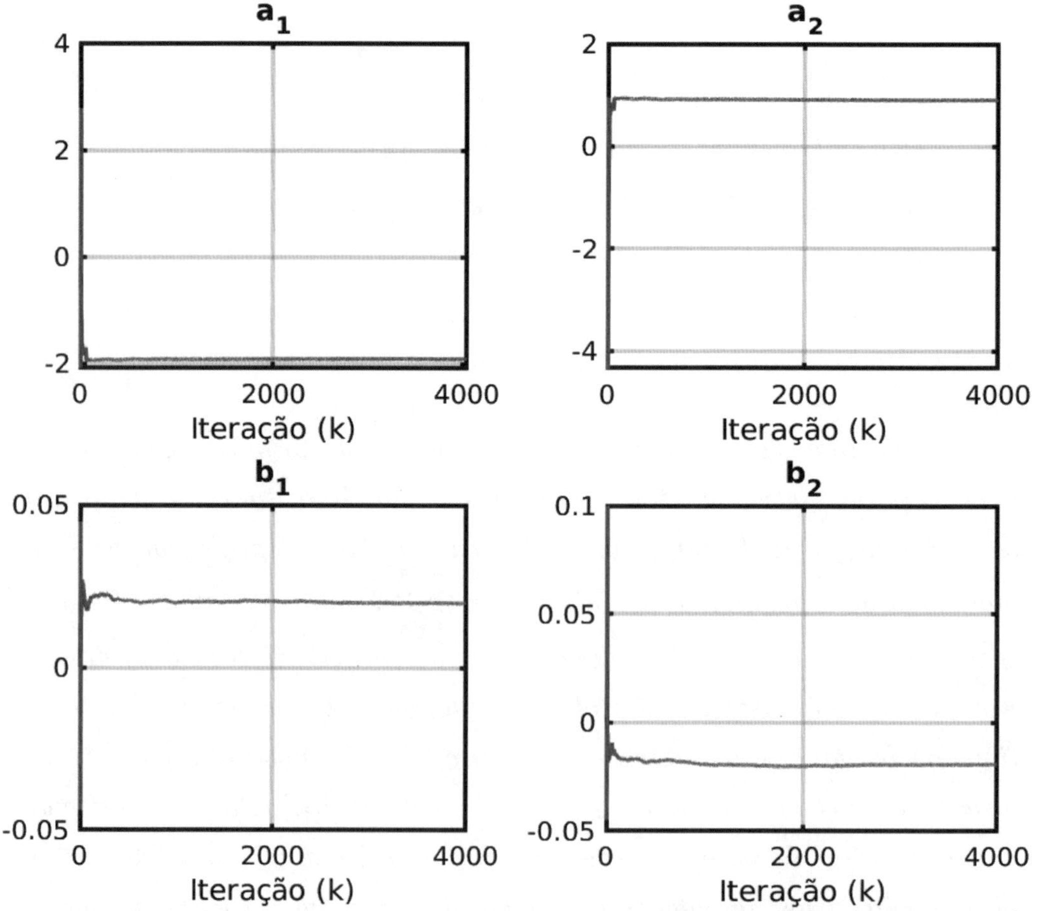

Figura 6.5: Evolução ao longo do tempo dos parâmetros estimados, exemplo 6.4.2.

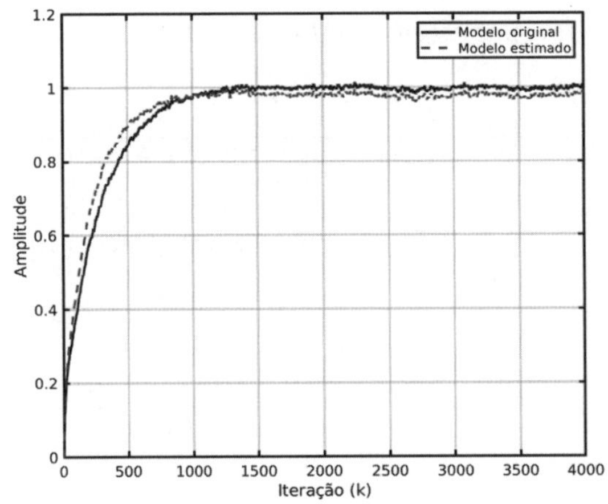

Figura 6.6: Dados de saída do modelo original e dados de saída do modelo estimado, exemplo 6.4.2.

Exemplo 6.4.3 *Considere o sistema eletromecânico, mostrado na Figura 6.7, descrito pelo seguinte função de transferência em malha aberta:*

$$G(s) = \frac{K_t}{s\,(J_m L_a s^2 + (bL_a + J_m R_a)s + bR_a + K_t K_e)} \tag{6.16}$$

na qual $L_a = 0,001$ *H,* $R_a = 0.2$ *Ohm,* $K_e = 0,06$ *V/rad/s,* $K_t = 300 \times 10^{-5}$ *kgm/A,* $J_m = 7.3 \times 10^{-5}$ *kgm/rad/s²* *e* $b = 6.67 \times 10^{-4}$ *kgm/rad/s. Utilizando a equação (6.7), realize a estimação por baleada do sistema. Considere um período de amostragem de* $T = 0,01$ *s.*

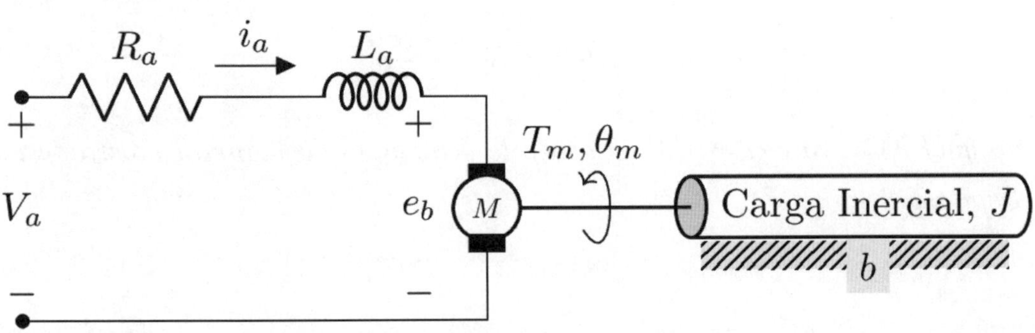

Figura 6.7: Sistema eletromecânico.

Solução 6.4.3 *A função de transferência em malha aberta do sistema, subs-*

tituindo os valores dos parâmetros, fica:

$$G(s) = \frac{0,003}{s\,(7,3\times 10^{-8}s^2 + 1,52710^{-5}s + 0,0003134)}$$

discretizando o sistema com o período de amostragem correspondente, obtemos:

$$G(z) = \frac{0,00429z^2 + 0,01084z + 0,001525}{z^3 - 1,95z^2 + 1,073z - 0,1235} \tag{6.17}$$

Podemos observar que a seguinte relação é obtida da equação (6.17):

$$y(k) = \begin{pmatrix} -y(k-1) & -y(k-2) & -y(k-1) & u(k-1) & u(k-2) & u(k-3) \end{pmatrix} \boldsymbol{\theta}$$

na qual:

$$\boldsymbol{\theta} = \begin{pmatrix} a_1 & a_2 & a_3 & b_1 & b_2 & b_3 \end{pmatrix}^T$$

Uma vez que a função de transferência em malha fechada do sistema eletromecânico mostra a relação entre a tensão aplicada V_a e o ângulo do eixo do motor θ_m, como pode ser visto na Figura 6.7. Para qualquer tipo de entrada, o eixo do motor gira conforme a tensão aplicada, por isso foi introduzido um controle proporcional-diferencial discreto de maneira a manter o ângulo de giro do motor em uma valor determinado. O controle introduzido é:

$$G_c(z) = K_c\frac{z-\alpha}{z}$$

no qual $K_c = 10$ e $\alpha = 0,9$. O controle é incluído da maneira mostrada na Figura 6.8.

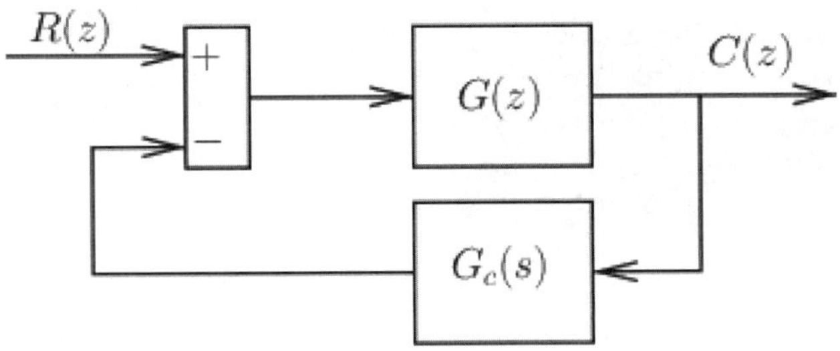

Figura 6.8: Sistema eletromecânico com retroação.

Assim, podemos construir a matriz de observações ou medidas:

$$\underbrace{\begin{pmatrix} y(0) \\ y(1) \\ y(2) \\ y(3) \\ \vdots \\ y(N-1) \end{pmatrix}}_{\boldsymbol{y}} = \underbrace{\begin{pmatrix} 0 & 0 & 0 & 0 & 0 & 0 \\ -y(0) & 0 & u(0) & 0 & e(0) & 0 \\ -y(1) & -y(0) & u(1) & u(0) & e(1) & e(0) \\ -y(2) & -y(1) & u(2) & u(1) & e(2) & e(1) \\ \vdots & \vdots & \vdots & \vdots & \vdots & \vdots \\ -y(N-2) & -y(N-3) & u(N-2) & u(N-3) & e(N-2) & e(N-3) \end{pmatrix}}_{\boldsymbol{\Phi}}$$

Com a matriz de observações e utilizando a equação (6.7), obtém-se:

$$\boldsymbol{\theta} = \begin{pmatrix} a_1 \\ a_2 \\ a_3 \\ b_1 \\ b_2 \\ b_3 \end{pmatrix} = \begin{pmatrix} -1,94829 \\ 1,22762 \\ -0,26328 \\ 0,00429 \\ 0,01066 \\ 0,00110 \end{pmatrix}$$

O programa para simulação do Exemplo 6.4.3 do sistema para identificação encontra-se em para o Matlab. Para esse caso, o sinal de entrada é randômico com média 3 *e desvio padrão de* 5*. Na Figura 6.9a, são mostrados os dados utilizados para realizar a identificação por batelada do sistema exemplo e, na Figura 6.9b, são mostradas e comparadas a saída do sistema exemplo e a saída do modelo identificado. Uma das caracterís-*

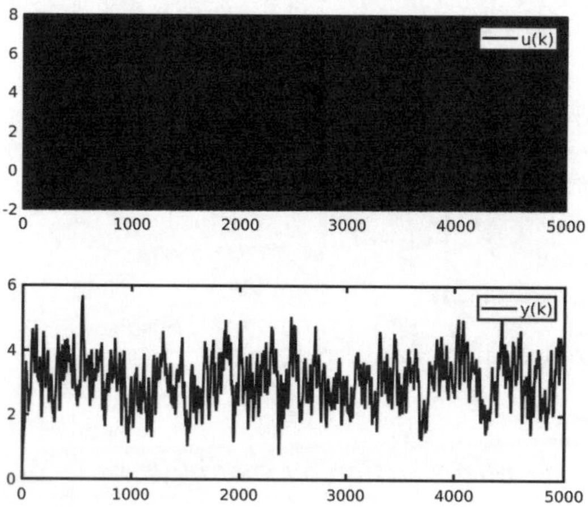

(a) Dados de entrada e de saída do sistema a ser identificado.

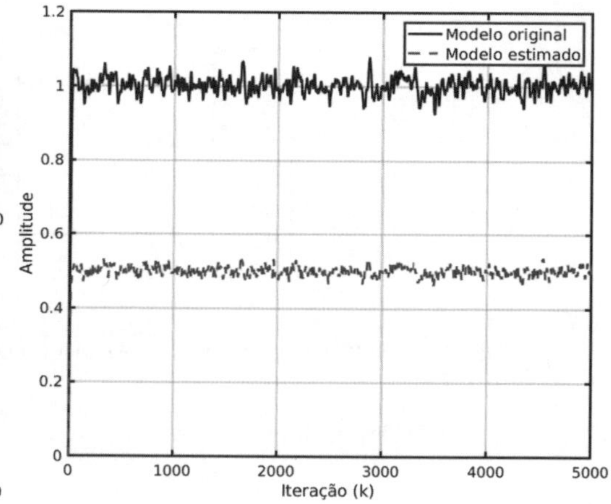

(b) Dados de saída do sistema e dados de saída do modelo.

Figura 6.9: Dados de entrada e saída do sistema. Dados de simulação do sistema e do modelo, exemplo 6.2.1.

ticas da estimação por batelada é que, quanto maior o número de dados de entrada e de saída, a estimação dos parâmetros melhora.

Exemplo 6.4.4 *Considere o sistema descrito no Exemplo 6.4.3. Utilizando a estimação por mínimos quadrados recursiva, estime os parâmetros do sistema.*

Solução 6.4.4 *Para a estimação recursiva, utilizaremos as equações (6.10), (6.11) e (6.12). As condições para executar o algoritmo recursivo são: o vetor de observações é um vetor linha:*

$$\boldsymbol{\varphi}(k) = \begin{bmatrix} -y(k-1) & -y(k-2) & -y(k-3) & u(k-1) & u(k-2) & u(k-3) \end{bmatrix}$$

e o vetor de parâmetros $\boldsymbol{\theta}(k)$ é um vetor coluna:

$$\boldsymbol{\theta}^T(k) = \begin{bmatrix} \hat{a}_1 & \hat{a}_2 & \hat{a}_3 & \hat{b}_1 & \hat{b}_2 & \hat{b}_3 \end{bmatrix}$$

A variável $\boldsymbol{\theta}(k)$ armazenará a evolução ao longo das iterações dos valores dos respectivos parâmetros. Para as três primeiras iterações, isto é, para

$k = 0$, $k = 1$ e $k = 2$, a variável $\boldsymbol{\theta}$ será:

$$\boldsymbol{\theta} = \begin{pmatrix} 0 & 0 & 0 \\ 0 & 0 & 0 \\ 0 & 0 & 0 \\ 0 & 0 & 0 \\ 0 & 0 & 0 \\ 0 & 0 & 0 \end{pmatrix}$$

A matriz de covariância $\boldsymbol{P}(k)$ será iniciada como:

$$\boldsymbol{P}(k) = 100.000\,\boldsymbol{I}_{6\times 6}$$

na qual $\boldsymbol{I}_{6\times 6}$ é a matriz identidade 6×6.

O algoritmo para implementar o estimador de mínimos quadrados recursivo para o Exemplo 6.4.4 é mostrado no Algoritmo 5. O programa para simulação do Exemplo 6.4.4 do sistema para identificação por mínimos quadrados recursivo encontra-se em [QR code] para o Matlab. Para esse caso, o sinal de entrada é randômico com média 8 e desvio padrão de 2. Na Figura 6.10, são mostrados a evolução ao longo do tempo dos parâmetros estimados de maneira recursiva e, na Figura 6.11, são mostradas e comparadas a saída do modelo original e a saída do modelo identificado. Para estimação dos parâmetros de maneira recursiva, foram utilizados $N = 4.000$ instantes de iteração. Nas simulações realizadas, foram obtidos parâmetros do modelo estimado que, em malha fechada, tinham comportamento semelhante ao modelo original, o que caracteriza um desempenho mais apropriado que a estimação por batelada. Nas simulações realizadas, não foram observados comportamentos instáveis para os parâmetros do modelo estimado em malha fechada com realimentação unitária.

Algoritmo 5: Estimação de mínimos quadrados recursivo para Exemplo 6.4.4.

Dados: *Entrada randômica u ou pseudo-randômica de dimensão* $1 \times N$

início

Inicia valor de $\boldsymbol{\theta}_1 = \mathbf{0}_{6\times 1}$ *(vetor coluna nulo)* $\boldsymbol{\theta} = [\boldsymbol{\theta}_1 \;\; \boldsymbol{\theta}_1 \;\; \boldsymbol{\theta}_1]$;

Inicia matriz de covariância $\boldsymbol{P}_1 = 100.000 \times \boldsymbol{I}_{6\times 6}$;

para *i=3:1:N* **faça**

Simular sistema;

Construir vetor de observações $\boldsymbol{\varphi} =$
$\Big(-y(i-1) \;\; -y(i-2) \;\; -y(i-3) \;\; u(i-1) \;\; u(i-2) \;\; u(i-3)\Big)$;

Determinar $\boldsymbol{K} = \boldsymbol{P}_1 \boldsymbol{\varphi}^T = \boldsymbol{P}_1 \boldsymbol{\varphi}^T \Big(1 + \boldsymbol{\varphi} \boldsymbol{P}_1 \boldsymbol{\varphi}^T\Big)^{-1}$;

Determinar $\boldsymbol{\theta}_1 = \boldsymbol{\theta}_1 + \boldsymbol{K}\Big(\boldsymbol{y}(i) - \boldsymbol{\varphi}\boldsymbol{\theta}_1\Big)$;

Armazenar $\boldsymbol{\theta}_1$ *em* $\boldsymbol{\theta}$, *isto é* $\boldsymbol{\theta} = [\boldsymbol{\theta} \;\; \boldsymbol{\theta}_1]$;

Determinar $\boldsymbol{P} = \boldsymbol{P}_1 - \boldsymbol{K}(N)\boldsymbol{\varphi}\boldsymbol{P}_1$;

Atualizar $\boldsymbol{P}_1 = \boldsymbol{P}$;

Resultado: *Parâmetros estimados* $\boldsymbol{\theta}(k)$ *de dimensão* $6 \times N$

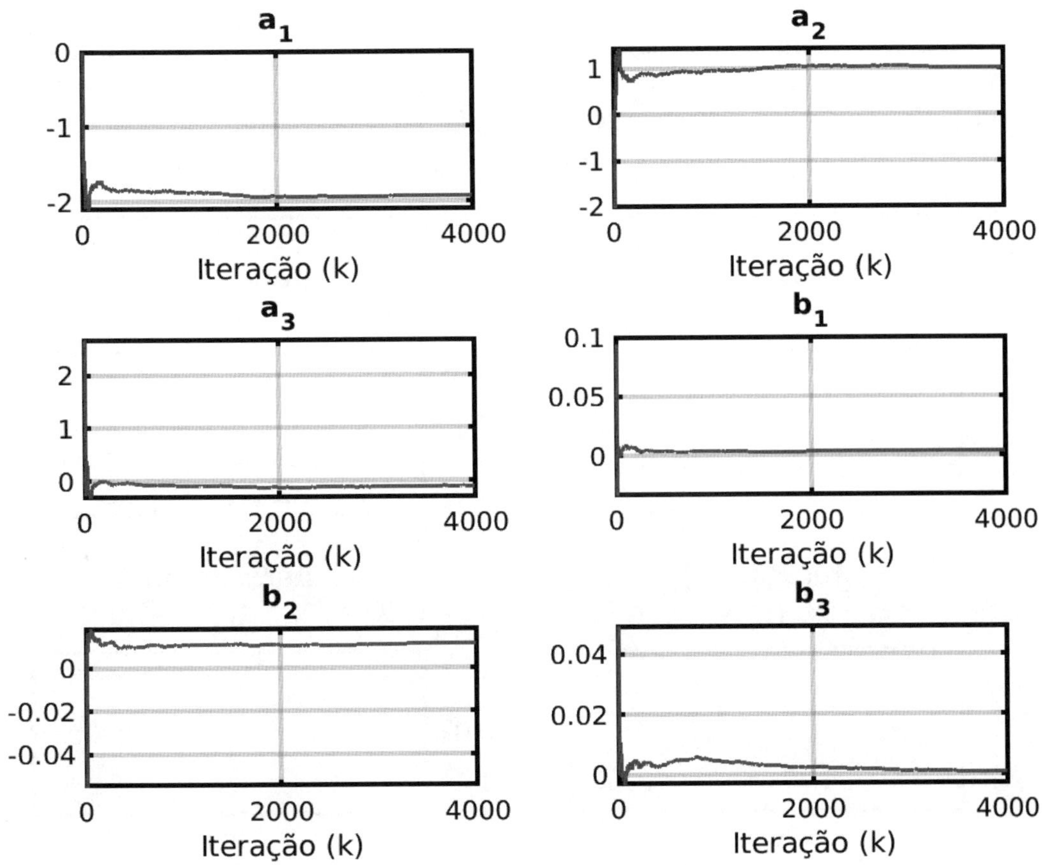

Figura 6.10: Evolução ao longo do tempo dos parâmetros estimados, exemplo 6.4.4.

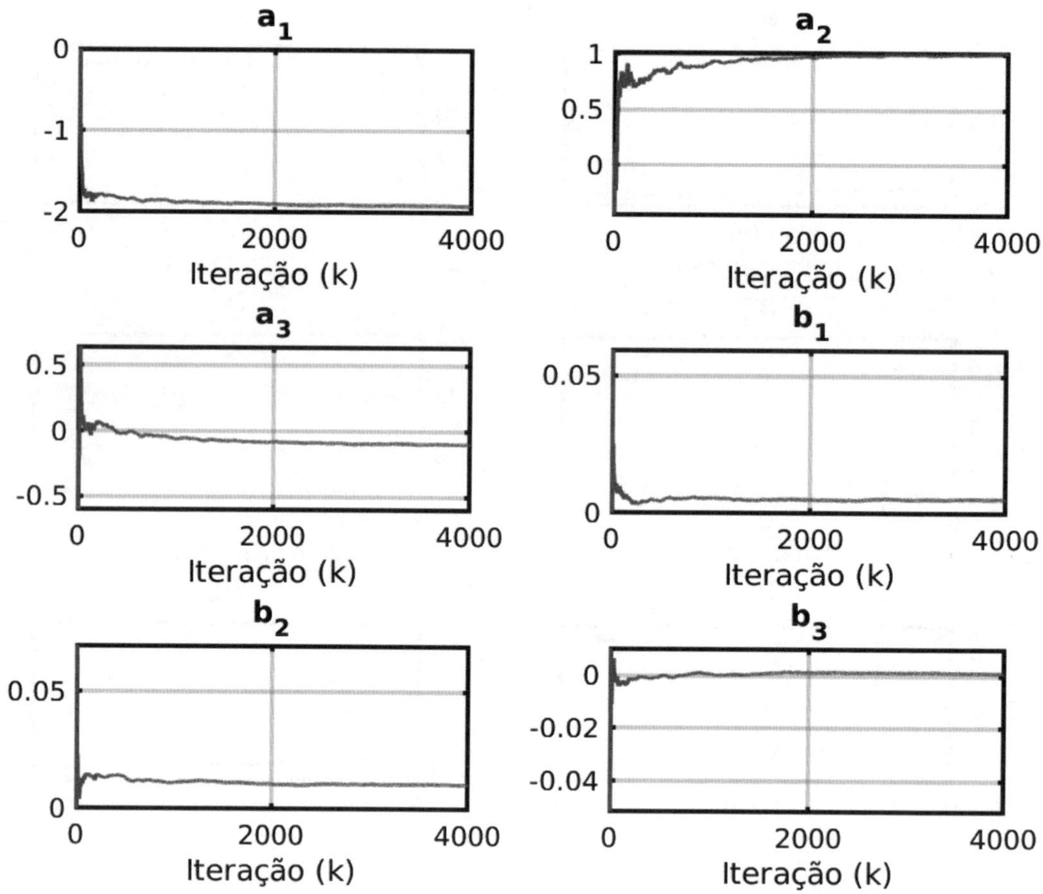

Figura 6.11: Dados de saída do modelo original e dados de saída do modelo estimado, exemplo 6.4.4.

Exercícios

1. O sistema neste exemplo consiste em um pêndulo invertido montado em um carrinho motorizado. O sistema de pêndulo invertido é um exemplo comumente encontrado em livros didáticos de sistemas de controle e na literatura de pesquisa. Sua popularidade deriva em parte do fato dele ser instável sem controle, ou seja, o pêndulo simplesmente cairá se o carrinho não for movido para equilibrá-lo. Além disso, a dinâmica do sistema é não linear.

Nesse caso, consideraremos um problema bidimensional em que o pêndulo é forçado a se mover no plano vertical mostrado na Figura 6.12. Para esse sistema, a entrada de controle é a força F que move o carrinho horizontalmente, as saídas são a posição angular do pêndulo θ e a posição horizontal do carrinho x, como mostra a Figura 6.12.

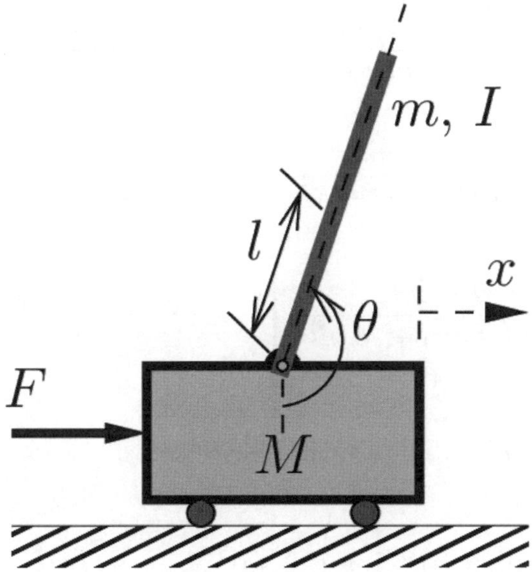

Figura 6.12: Representação gráfica do pêndulo invertido.

Neste exemplo, assumiremos as seguintes quantidades:

- (M): massa do carrinho 0,5 kg;
- (m): massa do pêndulo 0,2 kg;
- (b): coeficiente de atrito para o carrinho $0,1$ N/m/s;
- (l): comprimento do centro de massa do pêndulo $0,3$ m;
- (I): momento de inércia da massa do pêndulo $0,006$ kg.m^2;
- (F): força aplicada ao carrinho;
- (x): coordenada de posição do carrinho;
- (θ): ângulo do pêndulo (teta) da vertical (para baixo).

As equações linearizadas do movimento podem ser representadas na forma de espaço de estado se forem reorganizadas em uma série de equações diferenciais de primeira ordem. Como as equações são lineares, elas podem ser colocadas na matriz padrão mostrada a seguir:

$$\begin{pmatrix} \dot{x} \\ \ddot{x} \\ \dot{\phi} \\ \ddot{\phi} \end{pmatrix} = \begin{pmatrix} 0 & 1 & 0 & 0 \\ 0 & \dfrac{-(I+ml^2)b}{I(M+m)+Mml^2} & \dfrac{m^2gl^2}{I(M+m)+Mml^2} & 0 \\ 0 & 0 & 0 & 1 \\ 0 & \dfrac{-mlb}{I(M+m)+Mml^2} & \dfrac{mgl(M+m)}{I(M+m)+Mml^2} & 0 \end{pmatrix} \begin{pmatrix} x \\ \dot{x} \\ \phi \\ \dot{\phi} \end{pmatrix} + \\ + \begin{pmatrix} 0 \\ \dfrac{I+ml^2}{I(M+m)+Mml^2} \\ 0 \\ \dfrac{ml}{I(M+m)+Mml^2} \end{pmatrix} u \tag{6.18}$$

$$\boldsymbol{y} = \begin{pmatrix} 1 & 0 & 0 & 0 \\ 0 & 0 & 1 & 0 \end{pmatrix} \begin{pmatrix} x \\ \dot{x} \\ \phi \\ \dot{\phi} \end{pmatrix} + \begin{pmatrix} 0 \\ 0 \end{pmatrix} u \tag{6.19}$$

Utilizando a equação (6.7), realize a estimação por baleada do sistema. Escolha um período apropriado para esse sistema.

2. Utilizando a estimação por mínimos quadrados recursiva, estime os parâmetros do pêndulo invertido apresentado no item 1.

3. O sistema *ball-and-beam* ou bola-e-viga consiste em uma viga longa que pode ser inclinada por um servomotor junto com uma bola rolando para frente e para trás ao longo da viga, como mostra a Figura 4.22. Este é um sistema simples e instável em malha aberta. O objetivo é manter a bola no centro da viga. A viga está restrita ao eixo

horizontal. Sem retroação, ela balançará de um lado para outro e a bola rolará para fora da viga. Para estabilizar a bola, um sistema de controle que mede a sua posição e ajusta a trave de acordo deve ser usado.

Considere um sistema contínuo que tem as seguintes matrizes de estado, de entrada e de saída:

$$\mathbf{A} = \begin{bmatrix} 0 & 1 & 0 & 0 \\ 0 & 0 & -8 & 0 \\ 0 & 0 & 0 & 1 \\ -60 & 0 & & 0 \end{bmatrix}, \quad \mathbf{B} = \begin{bmatrix} 0 \\ o \\ 0 \\ 50 \end{bmatrix},$$
$$\mathbf{C} = \begin{bmatrix} 1 & 0 & 0 & 0 \end{bmatrix}, \quad \mathbf{D} = \begin{bmatrix} 0 \end{bmatrix}$$

nas quais $x_1(t)$ é a posição da bola na viga, $x_2(t)$ é a velocidade linear da bola sobre a viga, $x_3(t)$ é o ângulo de inclinação da viga e $x_4(t)$ é a velocidade angular da viga. Utilizando a equação (6.7), realize a estimação por baleada do sistema. Escolha um período apropriado para este sistema.

4. Utilizando a estimação por mínimos quadrados recursiva, estime os parâmetros do sistema *ball-and-beam* ou bola-e-viga apresentado no item 3.

Apêndice A

Tabela de transformadas z

Tabela A.1: Tabela de Transformada de Laplace e Transformada z

No.	$X(s)$	$x(t)$	$x(kT)$ ou $x(k)$	$X(z)$
1.			Delta de Kronecker $\delta_0(k)$ $1, \quad k = 0;$ $0, \quad k \neq 0$	1
2.			$\delta_0(n-k)$ $1, \quad n = k;$ $0, \quad n \neq k$	z^{-k}
3.	$\frac{1}{s}$	$1(t)$	$1(k)$	$\frac{z}{z-1}$
4.	$\frac{1}{s^2}$	t	kT	$\frac{Tz}{(z-1)^2}$
5.	$\frac{2}{s^3}$	t^2	$(kT)^2$	$\frac{T^2 z(z+1)}{(z-1)^3}$
6.	$\frac{6}{s^4}$	t^3	$(kT)^3$	$\frac{T^3 z(z^2+4z+1)}{(z-1)^4}$
7.	$\frac{1}{s^{n+1}}$	$\frac{t^n}{n!}$	$\frac{(kT)^n}{n!}$	$\lim_{a\to 0} \frac{(-1)^n}{n!} \frac{\partial^n}{\partial a^n} \left\{ \frac{z}{z-e^{-aT}} \right\}$

contínua na página seguinte

Tabela A.1: Tabela de Transformada de Laplace e Transformada z (continuação)

No.	$X(s)$	$x(t)$	$x(kT)$ ou $x(k)$	$X(z)$
8.	$\frac{1}{s+a}$	e^{-at}	e^{-akT}	$\frac{z}{z-e^{-aT}}$
9.	$\frac{a}{s(s+a)}$	$1-e^{-at}$	$1-e^{-akT}$	$\frac{\left(1-e^{-aT}\right)z}{(z-1)\left(z-e^{-aT}\right)}$
10.	$\frac{b-a}{(s+a)(s+b)}$	$e^{-at}-e^{-bt}$	$e^{-akT}-e^{-bkT}$	$\frac{\left(e^{-aT}-e^{-bT}\right)z}{\left(z-e^{-aT}\right)\left(z-e^{-bT}\right)}$
11.	$\frac{1}{(s+a)^2}$	$t\,e^{-at}$	$k\,T\,e^{-akT}$	$\frac{T\,e^{-aT}z}{\left(z-e^{-aT}\right)^2}$
12.	$\frac{s}{(s+a)^2}$	$(1-a\,t)\,e^{-at}$	$(1-a\,k\,T)e^{-akT}$	$\frac{z^2-(1+a\,T)\,e^{-aT}z}{\left(z-e^{-aT}\right)^2}$
13.	$\frac{2}{(s+a)^3}$	$t^2\,e^{-at}$	$(k\,T)^2\,e^{-akT}$	$\frac{T^2\,e^{-aT}(z+e^{-aT})z}{\left(z-e^{-aT}\right)^3}$
14.	$\frac{a^2}{s^2(s+a)}$	$a\,t-1+e^{-at}$	$a\,k\,T-1+e^{-akT}$	$\frac{\left[(a\,T-1+e^{-aT})\,z+(1-e^{-aT}-aTe^{-aT})\right]z}{(z-1)^2\left(z-e^{-aT}\right)}$
15.	$\frac{\omega}{s^2+\omega^2}$	$\text{sen}(\omega\,t)$	$\text{sen}(\omega\,k\,T)$	$\frac{z\,\text{sen}(\omega\,T)}{z^2-2z\,\cos(\omega\,T)+1}$

contínua na página seguinte

Tabela A.1: Tabela de Transformada de Laplace e Transformada z (continuação)

No.	$X(s)$	$x(t)$	$x(kT)$ ou $x(k)$	$X(z)$
16.	$\dfrac{s}{s^2+\omega^2}$	$\cos(\omega\, t)$	$\cos(\omega\, k\, T)$	$\dfrac{z^2 - z\,\cos(\omega\, T)}{z^2 - 2z\,\cos(\omega\, T) + 1}$
17.	$\dfrac{\omega}{(s+a)^2+\omega^2}$	$e^{-a\,t}\,\mathrm{sen}(\omega\, t)$	$e^{-a\,k\,T}\,\mathrm{sen}(\omega\, k\, T)$	$\dfrac{e^{-aT}\,z\,\mathrm{sen}(\omega\, T)}{z^2 - 2e^{-aT}\,z\,\cos(\omega\, T) + e^{-2\,a\,T}}$
18.	$\dfrac{s+a}{(s+a)^2+\omega^2}$	$e^{-a\,t}\cos(\omega\, t)$	$e^{-a\,k\,T}\cos(\omega\, k\, T)$	$\dfrac{z^2 - e^{-aT}\,z\cos(\omega\, T)}{z^2 - 2e^{-aT}\,z\,\cos(\omega\, T) + e^{-2\,a\,T}}$
19.			a^k	$\dfrac{z}{z-a}$
20.			a^{k-1} $k = 1, 2, 3, \ldots$	$\dfrac{1}{z-a}$
21.			$k\,a^{k-1}$	$\dfrac{z}{(z-a)^2}$
22.			$k^2\,a^k$	$\dfrac{z\,(z+a)}{(z-a)^3}$
23.			$k^3\,a^k$	$\dfrac{z\,(z^2+4\,a\,z+a^2)}{(z-a)^4}$

contínua na página seguinte

Tabela A.1: Tabela de Transformada de Laplace e Transformada z (continuação)

No.	$X(s)$	$x(t)$	$x(kT)$ ou $x(k)$	$X(z)$
24.			$k^4\,a^k$	$\dfrac{z\,(z^3+11\,a\,z^2+11a^2\,z+a^3)}{(z-a)^5}$
25.			$a^k\,\cos(k\,\pi)$	$\dfrac{z}{z+a}$
26.			$\dfrac{k(k-1)}{2!}$	$\dfrac{z}{(z-1)^3}$
27.			$\dfrac{k(k-1)\cdots(k-m+2)}{(m-1)!}$	$\dfrac{z}{(z-1)^m}$
28.			$\dfrac{k(k-1)}{2!}\,a^{k-2}$	$\dfrac{z}{(z-a)^3}$
29.			$\dfrac{k(k-1)\cdots(k-m+2)}{(m-1)!}a^{k-m+1}$	$\dfrac{z}{(z-a)^m}$

Tabela A.2: Teoremas e Propriedades importantes da Transformada z

No.	$x(t)$ ou $x(k)$	$\mathcal{Z}\{x(t)\}$ ou $\mathcal{Z}\{x(k)\}$
1.	$a\,x(t)$	$a\,X(z)$
2.	$a\,x_1(t) + b\,x_2(t)$	$a\,X_1(z) + b\,X_2(z)$
3.	$x(t+T)$ ou $x(k+1)$	$z\,X(z) - z\,x(0)$
4.	$x(t + 2T)$	$z^2\,X(z) - z^2\,x(0) - z\,x(T)$
5.	$x(k + 2)$	$z^2\,X(z) - z^2\,x(0) - z\,x(1)$
6.	$x(t + kT)$	$z^k\,X(z) - z^k\,x(0) - z^{k-1}\,x(T) - \cdots - z\,x(kT - T)$
7.	$x(t - kT)$	$z^{-k}\,X(z)$
8.	$x(k + n)$	$z^n\,X(z) - z^n\,x(0) - z^{n-1}\,x(1) - \cdots - z\,x(n-1)$
9.	$x(k - n)$	$z^{-n}\,X(z)$
10.	$t\,x(t)$	$-T\,z\,\dfrac{d}{dz}X(z)$
11.	$k\,x(k)$	$-z\,\dfrac{d}{dz}X(z)$
12.	$e^{-a\,t}\,x(t)$	$X(z\,e^{aT})$

contínua na página seguinte

Tabela A.2: Teoremas e Propriedades importantes da Transformada z (continuação)

No.	$x(t)$ ou $x(k)$	$\mathcal{Z}\{x(t)\}$ ou $\mathcal{Z}\{x(k)\}$
13.	$e^{-a\,k}\,x(k)$	$X(z\,e^{a})$
14.	$a^{k}\,x(k)$	$X\left(\dfrac{z}{a}\right)$
15.	$k\,a^{k}\,x(k)$	$-z\,\dfrac{d}{dz}X\left(\dfrac{z}{a}\right)$
16.	$x(0)$	$\lim\limits_{z\to\infty} X(z)$ se o limite existe
17.	$x(\infty)$	$\lim\limits_{z\to 1}\{(1-z^{-1})X(z)\}$ se $(1 - z^{-1})X(z)$ é analítico dentro e fora do círculo unitário
18.	$\nabla\,x(k) = x(k) - x(k-1)$	$(1 - z^{-1})X(z)$
19.	$\Delta\,x(k) = x(k+1) - x(k)$	$(z - 1)\,X(z) - z\,x(0)$
20.	$\sum\limits_{k=0}^{n} x(k)$	$\dfrac{1}{1-z^{-1}}X(z)$
21.	$\dfrac{\partial}{\partial a}x(t,a)$	$\dfrac{\partial}{\partial a}X(z,a)$
22.	$k^{m}\,x(k)$	$\left(-z\dfrac{d}{dz}\right)^{m} X(z)$

contínua na página seguinte

Tabela A.2: Teoremas e Propriedades importantes da Transformada z (continuação)

No.	$x(t)$ ou $x(k)$	$\mathcal{Z}\{x(t)\}$ ou $\mathcal{Z}\{x(k)\}$
23.	$\sum_{k=0}^{n} x(kT)\, y(nT - kT)$	$X(z)\, Y(z)$
24.	$\sum_{k=0}^{\infty} x(k)$	$X(1)$

Apêndice B

Parâmetros de desempenho

B.1 Erro de estado estacionário

Considere o sistema de controle com realimentação unitária da Figura B.1.

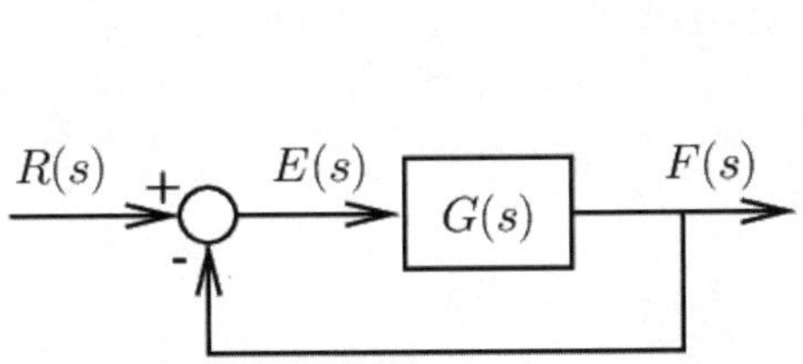

Figura B.1: Sistema de controle com realimentação unitária.

Definição do erro de estado estacionário:

$$e_{ss} = e(\infty) = \lim_{s \to 0} \frac{sR(s)}{1 + G(s)} \tag{B.1}$$

B.1.1 Entrada degrau

Na qual $R(s) = \dfrac{1}{s}$, portanto:

$$e_{ss} = e(\infty) = \lim_{s \to 0} \frac{s\frac{1}{s}}{1 + G(s)} = \frac{1}{1 + \lim_{s \to 0} G(s)} \tag{B.2}$$

$e_{ss} = 0$ se $\lim_{s\to 0} G(s) = \infty$, isto é, deve-se ter pelo menos um polo na origem.

$\lim_{s\to 0} G(s)$ é o ganho estático da função de transferência em malha aberta.

Constante de erro estático de posição

$$K_p = \lim_{s\to 0} G(s), \tag{B.3}$$

então:

$$e_{ss} = \frac{1}{1+K_p}. \tag{B.4}$$

B.1.2 Entrada rampa

Na qual $R(s) = \dfrac{1}{s^2}$, portanto:

$$e_{ss} = e(\infty) = \lim_{s\to 0} \frac{s\dfrac{1}{s^2}}{1+G(s)} = \lim_{s\to 0} \frac{1}{s+sG(s)} = \frac{1}{\lim_{s\to 0} sG(s)} \tag{B.5}$$

$e_{ss} = 0$ se $\lim_{s\to 0} sG(s) = \infty$, isto é, deve-se ter pelo menos dois polos na origem.

Constante de erro estático de velocidade

$$K_v = \lim_{s\to 0} sG(s) \tag{B.6}$$

então:

$$e_{ss} = \frac{1}{K_v}. \tag{B.7}$$

B.1.3 Entrada parabólica

Na qual $R(s) = \frac{1}{s^3}$, portanto:

$$e_{ss} = e(\infty) = \lim_{s \to 0} \frac{s\frac{1}{s^3}}{1 + G(s)} = \lim_{s \to 0} \frac{1}{s^2 + s^2 G(s)} = \frac{1}{\lim_{s \to 0} s^2 G(s)} \tag{B.8}$$

$e_{ss} = 0$ se $\lim_{s \to 0} s^2 G(s) = \infty$, isto é, deve-se ter pelo menos três polos na origem.

Constante de erro estático de aceleração

$$K_a = \lim_{s \to 0} s^2 G(s) \tag{B.9}$$

então:

$$e_{ss} = \frac{1}{K_a}. \tag{B.10}$$

B.2 Relação entre a resposta transitória em malha fechada e a resposta em frequência em malha fechada

Considere o sistema de controle de segunda ordem com realimentação unitária da Figura B.2.

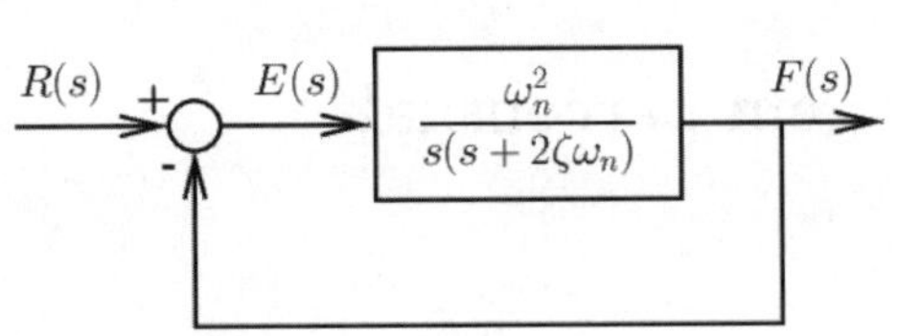

Figura B.2: Sistema de controle com realimentação unitária.

A função de transferência de malha fechada é:

$$\frac{C(s)}{R(s)} = T(s) = \frac{\omega_n^2}{s^2 + 2\zeta\omega_n s + \omega_n^2} \tag{B.11}$$

na qual ω_n é a frequência natural e ζ é o coeficiente de amortecimento.

B.2.1 Localização dos polos

Definidas ζ e ω_n, é possível localizar os polos:

$$s_{1,2} = -\zeta\,\omega_n \pm \omega_n\sqrt{\zeta^2 - 1}. \tag{B.12}$$

B.2.2 Instante de pico

$$t_p = \frac{\pi}{\omega_n\sqrt{1-\zeta^2}} = \frac{\pi}{\omega_d}, \tag{B.13}$$

no qual $\omega_d = \omega_n\sqrt{1-\zeta^2}$ é a frequência amortecida de oscilação (ou frequência natural amortecida) e é a parte imaginária do polo.

B.2.3 Relação de amortecimento

$$\zeta = \frac{-\ln(M_p\%/100)}{\sqrt{\pi^2 + (\ln(M_p\%/100))^2}}. \tag{B.14}$$

B.2.4 Ultrapassagem percentual

$$M_p = e^{-\frac{\zeta\,\pi}{\sqrt{1-\zeta^2}}} \times 100\%. \tag{B.15}$$

B.2.5 Tempo de assentamento

$$t_s = \frac{-\ln\left(0,02\sqrt{1-\zeta^2}\right)}{\zeta\,\omega_n}. \tag{B.16}$$

$$t_s = \frac{4}{\zeta\,\omega_n} = \frac{4}{\sigma_d}, \tag{B.17}$$

na qual σ_d é chamada de frequência exponencial amortecida e é a magnitude da parte real do polo.

B.2.6 Amplitude de pico de ressonância

$$M_r = \frac{1}{2\zeta\sqrt{1-\zeta^2}}. \tag{B.18}$$

$M_r = 1$ se $\zeta > 0,707$.

B.2.7 Frequência de ressonância

$$\omega_r = \omega_n\sqrt{1-2\zeta^2}. \tag{B.19}$$

ω_r real se $\zeta < 0,707$.

B.2.8 Fase na frequência de ressonância

$$\underline{/G(j\omega_r)} = -tg^{-1}\frac{\sqrt{1-2\zeta^2}}{\zeta} = -90^\circ + sen^{-1}\frac{\zeta}{\sqrt{1-2\zeta^2}}. \tag{B.20}$$

B.2.9 Velocidade de resposta da resposta em frequência em malha fechada

$$\omega_{BW} = \omega_n\sqrt{1 - 2\zeta^2 + \sqrt{4\zeta^4 - 4\zeta^2 + 2}}. \tag{B.21}$$

se:

$$\omega_n = \frac{4}{t_s\,\zeta}. \tag{B.22}$$

$$\omega_{BW} = \frac{4}{t_s\,\zeta}\sqrt{1 - 2\zeta^2 + \sqrt{4\zeta^4 - 4\zeta^2 + 2}}. \tag{B.23}$$

se:

$$\omega_n = \frac{\pi}{t_p\,\sqrt{1-\zeta^2}}. \tag{B.24}$$

$$\omega_{BW} = \frac{\pi}{t_p\,\sqrt{1-\zeta^2}}\sqrt{1 - 2\zeta^2 + \sqrt{4\zeta^4 - 4\zeta^2 + 2}}. \tag{B.25}$$

B.2.10 Relação de amortecimento a partir da margem de fase

Seja ω_{cg} a frequência na qual $|G(j\omega)| = 1$, portanto:

$$|G(j\omega)| = \frac{\omega_n^2}{|-\omega^2 + j2\zeta\,\omega_n\,\omega|} = 1. \tag{B.26}$$

assim:

$$\omega_{cg} = \omega_n\sqrt{-2\zeta^2 + \sqrt{1 + 4\zeta^4}}. \tag{B.27}$$

O ângulo de fase nessa frequência é:

$$\underline{/G(j\omega)} = -90 - tg^{-1}\left(\frac{\omega_{cg}}{2\zeta\,\omega_n}\right) \tag{B.28}$$

$$= -90 - tg^{-1}\left(\frac{\sqrt{-2\zeta^2 + \sqrt{1 + 4\zeta^4}}}{2\zeta}\right). \tag{B.29}$$

A margem de fase nessa frequência é:

$$MF = 180 + \angle G(j\omega_{cg}) \tag{B.30}$$

$$= 90 - tg^{-1}\left(\frac{\sqrt{-2\zeta^2 + \sqrt{1+4\zeta^4}}}{2\zeta}\right) \tag{B.31}$$

$$= tg^{-1}\left(\frac{2\zeta}{\sqrt{-2\zeta^2 + \sqrt{1+4\zeta^4}}}\right) \times \frac{180}{\pi}. \tag{B.32}$$

A margem de fase e o coeficiente de amortecimento estão aproximadamente relacionados:

$$MF \approx 100\,\zeta \tag{B.33}$$

para $0 < \zeta \leq 0,7$.

B.2.11 Relação frequência de cruzamento e largura de banda

Pode-se mostrar empiricamente que a frequência de cruzamento ω_c no diagrama de Bode de malha aberta está relacionada à largura de banda do sistema em malha fechada ω_{BW} pela aproximação:

$$\omega_{BW} = 1,6\,\omega_c \tag{B.34}$$

para $0,2 < \zeta < 0,8$.

Aproximação linear entre a largura de banda e a frequência natural:

$$\frac{\omega_{BW}}{\omega_n} = -1,19\zeta + 1.85 \tag{B.35}$$

para $0,3 \leq \zeta \leq 0,8$.

Apêndice C

Scripts no Arduino

C.1 Script Arduino: caso de estudo seção 2.6

Listagem C.1: Programa para simulação no Arduino do Caso de Estudo 2.6.

```
/*
 (c) Magno Enrique Mendoza Meza
 Exemplo do Capitulo 7 - Caso de estudo
 Circuito RLC serie
 Compensador por atraso de fase
 Compensador projetado pelo metodo da resposta em frequencia
 Sinal de referencia senoidal
 */
int OutPwm=6;     // Define-se como saida a porta 6
int InVc=A0;      // Define-se como entrada a porta A0
int sinFun=0;     // Variavel que define a funcao seno

float offset1=0.5, amp1=0.25, senof=0, tt=0;  // Parametros
    da funcao seno
const float Pi = 3.14159;                     // Parametro Pi
float tempo1;      // Definicao do variavel para o tempo

// Definicao dos valores numericos dos diferentes parametros
int valorVc = 0;  // Variavel do valor de leitura da tensao
```

```
   no capacitor
int erro_k = 0;    // Variavel do erro na iteracao k
int erro_k_1 = 0; // Variavel do erro na iteracao k-1
int u_k = 0;       // Variavel de controle na iteracao k
int u_k_1 = 0;     // Variavel de controle na iteracao k-1

float Kc =  9.511/2;  // Ganho do compensador por atraso de
   fase
float n1 = 0.93494;   // Valor do zero do compensador
float d1 = 0.98763;   // Valor do polo do compensador

void setup() {
  // put your setup code here, to run once:
  pinMode(OutPwm,OUTPUT);    // Definicao da porta 6 como
   saida
  pinMode(InVc, INPUT);      // Definicao da porta A0 como
   entrada
  Serial.begin(9600);
}

// Funcao definida para realizar a leitura do tempo na ordem
   de milisegundos
unsigned long LeituraTempo() {
  unsigned long Tempo=millis();
  return Tempo;
}

// Definicao de funcao que mapeia variaveis float, disponivel
    em
// https://developer.mbed.org/questions/54326/How-can-we-use-
   map-function/
float map_f(float in, float inMin, float inMax, float outMin,
    float outMax) {
  // check it's within the range
  // https://developer.mbed.org/questions/54326/How-can-we-
   use-map-function/
```

```
  if (inMin<inMax) {
    if (in <= inMin)
      return outMin;
    if (in >= inMax)
      return outMax;
  } else {  // cope with input range being backwards.
    if (in >= inMin)
      return outMin;
    if (in <= inMax)
      return outMax;
  }
  // calculate how far into the range we are
  float scale = (in-inMin)/(inMax-inMin);
  // calculate the output.
  return outMin + scale*(outMax-outMin);
}

void loop() {
  // put your main code here, to run repeatedly:
  tempo1=LeituraTempo();     // Tempo aquisitado em
   milisegundos
  tt=tempo1/1000;            // Tempo em segundos
  senof=offset1+amp1*sin(Pi/40*tt);  // Funcao seno em Volts
  sinFun=map_f(senof, 0, 5, 0, 1023); // Mapeia 0 a 5 Volts
   em 0 a 1023

  valorVc = analogRead(InVc);   // Leitura da tensao no
   capacitor
  erro_k = (sinFun - valorVc);  // Erro de comparacao sinal
   de referencia e tensao do capacitor
  u_k = (Kc*erro_k - Kc*n1*erro_k_1 + d1*u_k_1);  // Calculo
   do esforco de controle

//  Saturacao do esforco de controle, a saida PWM esta
   limitada entre 0 e 255
  if (u_k > 255) u_k=255;
```

```
  if (u_k < 0) u_k=0;
  erro_k_1 = erro_k;  // Atualizaco do valor do erro para
   seguinte iteracao
  u_k_1 = u_k;        // Atualizaco do valor do controle para
    seguinte iteracao

//  Escrita da porta PWM de saida, onde se aplica o controle
   ao sistema
  analogWrite(OutPwm, u_k);

//  Diferentes valores de saida que serao impressas no
   monitor serial
  Serial.print(sinFun);
  Serial.print("   ");
  Serial.print(valorVc);
  Serial.print("   ");
  Serial.print(u_k);
  Serial.print("   ");
  Serial.println(tt);
  delay(100);
}
```

C.2 Script Arduino: caso de estudo seção 5.6

```
/*
 (c) Magno Enrique Mendoza Meza
 Exemplo do Capitulo 10 - Caso de estudo
 Circuito RLC serie
 Realimentacao de estados com observador de ordem plena e
   controle
 feedforward
 Controle projetado segundo mostrado no capitulo
 Sinal de referencia senoidal
 */
int OutPwm=6;    // Define-se como saida a porta 6
int InVc=A0;     // Define-se como entrada a porta A0
```

```
int sinFun=0;    // Variavel que define a funcao seno

float offset1=0.5, amp1=0.25, senof=0, tt=0;  // Parametros
    da funcao seno
const float Pi = 3.14159;                     // Parametro Pi
float tempo1;     // Definicao do variavel para o tempo

// Definicao dos valores numericos dos diferentes parametros
int valorVc = 0;
float Ad11 = 0.90484;
float Ad12 = 0.00000199065;
float Ad21 = -0.90484;
float Ad22 = -0.00000199065;

float Bd1 = 0.095161;
float Bd2 = 0.904841;

// Definicao dos ganhos do observador
float Ko1 = 0.9048;
float Ko2 = -0.9048;

// Definicao dos ganhos de realimentacao
float K1 = 1.57387;
float K2 = -0.46921;

// Definicao do ganho do controle feedforward
float Kff = 2.05; //2.5739;

// Definicao das variaveis do estimador
float q1_k = 0;
float q2_k = 0;
float q1_k_1 = 0;
float q2_k_1 = 0;

// Inicializacao do controle u
int u_k = 0;
```

```
void setup() {
  // put your setup code here, to run once:
  pinMode(OutPwm,OUTPUT);     // Definicao da porta 6 como
    saida
  pinMode(InVc, INPUT);       // Definicao da porta A0 como
    entrada
  Serial.begin(9600);         //
}

// Funcao definida para realizar a leitura do tempo na ordem
    de milisegundos
unsigned long LeituraTempo() {
  unsigned long Tempo=millis();
  return Tempo;
}

// Definicao de funcao que mapeia variaveis float, disponivel
     em
// https://developer.mbed.org/questions/54326/How-can-we-use-
    map-function/
float map_f(float in, float inMin, float inMax, float outMin,
     float outMax) {
  // check it's within the range
  if (inMin<inMax) {
    if (in <= inMin)
      return outMin;
    if (in >= inMax)
      return outMax;
  } else {  // cope with input range being backwards.
    if (in >= inMin)
      return outMin;
    if (in <= inMax)
      return outMax;
  }
  // calculate how far into the range we are
```

```
  float scale = (in-inMin)/(inMax-inMin);
  // calculate the output.
  return outMin + scale*(outMax-outMin);
}

void loop() {
  // put your main code here, to run repeatedly:
  tempo1=LeituraTempo();     // Tempo aquisitado em
    milisegundos
  tt=tempo1/1000;            // Tempo em segundos
  senof=offset1+amp1*sin(Pi/40*tt);   // Funcao seno em Volts
  sinFun=map_f(senof, 0, 5, 0, 1023); // Mapeia 0 a 5 Volts
    em 0 a 1023

  valorVc = analogRead(InVc);    // Leitura da tensao no
    capacitor

//  Determinacao das variaveis do estimador de estados de
    ordem plena
  q1_k_1 = Ad11*q1_k + Ad12*q2_k + Ko1*(valorVc - q1_k) + Bd1
    *u_k;
  q2_k_1 = Ad21*q1_k + Ad22*q2_k + Ko2*(valorVc - q1_k) + Bd2
    *u_k;

//  Calcula o esforco de controle
  u_k = Kff*sinFun - K1*q1_k - K2*q2_k;

//  Atualiza as variaveis de estimacao para a seguinte
    itracao
  q1_k = q1_k_1;
  q2_k = q2_k_1;

//  Saturacao do esforco de controle, a saida PWM esta
    limitada entre 0 e 255
  if (u_k > 255) u_k=255;
  if (u_k < 0) u_k=0;
```

```
// Escrita da porta PWM de saida, onde se aplica o controle
   ao sistema
  analogWrite(OutPwm, u_k);

// Diferentes valores de saida que serao impressas no
   monitor serial
  Serial.print(sinFun);
  Serial.print("   ");
  Serial.print(valorVc);
  Serial.print("   ");
  Serial.print(u_k);
  Serial.print("   ");
  Serial.println(tt);
  delay(100);
}
```

C.3 Script Arduino: caso de estudo seção 5.6

```
/*
 (c) Magno Enrique Mendoza Meza
 Exemplo do Capitulo 10 - Caso de estudo
 Circuito RLC serie
 Realimentacao de estados com observador de ordem plena e
   controle
 integral
 Controle projetado segundo mostrado no capitulo
 Sinal de referencia senoidal
*/
int OutPwm=6;    // Define-se como saida a porta 6
int InVc=A0;     // Define-se como entrada a porta A0
int sinFun=0;    // Variavel que define a funcao seno

float offset1=0.5, amp1=0.25, senof=0, tt=0;  // Parametros
   da funcao seno
const float Pi = 3.14159;                     // Parametro Pi
```

```
float tempo1;       // Definicao do variavel para o tempo

// Definicao dos valores numericos dos diferentes parametros
int valorVc = 0;  // Variavel do valor de leitura da tensao
   no capacitor
float Ad11 = 0.90484;
float Ad12 = 0.00000199065;
float Ad21 = -0.90484;
float Ad22 = -0.00000199065;

float Bd1 = 0.095161;
float Bd2 = 0.904841;

// Definicao dos ganhos dos observador de ordem plena
float Ko1 = 0.9048;
float Ko2 = -0.9048;

// Definicao dos ganhos de realimentacao aumentada
float K1 = 3.38795;
float K2 = -0.32844;
float K3 = -0.77216;

// Definicao do ganho do controle feedforward
float Kff = 2.5739;

// Definicao das variaveis do estimador e controle integral
float q1_k = 0;
float q2_k = 0;
float q1_k_1 = 0;
float q2_k_1 = 0;
float z_k = 0;
float z_k_1 = 0;

// Inicializacao do controle u
int u_k = 0;
```

```
//int erro_k = 0;
//int erro_k_1 = 0;
//int u_k_1 = 0;

void setup() {
  // put your setup code here, to run once:
  pinMode(OutPwm,OUTPUT);   // Definicao da porta 6 como
    saida
  pinMode(InVc, INPUT);     // Definicao da porta A0 como
    entrada
  Serial.begin(9600);       //
}

// Funcao definida para realizar a leitura do tempo na ordem
    de milisegundos
unsigned long LeituraTempo() {
  unsigned long Tempo=millis();
  return Tempo;
}

// Definicao de funcao que mapeia variaveis float, disponivel
     em
// https://developer.mbed.org/questions/54326/How-can-we-use-
    map-function/
float map_f(float in, float inMin, float inMax, float outMin,
     float outMax) {
  // check it's within the range
  if (inMin<inMax) {
    if (in <= inMin)
      return outMin;
    if (in >= inMax)
      return outMax;
  } else {  // cope with input range being backwards.
    if (in >= inMin)
      return outMin;
    if (in <= inMax)
```

```
      return outMax;
  }
  // calculate how far into the range we are
  float scale = (in-inMin)/(inMax-inMin);
  // calculate the output.
  return outMin + scale*(outMax-outMin);
}

void loop() {
  // put your main code here, to run repeatedly:
  tempo1=LeituraTempo();     // Tempo aquisitado em
    milisegundos
  tt=tempo1/1000;            // Tempo em segundos
  senof=offset1+amp1*sin(Pi/40*tt);   // Funcao seno em Volts
  sinFun=map_f(senof, 0, 5, 0, 1023); // Mapeia 0 a 5 Volts
    em 0 a 1023

  valorVc = analogRead(InVc);     // Leitura da tensao no
    capacitor

//  Determina as variavies do observador de ordem plena
  q1_k_1 = Ad11*q1_k + Ad12*q2_k + Ko1*(valorVc - q1_k) + Bd1
    *u_k;
  q2_k_1 = Ad21*q1_k + Ad22*q2_k + Ko2*(valorVc - q1_k) + Bd2
    *u_k;
  z_k_1 = sinFun - valorVc + z_k;

//  Calcula o esforco de controle
  u_k = -K3*z_k - K1*q1_k - K2*q2_k;

//  Atualizacao das variavies do observador de ordem plena
  q1_k = q1_k_1;
  q2_k = q2_k_1;
  z_k = z_k_1;

//  Saturacao do esforco de controle, a saida PWM esta
```

```
    limitada entre 0 e 255
  if (u_k > 255) u_k=255;
  if (u_k < 0) u_k=0;

// Escrita da porta PWM de saida, onde se aplica o controle
    ao sistema
  analogWrite(OutPwm, u_k);

// Diferentes valores de saida que serao impressas no
    monitor serial
  Serial.print(sinFun);
  Serial.print("   ");
  Serial.print(valorVc);
  Serial.print("   ");
  Serial.print(u_k);
  Serial.print("   ");
  Serial.println(tt);
  delay(50);
}
```

C.4 Script Arduino: caso de estudo seção 5.6

```
/*
 (c) Magno Enrique Mendoza Meza
 Exemplo do Capitulo 10 - Caso de estudo
 Circuito RLC serie
 Realimentacao de estados com observador de ordem reduzida e
    controle
 feedforward
 Controle projetado segundo mostrado no capitulo
 Sinal de referencia senoidal
 */
int OutPwm=6;    // Define-se como saida a porta 6
int InVc=A0;     // Define-se como entrada a porta A0
int sinFun=0;    // Variavel que define a funcao seno
```

```
float offset1=0.5, amp1=0.25, senof=0, tt=0;  // Parametros
    da funcao seno
const float Pi = 3.14159;                      // Parametro Pi
float tempo1;     // Definicao do variavel para o tempo

// Definicao dos valores numericos dos diferentes parametros
int valorVc = 0;  // Variavel do valor de leitura da tensao
    no capacitor
float Adaa = 0.90484;
float Adab = 0.00000199065;
float Adba = -0.90484;
float Adbb = -0.00000199065;

float Bda = 0.095161;
float Bdb = 0.904841;

// Definicao do ganho do observador de ordem reduzida
float Ko = -4.086537;

// Definicao dos ganhos de realimentacao
float K1 = 1.57387;
float K2 = -0.46921;

// Definicao do ganho do controle feedforward
float Kff = 2.5739/1.12; //6.434671/2.5; //

// Definicao das variaveis do estimador
float w_k = 0;
float w_k_1 = 0;
float qb_k = 0;

// Inicializacao do controle u
int u_k = 0;

void setup() {
  // put your setup code here, to run once:
```

```
  pinMode(OutPwm,OUTPUT);       // Definicao da porta 6 como
    saida
  pinMode(InVc, INPUT);         // Definicao da porta A0 como
    entrada
  Serial.begin(9600);           //
}

// Funcao definida para realizar a leitura do tempo na ordem
    de milisegundos
unsigned long LeituraTempo() {
  unsigned long Tempo=millis();
  return Tempo;
}

// Definicao de funcao que mapeia variaveis float, disponivel
     em
// https://developer.mbed.org/questions/54326/How-can-we-use-
    map-function/
float map_f(float in, float inMin, float inMax, float outMin,
     float outMax) {
  // check it's within the range
  if (inMin<inMax) {
    if (in <= inMin)
      return outMin;
    if (in >= inMax)
      return outMax;
  } else {  // cope with input range being backwards.
    if (in >= inMin)
      return outMin;
    if (in <= inMax)
      return outMax;
  }
  // calculate how far into the range we are
  float scale = (in-inMin)/(inMax-inMin);
  // calculate the output.
  return outMin + scale*(outMax-outMin);
```

```
}

void loop() {
  // put your main code here, to run repeatedly:
  tempo1=LeituraTempo();    // Tempo aquisitado em
    milisegundos
  tt=tempo1/1000;           // Tempo em segundos
  senof=offset1+amp1*sin(Pi/40*tt);   // Funcao seno em Volts
  sinFun=map_f(senof, 0, 5, 0, 1023); // Mapeia 0 a 5 Volts
    em 0 a 1023

  valorVc = analogRead(InVc);   // Leitura da tensao no
    capacitor

//  Determinacao das variaveis do estimador de estados de
    ordem plena
  w_k_1 = (Bdb-Ko*Bda)*u_k + (Adba-Ko*Adaa + Ko*(Adbb-Ko*Adab
    ))*valorVc + (Adbb-Ko*Adab)*w_k;
  w_k = w_k_1;
  qb_k = w_k+Ko*valorVc;

//  Calcula o esforco de controle
  u_k = Kff*sinFun - K1*valorVc - K2*qb_k;

//  Saturacao do esforco de controle, a saida PWM esta
    limitada entre 0 e 255
  if (u_k > 255) u_k=255;
  if (u_k < 0) u_k=0;

//  Escrita da porta PWM de saida, onde se aplica o controle
    ao sistema
  analogWrite(OutPwm, u_k);

//  Diferentes valores de saida que serao impressas no
    monitor serial
  Serial.print(sinFun);
```

```
  Serial.print("   ");
  Serial.print(valorVc);
  Serial.print("   ");
  Serial.print(u_k);
  Serial.print("   ");
  Serial.println(tt);
  delay(50);
}
```

C.5 Script Arduino: caso de estudo seção 5.6

```
/*
 (c) Magno Enrique Mendoza Meza
 Exemplo do Capitulo 10 - Caso de estudo
 Circuito RLC serie
 Realimentacao de estados com observador de ordem reduzida e
    controle
 integral
 Controle projetado segundo mostrado no capitulo
 Sinal de referencia senoidal
 */
int OutPwm=6;    // Define-se como saida a porta 6
int InVc=A0;     // Define-se como entrada a porta A0
int sinFun=0;    // Variavel que define a funcao seno

float offset1=0.5, amp1=0.25, senof=0, tt=0;  // Parametros
    da funcao seno
const float Pi = 3.14159;                     // Parametro Pi
float tempo1;      // Definicao do variavel para o tempo

// Definicao dos valores numericos dos diferentes parametros
int valorVc = 0;   // Variavel do valor de leitura da tensao
    no capacitor
float Adaa = 0.90484;
float Adab = 0.00000199065;
float Adba = -0.90484;
```

```
float Adbb = -0.00000199065;

float Bda = 0.095161;
float Bdb = 0.904841;

// Definicao do ganho do observador de ordem reduzida
float Ko = -4.086537;

// Definicao dos ganhos de realimentacao
float K1 = 2.17856;
float K2 = -0.42229;
float K3 = -0.25739;

// Definicao das variaveis do estimador
float w_k = 0;
float w_k_1 = 0;
float qb_k = 0;
float z_k_1 = 0;
float z_k = 0;

// Inicializacao do controle u
int u_k = 0;

void setup() {
  // put your setup code here, to run once:
  pinMode(OutPwm,OUTPUT);     // Definicao da porta 6 como
    saida
  pinMode(InVc, INPUT);       // Definicao da porta A0 como
    entrada
  Serial.begin(9600);         //
}

// Funcao definida para realizar a leitura do tempo na ordem
    de milisegundos
unsigned long LeituraTempo() {
  unsigned long Tempo=millis();
```

```
  return Tempo;
}

// Definicao de funcao que mapeia variaveis float, disponivel
    em
// https://developer.mbed.org/questions/54326/How-can-we-use-
    map-function/
float map_f(float in, float inMin, float inMax, float outMin,
    float outMax) {
  // check it's within the range
  if (inMin<inMax) {
    if (in <= inMin)
      return outMin;
    if (in >= inMax)
      return outMax;
  } else {  // cope with input range being backwards.
    if (in >= inMin)
      return outMin;
    if (in <= inMax)
      return outMax;
  }
  // calculate how far into the range we are
  float scale = (in-inMin)/(inMax-inMin);
  // calculate the output.
  return outMin + scale*(outMax-outMin);
}

void loop() {
  // put your main code here, to run repeatedly:
  tempo1=LeituraTempo();      // Tempo aquisitado em
   milisegundos
  tt=tempo1/1000;             // Tempo em segundos
  senof=offset1+amp1*sin(Pi/40*tt);  // Funcao seno em Volts
  sinFun=map_f(senof, 0, 5, 0, 1023); // Mapeia 0 a 5 Volts
   em 0 a 1023
```

```
  valorVc = analogRead(InVc);    // Leitura da tensao no
   capacitor

//  Determinacao das variaveis do estimador de estados de
   ordem plena
  w_k_1 = (Bdb-Ko*Bda)*u_k + (Adba-Ko*Adaa + Ko*(Adbb-Ko*Adab
   ))*valorVc + (Adbb-Ko*Adab)*w_k;
  w_k = w_k_1;
  qb_k = w_k+Ko*valorVc;

  z_k_1 = sinFun - valorVc + z_k;

//  Calcula o esforco de controle
  u_k = -K3*z_k - K1*valorVc - K2*qb_k;

//  Atualizacao das variavies do controle integral
  z_k = z_k_1;

//  Saturacao do esforco de controle, a saida PWM esta
   limitada entre 0 e 255
  if (u_k > 255) u_k=255;
  if (u_k < 0) u_k=0;

//  Escrita da porta PWM de saida, onde se aplica o controle
   ao sistema
  analogWrite(OutPwm, u_k);

//  Diferentes valores de saida que serao impressas no
   monitor serial
  Serial.print(sinFun);
  Serial.print("   ");
  Serial.print(valorVc);
  Serial.print("   ");
  Serial.print(u_k);
  Serial.print("   ");
  Serial.println(tt);
```

```
  delay(100);
}
```

Referências

AGUIRRE, L. A. (Ed.). *Introdução à Identificação de Sistemas: Técnicas Lineares e Não-Lineares Aplicadas a Sistemas Reais*. 3. ed. SP - Brasil: Editora UFMG, 2007.

ANTONIOU, A. *Digital signal processing: Signals, systems, and filters*. USA: McGraw-Hill, New York, 2006.

ÅSTRÖM, K. J.; WITTENMARK, B. *Computer-Controlled Systems – Theory and Design*. Hoboken: Prentice–Hall, 1990.

CAMACHO, E. F.; ALBA, C. B. *Model predictive control*. UK: Springer Science & Business Media, 2013.

CANETE, L.; KIMURA, S.; TAKAHASHI, T. Control of pushing and pulling motion of a wheeled inverted pendulum based on a reduced order observer. In: TRANS TECH PUBL. *Advanced Engineering Forum*. [S.l.], 2012. v. 2, p. 74–79.

CHAKRABORTTY, A.; NAGLE, H. T.; PHILLIPS, C. L. *Digital Control System Analysis & Design: Global Edition*. USA: Pearson Education, 2015.

COELHO, A. A. R.; COELHO, L. dos S. *Identificação de sistemas dinâmicos lineares*. Brasil: Editora UFSC, 2004.

COHN, A. Über die anzahl der wurzeln einer algebraischen gleichung in einem kreise. *Mathematische Zeitschrift*, Springer, v. 14, n. 1, p. 110–148, 1922.

CRASSIDIS, J. L.; JUNKINS, J. L. *Optimal estimation of dynamic systems*. USA: CRC press, 2011.

DORF, R. C.; BISHOP, R. H. *Sistemas de Controle Modernos*. Brasil: LTC, 2001.

DORF, R. C.; BISHOP, R. H. *Modern Control Systems*. New Jersey: Pearson, 2008.

ELAYDI, S. *An introduction to difference equations*. USA: Springer, 2005.

FADALI, M. S.; VISIOLI, A. *Digital Control Engineering: Analysis and Design*. USA: Academic Press, 2009.

FRANKLIN, G. F.; POWELL, J. D.; EMAMI-NAEINI, A. *Feedback Control of Dynamic Systems*. New Jersey: Pearson Prentice Hall, 2006.

FRANKLIN, G. F.; POWELL, J. D.; EMAMI-NAEINI, A. *Sistemas de Controle para Engenharia*. 6. ed. Porto Alegre: Bookman, 2013.

FRANKLIN, G. F.; POWELL, J. D.; WORKMAN, M. L. *Digital Control of Dynamic Systems*. USA: Ellis-Kagle Press, 1998.

FUJIWARA, M. Über die algebraischen gleichungen, deren wurzeln in einem kreise oder in einer halbebene liegen. *Mathematische Zeitschrift*, Springer, v. 24, n. 1, p. 161–169, 1926.

GOLNARAGHI, F.; KUO, B. C. *Sistemas de Controle Automático*. 9. ed. Rio de Janeiro: LTC, 2012.

GOPAL, M. *Digital Control and States Variable Methods: Conventional and Intelligent Control Systems*. New Delhi: McGraw-Hill, 2009.

HAZEWINKEL, M. *Encyclopaedia of Mathematics: Supplement Volume II*. Dordrecht: Springer, 2012.

ISERMANN, R.; MÜNCHHOF, M. *Identification of dynamic systems: an introduction with applications*. Berlin: Springer, 2010.

JURY, E. I. *Theory and application of the z-transform method*. New York: John Wiley & Sons, 1964.

JURY, E. I. *Inners and stability of dynamic systems*. USA: Robert E. Krieger Publishing Co. Inc., 1974.

KIM, C.; KIM, J.; CHOI, J. W. Lq-servo design with reduced order observer for two-wheeled self-balancing robot based on hil simulation. *International Journal of Control and Automation*, v. 8, n. 12, p. 13–26, 2015.

KOUVARITAKIS, B.; CANNON, M. *Model Predictive Control: Classical, Robust and Stochastic.* Switzerland: UK, 2016.

KUO, B. C. *Digital Control Systems.* 2. ed. New York: Oxford University Press, 1992.

KUO, B. C.; GOLNARAGHI, F. *Automatic Control Systems.* New York: Prentice Hall, 1996.

LANDAU, I. D.; ZITO, G. *Digital Control Systems: Design, Identification and Implementation.* 1. ed. London: Springer, 2006.

LI, X. et al. Stability analysis for discrete biological models using algebraic methods. *Mathematics in Computer Science*, Springer, v. 5, n. 3, p. 247–262, 2011.

LJUNG, L. (Ed.). *System Identification: Theory for the User.* 2. ed. Upper Saddle River, NJ: Prentice Hall, 1999.

MEZA, M. E. M. *Controle de sistemas por computador.* Brasil: Editora UFABC, 2020.

MOIVRE, A. D. *Miscellanea analytica de seriebus et quadraturis.* London: Thonson & J. Watts, 1730.

NAIDU, D. S. *Optimal control systems.* USA: CRC Press, 2002.

NISE, N. S. *Engenharia de Sistemas de Controle.* Brasil: LTC, 2000.

NISE, N. S. *Control Systems Engineering.* USA: John Wiley & Sons, 2011.

OGATA, K. *Discrete-Time Control Systems.* New Jersey: Prentiece Hall, 1995.

OGATA, K. *Engenharia de Controle Moderno.* Brasil: Pearson & Prentice Hall, 2008.

OGATA, K. *Modern Control Engineering.* USA: Prentice Hall, 2009.

PHILLIPS, C. L.; HARBOR, R. D. *Sistemas de Controle e Realimentação.* Brasil: MAKRON Books, 1997.

PHILLIPS, C. L.; HARBOR, R. D. *Feedback Control Systems.* New Jersey: Prentice Hall, 2000.

PHILLIPS, C. L.; NAGLE, H. T. *Digital Control System Analysis and Design*. 3. ed. New Jersey: Prentice Hall, 1995.

POULARIKAS, A. D. *Transforms and applications handbook*. USA: CRC press, 2010.

RAJAK, N. Stabilization of cart-inverted pendulum using pole-placement method. *Int. J. Adv. Engg. Res. Studies/IV/II/Jan.-March*, v. 308, p. 312, 2015.

RAKOVIĆ, S. V.; LEVINE, W. S. *Handbook of model predictive control*. Switzerland: Springer, 2018.

WANG, L. *Model predictive control system design and implementation using MATLAB®*. UK: Springer Science & Business Media, 2009.

ZHANG, R.; XUE, A.; GAO, F. *Model Predictive Control: Approaches Based on the Extended State Space Model and Extended Non-minimal State Space Model*. Singapore: Springer, 2019.

Lista de figuras

1.1 Relação entre a transformada de Laplace e a transformada z. 19

1.2 Função de transferência pulsada em malha aberta. 29

1.3 Sistema discreto em malha aberta. 29

1.4 Função de transferência pulsada em malha fechada. 30

1.5 Sistema discreto em malha fechada. 31

1.6 Comparação das soluções analítica e computacional, exemplo 1.9.7. . . 52

1.7 Sistema em tempo discreto em malha fechada. 57

1.8 Sistema de controle em tempo discreto, exercício 5. 61

2.1 Sistema estável em tempo discreto LIT. 64

2.2 Mapeamento $s \to z \to w$. 68

2.3 Sistema de controle digital. 71

2.4 Diagrama de Nyquist do sistema compensado. 75

2.5 Sistema de controle discreto. 77

2.6 Diagrama de Bode do sistema da equação (2.23). 79

2.7 Diagrama de Bode do sistema da compensado. 83

2.8 Simulações do exemplo 2.4.1. 83

2.9 Esforço de controle a uma entrada degrau unitária o exemplo 2.4.1. . . 84

2.10 Diagrama de Bode do sistema compensado. 90

2.11 Simulações do exemplo 2.4.2. 91

2.12 Diagrama de Bode do sistema da equação (2.28). 94

2.13 Diagrama de Bode do sistema compensado. 99

2.14 Simulações do exemplo 2.4.3. 100
2.15 Controle PID discreto. 101
2.16 Resposta de frequência para o controle PID. 102
2.17 Resposta de frequência para o controle PI. 107
2.18 Diagrama de Bode do sistema dado pela equação (2.42). 109
2.19 Diagrama de Bode do sistema compensado. 112
2.20 Simulações do exemplo 2.5.1. 113
2.21 Resposta de frequência para o controle PD. 115
2.22 Diagrama de Bode do sistema compensado. 119
2.23 Simulações do exemplo 2.4.2. 119
2.24 Esforço de controle a uma entrada degrau unitária do exemplo 2.4.2. . 120
2.25 Diagrama de Bode do sistema sem compensação. 121
2.26 Diagrama de Bode do sistema compensado. 123
2.27 Simulações do exemplo 2.5.3. 124
2.28 Circuito RLC série. 125
2.29 Diagrama de Bode do sistema da equação (2.49). 128
2.30 Diagrama de Bode do sistema da compensado. 130
2.31 Simulações do sistema com compensador discreto. 130
2.32 Simulações do sistema com compensador discreto. 131
2.33 Implementação do circuito RLC série com microprocessador Arduino. Valores dos componentes: $R = 10$ KΩ; $L = 22$ mH; e $C = 100$ μF. . . 132
2.34 Implementação do sistema com compensador discreto. 133
2.35 Sistema de controle discreto. 133
2.36 Diagrama de Bode do sistema da equação (2.51). 136
2.37 Diagrama de Bode do sistema da compensado. 138
2.38 Simulações do exemplo 2.7.1. 139
2.39 Sistema de controle discreto. 140
2.40 Resposta da saída do sistema em malha fechada sem compensação a uma entrada degrau unitária. 141
2.41 Diagrama de Bode do sistema dado pela equação (2.55). 143

2.42 Diagrama de Bode do sistema compensado. 146
2.43 Simulações do exemplo 2.7.2. 147
2.44 Diagrama de Bode do sistema dado pela equação (2.57). 149
2.45 Diagrama de Bode do sistema compensado. 153
2.46 Simulações do exemplo 2.7.3. 154
2.47 Diagrama de Bode do sistema da equação (2.28) com ganho ajustado. . 156
2.48 Diagrama de Bode do sistema com compensador por atraso de fase. . . 161
2.49 Diagrama de Bode do sistema compensado por atraso-avanço de fase. . 163
2.50 Simulações do exemplo 2.4.3. 164
2.51 Resposta da saída do sistema em malha fechada sem compensação a uma entrada degrau unitária. 166
2.52 Diagrama de Bode do sistema dado pela equação (2.63). 167
2.53 Diagrama de Bode do sistema compensado. 171
2.54 Simulações do exemplo 2.7.2. 172
2.55 Sistema de controle discreto. 173

3.1 Diagrama de blocos de um sistema de controle linear em tempo discreto invariante no tempo, representado no espaço de estados. 180
3.2 Diagrama de blocos de um sistema de controle. 231

4.1 Sistema de controle em malha aberta. 248
4.2 Sistema de controle em malha fechada com $u(k) = -\boldsymbol{K}_d \mathbf{x}(k)$. 249
4.3 Resposta do sistema geral para o problema de regulação. 253
4.4 Resposta do sistema geral para o problema de regulação sob o controle *deadbeat*. 261
4.5 Sistema de controle com realimentação de estados e entrada de referência. 262
4.6 Resposta do sistema geral para o seguimento de um sinal de referência sem e com controle *feedforward*. 265
4.7 Saída do sistema geral para o seguimento de um sinal de referência sem e com controle *feedforward*. 266
4.8 Sistema de controle com realimentação de estados e controle integral. . 267

4.9 Resposta do sistema geral para o seguimento de um sinal e controle integral. 270
4.10 Resposta do sistema geral para o seguimento de um sinal e controle ótimo. 282
4.11 Resposta do sistema geral para o seguimento de um sinal e controle MPC. 294
4.12 Resposta do sistema geral para o seguimento de um sinal e controle MPC. 296
4.13 Resposta do sistema geral para o seguimento de um sinal de referência sem e com controle *feedforward*. 299
4.14 Resposta do sistema geral para o seguimento de um sinal e controle integral. 301
4.15 Resposta do sistema exemplo 4.11.1 para regulação por realimentação de estados para três conjuntos diferentes de polos em malha fechada. . 305
4.16 Sistema de controle de um pórtico de pêndulo duplo. 307
4.17 Resposta do sistema do exemplo 4.11.3 para o seguimento de um sinal de referência com controle *feedforward*. 310
4.18 Resposta do sistema do exemplo 4.11.4 para o seguimento de um sinal de referência com controle integral. 313
4.19 Resposta do sistema do exemplo 4.11.5 para o seguimento de um sinal de referência com controle ótimo. 316
4.20 Resposta do sistema do exemplo 4.11.6 para o seguimento de um sinal de referência com controle MPC. 320
4.21 Sistema de controle do pêndulo invertido circular. 322
4.22 Sistema de controle de *ball-and-beam*. 324

5.1 Sistema de seguimento de sinal com realimentação e observador de estados. Sistema de regulação com realimentação e observador de estados quando $\mathbf{K_{ff}} = 0$. 328
5.2 Sistema de controle com realimentação de estados e seguimento de sinal com $\mathbf{K_{ff}} \neq 0$. 330
5.3 Sistema de controle com realimentação de estados observados por um observador de ordem plena. 330

5.4 Resposta do sistema geral para o seguimento de um sinal de referência com controle de realimentação de estados, observador de ordem plena e controle *feedforward*. 338

5.5 Resposta do sistema geral para o seguimento de um sinal de referência com controle de realimentação de estados, observador de ordem plena e controle integral. 340

5.6 Sistema de regulador com realimentação de estados com observador de ordem reduzida, $\mathbf{K_{ff}} = \mathbf{0}$. Para o seguimento de sinal $\mathbf{K_{ff}} \neq \mathbf{0}$. 345

5.7 Resposta do sistema geral para o seguimento de um sinal de referência com controle de realimentação de estados, observador de ordem reduzida e controle *feedforward*. 349

5.8 Resposta do sistema geral para o seguimento de um sinal de referência com controle de realimentação de estados, observador de ordem reduzida e controle integral. 351

5.9 Resposta do sistema geral para o seguimento de um sinal de referência com controle de realimentação de estados, filtro de Kalman e controle *feedforward*. 363

5.10 Resposta do sistema geral para o seguimento de um sinal de referência com controle de realimentação de estados, observador de ordem plena e controle integral. 365

5.11 Resposta do sistema geral para o seguimento de um sinal de referência com realimentação de estados, controle MPC e observador de ordem plena *deadbeat* MPC. 369

5.12 Resposta do sistema geral para o seguimento de um sinal de referência com realimentação de estados, controle MPC saturado e observador de ordem plena *deadbeat* MPC. 371

5.13 Resposta do sistema geral para o seguimento de um sinal de referência com controle de realimentação de estados, observador de ordem plena e controle *feedforward*. 373

5.14 Implementação do sistema de controle com realimentação de estados, observador de ordem plena e controle *feedforward*. 374

5.15 Resposta do sistema geral para o seguimento de um sinal de referência com controle de realimentação de estados, observador de ordem plena e controle integral. 376

5.16 Implementação do sistema de controle com realimentação de estados, observador de ordem plena e controle integral. 377

5.17 Resposta do sistema geral para o seguimento de um sinal de referência com controle de realimentação de estados, observador de ordem plena e controle *feedforward*. 379

5.18 Implementação do sistema de controle com realimentação de estados, observador de ordem reduzida e controle *feedforward*. 380

5.19 Resposta do sistema geral para o seguimento de um sinal de referência com controle de realimentação de estados, observador de ordem reduzida e controle integral. 381

5.20 Implementação do sistema de controle com realimentação de estados, observador de ordem reduzida e controle integral. 382

5.21 Resposta do sistema do exemplo 5.7.1 para o seguimento de um sinal de referência com controle *feedforward* e observador de ordem plena. . 385

5.22 Resposta do sistema geral para o seguimento de um sinal de referência com controle de realimentação de estados, observador de ordem plena e controle integral. 389

5.23 Resposta do sistema geral para o seguimento de um sinal de referência com controle de realimentação de estados, filtro de Kalman e controle *feedforward*. 393

5.24 Resposta do sistema geral para o seguimento de um sinal de referência com controle de realimentação de estados, observador de ordem plena e controle integral. 396

5.25 Resposta do sistema geral para o seguimento de um sinal de referência com controle de realimentação de estados, observador de ordem reduzida e controle *feedforward*. 400
5.26 Resposta do sistema geral para o seguimento de um sinal de referência com controle de realimentação de estados, observador de ordem reduzida e controle integral. 404
5.27 Resposta do sistema do exemplo 5.7.7 para o seguimento de um sinal de referência com controle e observador MPC. 408

6.1 Dados de entrada e saída do sistema. Dados de simulação do sistema e do modelo, exemplo 6.2.1. 422
6.2 Dados de entrada e de saída do sistema a ser identificado, exemplo 6.3.1. 426
6.3 Dados de saída do sistema e dados de saída do modelo, exemplo 6.3.1. 427
6.4 Dados de entrada e saída do sistema. Dados de simulação do sistema e do modelo, exemplo 6.4.1. 428
6.5 Evolução ao longo do tempo dos parâmetros estimados, exemplo 6.4.2. 432
6.6 Dados de saída do modelo original e dados de saída do modelo estimado, exemplo 6.4.2. 433
6.7 Sistema eletromecânico. 433
6.8 Sistema eletromecânico com retroação. 435
6.9 Dados de entrada e saída do sistema. Dados de simulação do sistema e do modelo, exemplo 6.2.1. 436
6.10 Evolução ao longo do tempo dos parâmetros estimados, exemplo 6.4.4. 439
6.11 Dados de saída do modelo original e dados de saída do modelo estimado, exemplo 6.4.4. 440
6.12 Representação gráfica do pêndulo invertido. 441

B.1 Sistema de controle com realimentação unitária. 453
B.2 Sistema de controle com realimentação unitária. 455

Lista de tabelas

1.1 Transformadas z. 21

1.2 Tabela de Jury 34

2.1 Resposta em frequência para o Exemplo 2.4.1. 80

2.2 Resposta em frequência para o Exemplo 2.4.2. 87

2.3 Resposta em frequência para o Exemplo 2.4.3. 93

2.4 Resposta em frequência para o Exemplo 2.4.3. 96

2.5 Resposta em frequência para o Exemplo 2.5.1. 110

2.6 Resposta em frequência para o Exemplo 2.5.3. 122

2.7 Dados para o projeto do Caso de Estudo. 127

2.8 Resposta em frequência para o Exemplo 2.7.1. 135

2.9 Resposta em frequência para o Exemplo 2.7.2. 144

2.10 Resposta em frequência para o Exemplo 2.7.3. 150

2.11 Resposta em frequência para o Exemplo 2.7.4. 157

2.12 Resposta em frequência para o Exemplo 2.7.4. 160

2.13 Resposta em frequência para o Exemplo 2.7.5. 169

2.14 Resumo das técnicas de compensação 175

A.1 Tabela de Transformada de Laplace e Transformada z 446

A.1 Tabela de Transformada de Laplace e Transformada z (continuação) 447

A.1 Tabela de Transformada de Laplace e Transformada z (continuação) 448

A.1 Tabela de Transformada de Laplace e Transformada z (continuação) 449
A.2 Teoremas e Propriedades importantes da Transformada z . . 450
A.2 Teoremas e Propriedades importantes da Transformada z (continuação) 451
A.2 Teoremas e Propriedades importantes da Transformada z (continuação) 452

Índice remissivo

A

- Algoritmo
  - do controle ótimo, 279
  - do filtro de Kalman, 360
- Alocação de polos, 247, 254
- análise no espaço de estados, 179
- Arduino, 374, 376, 379, 381

C

- características de desempenho, 63
- cartas de Nichols, 63
- Circuito RLC, 125, 213, 296, 372
- compensador
  - digital, 70
  - por atraso de fase, 76
  - por atraso-avanço de fase, 90
  - por avanço de fase, 84
- compensadores discretos, 73
- Constante de erro
  - estático de aceleração, 40
  - estático de posição, 39
  - estático de velocidade, 40, 73
- Controlabilidade, 235
  - completa da saída, 236
  - completa do estado, 236
- controlador
  - digital, 70
  - PD, 113
  - PI, 106
  - PID, 101, 105, 120
- controle
  - *deadbeat*, 256
  - *feedforward*, 377
  - *feedforward*, 266
  - de horizonte retrocedente, 291
  - integral discreto, 266
  - preditivo com janela de otimização, 286
  - preditivo por modelo, 283
  - ótimo, 271
- Covariância, 355
- Critério de estabilidade
  - de Nyquist, 63

de Routh-Hurwitz, 33, 36, 38
de Schur-Cohn, 33, 35
Critério de estabilidade de Jury-Marden, 33
critérios de estabilidade, 32
círculo unitário, 32

D

Diagrama de Bode, 63, 70
Dinâmica do erro, 331
Discretização no espaço de estado, 207
domínio da frequência, 63

E

entrada de referência, 262
Equação característica, 32
Erro de estado estacionário, 38
estabilidade, 32

F

faixa primaria, 67
faixas complementares, 67
Filtro de Kalman, 352
filtros preditivos, 352
Forma canônica
controlável, 182, 239
de Jordan, 192, 245
diagonal, 189, 243
observável, 186, 242
frequência de amostragem, 18, 71
Funcional de custo, 289
função
de amostragem, 18
Delta de Dirac, 18
Função de transferência pulsada, 67
em malha aberta, 29
em malha fechada, 30
senoidal, 66
fórmula de Ackermann, 334

I

Identificação
de sistemas lineares, 415
integral de convolução, 22

L

largura de banda, 70

M

Model Predictive Control, 283
mapeamento do plano z, 37
margem de fase, 70
margem de ganho, 70
Matriz
da função de transferência pulsada, 205, 206
de transição de estado, 196
Método
da divisão direta, 25
da expansão em frações parciais, 26

da série de potências, 25
da transformada z, 197
de análise de estabilidade, 32
de análise de estabilidade em malha fechada, 32
de resposta em frequência, 63
Método de projeto
via resposta em frequência, 63
mínimos quadrados
em batelada, 417
recursivo, 422

O

Observabilidade, 237
completa, 237
observador
de ordem reduzida, 345
MPC de ordem plena, 364
observador de estado
de ordem plena, 329
de ordem reduzida, 341

P

pente de Dirac, 18, 19
período de amostragem, 18, 67
plano w, 67
plano contínuo, 21
plano discreto, 21
polos, 32
Projeto
de observadores, 332
propriedades
transformada z, 22

R

realimentação de estados, 235
relação
transformada de Laplace e a transformada z, 18
resposta em frequência, 64

S

semiplano esquerdo do plano s, 67
semiplano esquerdo do plano w, 67
sinais
causais, 21
sinal amostrado, 19
Solução
das equações de estado, 196, 197
de equações diferenças, 28

T

Tabela de Jury, 33
Teorema
da transformada z, 24
de diferenciação parcial, 24
de multiplicação, 24
de translação complexa, 24
diferenciação complexa, 24
do valor final, 24

do valor inicial, 24
transformada z, 17, 21
bilateral, 21
inversa, 22, 25, 65
unilateral, 21
transformada bilinear, 69
transformada de Laplace, 20
transformação bilinear, 33, 36, 67
trem de impulsos, 18, 19

V

Valor esperado, 355
Variância, 355

GRÁFICA PAYM
Tel. [11] 4392-3344
paym@graficapaym.com.br